MATLAB®
examples

MATLAB®
examples

FRM金融风险管理师零基础编程

MATLAB
金融风险管理师
FRM（金融科技Fintech应用）

姜伟生 涂升 芦苇 张丰 编著

清华大学出版社
北京

内 容 简 介

金融风险管理已经成为各个金融机构必备的职能部门,特别是随着全球金融一体化的不断发展与深入,金融风险管理越发重要,也日趋复杂。金融风险管理师(Financial Risk Manager,FRM)认证考试就是在这个大背景下推出的,FRM 考试现在已经是金融风险管理领域顶级权威的国际认证考试。本丛书以 FRM 考试第一、二级考纲内容为中心,并且突出介绍在实际工作中所必需的金融建模风险管理知识。本丛书将金融风险建模知识和 MATLAB 编程有机地结合在一起,配合丰富的彩色图表,由浅入深地将各种金融概念和计算结果可视化,帮助读者理解金融风险建模核心知识,提高数学和编程水平。

本书是本丛书的第五本,共分 12 章。第 1 章是本丛书第三本第 11 章时间序列的姊妹章,介绍多重共线性、岭回归、Lasso 回归,以及协整性和向量误差修正模型。第 2 章延续本丛书第三本第 9、第 10 两章,继续探讨蒙特卡罗模拟中的跳跃过程和拟蒙特卡罗模拟,本章最后给出一个模拟投资组合 VaR 值的案例分析。第 3 章和第 4 章,分别介绍利率模型及波动率模型与校准;特别的是,这两章内容和衍生品定价紧密联系。第 5 章详细介绍对手风险中信用敞口、信用指标模拟计算,以及如何规避对手信用风险及信用价值调整;本章最后探讨错向风险。第 6 章介绍股票技术分析,其中包括蜡烛图、股价绘图、成交量图以及各种震荡指标等。第 7、第 8 两章衔接本丛书第四本第 8~10 章,继续探讨投资组合优化问题。其中,第 7 章介绍平均绝对离差和风险价值两种风险指标以及信息比率和风险规避,本章最后介绍 Black Litterman 模型;第 8 章主要介绍风险贡献、风险预算,并且基于此介绍风险平价和层次风险平价两种重要的资产配置策略,最后比较几种常见的投资策略。第 9 章介绍因素投资,其中包括单因子模型、双因子模型、多因子模型,以及主成分分析模型。第 10~12 集中介绍 Fintech 常见的机器学习方法,其中包括经典的监督和非监督算法,以及神经网络算法。

本书适合所有金融从业者阅读,特别适合金融编程零基础读者参考学习;也适合作为 FRM 考生的备考参考学习,可以帮助 FRM 持证者实践金融建模;还是巩固金融知识、应对金融风险管理岗位笔试、面试的利器。

图书在版编目(CIP)数据

MATLAB 金融风险管理师 FRM. 金融科技 Fintech 应用 / 姜伟生等编著 . —北京:清华大学出版社,2021.7

(FRM 金融风险管理师零基础编程)

ISBN 978-7-302-58407-0

Ⅰ.①M… Ⅱ.①姜… Ⅲ.① Matlab 软件—应用—金融风险—风险管理—资格考试—自学参考资料 Ⅳ.① F830.9-39

中国版本图书馆 CIP 数据核字 (2021) 第 117725 号

责任编辑:栾大成
封面设计:姜伟生 涂 升
责任校对:徐俊伟
责任印制:杨 艳

出版发行:清华大学出版社
  网 址:http://www.tup.com.cn,http://www.wqbook.com
  地 址:北京清华大学学研大厦 A 座   邮 编:100084
  社 总 机:010-62770175   邮 购:010-83470235
  投稿与读者服务:010-62776969,c-service@tup.tsinghua.edu.cn
  质 量 反 馈:010-62772015,zhiliang@tup.tsinghua.edu.cn
印 装 者:涿州汇美亿浓印刷有限公司
经 销:全国新华书店
开 本:188mm×260mm 印 张:29.75 字 数:947 千字
版 次:2021 年 9 月第 1 版 印 次:2021 年 9 月第 1 次印刷
定 价:199.00 元

产品编号:089582-01

Preface
前言

　　人以"血"为"气之母"。金融之于一个国家，犹如血液之于人的身体。风险管理作为金融行业必不可少的职能部门之一，时时刻刻都在管理金融"血液"的流动，监控"血液"的各项指标，预防各类"血液"问题的发生。

　　现代金融风险管理是由西方世界在二战以后系统性地提出、研究和发展起来的。一开始，还只是简单地使用保险产品来规避个人或企业由于意外事故而遭受的损失。到了20世纪50年代，此类保险产品不仅难以面面俱到而且费用昂贵，风险管理开始以其他的形式出现。例如，利用金融衍生品来管理风险，在70年代开始崭露头角，至80年代已经风靡，再到90年代，金融机构开始开发内部的风险管理模型，全球性的风险监管陆续介入并扮演着管理者的角色。如今，风险管理在不断完善的过程中，已经成为各个金融机构的必备职能部门，在有效地分析、理解和管理风险的同时，也创造了大量的就业岗位。

　　金融风险管理的进化还与量化金融的发展息息相关。量化金融最大的特点就是利用模型来解释金融活动和现象，并对未来进行合理的预测。1827年，当英国植物学家罗伯特•布朗 (Robert Brown) 盯着水中做无规则运动的花粉颗粒时，他不会想到36年后的1863年，法国人朱尔斯•雷诺特 (Jules Regnault) 根据自己多年做股票经纪人的经验，首次提出股票价格也服从类似的运动。到了1990年，法国数学家路易斯•巴切里尔 (Louis Bachelier) 发表了博士论文《投机理论》"The theory of speculation"。从此，"布朗运动"被正式引入和应用到了金融领域，树立了量化金融史上的首座里程碑。

　　而同样历史性的时刻，直到1973年和1974年才再次出现。美国经济学家费希尔•布莱克 (Fischer Black)、美加经济学家迈伦•斯科尔斯 (Myron Scholes) 和美国经济学家罗伯特•默顿 (Robert Merton) 分别于这两年提出并建立了Black-Scholes-Merton模型。该模型不仅实现了对期权产品的定价，其思想和方法还被拓展应用到其他的各类金融产品和领域中，影响极其深远。除了对随机过程的应用，量化金融更是将各类统计模型、时间序列模型、数值计算技术等五花八门的神兵利器都招至麾下，大显其威。而这些广泛应用的模型、工具和方法，无疑都为金融风险管理提供了巨大的养分和能量，也成为了金融风险管理的重要手段。例如，损益分布、风险价值VaR、波动率、投资组合、风险对冲、违约概率、信用评级等重要的概念，就是在这肥沃的土壤上结出的果实。

　　纵观我国历史，由西周至唐，历经银本位的宋元明，清之后近代至今，中华文明本身就是一段璀璨瑰丽的金融史，并曾在很长一段时间位于世界前列。在当今变幻莫测的国际局势中，金融更是一国之重器，金融风险管理人才更是核心资源。特别是随着全球一体化的深入，金融风险管理越发重要，也日趋复杂。

金融风险管理师就是在这样的大背景下应运而生的国际专业资质认证。本丛书以FRM考试第一、二级考纲为中心，突出介绍在实际工作中所必需的金融风险建模和管理知识，并且将MATLAB编程有机地结合到内容中。就形式而言，本丛书另一大特点是通过丰富多彩的图表和生动贴切的实例，深入浅出地将烦琐的金融概念和复杂的计算结果进行了可视化，能有效地帮助读者领会金融风险建模知识要点并提高编程水平。

贸易战、金融战、货币战这些非传统意义的战争，虽不见炮火硝烟，但所到之处哀鸿遍野。安得广厦千万间，风雨不动安如山。笔者希望本套丛书，能为推广金融风险管理的知识尽一份微薄之力，为国内从事该行业的读者提供一点助益。在当今变化莫测的全球金融浪潮里，为一方平安保驾护航，为盛世永驻尽心尽力。

在这里，笔者衷心感谢清华大学出版社的栾大成老师，以及其他几位编辑老师对本丛书的大力支持，感谢身边好友们的倾情协助和辛苦工作。感谢MathWorks中国Lynn Ye女士对本丛书的大力支持。感谢MathWorks Book Program对本丛书的技术支持。最后，借清华大学校训和大家共勉——天行健，君子以自强不息；地势坤，君子以厚德载物。

Nothing and no one can destroy the Chinese people. They are relentless survivors. They are the oldest civilized people on earth. Their civilization passes through phases but its basic characteristics remain the same. They yield, they bend to the wind, but they never break.

——赛珍珠 (Pearl S. Buck)

About Authors and Reviewers
作者和审稿人
(按姓氏字母先后顺序)

安然

博士，现就职于道明金融集团道明证券 (TD Securities)，从事交易对手风险模型建模，在金融模型的设计与开发以及金融风险的量化分析等领域具有丰富的经验。曾在密歇根大学、McMaster大学、Sunnybrook健康科学中心从事飞秒激光以及聚焦超声波的科研工作。

姜伟生

博士，FRM，现就职于MSCI，负责为美国对冲基金客户提供金融分析产品RiskMetrics RiskManager的咨询和技术支持服务。MATLAB建模实践超过10年。跨领域著作丰富，在语言教育、新能源汽车等领域出版中英文图书超过15本。

李蓉

财经专业硕士，现就职于某央企金融机构，从事财务管理、资金运营超过15年，深度参与多个金融项目的运作。

梁健斌

博士，现就职于McMaster Automotive Resource Center，MATLAB建模实践超过10年。曾参与CRC Taylor & Francis图书作品出版工作，在英文学术期刊发表论文多篇。深度参与本丛书的创作，对MATLAB代码进行了多轮查验和调试，完成了图书大部分核心代码甄选工作。

芦苇

博士，硕士为金融数学方向，现就职于加拿大五大银行之一的丰业银行(Scotiabank)，从事金融衍生品定价建模和风险管理工作。编程建模时间超过10年。曾在密歇根州立大学、多伦多大学，从事中尺度气候模型以及碳通量反演的科研工作。

邵航

金融数学博士，CFA，博士论文题目为《系统性风险的市场影响、博弈论和随机金融网络模型》。现就职于安大略省教师退休基金会(Ontario Teachers' Pension Plan，OTPP)，从事投资业务。曾在加拿大丰业银行从事交易对手风险模型建模和管理工作。MATLAB建模实践超过10年。

涂升

博士，FRM，现就职于加拿大抵押贷款和住房管理公司(Canada Mortgage and Housing Corporation，CMHC，加拿大第一大皇家企业)，从事金融模型审查与风险管理工作。曾就职于加拿大丰业银行，从事IFRS9信用风险模型建模，执行监管要求的压力测试等工作。MATLAB建模实践超过10年。

王伟仲

博士，现就职于美国哥伦比亚大学，从事研究工作，参与哥伦比亚大学多门研究生级别课程教学工作，MATLAB建模实践超过10年，在英文期刊发表论文多篇。参与本书的代码校对工作，并对本书的信息可视化提供了很多宝贵意见。

张丰

金融数学硕士，CFA，FRM，现就职于OTPP，从事一级市场等投资项目的风险管理建模和计算，包括私募股权投资、并购和风投基金、基础建设、自然资源和地产类投资。曾就职于加拿大蒙特利尔银行，从事交易对手风险建模。MATLAB建模实践超过10年。

Acknowledgement

致谢

To our parents.
谨以此书献给我们的母亲、父亲。

推荐语

本丛书作者结合MATLAB编程将复杂的金融风险管理的基本概念用大量图形展现出来，使读者能用最直观的方式学习和理解知识点。书中提供的大量源代码使得读者可以亲自实现书中的具体实例。真的是市场上少有的、非常实用的金融风险管理资料。

——张旭萍 | 资本市场部门主管 | 蒙特利尔银行

投资与风险并存，但投资不是投机，如何在投资中做好风险管理一直是值得探索的课题。一级市场中更多地是通过法律手段来控制风险，而二级市场还可以利用量化手段来控制风险。本丛书基于MATLAB从实操上教给读者如何量化并控制投资风险的方法，这"术"的背后更是让读者在进行案例实践的过程中更好地理解风险控制之"道"，更深刻地理解风控的思想。

——杜雨 | 风险投资人 | 红杉资本中国基金

作为具有十多年FRM培训经验的专业讲师，我深刻感受到，每一位FRM考生都希望能将理论与实践相结合，希望用计算机语言亲自实现FRM中学习到的各种产品定价和金融建模理论知识。而MATLAB又是金融建模设计与分析等领域的权威软件。本丛书将MATLAB编程和金融风险建模知识有机地结合在一起，配合丰富的彩色图表，由浅入深地将各种金融概念和计算结果可视化，帮助读者理解金融风险建模核心知识。本丛书特别适合FRM备考考生和通过FRM考试的金融风险管理从业人员，同时也是金融风险管理岗位笔试和面试的"葵花宝典"，甚至可以作为金融领域之外的数据可视化相关岗位的绝佳参考书，非常值得学习和珍藏。

——Cate程黄维 | 高级合伙人兼金融项目学术总监 | 中博教育

千变万化的金融创新中，风险是一个亘古不变的议题。坚守风险底线思维，严把风险管理关口，是一个金融机构得以长期生存之本，也是每一个员工需要学习掌握的基础能力。本丛书由浅入深、图文生动、内容翔实、印刷精美，是一套不可多得的量化金融百科；不论作为金融普及读物，还是FRM应试图书，乃至工作后常备手边的工具书，本丛书都是一套不可多得的良作。

——单硕 | 风险管理部风险经理 | 建信信托

How to Use the Book
使用本书

欢迎读者订阅本书微信公众号，获取图书配套代码源文件，以及更多风控资讯。

本书的重要特点

◀ 以FRM一、二级考纲为基础，和读者探讨更多金融建模实践内容。

◀ 由浅入深，突出FRM考试和实际工作的联系。

◀ 强调理解，绝不一味罗列金融概念和数学公式。

◀ 将概念、公式变成简单的MATLAB代码。

◀ 全彩色印刷，赏心悦目地将各种金融概念和数据结果可视化。

◀ 中英对照，扩充个人行业术语库。

本书适用读者群体

◀ 如果你是FRM备考考生，本书将帮助你更好地理解FRM核心考点。

◀ 如果你是FRM持证者，本书是FRM证书联结实际工作的桥梁。

◀ 如果你要准备金融类面试，本书将帮助你巩固金融知识，应对复杂面试题目。

◀ 如果你并非金融科班出身，有志在金融行业发展，本书可能是金融MATLAB编程最适合零基础入门、最实用的图书。

获得正版MATLAB软件

◀ 如果读者是学生或者教职员工，学校可能已提供无试用限期的MATLAB。如下网址可以用来检查是否已有校园许可证。

https://ww2.mathworks.cn/academia/tah-support-program/eligibility.html

◀ 如果读者是在职员工，可通过公司邮箱申请下载为期30天的试用软件。如下网址是申请入口。

https://ww2.mathworks.cn/campaigns/products/trials.html

丛书公开课视频资源

◀ 本书代码请扫码下载，下载平台不定期提供更多资源。

◀ 作者专门为丛书读者开设公开课，讲授图书主要内容。请读者登录网站https://www.bilibili.com/或https://www.zhihu.com或知乎App，搜索"生姜DrGinger"频道。丛书公开课陆续在频道推出，欢迎读者订阅转载。

请读者注意

◀ 本书为了方便读者学习，在围绕FRM考纲的基础上对内容设计有所调整。

◀ 本书的MATLAB代码是在2018a版本环境中编写。虽然本书的代码也使用2016a版本运行检查，但笔者并不确定任何其他低版本MATLAB都可以运行本书代码。

◀ 本书采用的内容、算法和数据均来自公共领域，包括公开出版发行的论文、网页、图书、杂志等；本书不包括任何知识产权保护内容；本书观点不代表任何组织立场；水平所限，本书作者并不保证书内提及的算法及数据的完整性和正确性。

◀ 本书所有内容仅用于教学，代码错误难免；任何读者使用本书任何内容进行投资活动，本书笔者不为任何亏损和风险负责。

Contents

目录

第1章

Time Series Analysis Ⅱ
时间序列 Ⅱ

本章将从时间序列的角度来介绍多重共线性、岭回归、Lasso回归等内容。请读者注意，本章符号和公式格式沿用本丛书第三本时间序列一章，和优化和回归章节格式略有不同。

> 但凡满足以下两个条件的理论，便可以称为好理论：基于几个有限的变量，准确描述大量观测值；能对未来观测值做出确定的预测。
>
> *A theory is a good theory if it satisfies two requirements: it must accurately describe a large class of observations on the basis of a model that contains only a few arbitrary elements, and it must make definite predictions about the results of future observations.*

——斯蒂芬·霍金 (Stephen Hawking)

Core Functions and Syntaxes
本章核心命令代码

- ◀ collintest() 函数进行Belsley共线性检验
- ◀ cond(A) 函数返回矩阵 A 的2-范数逆运算的条件数 inv(A) 计算方阵逆矩阵，相当于 A^(-1)
- ◀ corrcoef(A) 返回 A 的相关系数的矩阵，其中 A 的列表示随机变量，行表示观测值
- ◀ corrplot(X) 函数绘制 X 中每对变量的相关性图像
- ◀ datenum() 将日期变量 "date" 转换为数值变量 "number" corrplot()
- ◀ diag() 创建对角矩阵或获取矩阵的对角元素
- ◀ egcitest() 函数进行 Engle-Granger 检验
- ◀ fimplicit(f) 在默认区间上绘制 $f(x)$=0 定义的隐函数
- ◀ fitlm() 函数用来构建线性回归模型
- ◀ interp2(X,Y,V,Xq,Yq) 二维内插值，根据 X-Y-V 对应关系，二维内插值获得 (Xq, Yq) 处值
- ◀ lagmatrix() 构建包含滞后时间序列的矩阵
- ◀ lasso() 函数来构建 Lasso 回归模型
- ◀ lassoPlot() 函数绘制模型系数随 Lasso 参数 λ 变化的图像
- ◀ repmat(A,r) 使用行向量 r 指定重复方案。例如，repmat(A,[2 3]) 与 repmat(A,2,3) 返回相同的结果
- ◀ ridge() 构建岭回归模型并求解模型系数
- ◀ size(A) 获得输入矩阵 A 的各个维度长度

1.1 多重共线性

本丛书第三本时间序列I一章中介绍过，对于单个**目标变量**(target variable) 时间序列 $\{Y_t\}$ 和 n 个**解释变量** (explanatory variable) 时间序列 $\{X_{1,t}\},\{X_{2,t}\},...,\{X_{n,t}\}$，它们之间的回归模型可表示为：

$$Y_t = c + \beta X_t + \varepsilon_t \tag{1-1}$$

其中，X_t 含有各个时间序列解释变量，如式1-2所示。

$$X_t = \left[X_{1,t}, X_{2,t}, ..., X_{n,t}\right]^{\mathrm{T}} \tag{1-2}$$

向量 β 则是 X_t 的系数向量，有：

$$\beta = [\beta_1, \beta_2, ..., \beta_n] \tag{1-3}$$

ε_t 是误差向量，表示 Y_t 中无法被 X_t 解释的部分；而 c 则为常数项。

所谓的**共线性** (colinearity)，是指两个解释变量，比如 $X_{1,t}$ 和 $X_{2,t}$，它们之间存在线性关系；其中一个变量可以由另一个变量线性表示，即：

$$X_{2,t} = \alpha_0 + \alpha_1 X_{1,t} + \varepsilon_t \tag{1-4}$$

多重共线性 (multicollinearity)，则是指两个以上的解释变量之间存在线性关系，即：

$$X_{n,t} = \alpha_0 + \alpha_1 X_{1,t} + \alpha_2 X_{2,t} + \cdots + \alpha_{n-1} X_{n-1,t} + \varepsilon_t \tag{1-5}$$

当存在完美的线性关系时，误差项 ε_t 将不再存在，或者说误差项为零。

那么，如果解释变量之间存在这样的线性关系，对原来的回归模型会有怎样的影响呢？数学上，式1-6～式1-10可以给出解答。

$$y_t = \hat{X}_t \hat{\beta} \tag{1-6}$$

其中，向量 y_t 包含目标变量 $\{Y_t\}$ 在 $t = 1, 2, ..., m$ 上的时间序列数据：

$$y_t = [Y_1, Y_2, ..., Y_m]^{\mathrm{T}} \tag{1-7}$$

矩阵 $\hat{X}_t$ 包含解释变量 $\{X_{1,t}\}, \{X_{2,t}\}, ..., \{X_{n,t}\}$ 的时间序列数据以及常数项1：

$$\hat{X}_t = \begin{bmatrix} 1 & X_{11} & \cdots & X_{n1} \\ \vdots & \vdots & \ddots & \vdots \\ 1 & X_{1m} & \cdots & X_{nm} \end{bmatrix} \tag{1-8}$$

向量 $\hat{\boldsymbol{\beta}}$ 包括系数向量 $\boldsymbol{\beta}$ 和常数项 c：

$$\hat{\boldsymbol{\beta}} = \left[c, \beta_1, \beta_2, ..., \beta_n \right]^{\mathrm{T}} \tag{1-9}$$

对 $\hat{\boldsymbol{\beta}}$ 求解时，考虑到 $\hat{\boldsymbol{X}}_t$ 往往不是方阵，其最小二乘法的解需要对 $\hat{\boldsymbol{X}}_t^{\mathrm{T}} \hat{\boldsymbol{X}}_t$ 求逆，即：

$$\hat{\boldsymbol{\beta}} = \left(\hat{\boldsymbol{X}}_t^{\mathrm{T}} \hat{\boldsymbol{X}}_t \right)^{-1} \hat{\boldsymbol{X}}_t^{\mathrm{T}} \boldsymbol{y}_t \tag{1-10}$$

如果解释变量 $\{X_{1,t}\}, \{X_{2,t}\}, ..., \{X_{n,t}\}$ 之间存在完全的多重共线性，那么矩阵 $\hat{\boldsymbol{X}}_t$ 中有一列可以由其他列的线性组合得到，那么该矩阵就不是满秩矩阵。在该情况下，$\hat{\boldsymbol{X}}_t$ 本身不可逆，$\hat{\boldsymbol{X}}_t^{\mathrm{T}} \hat{\boldsymbol{X}}_t$ 也不可逆；即 $\left(\hat{\boldsymbol{X}}_t^{\mathrm{T}} \hat{\boldsymbol{X}}_t \right)^{-1}$ 不存在，无法获得 $\hat{\boldsymbol{\beta}}$ 的最小二乘解。

当解释变量 $\{X_{1,t}\}, \{X_{2,t}\}, ..., \{X_{n,t}\}$ 之间存在不完全的多重共线性时，$\hat{\boldsymbol{X}}_t^{\mathrm{T}} \hat{\boldsymbol{X}}_t$ 依旧可逆，但变成了一个**不适定问题** (ill-posed problem)。此时，对 $\hat{\boldsymbol{\beta}}$ 的求解变得不稳定；受到多重共线性的影响，解的唯一性和准确性受到了挑战。输入数据 $\hat{\boldsymbol{X}}_t$ 轻微的变化都会引起解 $\hat{\boldsymbol{\beta}}$ 的较大变动。在不适定问题中，具有内在共线性的矩阵也被称为**病态矩阵** (ill-conditioned matrix)。

在数值分析中，常使用**条件数** (condition number) 来衡量问题的适定性。通常使用希腊字母 κ 来表示条件数，其值的范围为大于等于1，即 $\kappa \geqslant 1$。在条件数 κ 下，输入数据 $\hat{\boldsymbol{X}}_t$ 中1%的扰动，会直接导致 $\hat{\boldsymbol{\beta}}$ κ%的误差。高条件数意味着问题的适定性差，低条件数意味着问题的适定性好。在MATLAB中可直接调用函数cond()求得输入矩阵的条件数。

回顾在本丛书第三本第11章时间序列I中的例子，利用MATLAB自带的数据Data_CreditDefaults，建立一个违约率的时间序列回归模型。其中，目标变量是投资级别(invested grade)的公司债券违约率(即数据中的IGD)，对应地有4个可选择的解释变量：三年前进入投资级别的发债人百分比 (AGE)；评级为BBB的投资级别发债人百分比 (BBB)；**膨胀率调整后** (inflation adjusted) 公司一年收益预测(CPF)；公司债券与政府债券利差 (SPR)。还是以这个回归模型为例，我们来看看在建模的过程中如何发现和处理可能存在的共线性问题。首先，同样运行以下代码建造本丛书第三本第11章的回归模型：

```
B5_Ch1_1_A.m

clc; clear all; close all

%% Import MATLAB data
load Data_CreditDefaults

% Matrix of regresor X
X = Data(:, 1:4);
% Table of regressor X
XTbl = DataTable(:,1:4);
% Regressor names
RegressorNames = series(1:4);
% Number of observations
T_num = size(X,1);
```

```matlab
% Regressand y
y = Data(:, 5);

% Convert dates to serial date numbers:
dateNums = datenum([dates,ones(T_num,2)]);

%% Original regression model
% Use fitlm() function
Md0 = fitlm(DataTable)
```

运行结果如下。

```
Md0 =

Linear regression model:
    IGD ~ 1 + AGE + BBB + CPF + SPR

Estimated Coefficients:
                    Estimate        SE          tStat        pValue
                    _____     _____     _____     _____

    (Intercept)     -0.22741      0.098565      -2.3072      0.034747
    AGE              0.016781     0.0091845      1.8271       0.086402
    BBB              0.0042728    0.0026757      1.5969       0.12985
    CPF             -0.014888     0.0038077     -3.91         0.0012473
    SPR              0.045488     0.033996       1.338        0.1996


Number of observations: 21, Error degrees of freedom: 16
Root Mean Squared Error: 0.0763
R-squared: 0.621,   Adjusted R-Squared 0.526
F-statistic vs. constant model: 6.56, p-value = 0.00253
```

可以看出，各个解释变量对应的符号都是正确的，符合自身的经济学关系。但是就显著度而言，取决于选定显著性水平，并不是所有的变量都表现出足够的显著性。相较于其他变量而言，变量CPF表现了较高的显著性。

先来看看4个解释变量之间的相关性。运行以下代码，获得解释变量间的相关性矩阵并绘制相关性图像：

`B5_Ch1_1_B.m`

```matlab
%% Visulize the correlation of X
corr_coe = corrcoef(X)

figure
corrplot(XTbl, 'testR', 'on')
```

注意代码中，函数corrplot()起用了对相关性系数的假设检验；对应图像中的相关性系数如果标注为红色，说明该结果通过了t-检验，具有显著性。代码运行得到的相关性系数矩阵corr_coe如下。

```
corr_coe =

    1.0000     0.4578     0.0566    -0.0686
    0.4578     1.0000     0.3955     0.3082
    0.0566     0.3955     1.0000     0.0874
   -0.0686     0.3082     0.0874     1.0000
```

生成的相关性系数图像如图1.1所示。解释变量BBB与AGE的相关性系数为0.46，且通过了假设检验；与CPF的相关性系数为0.40；与SPR的相关性系数为0.31。总体而言，BBB展示出了与其他三个解释变量之间较突出的相关性，但并不十分紧密。反之，其他三个解释变量之间的相关性则微乎其微。如果四个解释变量之间相关性系数为1或−1，意味着矩阵$\boldsymbol{X}_t$中存在完全多重共线性。相关性系数的绝对值越大，暗示着多重共线性越明显。

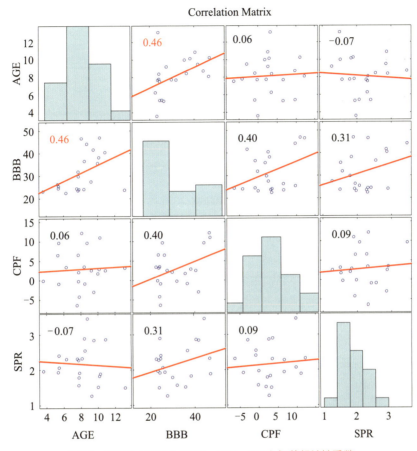

图1.1 解释变量AGE、BBB、CPF、SPR之间的相关性系数

接着调用函数cond()，运行如下代码：

```
B5_Ch1_1_C.m

%% Calculate condition numbers
XI = [ones(T_num, 1), X];


kappa = cond(XI)


% Ones-matrix
kappa_one = cond(ones(size(XI)))


% Zeros-matrix
kappa_zero = cond(zeros(size(XI)))
```

```
% Identity-matrix
kappa_identity = cond(eye(size(XI, 2)))
```

运行结果为:

```
kappa =

    205.8085


kappa_one =

    2.6099e+63


kappa_zero =

    Inf


kappa_identity =

    1
```

这里不单单计算了本例中矩阵 $\hat{X}_t$ 的条件数kappa,还计算了同样大小的全1矩阵的条件数kappa_one及全0矩阵的条件数kappa_zero,以及一个 5×5 单位矩阵的条件数kappa_identity。可以看到单位矩阵完全不存在共线性,所以当条件数kappa_identity = 1,值最小。全1矩阵存在完全的共线性,其条件数kappa_one值十分大;全0矩阵对应的条件数kappa_zero更是达到了正无穷大,是最极端的情况。本例中矩阵 $\hat{X}_t$ 对应的条件数kappa也不小,在条件数kappa_identity和kappa_zero之间,显示存在一定的共线性。不难发现,无论是相关性系数还是条件数,对于极端情况下的多重共线性可以判断得十分准确。但通常情况下更适合做定性分析而不是定量分析。

这里再介绍一个共线性的度量指标,**方差膨胀因子** (variance inflation factor, VIF),也称为**方差扩大因子**。一个含有 n 个解释变量的矩阵 $\hat{X}_t$,对于其中的任意解释变量 $\{X_{i,t}\}$,其对应的方差膨胀因子 VIF_i 可由式1-11计算得出。

$$\text{VIF}_i = \frac{1}{1 - R_i^2} \tag{1-11}$$

式中: R_i^2 为解释变量 $\{X_{i,t}\}$ 与其解释变量 $\{X_{j,t}\}, (j \neq i)$ 的回归模型的决定系数。

$$X_{i,t} = \alpha_0 + \sum_{j=1, j \neq i}^{n} \alpha_j X_{j,t} + \varepsilon_t \tag{1-12}$$

而 VIF_i 的倒数则是解释变量 $\{X_{i,t}\}$ 对应的允差 tolerance_i。

$$\text{tolerance}_i = 1 - R_i^2 = \frac{1}{\text{VIF}_i} \tag{1-13}$$

当某个变量 $\{X_{i,t}\}$ 能被其他变量完全线性解释时, R_i^2 的值趋近于1, VIF_i 的值将趋近于无穷大。所以,各个变量的VIF值越小,说明共线性越弱。最常用的VIF阈值是10,即解释变量的VIF值都不大于10时,认为共线性在可接受范围内。此外,VIF $\leqslant$ 5也是比较常见的,但相对而言更为严格的判断标准。

在MATLAB中，可以遵循如图1.2所示的步骤来计算VIF值以及判断共线性的影响。同时，也可以根据解释变量矩阵$\hat{\boldsymbol{X}}_t$的相关性系数矩阵直接求得各个变量的VIF值。数学上可以证明，矩阵$\hat{\boldsymbol{X}}_t$的相关性系数矩阵的逆矩阵的对角元素就是希望得到的VIF值。

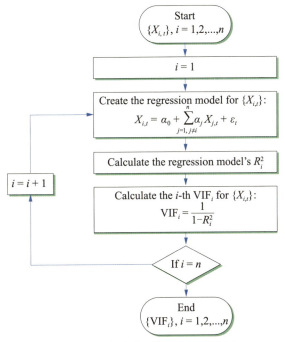

图1.2　方差膨胀因子VIF计算流程图

在前面的例子中，相关性系数矩阵corr_coe已存在，运行如下代码。

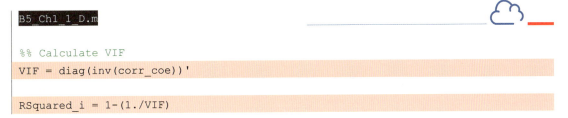

```
B5_Ch1_1_D.m

%% Calculate VIF
VIF = diag(inv(corr_coe))'

RSquared_i = 1-(1./VIF)
```

得到的结果为：

```
VIF =

    1.3870    1.7901    1.2216    1.1850


RSquared_i =

    0.2790    0.4414    0.1814    0.1561
```

注意代码首先使用了inv()函数来获得相关性系数矩阵corr_coe的逆矩阵$(corr\_coe)^{-1}$；然后又使用了diag()函数提取了逆矩阵 $(corr\_coe)^{-1}$的各个对角元素值为VIF值。读者们可以根据图1.2的步骤自行编写程序实现并验算以上的结果。

另一个MATLAB可以提供的工具是**Belsley共线性检验** (Belsely collinearity test)，可以直接调用collintest()函数来完成该检验。本例中，可以运行如下代码。

```
B5_Ch1_1_E.m
```

```
%% Collinearity test
X0Tbl = ...
[table(ones(T_num,1),'VariableNames',{'Const'}),XTbl];
```

```
collintest(X0Tbl);
```

```
figure
collintest(X0Tbl,'tolIdx',10,'tolProp',0.5, ...
    'display','off','plot','on');
```

注意collintest()函数的输入变量类型既可以是表格，也可以是矩阵，该例中，使用的变量类型是表格。直接应用collintest()函数，得到的结果为：

```
Variance Decomposition

  sValue   condIdx   Const    AGE      BBB      CPF      SPR
-----------------------------------------------------------------
  2.0605   1         0.0015   0.0024   0.0020   0.0140   0.0025
  0.8008   2.5730    0.0016   0.0025   0.0004   0.8220   0.0023
  0.2563   8.0400    0.0037   0.3208   0.0105   0.0004   0.3781
  0.1710   12.0464   0.2596   0.0950   0.8287   0.1463   0.0001
  0.1343   15.3405   0.7335   0.5793   0.1585   0.0173   0.6170
```

若配合"figure"一起使用，能得到对应的图像，如图1.3所示。

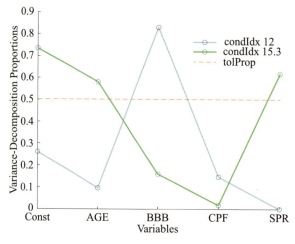

图1.3　Belsley共线性检验结果图

调用collintest()函数所得表格中"sValue"指**奇异值**（singular value）。collintest()函数输入变量的矩阵形式经过**奇异值分解**（singular value decomposition），原矩阵变成了$\mathbf{U\Sigma V}^{\mathrm{T}}$的形式。"sValue"列中给出的就是奇异值矩阵$\Sigma$中的奇异值。关于奇异值分解的内容，本丛书第三本数学Ⅲ中做了相应的介绍。"condIdx"指**条件指标**（condition index），用来显示解释变量的共线性，值越大说明该变量与其他变量的联系越紧密。

表格中Const、AGE、BBB、CPF、SPR列对应的是各个解释变量，包括了常数项在内，每一列显示的是该解释变量在一定的条件指标水平上，相应的**变异数分解比**（variance-decomposition proportions）。这个值越大，说明共线性越强。这里，既要设定条件指标的阈值，也要设定变异数分解比的阈值。在MATLAB中，条件指标的默认阈值是"30"，变异数分解比的阈值是"0.5"。

在collintest()函数中，指令符'tolIdx'可以设定条件指标的阈值，而'tolProp'可以设定变异数分解比的阈值。指令符'display'设定为'off'或者'on'，决定是否以表格形式显示结果。指令符'plot'设定为'off'或者'on'，决定是否绘制图像。

在本例中，将条件指标的阈值设定为了"10"，凡是条件指标超过该阈值的行信息，就会在图像中绘制出来，同时变异数分解比的阈值也会绘制在图像中。表格结果中的最后两行对应的条件指标都超过了阈值"10"，所以这两行的变异数分解比都在图像中绘制了出来，对应的变异数分解比的阈值"0.5"也在图像中呈现了出来。在条件指标为12.0464时，只有变量BBB的变异数分解比超过了阈值。在条件指标为15.3405时，变量AGE和SPR之间均超过了0.5的变异数分解比，暗示了它们之间存在了一定的共线性。

但是，由于使用了比默认设置更低的条件指标阈值，这里显现出的共线性实际上是比较弱的。如果不人为地设定这两个阈值，应用默认设置，运行以下代码。

`B5_Ch1_1_F.m`

```
% Default settings of 'tolIdx'=30 and 'tolProp'=0.5
collintest(X0Tbl, 'plot', 'on')
```

由于没有超过设定阈值的结果，会得到提醒信息，具体结果为：

```
Warning: No critical rows to plot.
> In collintest (line 291)
```

所以当大家不能成功地绘制出Belsley共线性检验的图像，可能需要查看一下阈值设置得是否合适。下面的代码给出了一个应用Belsley共线性检验而且共线性较强的例子。读者可以自己运行代码来查看一下结果。

```
% Another example
load Data_Canada

collintest(DataTable)

collintest(DataTable, 'plot', 'on')
```

1.2 岭回归

另一个常用的针对多重共线性的补救措施是采用**岭回归** (ridge regression)，也称为**脊回归**。如1.1节提到的，在一般的线性回归中，由于共线性的存在，使得矩阵 $\hat{\boldsymbol{X}}_t^{\mathrm{T}}\hat{\boldsymbol{X}}_t$ 中含有非常接近于零 (near singularity) 的特征值，导致在通过式1-14对 $\hat{\boldsymbol{\beta}}$ 求解时造成干扰。

$$\hat{\boldsymbol{\beta}} = \left(\hat{\boldsymbol{X}}_t^{\mathrm{T}}\hat{\boldsymbol{X}}_t\right)^{-1}\hat{\boldsymbol{X}}_t^{\mathrm{T}}\boldsymbol{y}_t \tag{1-14}$$

在岭回归中，引入了**岭参数**(ridge parameter)，通常记为 k，并且为正值。对于原来的矩阵 $\hat{\boldsymbol{X}}_t^{\mathrm{T}}\hat{\boldsymbol{X}}_t$，

岭回归直接将岭参数添加到对角元素上，以达到改变过于微小的特征值的目的。于是，对 $\hat{\boldsymbol{\beta}}$ 的求解被转化成了式1-15。

$$\hat{\boldsymbol{\beta}} = \left(\hat{\boldsymbol{X}}_t^{\mathrm{T}} \hat{\boldsymbol{X}}_t + k\boldsymbol{I} \right)^{-1} \hat{\boldsymbol{X}}_t^{\mathrm{T}} \boldsymbol{y}_t \tag{1-15}$$

式中：$\boldsymbol{I}$ 为一个与 $\hat{\boldsymbol{X}}_t^{\mathrm{T}} \hat{\boldsymbol{X}}_t$ 大小相同的单位矩阵。

在MATLAB中，可以直接调用函数ridge(y, X, k, scaled)来构建岭回归模型。该函数的输入变量 $\boldsymbol{y}$ 是目标变量(因变量)列向量；$\boldsymbol{X}$ 是包含有解释变量的矩阵，每列即为一个解释变量；k是岭回归参数，允许以向量的形式输入不同的岭回归参数。该函数的输出即为在不同岭回归参数k下各解释变量的系数值。在默认情况下该函数会将所有变量归一化为期望值为0、标准差为1的序列。

此外，ridge()函数会自动提供常数项，在输入变量"X"中并不需要再加入常数列。谈到函数对输入数据的归一化，就又要注意函数另一个输入变量"scaled"。默认情况下，"scaled"的值为1，不会将函数得到的系数解 $\hat{\boldsymbol{\beta}}$ 恢复到归一化之前的量级；若"scaled"的值设定为0，则会将系数解 $\hat{\boldsymbol{\beta}}$ 恢复到归一化之前的量级，此时与输入数据的量级就是一致了。

还是继续前面的例子，首先运行如下代码，导入数据。

```
B5_Ch1_2_A.m

clc; clear all; close all

%% Import MATLAB data
load Data_CreditDefaults

% Matrix of regresor X
X = Data(:, 1:4);
% Number of observations
T_num = size(X,1);
% X Matrix with constant
XI = [ones(T_num, 1), X];
VarNames = {'AGE','BBB','CPF','SPR'};
% Regressand y
y = Data(:, 5);
```

注意在以上代码中，"X"是不含有常数列的解释变量矩阵；"XI"是含有常数列的解释变量矩阵。在考查岭参数k的取值范围时，可以根据 $\hat{\boldsymbol{X}}_t^{\mathrm{T}} \hat{\boldsymbol{X}}_t$ 的对角元素大小来设定。具体见如下的代码。

```
B5_Ch1_2_B.m

% Define ridge parameter
MuI = mean(diag(XI'*XI));
k = 0:MuI/10;
```

取矩阵 $\hat{\boldsymbol{X}}_t^{\mathrm{T}} \hat{\boldsymbol{X}}_t$ 对角元素平均值的十分之一作为岭参数k的上限，从零开始以1为步长采样。实际运用中，对岭参数k的取值不能过大，否则影响求解精度。这里选取一种粗放的取值，其好处是能在较大范围内观察到系数解 $\hat{\boldsymbol{\beta}}$ 随岭参数k的变化而变化。对于不同的问题，对k的取值有时也要视情况而定。接下来调用ridge()函数，注意下面代码中函数的输入变量"scaled"的值设定为0。

```
B5_Ch1_2_C.m
```

```matlab
% Ridge regression
ridgeBetas = ridge(y,X,k,0);

[var_num,k_num] = size(ridgeBetas)

figure
plot(k,ridgeBetas(2:end,:))
xlim([0 max(k)])
legend(VarNames)
xlabel('Ridge Parameter \itk')
ylabel('Coefficient Estimate')
```

运行结果为：

```
var_num =

    5


k_num =

   494
```

在代码的运行结果中可以看到ridge()函数的输出结果 "ridgeBetas" 是一个 "var_num" × "k_num" 的矩阵。这里var_num的值为5，因为有四个解释变量再加上常数项，ridgeBetas的第一行即为常数项的值。k_num的值为494，对应的是岭参数 k 的494个不同取值，每个取值对应每一列不同的 $\hat{\boldsymbol{\beta}}$ 解。

上面的代码也同时绘制了图1.4，表明在不同的岭参数 k 下系数解 $\hat{\boldsymbol{\beta}}$ 随的 k 增加而产生的变化。

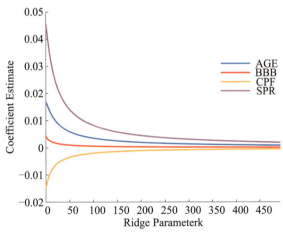

图1.4　岭回归获得的解释变量 (AGE、BBB、CPF和SPR) 系数值随岭参数 k 增大的变化

如图1.4所示，当 $k = 0$ 时，对应的 $\hat{\boldsymbol{\beta}}$ 解就是普通线性回归的解，随着 k 值的变化，$\hat{\boldsymbol{\beta}}$ 解也开始变化。为了确定合适的 k 值，这里还需要进一步追踪模型均方差的变化。在一个有 n 个解释变量，每个解释变量的样本长度为 m 的回归模型中，**均方误差** (mean squared error, MSE) 可由式1-16计算。

$$\text{MSE} = \frac{1}{m-n}\sum_{i=1}^{m}\left(Y_i - \hat{Y}_i\right)^2 \tag{1-16}$$

回顾本丛书第三本回归模型的章节中，当时介绍的是**均方根误差** (root mean squared error, RMSE)，也就是MSE开方后的结果，本质上并无差异。该部分内容还介绍了**残差平方和** (sum of squares for error, SSE)，并介绍了如何通过回归模型的残差项ε计算得到残差平方和。读者可以回顾相关章节的知识，这里直接应用下面的代码。

```matlab
B5_Ch1_2_D.m

% Calculate MSE
yhat = XI*ridgeBetas;

RidgeRes = repmat(y,1,k_num)-yhat;

RidgeSSE = RidgeRes'*RidgeRes;

RidgeDFE = T_num-var_num;

RidgeMSE = diag(RidgeSSE/RidgeDFE);

figure
plot(k,RidgeMSE)
xlim([0 max(k)])
xlabel('Ridge Parameter \itk')
ylabel('MSE')
```

以上代码中的"yhat"即为MSE公式里的$\left\{\hat{Y}_i\right\}$；"RidgeRes"包含了所有不同岭参数k下的残差项；"RidgeSSE"则是残差平方和的结果，最后得到的MSE值存储于变量"RidgeMSE"中。

以上代码同时绘制了图1.5，展示了MSE值随岭参数k增大而变化的情况。一般情况下应该选择最小的MSE值对应的岭参数k值，作为最后的模型参数。在本例中，因为各个解释变量之间没有突出的多重共线性，所以岭回归在此处的作用并不明显，原来普通线性回归的结果已经具有不错的拟合优度。

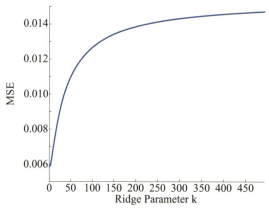

图1.5　岭回归的MSE值随岭参数k增大的变化

1.3 Lasso回归

本节将介绍另一种回归方法——**Lasso回归** (Lasso regression)。该方法最初于1986年由Fadil Santosa等提出并应用于**地球物理学** (geophysics) 领域。1996年后又被学者们重新发现和深入研究，并得到了更广泛的应用。

在介绍Lasso回归的具体内容前，有必要先从优化问题的角度来回顾一下之前已经介绍过的线性回归和岭回归。线性回归和岭回归都具有它们各自对应的优化问题形式，大家可以当作从另一个数学角度对同一个问题的不同描述。

对于线性回归模型，具体见式1-17～式1-19。

$$y_t = X_t\beta + \varepsilon_t \tag{1-17}$$

其中，X_t 含有各个时间序列解释变量，即：

$$X_t = \left[X_{1,t}, X_{2,t}, ..., X_{n,t}\right] \tag{1-18}$$

向量 β 则是 X_t 的系数向量，则：

$$\beta = \left[\beta_1, \beta_2, ..., \beta_n\right]^{\mathrm{T}} \tag{1-19}$$

ε_t 是误差向量，表示 y_t 中无法被 X_t 解释的部分；而 β 则为常数项。注意这里与前面介绍不同的是，为了简洁方便，常数项并没有单独标注出来。这是因为，如果原始数据经过归一化后，往往并不需要再在回归模型中包含常数项。再者，如果常数项是必需的话，也可以通过在矩阵 X_t 中插入全1列向量来实现。所以此处的讲解中姑且先忽略常数项的存在，但读者们在实际应用中还是要视情况而定。

首先，线性回归模型的优化问题形式可以写成式1-20所示。

$$\beta^* = \underset{\beta \in \mathbb{R}}{\arg\min} \left\| y_t - X_t\beta \right\|_2 \tag{1-20}$$

这里的优化变量是回归系数 β，优化问题的目标是最小化目标函数 $\left\| y_t - X_t\beta \right\|_2$ 的值；而 β^* 是该问题的优化解，使得 $\left\| y_t - X_t\beta \right\|_2$ 的值足够小。而这里的目标函数实际上就是**残差平方和** (sum of squares for error, SSE)。

特别要介绍一下的是**范数** (norm) 的符号 $\| \ \|_2$，表示是 l_2 范数。l_2 范数是 l_p 范数的一种特殊情况；对于一个向量 $x = (x_1, x_2, ..., x_n)$，l_p 范数的表达式如式1-21所示。

$$\left\| x \right\|_p = \left(\sum_{i=1}^{n} |x_i|^p\right)^{1/p} \tag{1-21}$$

其中，$|x_i|$ 是向量 x 中第 i 个元素 x_i 的绝对值。l_2 范数就是当 $p = 2$ 时的情况，即：

$$\left\| x \right\|_2 = \left(\sum_{i=1}^{n} |x_i|^2\right)^{1/2} \tag{1-22}$$

其他常用的 l_2 范数还有 l_0 范数和 l_1 范数，分别对应 $p = 0$ 时的情况。

$$\|\boldsymbol{x}\|_0 = \left(\sum_{i=1}^{n}|x_i|^0\right)^0 \qquad (1\text{-}23)$$

以及 $p = 1$ 时的情况。

$$\|\boldsymbol{x}\|_1 = \sum_{i=1}^{n}|x_i| \qquad (1\text{-}24)$$

在MATLAB中可以直接调用norm(A, p)函数来计算l_p范数，"A"为输入的向量，"p"定义范数的级数p。

对于范数的概念，大家可能觉得并不熟悉，但是仔细观察以上各个范数的计算公式，实际上就是对向量元素$|x_i|$绝对值分别取p次幂，再求和，然后开p次方根。如图1.6所示，以一个向量$\boldsymbol{x}_A = (4, 3)$为例，在二维平面中，它可以表示点$A$的坐标。$\boldsymbol{x}_A$的$l_0$范数$\|\boldsymbol{x}_A\|_0$值为2，相当于计算了$\boldsymbol{x}_A$中所有不为零的元素个数；其$l_1$范数$\|\boldsymbol{x}_A\|_1$值为7，相当于图1.6中从原点$O$到点$A$的沿坐标轴经过的距离，即线段①+②；其$l_2$范数$\|\boldsymbol{x}_A\|_2$值为5，则是图1.6中从原点$O$到点$A$的最短的直线距离，即线段③；而当$p$趋于无穷时，其$l_\infty$范数$\|\boldsymbol{x}_A\|_\infty$值为4，对应的则是向量$\boldsymbol{x}_A$中绝对值最大的元素。

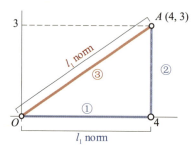

图1.6　二维平面l_1、l_2范数举例

如图1.7所示为在二维平面内l_p范数在单位圆内随不同p值 ($p > 0$) 的变化；如图1.8所示为相对应的三维视角，其中z轴代表着p值的变化；如图1.9所示为图1.8对应的平面等高线图。

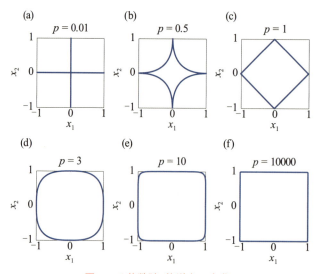

图1.7　l_p范数随p值增大而变化

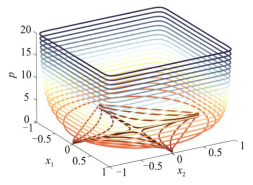

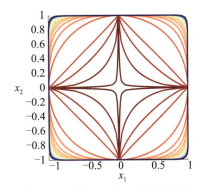

图1.8　三维视角下l_p范数随p值的变化　　　图1.9　l_p范数随p值的变化的等高线图

以下代码可以绘制图1.7。

```
B5_Ch1_3.m

clc; clear all; close all

% Set plot ranges
xrange = 1;
prange = [0.01, 0.5, 1, 3, 10, 10000];

% Define l_p norm equation
f = @(x1,x2,p)(abs(x1).^p+abs(x2).^p).^(1./p)-xrange;

% Plot
figure()
for i = 1:length(prange)
    subplot(2,3,i)
    pv = prange(i);
    fs = fimplicit(@(x1,x2) f(x1,x2,pv), ...
        [-xrange, xrange, -xrange, xrange], ...
        'LineWidth', 1.5);

    xlabel('{\it x}_{1}')
    ylabel('{\it x}_{2}')
    title(['{\it l}_{p} Norm with p = ', num2str(pv)])
    daspect([1,1,1])
end
```

以下代码可以绘制图1.8。

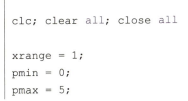

```
B5_Ch1_4.m

clc; clear all; close all

xrange = 1;
pmin = 0;
pmax = 5;
```

```matlab
alpha = 0.6;

f = @(x1,x2,p)(abs(x1).^p+abs(x2).^p).^(1./p)-xrange;

figure(1)
plot_contours(f,xrange)
view(60,30)

figure(2)
plot_contours(f,xrange)
view(0,90)
daspect([1,1,1])

figure(3)
plot_contours(f,xrange)
view(45,0)

function plot_contours(f,xrange)

prange = [0.25,0.5,0.75,1:20];
my_col = brewermap(length(prange),'RdYlBu');

for i = 1:length(prange)
    pv = prange(i);
    [x1, x2] = meshgrid(linspace(-xrange, xrange, 51),linspace(-xrange, xrange, 51)); hold on

    F = f(x1, x2, pv);
    C = contours(x1, x2, F, [0 0]);

    x1L = C(1, 1:end);
    x2L = C(2, 1:end);
    FL = interp2(x1, x2, F, x1L, x2L);

    line(x1L, x2L, FL+pv,'color',my_col(i,:), 'LineWidth', 1);
    hold on
end

hold off
xlabel('{\it x}_1'); ylabel('{\it x}_2'); zlabel('{\it p}')
end
```

下面回到回归模型优化问题的描述上来，对于岭回归，其优化问题的描述就是在普通线性回归模型上增加了另一个 l_2 范数项，即：

$$\boldsymbol{\beta}^* = \arg\min_{\boldsymbol{\beta} \in \mathbb{R}} \left(\|\boldsymbol{y}_t - \boldsymbol{X}_t \boldsymbol{\beta}\|_2 + \lambda \|\boldsymbol{\beta}\|_2 \right) \tag{1-25}$$

其中，优化变量仍然是回归系数 $\boldsymbol{\beta}$，但优化的目标函数是 $\|y_t - X_t\boldsymbol{\beta}\|_2 + \lambda\|\boldsymbol{\beta}\|_2$ 的值。这里添加 "$\lambda\|\boldsymbol{\beta}\|_2$" 项的做法，通常也被称为**正则化** (regularization)，是为了解决设定性问题而加入额外信息常用技术手段。

Lasso回归也是在普通线性回归优化模型的基础上添加了正则项，但与岭回归不同的是，Lasso回归添加的正则项采用了 l_1 范数，而不是 l_2 范数，如式1-26所示：

$$\boldsymbol{\beta}^* = \underset{\boldsymbol{\beta}\in\mathbb{R}}{\arg\min}\left(\|y_t - X_t\boldsymbol{\beta}\|_2 + \lambda\|\boldsymbol{\beta}\|_1\right) \tag{1-26}$$

此时，优化变量依旧是回归系数 $\boldsymbol{\beta}$，但目标函数是 $\|y_t - X_t\boldsymbol{\beta}\|_2 + \lambda\|\boldsymbol{\beta}\|_1$ 的值，控制正则项参数 λ 也称为Lasso参数。

表1.1将线性回归、岭回归及Lasso回归 (η_1)、岭回归及Lasso回归 (η_2) 的回归模型的优化问题描述进行了总结，并且使用了另外一种形式，即有约束地优化问题描述。图1.10则将对应的各个情况在二维情况下进行了可视化。

表1.1 线性回归、岭回归及Lasso回归的优化问题描述

	优化问题	解的示意图
线性回归 (linear regression)	$\boldsymbol{\beta}^* = \underset{\boldsymbol{\beta}\in\mathbb{R}}{\arg\min}\|y_t - X_t\boldsymbol{\beta}\|_2$	图1.10(a)
岭回归 (ridge regression)	$\boldsymbol{\beta}^* = \underset{\boldsymbol{\beta}\in\mathbb{R}}{\arg\min}\|y_t - X_t\boldsymbol{\beta}\|_2$ subject to $\|\boldsymbol{\beta}\|_2 \leqslant \eta$	图1.10 (b)、(c)
Lasso回归 (lasso regression)	$\boldsymbol{\beta}^* = \underset{\boldsymbol{\beta}\in\mathbb{R}}{\arg\min}\|y_t - X_t\boldsymbol{\beta}\|_2$ subject to $\|\boldsymbol{\beta}\|_1 \leqslant \eta$	图1.10(b)、(c)

对于普通线性回归，其优化问题就是最小化目标函数 $\|y_t - X_t\boldsymbol{\beta}\|_2$ 的值。如图1.10(a) 所示，点 $\boldsymbol{\beta}^*: [\beta_1^*, \beta_2^*]$ 是在二维情况下的优化解，其周围一圈圈的等高线是目标函数不同的值，越接近 $\boldsymbol{\beta}^*$ 目标函数的值越小，且在 $\boldsymbol{\beta}^*$ 处的值最小。

而对于岭回归，相当于在普通线性回归的优化问题上增加了一个**限制条件** (constraint)，要求系数 $\|\boldsymbol{\beta}\|_2 \leqslant \eta$。在二维平面内，这个限制相当于将系数 $\boldsymbol{\beta}$ 的解限制在了一个半径为 η 的圆内。如图1.10 (b) 和 (c) 所示，分别表示取不同的 η 值(η_1 和 η_2)的情况。这里每一个 η 值，都对应一个 λ 值，使得目标函数 $\|y_t - X_t\boldsymbol{\beta}\|_2 + \lambda\|\boldsymbol{\beta}\|_2$ 的值最小；但是随着 η 值增大，Lasso参数 λ 值会随着减小。

对于Lasso回归，额外添加的限制条件是要求系数 $\|\boldsymbol{\beta}\|_1 \leqslant \eta$，在二维平面内，这个限制相当于将系数 $\boldsymbol{\beta}$ 的解限制在了一个对角线长度为 2η 的正方形内。如图1.10 (b) 和 (c) 所示，分别表示是取不同的 η 值(η_1 和 η_2)的情况。同样的，这里每一个 η 值，都对应一个 λ 值，使得目标函数 $\|y_t - X_t\boldsymbol{\beta}\|_2 + \lambda\|\boldsymbol{\beta}\|_1$ 的值最小。由于Lasso回归的正则项是 l_1 范数，不像岭回归的正则项是 l_2 范数，所以在二维情况下前者的优化解范围是个正方形区域，而后者的是圆形区域。

仔细观察图1.10 (b) 可以发现，在 $\eta = \eta_1$ 时，由于添加的限制不同，岭回归的优化问题解 $\boldsymbol{\beta}_{\text{ridge}}^*: [\beta_{\text{ridge},1}^*, \beta_{\text{ridge},2}^*]$ 与Lasso回归的解 $\boldsymbol{\beta}_{\text{lasso}}^*: [\beta_{\text{lasso},1}^*, \beta_{\text{lasso},2}^*]$ 是不一样的，这两者与原来普通线性回归的

解 $\boldsymbol{\beta}^* : \left[\beta_1^*, \beta_2^*\right]$ 也不一样。当 η 减小到值 η_2 时，如图1.10 (c) 所示，Lasso回归的解 $\boldsymbol{\beta}_{\text{lasso}}^* : \left[\beta_{\text{lasso},1}^*, \beta_{\text{lasso},2}^*\right]$ 正好落在正方形区域的上顶点处，此时 $\beta_{\text{lasso},1}^* = \eta_1$ 且 $\beta_{\text{lasso},2}^* = 0$。这也是为什么在后面的例子中我们会看到，有些解释变量伴随着 η 由大变小在Lasso回归中会被排除出去。注意，此时岭回归的解 $\boldsymbol{\beta}_{\text{ridge}}^* : \left[\beta_{\text{ridge},1}^*, \beta_{\text{ridge},2}^*\right]$ 可能与Lasso回归解在图中的位置很接近，但并不一定重叠，主要取决于限定区域与原优化解 $\boldsymbol{\beta}^* : \left[\beta_1^*, \beta_2^*\right]$ 的相对位置。

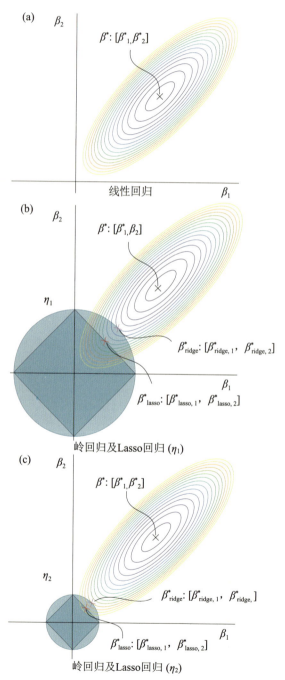

图1.10　二维平面中线性回归、岭回归及Lasso回归 (η_1)、岭回归及Lasso回归 (η_2) 优化问题解的示意图

在MATLAB中，可以直接调用lasso()函数来构建Lasso回归模型，并且使用lassoPlot()函数绘制系数β的解随Lasso参数λ变化的图像。继续使用之前岭回归的例子，运行以下代码。

```matlab
B5_Ch1_5.m

clc; clear all; close all

%% Import MATLAB data
load Data_CreditDefaults

% Matrix of regresor X
X = Data(:, 1:4);
% Number of observations
T_num = size(X,1);
% Regressand y
y = Data(:, 5);
VarNames = {'AGE','BBB','CPF','SPR'};

% Lasso regression
[Betas,Info] = lasso(X,y);

% Plot
[ax,figh] = lassoPlot(Betas, Info,'PlotType','Lambda');

ax.XGrid = 'on';
ax.YGrid = 'on';
ax.XLabel.String = 'Lasso Parameter';
ax.YLabel.String = 'Coefficients, Beta';

hlplot = ax.Children;
htraces = hlplot(4:-1:1);
set(hlplot,'LineWidth',2)
legend(htraces,VarNames,'Location','NW')
```

注意代码中，lassoPlot()函数使用了回归函数lasso()的结果。在设定线型和添加变量注释时，使用轴对象变量"hlplot = ax.Children"，并将其使用到注释添加函数legend()中。

运行以上代码得到的结果如图1.11所示。可以看到，当$\lambda = 0$时，Lasso回归中的l_1范数的正则项实际并没有发挥作用，回归结果与普通线性回归结果一样。当λ逐渐增大，Lasso回归的l_1范数正则项开始发挥作用。一开始回归的自由度(见图1.11中的df，这里指解释变量的个数)是4，然后变成3，首先被剔除的解释变量是SPR，其对应的系数值变为0，接着变成2，解释变量BBB被剔除，紧跟被剔除的是解释变量AGE，只剩下解释变量CPF，对应自由度为1。感兴趣的读者，可以参考前面岭回归的代码来计算一下这个Lasso回归的MSE随回归参数λ是如何变化的，是否也会得到与岭回归情况类似的结论。

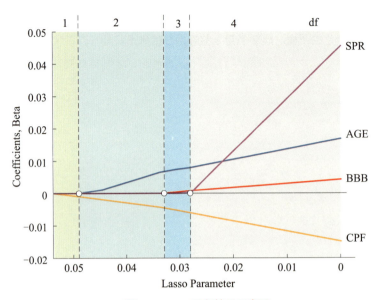

图1.11　Lasso回归结果示意图

1.4 协整性

本丛书第三本的时间序列章节介绍了时间序列的**平稳性**(stationarity)，以及通过单位根检验判断序列是否平稳的方法。如果时间序列本身需要通过d次的差分才能达到平稳，通常记为该时间序列具有$I(d)$的平稳性。例如，序列本身无须差分就是平稳的，就是$I(0)$平稳的；如果序列需要经过2次差分，那就是$I(2)$平稳的。而且，次数d也就是时间序列单位根的阶数。

对于n个时间序列变量$\{Y_{1,t}\},\{Y_{2,t}\},...,\{Y_{n,t}\}$，如果它们之间的线性组合构成新的时间序列$\{\tilde{Y}_t\}$，即：

$$\tilde{Y}_t = \beta_1 Y_{1,t} + \beta_2 Y_{2,t} + \cdots + \beta_{n-1} Y_{n-1,t} + \beta_n Y_{n,t} \tag{1-27}$$

且该序列是一个平稳的时间序列，那么就说在这n个时间序列之间存在**协整性** (cointegration)。这里只要求$\{\tilde{Y}_t\}$是$I(0)$平稳，对于变量$\{Y_{1,t}\},\{Y_{2,t}\},...,\{Y_{n,t}\}$，可以是任意的$I(d)$平稳。如果$\{Y_{1,t}\},\{Y_{2,t}\},...,\{Y_{n,t}\}$都是$I(0)$平稳的，那么一定满足协整性的要求，但往往这些变量中有些自身并非平稳序列，例如可以是$I(1)$平稳。而协整性的核心思想就是，利用系统中这些非平稳序列间的相互关联来减小系统单位根的阶数，从而构建一个更加平稳的系统。这与之前多重共线性的目标是截然不同的，因为多重共线性强调的是变量之间的独立性，侧重的是发现和排除系统中变量之间的关联。

判断n个时间序列变量是否存在协整性，可以采用**协整检验** (cointegration test)。到目前为止，已经多次利用假设检验的方法来判断变量之间是否存在某种性质或者关联。

一个常用的协整检验就是**Engle-Granger检验** (Engle-Granger cointegration test)。在MATLAB中可以直接调用函数egcitest()来实施这个检验，该函数输入含有n个时间序列变量$\{Y_{1,t}\},\{Y_{2,t}\},...,\{Y_{n,t}\}$的矩阵变量，然后建立式1-28所示的回归模型。

$$Y_{1,t} = \alpha_2 Y_{2,t} + \alpha_3 Y_{3,t} + \cdots + \alpha_n Y_{n,t} + \varepsilon_t \tag{1-28}$$

接着检测误差项序列 $\{\varepsilon_t\}$ 是否是 $I(0)$ 平稳的。Engle-Granger检验的零假设使变量之间不存在协整性，即误差项序列 $\{\varepsilon_t\}$ 有单位根存在，并非 $I(0)$ 平稳。

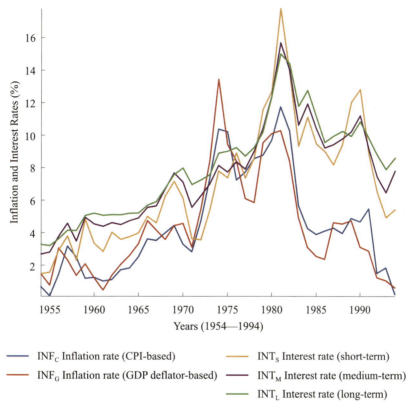

图1.12　加拿大1954—1994年历史通货膨胀和利率数据

下面利用MATLAB自带数据Data_Canada中的加拿大历史利率数据来应用Engle-Granger检验。该数据包括分别基于消费物价指数 (consumer price index, CPI) 和国内生产总值 (gross domestic product, GDP) 的通货膨胀系数 (inflation rate)，以及长期 (10年以上)、中期 (3年至5年) 和短期 (3个月) 的利率数据。调用函数egcitest()，运行以下代码。

```matlab
B5_Ch1_6_A.m

clear all; close all; clc

load Data_Canada

figure
plot(dates,Data,'LineWidth',1)
xlabel('Years (1954-1994)');
ylabel('Inflaction and Interest Rates (%)');

VarNames = series(1:end);
```

```
legend(VarNames,'location','NW')
title '{\bf Historical Canadian Interest Rates}';
axis tight
grid off

% Englie-Granger cointegration test
[h_egc, pValue_egc, stat_egc, cValue_egc] = ...
    egcitest(Data, 'test', {'t1'}, 'alpha', 0.05)
```

以上代码可以绘制图1.12，展示了各个历史数据，然后，Engle-Granger检验的结果为：

```
h_egc =

  logical

   1

pValue_egc =

    0.0024

stat_egc =

   -6.2491

cValue_egc =

   -4.7673
```

函数egcitest()输出结果中逻辑变量h_egc包含了假设检验的结论，"0"表示无法拒绝零假设，即不存在协整性；"1"表示可以拒绝零假设，即存在协整性。其他输出结果中，pValue_egc提过了假设检验的p值，stat_egc是假设检验得到的统计值，cValue_egc是假设检验在一定显著性水平上的**临界值** (critical value)。

函数egcitest()可以通过指令符'alpha'来设置显著性水平，默认情况下为5%。指令符'test'可以用来指定单位根假设检验的类型，默认情况下设定为{'t1'}，代表进行扩张的Dickey-Fuller检验 (augmented Dickey-Fuller test)。也可以使用**Phillips-Person检验** (Phillips-Person test)，对应的设定为{'t2'}。运行以下代码。

```
B5_Ch1_6_B.m
```

```
[h_egc, pValue_egc, stat_egc, cValue_egc] = ...
    egcitest(Data,'test',{'t2'},'alpha', 0.05)
```

在MATLAB中，Phillips-Person检验对应的函数是pptest()，与本丛书第三本时间序列章节介绍的KPSS检验一样，都可以用来检测时间序列的平稳性。指令符'test'也允许同时使用两个不同假设检验，需要同时定义该指令符为{'t1', 't2'}。运行以下代码。

```
B5_Ch1_6_C.m
```

```
[h_egc, pValue_egc, stat_egc, cValue_egc] = ...
    egcitest(Data,'test',{'t1','t2'},'alpha', 0.05)
```

此时，检验结果以向量的形式输出，同时包含两个不同检验方法得到的结果。运行结果为：

```
h_egc =

  1×2 logical array

   1   1

pValue_egc =

    0.0024    0.0012

stat_egc =

   -6.2491  -41.0675

cValue_egc =

   -4.7673  -29.1009
```

协整检验还有其他的方法，例如在MATLAB中就还有jcitest()和jcontest()这两个函数可以选择。但是这两个假设检验相对比较复杂。

感兴趣的读者可以参考下面的MATLAB网页链接。

https://www.mathworks.com/help/econ/jcitest.html
https://www.mathworks.com/help/econ/jcontest.html

1.5 向量误差修正模型

1987年，Clive Granger 和 Robert Engle在前人研究的基础上创造了"协整性"这一术语，他们提出的协整方法和模型也成为了宏观经济计量分析中的重要工具之一。这里，有一个应用广泛的模型，即**向量误差修正模型** (vector error correction model)。

对于一组多时间序列变量的 $\{Y_{1,t}\}, \{Y_{2,t}\}, ..., \{Y_{n,t}\}$，令：

$$Y_t = \left[Y_{1,t}, Y_{2,t}, ..., Y_{n,t} \right]^{\mathrm{T}} \tag{1-29}$$

当它们之间存在协整性时，对应的向量误差修正模型可由式1-30表示。

$$\Delta Y_t = CY_{t-1} + \sum_{i=1}^{q} B_i \Delta Y_{t-i} + c + \mu_t \tag{1-30}$$

式中：矩阵 C、B_i 以及向量 c 都是待求的系数；q 是 ΔY_{t-i} 中滞后系数 i 所能取的最大值；μ_t 是模型的误差项。且：

$$\Delta Y_t = Y_t - Y_{t-1} \tag{1-31}$$

$$\mu_t = \left[\mu_{1,t}, \mu_{2,t}, ..., \mu_{n,t} \right]^{\mathrm{T}} \tag{1-32}$$

为了方便理解这个模型并考虑后面的编程应用，这里利用1.4节介绍的Engle-Granger检验。当存在协整性时，$\{Y_{1,t}\}, \{Y_{2,t}\}, ..., \{Y_{n,t}\}$ 这些变量的线性组合可以构成一个平稳的时间序列。

$$\boldsymbol{\beta} Y_t = \beta_1 Y_{1,t} + \beta_2 Y_{2,t} + \cdots + \beta_{n-1} Y_{n-1,t} + \beta_n Y_{n,t} \qquad (1\text{-}33)$$

其中，协整系数向量：

$$\boldsymbol{\beta} = [\beta_1, \beta_2, ..., \beta_n] \qquad (1\text{-}34)$$

此时 $\boldsymbol{\beta} Y_t$ 实际上表达的是线性组合的误差项。

在Engle-Granger检验中，会构建如式1-35所示的回归模型。

$$Y_{1,t} = \alpha_2 Y_{2,t} + \alpha_3 Y_{3,t} + \cdots + \alpha_n Y_{n,t} + \varepsilon_t \qquad (1\text{-}35)$$

将式1-35适当变形后可以发现误差序列 $\{\varepsilon_t\}$ 为：

$$\varepsilon_t = Y_{1,t} - \alpha_2 Y_{2,t} - \alpha_3 Y_{3,t} - \cdots - \alpha_n Y_{n,t} \qquad (1\text{-}36)$$

对于存在协整性的系数，这里 $\{Y_{1,t}\}, \{Y_{2,t}\}, ..., \{Y_{n,t}\}$ 的线性组合实际上已经提供了协整系数向量 $\boldsymbol{\beta}$ 的一种可能情况，即：

$$\boldsymbol{\beta}^* = [1, -\boldsymbol{\alpha}] \qquad (1\text{-}37)$$

其中：

$$\boldsymbol{\alpha} = [\alpha_1, \alpha_2, ..., \alpha_n] \qquad (1\text{-}38)$$

那么 $\boldsymbol{\beta}^* Y_t$ 任何其他线性的变化 (回顾之前在向量变化中提到的平移和缩放) 也都可以是 $\boldsymbol{\beta} Y_t$ 的解，即 $\boldsymbol{\beta} Y_t$ 的通解可以看作：

$$\lambda \left(\boldsymbol{\beta}^* Y_t + c_0 \right) \qquad (1\text{-}39)$$

其中，c_0 是平移项，λ 是缩放向量。

$$\lambda = [\lambda_1, \lambda_2, ..., \lambda_n] \qquad (1\text{-}40)$$

本质上来讲，$\lambda \left(\boldsymbol{\beta}^* Y_t + c_0 \right)$ 依旧是误差项的一种线性变化后的表达形式。到目前为止，从数据层面上来看，模型还是停留在 $\{Y_{1,t}\}, \{Y_{2,t}\}, ..., \{Y_{n,t}\}$ 变量原始值上，即没有额外的数据变化，并且在 $t-1$ 时刻对 $\lambda \left(\boldsymbol{\beta}^* Y_{t-1} + c_0 \right)$ 的理解，与在 t 时刻对 $\lambda \left(\boldsymbol{\beta}^* Y_t + c_0 \right)$ 的理解也是一样的。

接下来就是向量误差模型中，针对误差修正的操作。这里引入了 ΔY_t，纳入考虑范畴内的是原始数据值的差分变化。并且针对包含误差信息的 $\lambda \left(\boldsymbol{\beta}^* Y_{t-1} + c_0 \right)$，构建了如式1-41所示的回归模型。

$$\boldsymbol{\alpha} \left(\boldsymbol{\beta}^* Y_{t-1} + c_0 \right) = -\Delta Y_t + \sum_{i=1}^{q} \boldsymbol{B}_i \Delta Y_{t-i} + c_1 + \boldsymbol{\mu}_t \qquad (1\text{-}41)$$

注意，这里为了后面方便推导，强制 ΔY_t 项的符号为 -1，实际上这并不影响问题的具体求解，因

为未知量 $\boldsymbol{\alpha}$、$\boldsymbol{B}_i$ 和 $\boldsymbol{c}_1$ 的解会随之变化。同时更要强调的是，这里还引入了其他滞后项 $\Delta\boldsymbol{Y}_{t-i}$，回归的形式与本丛书第三本时间序列章节介绍的自向量回归模型已经是异曲同工了。对式1-41再进行下面的变形，首先将 $\Delta\boldsymbol{Y}_t$ 移到等号左边。

$$\Delta\boldsymbol{Y}_t = \lambda\left(\boldsymbol{\beta}^*\boldsymbol{Y}_{t-1} + c_0\right) + \sum_{i=1}^{q}\boldsymbol{B}_i\Delta\boldsymbol{Y}_{t-i} + \boldsymbol{c}_1 + \boldsymbol{\mu}_t \tag{1-42}$$

然后消去括号：

$$\Delta\boldsymbol{Y}_t = \lambda\boldsymbol{\beta}^*\boldsymbol{Y}_{t-1} + \sum_{i=1}^{q}\boldsymbol{B}_i\Delta\boldsymbol{Y}_{t-i} + \lambda c_0 + \boldsymbol{c}_1 + \boldsymbol{\mu}_t \tag{1-43}$$

想必读者们已经能够观察出来，只要令：

$$\begin{cases} \lambda\boldsymbol{\beta}^* = \boldsymbol{C} \\ \lambda c_0 + \boldsymbol{c}_1 = \boldsymbol{c} \end{cases} \tag{1-44}$$

直接就可以对应到向量误差修正模型的通式了。

注意这里出现了两个误差项 ε_t 和 $\boldsymbol{\mu}_t$。误差项 ε_t 可以看作时间序列 $\{Y_{1,t}\},\{Y_{2,t}\},...,\{Y_{n,t}\}$ 之间通过回归模型不能相互解释的部分，体现了各个变量之间在长期和整体上的联系，并且暗含在通式 $\boldsymbol{CY}_{t-1}$ 项中。而误差项 $\boldsymbol{\mu}_t$，则是考虑了短期局部变化 $\{\Delta Y_{1,t}\},\{\Delta Y_{2,t}\},...,\{\Delta Y_{n,t}\}$ 和 $\{\varepsilon_t\}$ 之间的联系，再进一步修正了原始误差项之后模型最终的误差，并且是通过在回归中引入 $\sum_{i=1}^{q}\boldsymbol{B}_i\Delta\boldsymbol{Y}_{t-i}$ 项来完成的。既能利用时间序列之间长期和整体上联系，又能考虑它们短期和局部的联系，这也是误差修正模型异于其他模型的一个显著特征。

在上面的推导过程中，实际上还隐藏了向量误差修正模型求解的两种不同的思路。第一种思路是直接从通式出发，将未知量 $\boldsymbol{C}$、$\boldsymbol{B}_i$ 以及 $\boldsymbol{c}$ 同时代入优化问题求解，做法简单直观，但是往往由于问题的维度过高或数据过多的原因导致计算量极大而且精度不够。第二种思路则跟刚刚的讲解很类似，首先获得在变量 $\boldsymbol{Y}_t$ 原始值水平上的回归模型解，即 $\left(\boldsymbol{\beta}^*\boldsymbol{Y}_{t-1} + c_0\right)$ 的解，然后再进一步求解 λ 和 $\boldsymbol{c}_1$。该做法最大的好处就是计算方便，未知量之间的关系十分清晰，免去了优化问题求解的大量运算。

以下的代码同样延续了1.4节加拿大历史数据的例子，编程实现了5个时间序列变量的向量误差修正模型，具体代码如下。

```matlab
B5_Ch1_7.m

clear all; close all; clc

% Inflation and interest rates data
load Data_Canada
[numObs,numY] = size(Data);

% Englie-Granger cointegration test
% Obtain long-term equilibrium
[~,~,~,~,reg] = egcitest(Data,'test','t2');
```

```
c0 = reg.coeff(1);

alpha = reg.coeff(2:5);

beta = [1;-alpha];

% Obtain short-term equilibrium
% Maximum number of lags
q = 3;
tBase = (q+2):numObs;
T = length(tBase);

% Create Y_t-i, i=1,2,...,q
YLags = lagmatrix(Data,0:(q+1));

LY = YLags(tBase,(numY+1):2*numY);

% Create system equation
DeltaYLags = zeros(T,(q+1)*numY);

for k = 1:(q+1)
    DeltaYLags(:,((k-1)*numY+1):k*numY) = ...
            YLags(tBase,((k-1)*numY+1):k*numY) ...
        - YLags(tBase,(k*numY+1):(k+1)*numY);
end

DY = DeltaYLags(:,1:numY);
DLY = DeltaYLags(:,(numY+1):end);

% Solve equation
X = [(LY*beta-c0), DLY, ones(T,1)];
Result = (X\DY)';

% Seperate results
lambda = Result(:,1);
B1 = Result(:,2:6);
B2 = Result(:,7:11);
B3 = Result(:,12:16);
c1 = Result(:,end);


lambda,alpha,c0,B1,B2,B3,c1
```

以上代码就是采用了刚刚介绍的"两步走"的做法，分别求得模型的各个未知量，即 $\boldsymbol{\beta}^*$、c_0、$\boldsymbol{B}_i$、$\boldsymbol{\lambda}$ 和 c_1。注意代码中对 $\boldsymbol{\beta}^*$ 和 c_0 的求解利用了Engle-Granger假设检验egcitest()函数的结果。代码运行得到的结果为：

```
lambda =
```

```
        -0.3041
         0.7262
         2.6742
         1.8815
         1.2630

alpha =

         0.7547
         0.1617
        -0.0916
         0.2161

c0 =

        -1.0035

B1 =

        -0.2017      0.3025     -0.1876      1.6382     -1.4008
        -0.0865      0.2736     -0.3580      1.5903     -1.3254
        -2.2492      1.7270     -0.6737      3.2161     -2.8695
        -1.5127      1.2608     -0.1728      1.8437     -1.9343
        -0.9408      0.8753     -0.0958      1.4323     -1.4674

B2 =

        -0.0707      0.4026     -0.2170      0.3046     -0.4234
         0.2248      0.3259     -0.6336      0.4567     -0.2926
        -1.6768      1.8253     -0.7069      2.5519     -2.0962
        -1.2941      1.1985     -0.2368      1.3250     -1.2100
        -0.8331      0.7825     -0.1902      1.0952     -0.9849

B3 =

        -0.1751     -0.0981      0.5069     -1.5312      1.2314
        -0.2434     -0.1005      0.2346     -1.0898      0.7924
        -0.3860      1.0491     -0.2691      1.1207     -1.3072
        -0.1350      0.6378     -0.1053      0.6477     -0.5862
         0.0356      0.3272     -0.0824      0.6406     -0.4477

c1 =

         0.0387
         0.0784
         0.3547
         0.2362
         0.1920
```

蒙特卡罗模拟 Ⅲ

想要通过数学方法产生随机数的任何人，都罪孽深重。

Anyone who considers arithmetical methods of producing random digits is, of course, in a state of sin.

——约翰·冯·诺依曼 (John Von Neumann)

Core Functions and Syntaxes
本章核心命令代码

- ◄ `diff()` 函数可计算输入向量或矩阵特定维度上相连元素的差值
- ◄ `eigs(A,k)` 函数返回 k 个模最大的特征值
- ◄ `fetch(c,series,startdate,enddate)` 可以用来从各种数据库获得数据，比如 FRED 等
- ◄ `floor()` 地板函数，向小的方向取整
- ◄ `haltonset(d)` 函数产生 Halton 序列
- ◄ `histogram()` 创建直方图
- ◄ `inv(A)` 计算方阵逆矩阵，相当于 A^(-1)
- ◄ `lhsdesign()` 函数产生拉丁超立方序列
- ◄ `mod()` 函数用来求解余数
- ◄ `nchoosek(n,k)` 函数提供当 n 为整数时，从 n 个变量中选取 k 个变量进行排列的情况总数；当 n 为序列时，提供相应的具体排列情况
- ◄ `norminv()` 正态分布累计分布函数逆函数
- ◄ `rand` 返回一个在区间 (0,1) 内均匀分布的随机数
- ◄ `randn()` 标准正态分布随机数生成器
- ◄ `randperm(n)` 函数返回行向量，其中包含从 1 到 n 没有重复元素的整数随机排列
- ◄ `scatter3(x, y, z)` 绘制三维散点图
- ◄ `sobolset()` 函数产生 Sobol 序列
- ◄ `sort(A)` 按升序对 A 的元素进行排序；如果 A 是矩阵，则 `sort(A)` 会将 A 的列视为向量并对每列进行排序

2.1 跳跃过程

本丛书第三本的相关章节介绍了蒙特卡罗模拟的基本思想，模拟过程中如何产生特定分布的随机数，减小模拟结果方差，以及蒙特卡罗模拟在期权定价中的应用。其中涉及了布朗运动和几何布朗运动，在它们对随机过程的描述中都应用到了高斯分布。本节将在原有高斯模型的基础上介绍**跳跃过程** (jump process) 来模拟随机数列中的"跳跃"现象。反映在数据上，就是数据在数值上突然地跃升或跌落，例如股票价格突然的上升或者下降。这些被观察到的跳跃数据，也是造成测量分布展现出肥尾现象的重要原因之一。

跳跃过程可以由**泊松过程** (poisson process) 来描述，通过**泊松分布** (poisson distribution) 可以对在一段时间内跳跃情况出现的频率进行分析。而对于跳跃的幅度，则有不同的处理策略。

先来回顾一下几何布朗运动，其对应的随机微分模型是：

$$dS_t = S_t \left(\mu dt + \sigma dW_t \right) \tag{2-1}$$

其中，W_t表示一个维纳过程，服从正态分布$N(0, t)$；dW_t作为该过程无穷小的变量。

对于维纳过程详细的介绍，读者可参考本丛书第二本的随机过程的章节。而引入跳跃过程后的几何布朗运动，即构成一个**几何跳跃扩散模型** (jump diffusion model)。如图2.1演示了一个加入了跳跃过程的几何布朗运动，曲线前后的变化十分明显。

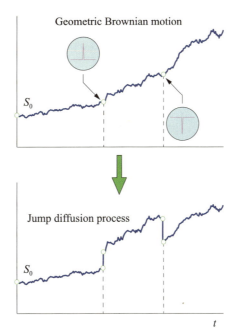

图2.1　加入跳跃过程的几何布朗运动

几何跳跃扩散模型对应的随机微分形式可表示为：

$$dS_t = S_t \left[\mu dt + \sigma dW_t + J(Q) dN_t \right] \tag{2-2}$$

与几何布朗运动的公式相比较，唯一的区别就是等式右边括号内多了一项$J(Q)dN_t$。这一项正是被引入的"跳跃项"，描述的是在时间dt内可能出现的跳跃性变化。dN_t是一个服从泊松分布的随机过程，独立于$\mathrm{d}W_t$，其概率满足：

$$P\left(\mathrm{d}N_t = k\right) = \frac{(\lambda \mathrm{d}t)^k \exp(-\lambda \mathrm{d}t)}{k!} \tag{2-3}$$

其中，参数λ是在时间$\mathrm{d}t$内跳跃事件的发生率；k是可能发生的次数，取整数值，如0、1、2、3等。正如本丛书第一本关于离散概率分布的介绍，用泊松分布模拟跳跃过程是很常见的应用。

与此同时，$J(Q)$是控制跳跃幅度的随机变量，独立于控制跳跃发生的泊松过程$\mathrm{d}N_t$。这里的Q是一个标记变量，也可以看作一个随机变量，为了方便后面介绍服从均匀分布的跳跃，此处先引入Q。大家可以先将$J(Q)$作为一个整体来看。整个跳跃项$J(Q)\mathrm{d}N_t$的期望满足式2-4。

$$\mathrm{E}\left[J\left(Q\right)\mathrm{d}N_t\right] = \mathrm{E}\left[J\left(Q\right)\right]\mathrm{E}\left[\mathrm{d}N_t\right] = \mathrm{E}\left[J\left(Q\right)\right]\lambda \mathrm{d}t \tag{2-4}$$

其方差满足。

$$\mathrm{var}\left[J\left(Q\right)\mathrm{d}N_t\right] = \mathrm{E}\left[J^2\left(Q\right)\right]\mathrm{E}\left[\mathrm{d}N_t\right] = \mathrm{E}\left[J^2\left(Q\right)\right]\lambda \mathrm{d}t \tag{2-5}$$

当$\lambda \mathrm{d}t$足够小时，$\exp(-\lambda \mathrm{d}t)$的值趋近于1，考虑在时间$\mathrm{d}t$内，仅出现一次跳跃的概率$P(\mathrm{d}N_t = 1)$，可以近似为：

$$P\left(\mathrm{d}N_t = 1\right) = (\lambda \mathrm{d}t)\exp(-\lambda \mathrm{d}t) \approx \lambda \mathrm{d}t \tag{2-6}$$

类似地，发生其他k次跳跃 $(k > 1)$ 对应的概率，也能近似为：

$$P\left(\mathrm{d}N_t = k\right) = \frac{(\lambda \mathrm{d}t)^k \exp(-\lambda \mathrm{d}t)}{k!} \approx \frac{1}{k!} \cdot (\lambda \mathrm{d}t)^k \tag{2-7}$$

$\lambda \mathrm{d}t$的k次幂 $(\lambda \mathrm{d}t)^k$ 在$\lambda \mathrm{d}t$足够小时 (此时$\lambda \mathrm{d}t$必定小于1)，显然会比$\lambda \mathrm{d}t$更小。而且，分母上的阶乘$k!$一定比1大，还会随着k的增大而迅速增大，进一步显著减小的值 $(\lambda \mathrm{d}t)^k$，甚至可以忽略不计。

这样一来，在时间间隔$\mathrm{d}t$很小时，就可以假设时间$\mathrm{d}t$内会发生且仅发生一次跳跃，即在时间$\mathrm{d}t$内要么有跳跃，要么没有跳跃。在该假设下，泊松过程$\mathrm{d}N_t$进一步简化并服从**伯努利分布** (bernoulli distribution)。这就是跳跃过程在极短时间内遵循的1-0法则：1表示跳跃事件发生，0表示该事件没有发生。

如果暂时忽略几何跳跃扩散模型中的漂移项$\mu \mathrm{d}t$和扩散项$\sigma \mathrm{d}W_t$，考虑只存在跳跃项的情况。

$$\mathrm{d}S_t = S_t\left[J\left(Q\right) \cdot \mathrm{d}N_t\right] \tag{2-8}$$

假若从时刻t到时刻$t + 1$发生了一次跳跃，此时$\mathrm{d}N_t = 1$，那么在$t + 1$时刻的S_{t+1}就可以表示成。

$$S_{t+1} = S_t + S_t J\left(Q\right) = S_t\left[1 + J\left(Q\right)\right] \tag{2-9}$$

为了保证S_{t+1}始终为正 $(S_{t+1} > 0)$，这里暗含了一个需要满足的隐形条件：$J(Q) > -1$。利用**伊藤积分** (ito calculus) 可以找到式2-9对应的对数形式，如式2-10所示。

$$\begin{aligned}
\mathrm{d}\left(\ln S_t\right) &= \left\{\ln\left[S_t + S_t J\left(Q\right)\right] - \ln S_t\right\}\mathrm{d}N_t \\
&= \ln\frac{S_t + S_t J\left(Q\right)}{S_t}\mathrm{d}N_t \\
&= \ln\left[1 + J\left(Q\right)\right]\mathrm{d}N_t
\end{aligned} \tag{2-10}$$

再将漂移项$\mu \mathrm{d}t$和扩散项$\sigma \mathrm{d}W_t$考虑进来，几何跳跃扩散模型的对数形式即为：

$$\mathrm{d}\left(\ln S_t\right) = \left(\mu - \frac{\sigma^2}{2}\right)\mathrm{d}t + \sigma \mathrm{d}W_t + \ln\left[1 + J\left(Q\right)\right]\mathrm{d}N_t \qquad (2\text{-}11)$$

方便起见，这里令：

$$\mu_\sigma = \mu - \frac{\sigma^2}{2} \qquad (2\text{-}12)$$

由此可以得到简化的对数形式几何跳跃扩散模型：

$$\mathrm{d}\left(\ln S_t\right) = \mu_\sigma \mathrm{d}t + \sigma \mathrm{d}W_t + \ln\left[1 + J\right]\mathrm{d}N_t \qquad (2\text{-}13)$$

这里顺带介绍一下，该随机微分方程的解为：

$$\ln S_t = \ln S_0 + \int_0^t \mu_\sigma \mathrm{d}t + \sigma \mathrm{d}W_t + \ln\left[1 + J\right]\mathrm{d}N_t \qquad (2\text{-}14)$$

这个积分解一共包含了三个有专属名称的积分，首先是**黎曼积分**（riemann integral）：$\int_0^t \mu_\sigma \mathrm{d}t$。然后是**维纳积分**（wiener integral）：$\int_0^t \sigma \mathrm{d}W_t$。接着是**泊松跳跃积分**（poisson jump integral）：$\int_0^t \ln\left[1 + J\right]\mathrm{d}N_t$。

让标记变量Q满足如式2-15所示关系。

$$Q = \ln\left[1 + J\left(Q\right)\right] \qquad (2\text{-}15)$$

在$J(Q) > -1$的条件下，取值范围在区间$(-\infty, +\infty)$上。注意，$J(Q)$和Q都是控制跳跃幅度的变量，但是它们分别作用在不同的水平上：$J(Q)$作用在S_t上，而Q作用在$\ln(S_t)$上。根据几何跳跃扩散模型的对数形式，在时间间隔上，可由前向有限差分近似得到。

$$\Delta\left(\ln S_t\right) = \ln S_{t+1} - \ln S_t = \mu_\sigma \Delta t + \sigma \Delta W_t + Q \Delta N_t \qquad (2\text{-}16)$$

即在t和$t+1$时刻上，S_t和S_{t+1}之间的关系可以近似为：

$$\ln S_{t+1} = \ln S_t + \mu_\sigma \Delta t + \sigma \Delta W_t + Q \Delta N_t \qquad (2\text{-}17)$$

在该等式两边取指数，就有：

$$S_{t+1} = S_t \exp\left(\mu_\sigma \Delta t + \sigma \Delta W_t + Q \Delta N_t\right) \qquad (2\text{-}18)$$

ΔW_t是微小的**维纳增量**（wiener increment），ΔN_t是微小的**泊松增量**（poisson increment）。对几何跳跃扩散模型的积分解进行同样操作，两边也取指数形式，可以得到式2-19。

$$S_t = S_0 \exp\left(\int_0^t \mu_\sigma \mathrm{d}t + \sigma \mathrm{d}W_t + \ln\left[1 + J\left(Q\right)\right]\mathrm{d}N_t\right) \qquad (2\text{-}19)$$

仔细观察可以发现，无论是理论的精确解还是前向差分的近似解，两者都是一致的。

再来看看对跳跃幅度(即标记变量Q)的处理。一个常采用的措施是假设随机变量Q在区间$[Q_a, Q_b]$上服从均匀分布。这里有$Q_a < 0 < Q_b$，既存在"正"的跳跃，最大幅度为Q_b；也存在"负"的跳跃，

最大幅度为Q_a；也存在"零"跳跃，即$Q=0$的情况。在Q服从均匀分布时，其概率密度函数为：

$$\varphi_Q(q) = \frac{U(q;Q_a,Q_b)}{Q_b - Q_a}\tag{2-20}$$

单位阶跃函数U被区间$[Q_a, Q_b]$的长度$(Q_b - Q_a)$归一化。变量Q的期望为：

$$\mathrm{E}[Q] = \frac{Q_b + Q_a}{2}\tag{2-21}$$

其方差为：

$$\mathrm{var}[Q] = \frac{1}{Q_b - Q_a}\int_{Q_a}^{Q_b}\left(q - \frac{Q_b + Q_a}{2}\right)^2\mathrm{d}q = \frac{(Q_b - Q_a)^2}{12}\tag{2-22}$$

根据Q与$J(Q)$的关系，通过反函数可以得到：

$$J(Q) = e^Q - 1\tag{2-23}$$

此时$J(Q)$服从的是对数均匀分布，并且其期望为：

$$\mathrm{E}\big[J(Q)\big] = \frac{1}{Q_b - Q_a}\int_{Q_a}^{Q_b}\left(e^Q - 1\right)\mathrm{d}q = \frac{e^{Q_b} - e^{Q_a}}{Q_b - Q_a} - 1\tag{2-24}$$

当然，更简单的操作是假设变量Q等于一个常数，比喻单位增量"1"或者是期望值$\mathrm{E}[Q]$，这个需要根据具体的情况而定。

以下代码基于几何跳跃扩散模型，模拟了一只股票的价格跳跃的情况。这里一共实现了两种情形：一种是变量Q服从均匀分布的情况，另一种是变量Q被设定为一个常数的情况。代码首先设定了股票的起始价格、漂移项、扩散项、时间跨度及时间步数等。然后设定了泊松跳跃过程的参数λ、均匀分布的上下限Q_a和Q_b等。接下来则按照模型的数学描述计算所需的量值，例如$\mathrm{E}[J(Q)]$、$\mathrm{E}[S_t]$、S_t、ΔS_t等。建议大家结合所介绍的模型公式——对应地来更好地理解代码每一步具体在计算什么。运行以下代码。

`B5_Ch2_1.m`

```
close all; clear all; clc

% Set up random number generator
rng(19)

% Set up parameters of stock
S0 = 50;
mu = 0.25;
sigma = 0.1;
musig = mu - 0.5*sigma^2;

% Set up time horizon
time = 10;
steps = 500;
```

```
dt = time/steps;
sqrt_dt = sqrt(dt);

% Set up Poisson Jump Process
% Rate of jumps per year
lambda = 0.5;
% Max Jump Down, Up
Qa = -1.4;
Qb = 0.6;

% Expected Jump size to last stock price E[J(Q)]
JQExpect = (exp(Qb)-exp(Qa))/(Qb-Qa) - 1;

% Set up starting point t = 0;
% Uniform-distribution jump
S_Udist(1) = S0;
DeltaS_Udist(1) = 0;
SExpect_Udist(1) = S0;

% One-size/Constant jump
S_OneSize(1) = S0;
DeltaS_OneSize(1) = 0;
SExpect_OneSize(1) = S0;

% Count total numbe of jumps
jumptot = 0;

% Simulation starts
for i = 2:steps

    % Compute expectation of S_t+1 based on S_t
    SExpect_Udist(i) = ...
        SExpect_Udist(i-1)*exp(mu*dt + JQExpect*lambda*dt);


    SExpect_OneSize(i) = ...
        SExpect_OneSize(i-1)*exp(mu*dt + JQExpect*lambda*dt);

    % Poisson process is determined by comparing
    % lambda*dt and the random number
    RandNumberA = rand;

    % Normal-distribution random number for diffusion
    RandNumberB = randn;

    % There is a JUMP when the "if" condition satisified
    if (lambda*dt > RandNumberA)
        jumptot = jumptot + 1;
```

```matlab
        % Uniform-distribution jump
        RandNumberC = rand;
        Q = Qa+(Qb-Qa)*RandNumberC;


        S_Udist(i) = S_Udist(i-1)*...
            exp(musig*dt + sigma*sqrt_dt*RandNumberB + Q);


        DeltaS_Udist(i) = S_Udist(i-1)*(exp(Q)-1);


        % One-size Jump
        S_OneSize(i) = S_OneSize(i-1)*...
            exp(musig*dt + sigma*sqrt_dt*RandNumberB + ...
            JQExpect);


        DeltaS_OneSize(i) = S_OneSize(i-1)*(exp(JQExpect)-1);

    else
        % There is NO JUMP
        % For the case of Uniform-distribution jump
        S_Udist(i) = S_Udist(i-1)*...
            exp(musig*dt + sigma*sqrt_dt*RandNumberB);


        DeltaS_Udist(i) = 0;


        % For the case of One-size Jump
        S_OneSize(i) = S_OneSize(i-1)*...
            exp(musig*dt + sigma*sqrt_dt*RandNumberB);


        DeltaS_OneSize(i) = 0;


    end

end

xax = (1:steps)*dt;

% Plotting
figure
plot(xax,SExpect_Udist,':',xax,S_Udist,xax, DeltaS_Udist,'--')
legend('Expected {\itS}_{\itt}', '{\itS}_{\itt}',
'\Delta{\itS}_{\itt}',... 'Location', 'NorthWest')
title('{\itS}_{\itt} with Distributed Jump')
xlabel('Years')
ylabel('{\itS}_{\itt}')
axis tight
```

```
figure
plot(xax, SExpect_OneSize, ':', xax, S_OneSize, xax, DeltaS_OneSize,'--')
legend('Expected {\itS}_{\itt}', '{\itS}_{\itt}', '\Delta{\itS}_{\itt}',...
    'Location', 'NorthWest')
title('{\itS}_{\itt} with One-Size Jump')
xlabel('Years')
ylabel('{\itS}_{\itt}')
axis tight
```

以上代码中需要注意的是三个随机数变量"RandNumberA""RandNumberB""RandNumberC"。这三个随机数变量分别对应三个各自独立的随机过程，之间互不干扰。随机数变量"RandNumberA"是在区间 [0, 1] 上服从均匀分布，通过比较"RandNumberA"与λdt的大小，巧妙地模拟了泊松随机过程，确定了单个时间步长内是否有跳跃发生。随机数变量"RandNumberB"对应的则是模型中的维纳过程，服从标准正态分布，这个十分容易理解。随机数变量"RandNumberC"在区间 $[Q_a, Q_b]$ 上服从均匀分布，提供的是变量Q的取值，对应跳跃幅度服从均匀分布的情况。

以代码运行的结果展示在了图2.2和图2.3中。如图2.2所示是跳跃幅度Q服从均匀分布时股票价格的变化，可以发现在整个时间段上既有"正跳跃"也有"负跳跃"，而且幅度有大有小，各不相同。如图2.3所示是跳跃幅度Q为一常数时股票价格的变化，可以看到整个时间段上只有"负跳跃"。这是由于代码中将变量Q设定为了一个负值。但是，也能观察到虽然跳跃方向相同，但幅度并不相同。这主要是因为变量Q作用于股票价格的对数变化上，而不是价格的原始水平上。与此同时，跳跃幅度还取决于上一时刻的股票价格，在变量Q为定值时，上一时刻股票价格越大，导致的跳跃幅度也会越大。两幅图中显示的 ΔS_t图像，只表征跳跃幅度的方向和大小，并不包括一般情况下股票价格的变化。

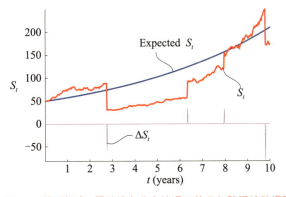

图2.2　跳跃幅度Q服从均匀分布情况下的几何跳跃扩散模型

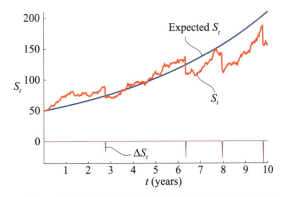

图2.3　跳跃幅度Q为常数情况下的几何跳跃扩散模型

除了均匀分布，变量Q还可以服从其他分布。选择其他分布的主要目的是更贴合数据的尾部分布，或者是方便将跳跃模型应用于资产、期望、期权等的定价中。其中一个常用的分布是正态分布，变量Q的概率密度函数为：

$$\varphi_Q(q) = \frac{1}{\sqrt{2\pi\sigma_j^2}} \exp\left(-\frac{(q-\mu_j)^2}{2\sigma_j^2}\right) \tag{2-25}$$

其中，μ_j和σ_j^2分别为相应的期望和方差。Robert Merton认为在资产估值的Merton模型中，可以在服从对数正态分布的漂移项上再添加一个同样满足对数正态分布的跳跃项，由此可以模拟资产价值数据中的肥尾现象。

另一个常用的分布是**双指数分布** (double exponential distribution)。S. G. Kou于2002年将它利用到跳跃项的模拟中，并展示了该模型在路径依赖期权和利率衍生品定价中的适用性。此时，变量Q满足如式2-26所示的概率密度函数。

$$\varphi_Q(q) = \begin{cases} p_1\eta_1 \cdot \exp(\eta_1 q), & q < 0 \\ p_2\eta_2 \cdot \exp(-\eta_2 q), & q \geq 0 \end{cases} \tag{2-26}$$

其中，p_1是发生向上跳跃的概率，p_2是发生向下跳跃的概率，并且两者之和为1。参数和满足：

$$\eta_1 = \frac{1}{\mu_1}, \ \eta_2 = \frac{1}{\mu_2} \tag{2-27}$$

其中，μ_1和μ_2分别是分布的单侧期望，即在$q < 0$和$q \geq 0$两种不同情况下的双指数分布展现出来的均值。

2.2 拟蒙特卡罗模拟

当待解问题的维度明显增加时，蒙特卡罗模拟的收敛速度会明显降低。这个现象在求解高维的复杂积分，例如十几维或者几十维时，尤其突出，这主要是由于随机问题本身的随机特性决定的。为此，研究人员试图利用**确定性序列** (deterministic series) 代替随机序列。这里的确定性序列由**确定型模型** (deterministic model) 产生，完全不含任何的随机成分。它可以看作随机序列的简化版，但是又要具备随机序列的"随机性"。

这里使用到的确定性序列是**低差异性序列** (low-discrepancy sequence)，也称为**准随机乱数** (quasi-random number)。**拟蒙特卡罗模拟** (quasi monte carlo simulation)就是使用了低差异性序列的蒙特卡罗模拟，这也是它与传统蒙特卡罗模拟的根本区别。所谓的"低差异"指的是所使用的确定性序列与均匀分布随机序列之间的区别很小。对于任意整数n而言，低差异性序列的前n个元素在区间 $[0, 1]$ 上几乎服从均匀分布。

本节将介绍几种常用的低差异性序列，即**Van Der Corput序列** (van der corput sequence)、**Halton序列** (halton sequence)、**Faure序列** (faure sequence)、**Sobol序列** (sobol sequence) 和**拉丁超立方序列** (latin hypercube)。

Van Der Corput序列是拟蒙特卡罗模拟中最基本和最常用的准随机乱数，由荷兰数学家J. G. Van Der Corput (范德科皮特)于1935年提出。该序列定义在区间 [0, 1] 上，预先选取一个**基数** (base)，这里用 b 来表示，并用 n 来表示自然数：

$$n = \sum_{k=0}^{m} d_k(n) b^k \tag{2-28}$$

将式2-28展开可以发现，该式实际上试图用基数 b 的多项式 (polynomail) 来表征 n。

$$n = d_0(n) + d_1(n)b + d_2(n)b^2 + \cdots + d_{m-1}(n)b^{m-1} + d_m(n)b^m \tag{2-29}$$

其中，$d_k(n)$ 满足当 $k \leqslant m$ 时 $0 \leqslant d_k(n) < b$；当 $k > m$ 时 $d_k(n) = 0$。这个过程实际上就是在 b 进制下来表示自然数 n。

在得到了 $d_k(n)$ 后，通过式2-30就可以得到Van Der Corput序列中的第 n 个元素 $g_b(n)$。

$$g_b(n) = \sum_{k=0}^{m} \frac{d_k(n)}{b^{k+1}} \tag{2-30}$$

以下代码中的用户自定义函数VanDerCorput()即可产生Van Der Corput序列。

```matlab
function gn = VanDerCorput(n,b)
% Generate the Van Der Corput sequence
% n: Beginning point to generate the sequence
% b: base of the sequence

% The n-th element in base b
gn = 0;
% k represents the powers of b in the decomposition of n
k = 0;

while n~=0
    gn = gn + mod(n,b)/b^(k+1);

    n = floor(n/b);

    k = k+1;
end

end
```

注意，在这个函数中，对 $d_k(n)$ 的求解主要是通过MATLAB的求余函数mod()来完成的。而且，每次求余之后再配合MATLAB的取整函数floor()将自然数 n 降幂，为求解 $d_{k+1}(n)$ 做准备。如图2.4所示为在选取基数 $b = 3$ 时，在不同采样数下产生的Van Der Corput序列。可见，随着样本数量的增大，Van Der Corput序列在区间 [0, 1] 上越发呈现出均匀分布的特性。

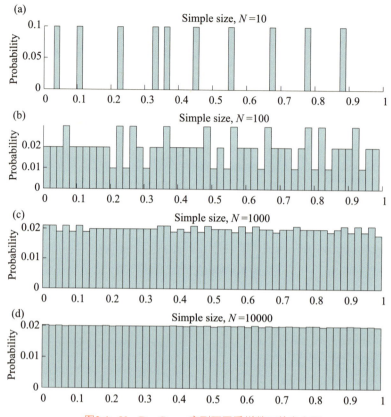

图2.4　Van Der Corput序列不同采样数下的直方图

以下代码可以生成图2.4。

```
B5_Ch2_2.m

clear all; close all; clc

N = [1e1, 1e2, 1e3, 1e4];
b = 3;
VDC_Seq = [];

for i = 1:length(N)

    for n = 1:N(i)
        VDC_Seq(n, i) = VanDerCorput(n, b);
    end

end

figure
nbins = 50;

for i = 1:length(N)
    subplot(4,1,i)
```

```
    histogram(VDC_Seq(1:N(i), i), nbins, ...
        'Normalization','probability')

    xlim([0,1])
    ylabel('Probability')
    title(strcat('Simple Size N = ', string(N(i))))
end
```

Van Der Corput序列只是一维的基本序列，如果将它应用在多个维度上，每个维度选取不同的基数b，这样产生的就是Halton序列。所以，Halton序列实际上是Van Der Corput序列在多维空间里的延伸。

如图2.5所示，是采样数N=1000的Halton序列，两个不同维度上的基数分别为b_1=3和b_2=2。图2.6所示是同样的采样数下由MATLAB函数rand()产生的同样满足均匀分布的二维随机数。比较图2.5和图2.6可以发现，在采样数相同时，Halton序列在二维空间的分布更为均匀，体现了低差异性序列的特点。

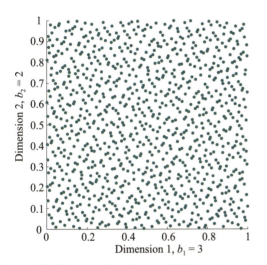

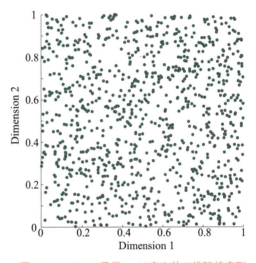

图2.5　采样数N=1000的二维Halton序列 ($b_1 = 3$, $b_2 = 2$)　　　图2.6　MATLAB函数rand()产生的二维随机序列

以下代码可以绘制图2.5和图2.6。

B5_Ch2_3.m

```
clear all; close all; clc

N = 1e3;
b1 = 3;
b2 = 2;

for n = 1:N
    Hal_Seq1(n) = VanDerCorput(n, b1);

    Hal_Seq2(n) = VanDerCorput(n, b2);
end
```

```matlab
figure
scatter(Hal_Seq1, Hal_Seq2, 5, ...
    'MarkerEdgeColor',[0 .5 .5],...
                'MarkerFaceColor',[0 .7 .7],...
                'LineWidth',1)
xlabel(strcat('Dimension 1, b1 = ', string(b1)))
ylabel(strcat('Dimension 2, b2 = ', string(b2)))
axis square

range('default')
Random_Seq = rand(N, 2);
figure
scatter(Random_Seq(:, 1), Random_Seq(:, 2), 5, ...
    'MarkerEdgeColor',[0 .5 .5],...
                'MarkerFaceColor',[0 .7 .7],...
                'LineWidth',1)
xlabel('Dimension 1')
ylabel('Dimension 2')
axis square
```

在MATLAB中，也可以直接调用 haltonset(d) 函数来产生Halton序列，其中，输入变量d代表需要产生序列的维度。具体的使用方法可参见下面的例子。

```matlab
B5_Ch2_4.m

clear all; close all; clc

N = 1e3;
Dim = 2;

% Using haltonset() function
Halobj = haltonset(Dim)

Hal_Seq = net(Halobj, N);



figure
scatter(Hal_Seq(:, 2), Hal_Seq(:, 1), 5, ...
    'MarkerEdgeColor',[0 .5 .5],...
                'MarkerFaceColor',[0 .7 .7],...
                'LineWidth',1)
xlabel(strcat('Dimension 1'))
ylabel(strcat('Dimension 2'))
```

注意，代码中的haltonset(d) 函数首先定义了一个Halton序列对象。为了产生1000个元素，其操作是通过调用net()函数完成的。代码产生的图像与图2.5在视觉上几乎一模一样，这里就不再重复展示了。细心的读者可以试试两段不同的代码，比较产生的结果。

Faure序列可看作在Halton序列基础上的又一种"变形"，与Halton序列相比较，它有下面两个显著的不同点。

◀ Faure序列在所有维度上都选用同样的基数b；

◀ 除了第一个维度以外，在其他维度上都需要利用排列**组合** (combination) 来构成该维度上的各个元素。

这里，对于基数b的选取也有额外的要求。如果要产生一个P维的Faure序列，需选取大于P的最小**质数** (prime number) 作为基数b，即b为质数，且满足$b > P$。

假设在Faure序列的任意一个维度p上，$p=1, 2, \ldots, P$，要产生全部N个元素中的第n个元素。首先从第一个维度开始，即$p = 1$时，仍旧按照之前Halton序列中的方法，用基数b来表达n。

$$n = \sum_{k=0}^{m} d_k^1(n) b^k \qquad (2\text{-}31)$$

再通过式2-32即可获得该维度上的第n个元素。

$$g_b^1(n) = \sum_{k=0}^{m} \frac{d_k^1(n)}{b^{k+1}} \qquad (2\text{-}32)$$

以此类推，就可以获得第一个维度上的全部N个元素。

然后从第二个维度开始，即$p \geq 2$时，要根据$d_k^{p-1}(n)$来获得$d_k^p(n)$，具体的计算如式2-33所示。

$$d_k^p(n) = \sum_{j=0, j \geq k}^{m} C(j, k) \cdot d_k^{p-1}(n) \quad \mathrm{mod}(b) \qquad (2\text{-}33)$$

其中，$C(j, k)$表示从j个不同元素中取出k个元素的所有组合数，它的公式在本丛书第一本第7章中有介绍过。

$$C(j, k) = C_k^j = \frac{j!}{(j-k)!k!} \qquad (2\text{-}34)$$

注意，在通过$C(j, k)$更新了$d_k^{p-1}(n)$并求和之后，还要继续对基数b求余，才能最终得到$d_k^p(n)$。而更新$d_k^p(n)$的过程，也可以通过式2-35所示的矩阵形式完成，而且通过该矩阵形式也更容易理解计算步骤。

$$\begin{pmatrix} d_0^p(n) \\ d_1^p(n) \\ d_2^p(n) \\ d_3^p(n) \\ \vdots \end{pmatrix}_{m \times 1} = \begin{pmatrix} C_0^0 & C_0^1 & C_0^2 & C_0^3 & \cdots \\ 0 & C_1^1 & C_1^2 & C_1^3 & \cdots \\ 0 & 0 & C_2^2 & C_2^3 & \cdots \\ 0 & 0 & 0 & C_3^3 & \cdots \\ \vdots & \vdots & \vdots & \vdots & \ddots \end{pmatrix}_{m \times m} \begin{pmatrix} d_0^{p-1}(n) \\ d_1^{p-1}(n) \\ d_2^{p-1}(n) \\ d_3^{p-1}(n) \\ \vdots \end{pmatrix}_{m \times 1} \qquad (2\text{-}35)$$

这里，含有$C(j, k)$项的$m \times m$的方阵，就是每一次更新$d_k^p(n)$需要使用的"更新"矩阵。在获得$d_k^p(n)$后，就可以由式2-36进一步计算出在维度p上的各个元素。

$$g_b^p(n) = \sum_{k=0}^{m} \frac{d_k^p(n)}{b^{k+1}} \qquad (2\text{-}36)$$

开始编程时，先把用基数b来表达n的过程写成一个自定义的 decompose()函数，以便后续程序的调用。代码如下。

```matlab
function output = decompose(n, b)
% Decompose a number in the given base
% n: number to be decomposed
% b: base of the sequence

i = 1;
while n~=0
    output(i, 1) = mod(n,b);

    n = floor(n/b);

    i = i+1;
end

end
```

然后将刚刚介绍的Faure序列生成算法也写成一个自定义的Faure()函数，代码如下。

```matlab
function gn = Faure(N, b, Dim)
% Generate Faure sequence
% N: Number of elements
% b: base of the sequence
% Dim: Number of dimensions

gn = zeros(N,Dim);

% Loop of sequency elements
for n = 1:N
    %% decompose n in base b
    dk = decompose(n,b);
    m = size(dk,1);

    %% update matrix between dimensions
    MatTrans = zeros(m,m);

    for j = 1:m
        for i = j:m
            MatTrans(j,i) = nchoosek(i-1,j-1);
        end
    end

    %% Loop of dimension
    for p = 1:Dim
        % Update dk
        dk_adj = mod(MatTrans^(p-1)*dk, b);

        % Loop of dk
        for k = 1:m
            gn(n,p) = gn(n,p)+dk_adj(k,1)/b^(k);
```

```
        end

    end

end

end
```

以上代码中，在Faure()函数中调用了之前的decompose()函数。为了生成含有$C(j, k)$项的更新矩阵，还利用了MATLAB函数nchoosek(j, k)来计算$C(j, k)$的组合数。而对$g_b^p(n)$的计算式是紧接着更新$d_k^p(n)$后，通过循环实现的。运行下面的代码，可以产生一组二维的、基数$b = 3$、每个维度有1000个元素的Faure序列。

`B5_Ch2_5.m`

```
clear all; close all; clc

N = 1000;
b = 3;
Dim = 2;

gn = Faure(N, b, Dim);

figure
scatter(gn(:,1), gn(:,2), 5, ...
    'MarkerEdgeColor',[0 .5 .5],...
                'MarkerFaceColor',[0 .7 .7],...
                'LineWidth',1)
xlabel(strcat('Dimension 1, b1 = ', string(b)))
ylabel(strcat('Dimension 2, b2 = ', string(b)))
axis square
```

运行结果如图2.7所示。稍稍修改一下代码，又可以产生三维的基数$b = 5$的Faure序列，结果如图2.8所示，请读者试试看。注意在绘图的部分需要使用MATLAB的scatter3()函数。

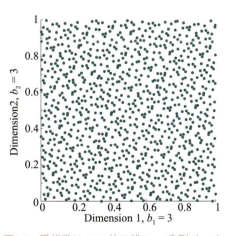

图2.7　采样数N=1000的二维Faure序列 $(b_1 = b_2 = 3)$

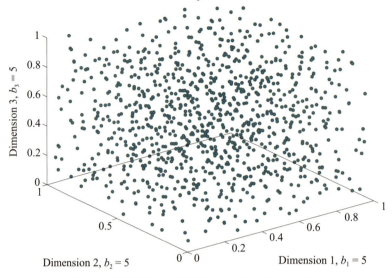

图2.8　采样数N=1000的三维Faure序列 ($b_1 = b_2 = b_3 = 5$)

接下来，我们来看看Sobol序列。相比之下，不同于之前介绍的几个序列，Sobol序列的产生是十分复杂的。其中需要对整数n进行二进制化，还要利用**原始多项式** (primitive polynomial)，还有二进制操作符"或"参与的运算，等等。感兴趣的读者，可以参考 *"Numerical Recipes in C"* 一书，来了解其详细的算法，这里不深入讨论，也不建议编程实现。从应用的需要来说，可以直接调用MATLAB的sobolset()函数，具体代码如下。

```
B5_Ch2_6.m

clear all; close all; clc

N = 1e3;
Dim = 2;

% Using haltonset() function
Sobobj = sobolset(Dim);

Sob_Seq = net(Sobobj, N);

figure
scatter(Sob_Seq(:, 1), Sob_Seq(:, 2), 5, ...
    'MarkerEdgeColor',[0 .5 .5],...
            'MarkerFaceColor',[0 .7 .7],...
            'LineWidth',1)
xlabel(strcat('Dimension 1'))
ylabel(strcat('Dimension 2'))
axis square
```

注意，对sobolset()函数的使用，与之前的函数十分类似。sobolset()函数首先定义的也是一个Sobol序列对象，然后再通过net()函数生成具体的序列。运行代码后结果如图2.9所示。

可以发现图2.9中的随机数呈现出了一定规律性的图案，有些点还过于集中。为了解决这个问题，可以指定sobolset()函数中的指令符'Skip'和'Leap'。赋予指令符'Skip'一个正整数，会从初始产生的序列中忽略相应数量的点；赋予指令符'Leap'一个正整数，则会从初始产生的序列中每隔一段跳过相应数量的点。这两个指令符都有助于抑制和减少序列不希望产生的规律性重复或变化。下面的代码就是一个使用了指令符'Skip'和'Leap'的例子。

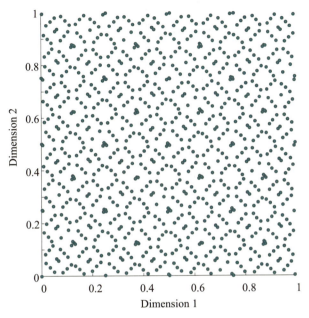

图2.9　MATLAB的sobolset()函数产生的采样数N=1000的二维Sobol序列

```
B5_Ch2_7.m

clear all; close all; clc

N = 1e3;
Dim = 2;

% Using haltonset() function
Sobobj = sobolset(Dim, 'Skip', 1e3, 'Leap', 1e2);


Sob_Seq = net(Sobobj, N);

figure
scatter(Sob_Seq(:, 1), Sob_Seq(:, 2), 5, ...
    'MarkerEdgeColor',[0 .5 .5],...
            'MarkerFaceColor',[0 .7 .7],...
            'LineWidth',1)
xlabel(strcat('Dimension 1'))
ylabel(strcat('Dimension 2'))
axis square
```

　　代码运行结果如图2.10所示，图2.9中重复性的数据图案消失了，随机性有了明显的提高。

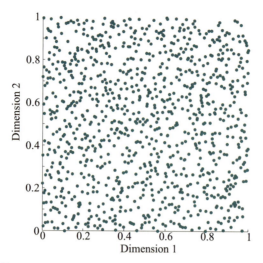

图2.10　MATLAB的sobolset()函数使用指令符'Skip'和'Leap'产生采样数N=1000的二维Sobol序列

虽然对低差异性序列许多学者一直在不断提出改进方法，从而提高准蒙特卡罗模拟的效率，但产生低差异性序列的过程中一个显著的缺点，就是随着维度的增加会产生**聚集** (cluster) 现象。这也是大家常说的**维度的诅咒** (curse of dimensions)。如图2.11和图2.12所示，在五十维时，Halton序列和Faure序列在第二十五维和第二十六维上都产生了不同程度的聚集。这些随机数如果被使用到了模拟中，将会产生极大的误差。所以读者在进行准蒙特卡罗模拟时，需要避免这样的情况发生。

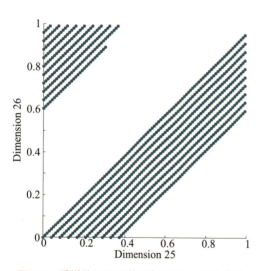

图2.11　采样数N=1000的五十维Halton序列中的
　　　　第二十五维和第二十六维

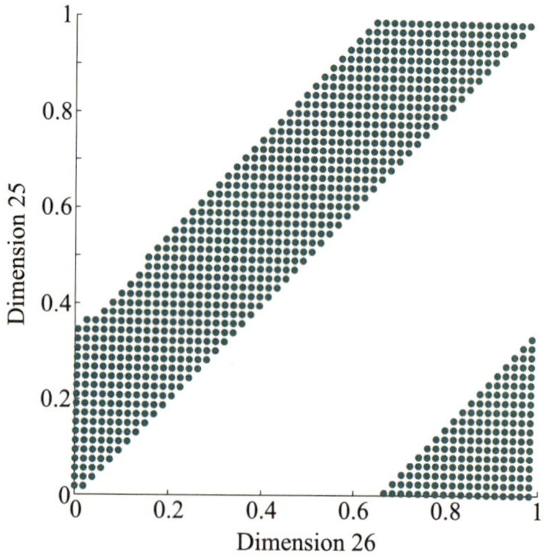

图2.12　采样数N=1000的五十维Faure序列中的
　　　　第二十五维和第二十六维

最后要介绍的是拉丁超立方序列。该序列与之前讲解的Van Der Corput序列、Halton序列、Faure序列和Sobol序列最大的不同是，它并不是一个确定性序列，而是随机的。产生拉丁超立方序列的基本思想如下。

◀ 首先在序列的每个维度上，将其划分成N段；
◀ 在第一段上产生均匀分布的随机数；
◀ 然后通过对这N段的随机**排列** (permutation) 将刚刚产生的这些随机数分布到各段上；
◀ 重复以上步骤产生所有维度上的随机数。

产生拉丁超立方序列的算法还是比较直观易懂的，以下代码中的自定义函数 LatinHypercube()就是一个具体实现的例子。

```matlab
function gn = LatinHypercube(N, Dim)
% Generate Latin Hypercube sequence
% N: Number of points to generate
% Dim: Dimension of the sample

Matrix = rand(N, Dim);

for j = 1:Dim
    shuffle = randperm(N);

    Matrix(:,j) = (shuffle'-1+Matrix(:,j))/N;

end

gn = Matrix;

end
```

注意LatinHypercube()函数中，首先通过MATLAB的rand()函数在各个维度上产生了均匀分布的随机数。然后在每个维度分别进行了重新排列操作，类似重新洗牌。这里的MATLAB函数 randperm(N)就是随机产生一组从1到N的整数排列。以下的代码调用了自定义函数LatinHypercube()，产生了一个二维的拉丁超立方序列。

```matlab
B5_Ch2_8.m

clear all; close all; clc
range('default')

N = 1000;
Dim = 2;

gn =  LatinHypercube(N, Dim);

figure
scatter(gn(:,1), gn(:,2), 5, ...
    'MarkerEdgeColor',[0 .5 .5],...
            'MarkerFaceColor',[0 .7 .7],...
            'LineWidth',1)
xlabel(strcat('Dimension 1'))
ylabel(strcat('Dimension 2'))
axis square
```

代码运行结果如图2.13所示。

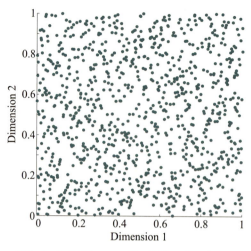

图2.13 采样数*N*=1000的二维拉丁超立方序列

在更高的维度上拉丁超立方序列体现了较好的抗聚集特性。如图2.14所示，并没有观察到像图2.11和图2.11那样的聚集现象，这与随机数产生的来源有密切的关系。

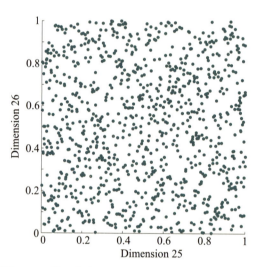

图2.14 采样数*N*=1000的五十维拉丁超立方序列中的第二十五维和第二十六维

在MATLAB中也可以直接使用其已有的函数lhsdesign(N, Dim)产生拉丁超立方序列，具体的调用方式参看如下代码。

```
B5 Ch2 9.m

clear all; close all; clc

N = 1000;
Dim = 50;

gn = lhsdesign(N, Dim);

figure
scatter(gn(:,25), gn(:,26), 5, ...
```

```
        'MarkerEdgeColor',[0 .5 .5],...
                'MarkerFaceColor',[0 .7 .7],...
                'LineWidth',1)
xlabel(strcat('Dimension 25'))
ylabel(strcat('Dimension 26'))
```

大家可以试着运行上面的代码，观察是否还会出现之前的聚集现象呢。MATLAB的lhsdesign()函数采用了特定的算法来最大化点与点之间的距离，在一定程度上抑制了聚集现象的发生。比起自定义函数LatinHypercube()、lhsdesign()函数具有更好的稳定性，更适合高维度的应用。

2.3 模拟投资组合 VaR

本节将通过一个例子来介绍如何利用蒙特卡罗模拟计算投资组合的VaR值。本章的介绍会用到本丛书之前介绍的相关知识。为了方便理解，这里采用一个简单投资组合，只含两个债券 (债券1、债券2)。然后由蒙特卡罗模拟得到投资组合的**损益** (profit and loss, PnL) 分布，并进一步计算相应的VaR值。背后的原理和方法，也可以推广到其他更加复杂的投资组合中。同时为了比较蒙特卡罗模拟和拟蒙特卡罗模拟的性能，该例中也采用了这两套不同的随机数产生机制，对各自产生的结果也进行了比较。

表2.1给出了本例中两个债券的关键信息，包括各自的到期时间、息票率、派息周期、在组合中的权重等。如图2.15所示，债券1当前到期时间为7年，面值$100，每半年派息一次，息票率为9%；债券2当前到期时间为2.5年，面值同样为$100，也是每半年派息一次，息票率为3%。该投资组合的总面值为$100000，其中债券1占投资组合总额的25%，债券2占投资组合总额的75%。对于两个债券的现值 (present value)，都是通过折算未来现金流得到的。这部分内容，本丛书第一本关于时间价值的章节有十分详细的讲解。

表2.1　债券1与债券2的关键信息

	债券1	债券2
当前到期时间 (time to maturity)	7年	2.5年
权重 (weight)	25%	75%
面值 (face value)	$100	$100
息票率 (coupon rate)	9%	3%
派息周期 (coupon frequency)	半年	半年
投资组合总面值 (total face value)	$100000	

因为现金流折算，需要知道对应时间节点上利率信息从而得到等价的折算因子。例如，债券1在将来5.5年处有$9息票，这笔钱要折算到当下，就要知道这5.5年里对应的利率是多少，然后换算成相应的折算因子。由于直接参与计算，不同的利率值就会产生不同的现价。这也是本例中用来搭建蒙特卡罗模拟的关键思路。

◀ 将未来利率看作一个随机数，在必要的时间节点上产生出一系列的随机利率值；
◀ 然后根据这些随机利率值进行现金流折算，计算出一系列对应的投资组合现值；
◀ 由这一系列的现值得到投资组合的损益分布，并进一步找到分布尾部的VaR值。

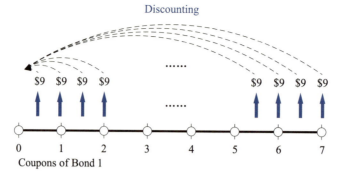

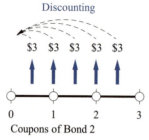

图2.15 债券1、债券2的息票现金流示意图

下面开始搭建 (拟) 蒙特卡罗模拟。首先，从FRED提取历史利率数据，这里选取2014年1月1号到2020年1月1号的美国每日即期利率，对应的利率期限有1个月、3个月、6个月、1年、2年、3年、5年、10年和30年。实现该操作的代码如下。

```matlab
B5_Ch2_10_A.m

close all; clear all; clc

% Fetch interest rate(IR) data from FRED
url = 'https://fred.stlouisfed.org/';
c = fred(url);

% Define time horizon
startdate = '01/01/2014';
enddate = '01/01/2020';

% Define data scope
DataIR = [];
series_nodes = {'DGS1MO'; 'DGS3MO'; 'DGS6MO';...
    'DGS1'; 'DGS2'; 'DGS3'; 'DGS5';...
    'DGS10'; 'DGS30';};

% Number of IR variables
NumIRs = length(series_nodes);

for i = 1:NumIRs
    series = series_nodes(i);
    DATA = fetch(c,series,startdate,enddate);
```

```
    DataIR(:,i) = DATA.Data(:,2);
end

% Remove missing values
DataIR(any(isnan(DataIR),2),:) = [];
```

注意，代码中移除了缺失的数据点，图2.16展示了这些利率的历史图像。

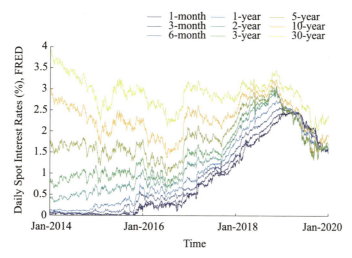

图2.16 2014年1月1日至2020年1月1日的历史即期利率

然后，计算各个利率的差值，即它们随时间的变化。计算利率差值的期望和标准差，并对数据进行标准化，具体代码如下。

```
B5_Ch2_10_B.m
```

```
% Compute difference
DataIRDiff = diff(DataIR);

% Normalize IR data
for i = 1:NumIRs
    Average(i) = mean(DataIRDiff(:, i));
    Deviation(i) = std(DataIRDiff(:, i));

    DataIRDiff(:, i) =...
        (DataIRDiff(:, i)-Average(i))/Deviation(i);

end

% Convert daily standard deviation to
% 10-day standard deviation to
% match the VaR period using square-root-of-time rule
Deviation = Deviation*sqrt(10);
```

因为这里采用的是每日利率数据。假若我们关注的投资组合VaR值对应的时间段是10天，那么就需要对此处计算的标准差进行调整。代码中利用**时间平方根法则** (square-root-of-time rule) 将每日标准差转化为了10日标准。读者可以参考本丛书第二本第1章和第7章相关内容，回顾平方根法则。

接下来，对历史利率差数据'DataIRDiff'进行**主成分分析** (principal component analysis, PCA)。本丛书第三本和第四本都有关于PCA介绍的章节，读者可以回顾一下这个重要概念。可以直接调用MATLAB的pca()函数进行主成分分析，具体代码如下。

```matlab
B5_Ch2_10_C.m

% Compute principal components
var_weights = 1./var(DataIRDiff);

[wcoeff, score, latent, tsquared, explained] = ...
    pca(DataIRDiff, 'VariableWeights', var_weights);

coefforth = inv(diag(std(DataIRDiff)))*wcoeff;

% plotting
figure(1)
original_dim = 1:NumIRs;
xticks(original_dim)
xticklabels({'1M','3M','6M','1Yr','2Yr',...
'3Yr','5Yr','10Yr','30Yr'})

plot(original_dim, coefforth(:,1),'r');
hold on
plot(original_dim, coefforth(:,2), 'color', [0,200,75]./255);
hold on
plot(original_dim, coefforth(:,3),'b')

legend('PC1','PC2','PC3')
box off
xlabel('Tenors')
ylabel('First 3 Principal Components')
legend boxoff
```

pca()函数的输出中，'latent' 包含了特征值信息，'wcoeff' 包含了各个主成分，'explained' 中对应的是各个主成分对元数据总体方差的解释力度。当基于的数据没有做标准化时，数据方差不再全部为"1"，相应的主成分需要根据数据的实际方差进行调节，如代码中'coefforth' 的计算。这里由于数据经过了标准化，各项利率的方差均为"1"，所以 'wcoeff' 和 'coefforth' 结果是一样的。这部分内容，在本丛书第四本关于主成分分析的章节也有详细的解释。另外，也可以使用MATLAB函数eigs()通过特征值分解自行计算PCA的主成分和特征值等，具体代码如下。

```matlab
B5_Ch2_10_D.m

% eigs if Vi is an eigenvector.
[V, E] = eigs(cov(DataIRDiff),3);

% First three principal components
PC1 = V(:,1);
```

```
PC2 = V(:,2);
PC3 = V(:,3);
```

　　注意，代码中仅仅提取了前三个主成分的信息，如图2.17所示。根据表2.2总结的信息，'explained' 中提供的解释力度显示前两个主成分的解释力度分别在76%和21.8%左右，合起来的解释力度已经达到了98%左右。到第三个主成分时，解释力度已经有了明显的下降，只有不到2%。再往后，主成分的解释力度就更加小了，几乎是微乎其微。所以，在本例的蒙特卡罗模拟中，只挑选并使用前两个主成分PC1和PC2。

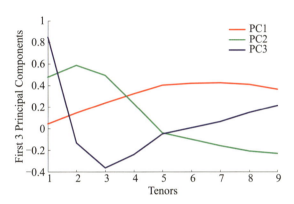

图2.17　历史即期利率差值主成分分析得到的3个主要主成分

表2.2　历史利率结构的PCA结果

主成分 (Principal Components)	解释力度 (% of Variance Explained)	累积解释力度 (% of Cumulative Variance Explained)
1	76.0637%	76.0637%
2	21.8382%	97.9018%
3	1.7836%	99.6854%
4	0.2393%	99.9247%
5	0.0408%	99.9655%
6	0.0179%	99.9834%
7	0.0081%	99.9915%
8	0.0055%	99.9971%
9	0.0029%	100.0000%

　　本例中涉及9个不同期限的利率差，对于其中任意一个利率差 Δr_i (i = 1-month, 3-month, 6-month, 1-year, ... , 10-year, 30-year) 都可以通过式2-37由主成分组合而成。

$$\Delta r_i = \omega_{i1}\mathrm{PC}_1 + \omega_{i2}\mathrm{PC}_2 + \cdots + \omega_{iN}\mathrm{PC}_N \tag{2-37}$$

　　在考虑所有主成分的情况下，式2-37的完整形式应该为：

$$\Delta r_i = \sigma_i \left(U_{1i}\sqrt{\lambda_1}u_1 + U_{2i}\sqrt{\lambda_2}u_2 + \cdots + U_{2N}\sqrt{\lambda_N}u_N \right) \tag{2-38}$$

　　其中，U_{ji}是利率差数据的第j个特征向量的第i个元素，λ_j是第j个特征值，同时，i也对应第i个利率期限。而 $(u_1, u_2, ... , u_N)$ 是一组各自独立的服从多元高斯分布的随机数。N表示问题的维度，本例中$N = 9$。σ_i就是第i个利率差数据的标准差，之前在代码中做过调整，从每日标准差变化为10日标准差。

　　式2-37与式2-38之间的转换，读者可以参考本丛书第四本主成分分析章节的推导。系数ω_{ji}是对应的特征向量与特征值的乘积。这里的思想跟本丛书第四本主元回归$Z = XV$的思想很类似。通过对历史数据X进行PCA分析，发现了数据含有的主要成分V。选取全部或者部分的主成分，来对原数据进行解释。本例中设想利率差Δr_i，即此处的X，经过主成分分解，本质上可看作一组随机数$(u_1, u_2, \ldots, u_N)$的组合。在仅仅只考虑两个主成分时，可近似为：

$$\Delta r_i = \sigma_i \left(U_{1i} \sqrt{\lambda_1} u_1 + U_{2i} \sqrt{\lambda_2} u_2 \right) \tag{2-39}$$

把这个利率的变化量Δr_i，加回到初始利率值r_{i0}上，就可以得到不同期限的利率预测值r_i。

$$r_i = r_{i0} + \sigma_i \left(U_{1i} \sqrt{\lambda_1} u_1 + U_{2i} \sqrt{\lambda_2} u_2 \right) \tag{2-40}$$

因为历史利率数据只有1个月、3个月、6个月、1年、2年、3年、10年、30年这9个利率期限，考虑到债券1和债券2的到期时间 (7年和2.5年) 以及它们半年的派息周期，计算债券的现值还需要1.5年、2.5年、3.5年、4.5年、5.5年、6年、6.5年、7年的利率值。这些缺失的期限对应的利率可通过线性插值来获得。

$$
\begin{aligned}
r_{1.5-\text{year}} &= \frac{1}{2} r_{1-\text{year}} + \frac{1}{2} r_{2-\text{year}} \\[4pt]
r_{2.5-\text{year}} &= \frac{1}{2} r_{2-\text{year}} + \frac{1}{2} r_{3-\text{year}} \\[4pt]
r_{3.5-\text{year}} &= \frac{3}{4} r_{3-\text{year}} + \frac{1}{4} r_{5-\text{year}} \\[4pt]
r_{4.5-\text{year}} &= \frac{1}{4} r_{3-\text{year}} + \frac{3}{4} r_{5-\text{year}} \\[4pt]
r_{5.5-\text{year}} &= \frac{9}{10} r_{5-\text{year}} + \frac{1}{10} r_{10-\text{year}} \\[4pt]
r_{6-\text{year}} &= \frac{8}{10} r_{5-\text{year}} + \frac{2}{10} r_{10-\text{year}} \\[4pt]
r_{6.5-\text{year}} &= \frac{7}{10} r_{5-\text{year}} + \frac{3}{10} r_{10-\text{year}} \\[4pt]
r_{7-\text{year}} &= \frac{6}{10} r_{5-\text{year}} + \frac{4}{10} r_{10-\text{year}}
\end{aligned}
\tag{2-41}
$$

关于线性插值和其他插值方法，本丛书第三本也有详细的介绍。

在初始时间点上，债券信息和利率信息都是十分明确的。债券信息如表2.1所示。利率数据，有的期限可直接获取，有的期限通过插值计算获得。这样一来，就可以求得两个债券各自的现值，以及整个投资组合的现值，具体代码如下。

```
B5_Ch2_10_E.m

% Set up bond parameters
% Bond 1
W1 = 0.25;
FaceValue1 = 1e3;
% Annual coupon rate
CouponRate1 = 6e-2;
Coupon1 = FaceValue1*CouponRate1/2;
```

```matlab
% Bond 2
W2 = 1 - W1;
FaceValue2 = 1e3;
% Annual coupon rate
CouponRate2 = 8e-2;
Coupon2 = FaceValue2*CouponRate2/2;

% Record current rates
CurrentRates = DataIR(size(DataIR,1),:);

M6 = CurrentRates(1, 3);  % 6-month spot rate
Y1 = CurrentRates(1, 4);  % 1-year spot rate
Y2 = CurrentRates(1, 5);  % 2-year spot rate
Y3 = CurrentRates(1, 6);  % 3-year spot rate
Y5 = CurrentRates(1, 7);  % 5-year spot rate
Y10 = CurrentRates(1, 8); % 10-year spot rate

% Linear interpolation
Y1_5 = (Y1 + Y2)/2;        % 1.5-year spot rate
Y2_5 = (Y2 + Y3)/2;        % 2.5-year spot rate
Y3_5 = (3*Y3 + Y5)/4;      % 3.5-year spot rate
Y4 = (Y3 + Y5)/2;          % 4-year spot rate
Y4_5 = (3*Y5 + Y3)/4;      % 4.5-year spot rate
Y5_5 = (9*Y5 + Y10)/10;    % 5.5-year spot rate
Y6 = (8*Y5 + 2*Y10)/10;    % 6-year spot rate
Y6_5 = (7*Y5 + 3*Y10)/10;  % 6.5-year spot rate
Y7 = (6*Y5 + 4*Y10)/10;    % 7-year spot rate

% Compute current individual bond price
CurrentPrice1 = Coupon1/(1+M6)^0.5 +...
    Coupon1/(1+Y1)^1 +...
    Coupon1/(1+Y1_5)^1.5 +...
    Coupon1/(1+Y2)^2 +...
    (FaceValue1+Coupon1)/(1+Y2_5)^2.5;

CurrentPrice2 = Coupon2/(1+M6)^0.5 +...
    Coupon2/(1+Y1)^1 +...
    Coupon2/(1+Y1_5)^1.5 +...
    Coupon2/(1+Y2)^2 +...
    Coupon2/(1+Y2_5)^2.5 +...
    Coupon2/(1+Y3)^3 +...
    Coupon2/(1+Y3_5)^3.5 +...
    Coupon2/(1+Y4)^4 +...
    Coupon2/(1+Y4_5)^4.5 +...
    Coupon2/(1+Y5)^5 +...
    Coupon2/(1+Y5_5)^5.5 +...
    Coupon2/(1+Y6)^6 +...
    Coupon2/(1+Y6_5)^6.5 +...
```

```
    (FaceValue2+Coupon2)/(1+Y7)^7;

% Compute current portfolio price
CurrentPortPrice = W1*CurrentPrice1+W2*CurrentPrice2;
```

注意表2.1中使用的是息票率，每半年付息，实际金额需要减半。每个债券的现值就是对各自的现金流进行折算而已。

现在开始蒙特卡罗模拟，先产生所需的随机数路径。本例中，需要产生一系列的随机数 (u_1, u_2)，满足二元高斯分布，且u_1和u_2之间各自独立。为了结合2.2节低差异性序列的内容，这里选择两个不同的随机数产生机制。一个是通过一般的伪随机数发生器，使用MATLAB函数randn()；另一个是使用Van Der Corput序列，使用2.2节介绍的函数VanDerCorput()。具体代码如下。

```
B5_Ch2_10_F.m

% Generate random paths
% Number of simulations
Nsim = 1000;

u1 = zeros(Nsim,1);
u2 = zeros(Nsim,1);

% Quasi random numbers
b1 = 3;
b2 = 5;

% Choose the RNG
Flag = 1;

switch Flag

    case 1
        % Quasi random number
        for i = 1:Nsim
            u1(i) = norminv(VanDerCorput(i, b1));
            u2(i) = norminv(VanDerCorput(i, b2));
        end
    case 2
        % Normal random number
        rng('default')
        u1 = randn(Nsim, 1);
        u2 = randn(Nsim, 1);
end
```

注意，代码中变量"Flag"控制对随机数产生机制的选择。尤其是使用Van Der Corput序列时，为了产生高斯分布还用到了本丛书第三本介绍的逆变换法来产生随机变量。

随机数的路径产生后，就可以根据预测利率值r_i的公式，产生相应的不同期限的利率随机值，具体代码如下。

```
B5_Ch2_10_G.m
```

```
% Create spot-rate matrix
IRs = zeros(NumIRs, Nsim);


for i = 1:NumIRs
    for j = 1:Nsim


        IRs(i, j) = CurrentRates(1, i)+ ...
            Deviation(i)*...
            (sign(V(1,1))*V(i,1)*sqrt(E(1,1))*u1(j,1)+...
            sign(V(1,2))*V(i,2)*sqrt(E(2,2))*u2(j,1));


    end
end
```

接下来，就是在每次模拟过程中，调用相应的利率值，代入债券现值的计算中，重新求得在不同模拟情况下得到的债券现价及投资组合的现值。通过与已求得的当前真实的组合价值进行比较，计算**收益** (profit) 或者**损失** (loss)，前者为正，后者为负。将结果排序后即为该投资组合的**损益分布** (PnL distribution)，根据选择的显著性水平，获得对应的组合VaR值。具体代码如下。

```
B5_Ch2_10_H.m
```

```
% Loop computing the possible evolution of the portfolio's price.
for i = 1:Nsim


    % Recompute IRs
    M6 = IRs(3, i);   % 6-month spot rate
    Y1 = IRs(4, i);   % 1-year spot rate
    Y2 = IRs(5, i);   % 2-year spot rate
    Y3 = IRs(6, i);   % 3-year spot rate
    Y5 = IRs(7, i);   % 5-year spot rate
    Y10 = IRs(8, i);  % 10-year spot rate


    % Linear interpolation
    Y1_5 = (Y1 + Y2)/2;      % 1.5-year spot rate
    Y2_5 = (Y2 + Y3)/2;      % 2.5-year spot rate
    Y3_5 = (3*Y3 + Y5)/4;    % 3.5-year spot rate
    Y4 = (Y3 + Y5)/2;        % 4-year spot rate
    Y4_5 = (3*Y5 + Y3)/4;    % 4.5-year spot rate
    Y5_5 = (9*Y5 + Y10)/10;  % 5.5-year spot rate
    Y6 = (8*Y5 + 2*Y10)/10;  % 6-year spot rate
    Y6_5 = (7*Y5 + 3*Y10)/10; % 6.5-year spot rate
    Y7 = (6*Y5 + 4*Y10)/10;  % 7-year spot rate


    % Recompute individual bond price
    Price1 = Coupon1/(1+M6)^0.5 +...
        Coupon1/(1+Y1)^1 +...
```

```matlab
        Coupon1/(1+Y1_5)^1.5 +...
        Coupon1/(1+Y2)^2 +...
        (FaceValue1+Coupon1)/(1+Y2_5)^2.5;

    Price2 = Coupon2/(1+M6)^0.5 +...
        Coupon2/(1+Y1)^1 +...
        Coupon2/(1+Y1_5)^1.5 +...
        Coupon2/(1+Y2)^2 +...
        Coupon2/(1+Y2_5)^2.5 +...
        Coupon2/(1+Y3)^3 +...
        Coupon2/(1+Y3_5)^3.5 +...
        Coupon2/(1+Y4)^4 +...
        Coupon2/(1+Y4_5)^4.5 +...
        Coupon2/(1+Y5)^5 +...
        Coupon2/(1+Y5_5)^5.5 +...
        Coupon2/(1+Y6)^6 +...
        Coupon2/(1+Y6_5)^6.5 +...
        (FaceValue2+Coupon2)/(1+Y7)^7;

    %Computation of the portfolio's price for this scenario
    PortPrice(i,1) = W1*Price1+W2*Price2;

end

% VaR computation
% Significance level alpha
alpha = 0.01;

% Sort the price in ascending order
PortPrice = sort(PortPrice);

% Plot of PnL disctribution
% Profit is positive and Loss is negative
PnL = PortPrice - CurrentPortPrice;

% Find VaR value
VaR = -(PnL(floor(alpha*Nsim)))
```

　　这里选取的显著性水平为1%，对应置信水平为99%。如图2.18所示为代码产生的投资组合的损益分布示意图，在分布尾部根据显著性水平即可获得所求的99% VaR值。

　　在模拟中，随机数发生器的选择"Flag"，模拟次数"Nsim"，显著水平"alpha"都可以自行设定。尤其为了比较拟蒙特卡罗模拟与蒙特卡罗模拟的优势，这里改换随机数发生器：不使用低差异性序列，而是直接使用MATLAB常用的随机数发生函数。并且，同时改变模拟次数，选用不同的显著水平，产生各个条件下不同的结果。读者们可以根据本节已提供的代码，修改程序进行该实验。

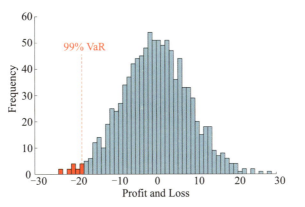

图2.18　(拟)蒙特卡罗模拟产生的投资组合损益分布及VaR值

表2.3总结了在不同条件下产生的投资组合VaR值。在同一显著性水平下，模拟次数由500增加到300000，拟蒙特卡罗模拟 (QMC) 和蒙特卡罗模拟 (MC) 产生的VaR值结果十分相似。但是，蒙特卡罗模拟产生的结果明显有较大的变化，这从两者标准差的比值σ_{MC}/σ_{QMC}上可以看出来。

表2.3　不同显著水平下(拟)蒙特卡罗模拟产生的投资组合VaR值

模拟次数 Nsim	(拟)蒙特卡罗模拟产生的投资组合VaR值					
	QMC 0.2%	MC 0.2%	QMC 0.5%	MC 0.5%	QMC 1%	QMC 1%
500	24.1028	30.3277	23.8827	25.9610	23.8796	23.8045
800	24.1028	29.3846	21.3583	21.6525	21.3509	21.3728
1000	23.2546	29.0921	20.8221	23.6819	19.7703	20.9395
3000	23.2546	26.9076	20.4853	22.8038	18.8768	20.5535
5000	23.1866	24.4104	20.6712	22.0822	18.9731	19.6619
8000	23.1866	23.5619	20.7106	21.6558	18.9913	19.3335
10 000	23.0721	24.2001	20.9810	21.6885	18.9297	19.0778
30 000	23.3752	23.5527	20.9810	20.8734	18.9586	18.8406
50 000	23.3553	24.0329	20.9824	20.9440	18.9456	18.8991
80 000	23.4154	23.5800	20.9702	20.8943	18.9456	18.7392
100 000	23.3752	23.5126	20.9673	20.9904	18.9586	18.9340
200 000	23.4154	23.3760	20.9702	20.9092	18.9731	18.9271
300 000	23.4107	23.3515	20.9784	20.9746	18.9739	18.9213
标准差 σ	0.3195	2.6180	0.8511	1.4808	1.4607	1.4790
σ_{MC}/σ_{QMC}	8.19		1.74		1.01	

在显著水平为0.1%时，标准差比值高达8.19左右；在显著水平分别为0.5%和1%时，标准差比值都不低于1。如图2.19～图2.21所示为在不同显著水平下拟蒙特卡罗和蒙特卡罗模拟的收敛情况。由图可知明显是拟蒙特卡罗模拟的收敛速度更快。但是，随着显著水平的升高，VaR值的取值开始渐渐远离分布尾部，结果自身的波动性降低，两种模拟的收敛速度开始接近。例如，与图2.19相比，图2.21中MC曲线与QMC曲线更快地重合在一起。大家可以试一试，如果继续提高显著水平，拟蒙特卡罗模拟收敛速度更快的优势是否还很明显。

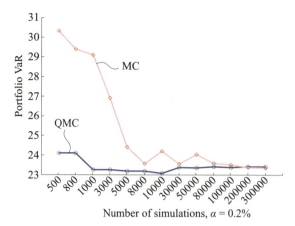

图2.19　显著水平0.2%(置信水平99.8%)下(拟)蒙特卡罗模拟的收敛情况

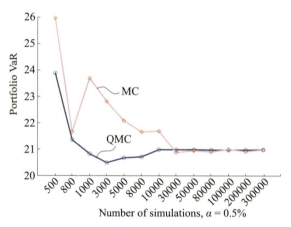

图2.20　显著水平0.5%(置信水平99.5%)下(拟)蒙特卡罗模拟的收敛情况

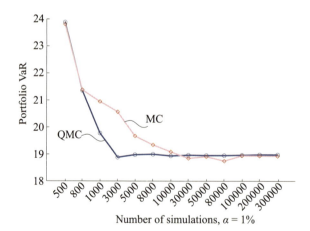

图2.21　显著水平1%(置信水平99%)下(拟)蒙特卡罗模拟的收敛情况

　　至此，关于(拟)蒙特卡罗模拟的介绍，又要暂告一个段落。本章的介绍大量用到了本丛书已经介绍过的知识，希望读者能够将本丛书前后的相关知识联系并结合到一起，对这个主题有更加全面的理解。尤其本节的例子，综合性很强，涉及的知识点很多，提供了一个融会贯通、灵活运用各方面知识的机会。

第**3**章 Interest Rate Models and Calibration
利率模型与校准

利率之于资产价格的意义，类似重力之于苹果的意义。在低利率环境里，施加在资产价格的引力很低。

Interest rates are to asset prices what gravity is to the apple. When there are low interest rates, there is a very low gravitational pull on asset prices.

——沃伦・巴菲特 (Warren Buffett)

天下熙熙皆为利来，天下攘攘皆为利往。

—— 司马迁

Core Functions and Syntaxes
本章核心命令代码

◄ bondbyhw(HWTree,CouponRate,Settle,Maturity)treeviewer(PriceTree,HJMInstSet) 运用 Hull-White 利率树给债券定价

◄ capbyblk(RateSpec,Strike,Settle,Maturity,Volatility) 运用 Black 模型计算利率上限和利率上限元价格

◄ capbyhw(HWTree,Strike,Settle,Maturity) 运用 Hull-White 利率树给利率上限定价

◄ cfdates(Settle,Maturity,Period,Basis) 为定期支付证券确定现金流的时间

◄ datenum() 将日期变量字符串转化为连续日期数值变量

◄ hwcalbycap(RateSpec,MarketStrikeMarketMaturity,MarketVolatility,Strike,Settle, Maturity) 运用市场数据对 Hull-White 模型校准

◄ hwtimespec(ValuationDate,Maturity) Hull-White 模型时间的说明

◄ hwtree(VolSpec,RateSpec,TimeSpec) 创建 Hull-White 利率树

◄ hwvolspec(ValuationDate,VolDates,VolCurve,AlphaDates,AlphaCurve) Hull-White 模型波动率期限的说明

◄ intenvset(Name,Value) 创建描述利率期限结构的数据

◄ meshgrid(x, y) 生成网格坐标

◄ optembndbyhw(HWTree,CouponRate,Settle,Maturity,OptSpec,Strike,ExerciseDates) 运用 Hull-White 利率树给含权债券定价

◄ randn(m,n) 生成 m×n 的随机数矩阵，生成的随机数符合标准正态分布

3.1 利率衍生品

利率在金融领域扮演着非同寻常的角色。在本丛书的前四本，我们了解到在金融衍生品定价中，需要用到**无风险利率** (risk-free interest rate) 及其对应的**折现因子** (discount factor) 对**现金流** (cashflow) 进行折算。而利率衍生品更是直接以利率为标的物。正如股票期权的价格依赖标的物股票一样，利率作为利率衍生品的风险因子，也会直接影响利率衍生品的价格。

利率衍生品是比较新的金融衍生品，直到1975年10月，芝加哥期货交易所才出现了第一个利率期货合约，从此利率衍生品开始走上世界舞台。然而，随着人们对冲利率风险需求的增加，利率衍生品的发展非常迅速，现如今，其交易总量已经远远超过其他衍生品交易。如图3.1所示，利率衍生品已经成为金融衍生品交易中占分量最重的一部分。

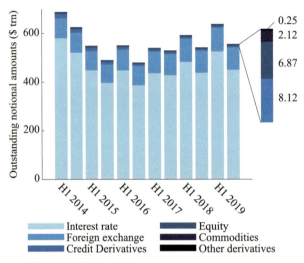

图3.1 利率衍生品的市场份额 (Source: Bank for International Settlements)

首先，以**远期利率协议** (forward rate agreement, FRA) 为例来深入了解利率衍生物。

FRA是由交易双方商定，在将来的一个时间点开始的具有一定期限的一种利率协议，是一种远期合约。一般要在协议中规定参照利率、未来的利息起算日、协议利率、期限和本金额，由一方向另一方支付协议利率与参照利率利息差的**贴现额** (discount value)。

FRA的传统标识是"起息月差 × 到期月差"，而到期、起息月份的差，表示参考利率的年限。如图3.2所示，3 × 9 SHIBOR FRA，即从交易日 (例如1月1日) 起3个月后 (即4月1日) 起息，而交易日9个月后 (即10月1日) 到期的合约，期限为6个月，参考利率为6个月的上海银行间拆借利率。表3.1给出了FRA产品几个常见的期限。

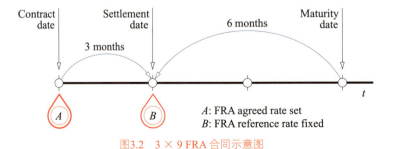

图3.2 3 × 9 FRA 合同示意图

表3.1　常见的FRA举例

FRA名称	起息日	到期日	参考利率
0×3	今日	3个月后	$3 - 0 = 3$个月SHIBOR
1×4	1个月后	4个月后	$4 - 1 = 3$个月SHIBOR
3×6	3个月后	6个月后	$6 - 3 = 3$个月SHIBOR
6×12	6个月后	12个月后	$12 - 6 = 6$个月SHIBOR

通常合同中买方是支付固定利率 (协议利率) 的一方，卖方是支付浮动利率 (参照利率) 的一方。如式3-1所示为结算金的计算方法。

$$\text{Payoff} = \frac{L(R_K - R_M)(T_2 - T_1)}{1 + R_M(T_2 - T_1)} \tag{3-1}$$

其中，L是给定货币表示的**名义本金** (notional)。双方并不交换本金，这里只用来做利息的计算。

T_1和T_2分别是名义借贷开始日期 (起息日) 和合同结束日期。需要注意的是，按惯例，结算金的支付是在合同的起息日，而不是合同的到期日。$T_2 - T_1$代表协议期限。在期限的计算中，会涉及**计息基准** (day count)：可以选择"实际/实际""实际/360""实际/365"。在本丛书的第一本，对固定收益行业的常用术语有较为详细的介绍。R_K是**固定利率** (fixed rate)，即双方同意的协议利率。R_M是**参考利率** (reference rate)，也称为**浮动利率** (floating rate) 或**重置利率** (reset rate)，是在起息日T_1，市场上观察到的从T_1到T_2的远期利率报价。国内的大部分FRA交易、贴现利率与参考利率一致。

FRA合同双方的盈亏与市场利率密切相关。当市场利率上升时，远期利率协议的买方只需要按照较低的协议利率支付利息，因此买方受益，卖方需要向买方支付结算金。反之，当市场利率下跌时，远期利率协议的买方仍按照较高的协议利率支付利息，买方亏钱，则买方需要向卖方支付结算金。

通过式3-1可以发现，唯一重要的不确定性因素来自参考利率R_M。假设在6×9 FRA交易日，市场上利率期限如表3.2所示。因为利息起算日在六个月后，期限为三个月，那么此刻对于交易双方，公平的协议利率R_K，即为交易日市场上观察到的从第六个月到第九个月的远期利率报价。也就是说，此刻对合同的双方来说，合同的价值为零。

表3.2　FRA交易日的利率期限

Year	Zero rate (%)	Forward rate for n_{th} year (%)
1	3.0	3.0
2	4.0	5.0
3	5.0	5.8

然而，随着时间的推移，市场上利率报价会偏离起始水平，此刻合同的价值为：

$$V_{\text{FRA}} = \frac{L(R_K - R_F)(T_2 - T_1)}{1 + R_F(T_2 - T_1)} \tag{3-2}$$

对比式3-1，唯一的变化是R_F替代了R_M。R_F的含义是对参考利率R_M的估计，即在t时刻 ($t < T_1$) 从T_1到T_2的远期利率。因为在结算日/起息日之前，R_M的值是无法预知的，人们只能通过各种办法对R_M的值进行推算。其中，对R_M建模就是其中常见的处理方式。图3.3给出了在Vasicek模型下对该FRA价值的模拟。在此模型中，我们给定了模型参数和零时刻的短期利率。在Vasicek模型中，远期利率的表达式由式3-3给出。

$$F(t; T, S) = \frac{1}{S - T}\left(\frac{P(t, T)}{P(t, S)} - 1\right) \tag{3-3}$$

其中，$F(t; T, S)$ 代表t时刻从T到S的远期利率，$P(t, T)$ 代表到期时间为T的单位零息债券在t时刻的价格。同样，$P(t, S)$ 代表到期时间为S的单位零息债券在t时刻的价格。如图3.3所示为 FRA价格在半年内的10个模拟路径。如图3.4所示为远期利率在半年时间内的10个模拟路径。

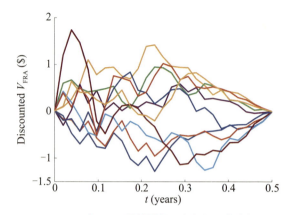

图3.3　贴现FRA价格模拟，仅保留10个路径

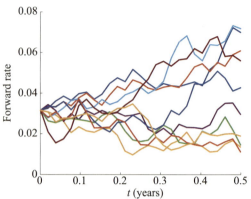

图3.4　远期利率模拟，仅保留10个路径

以下代码可以用来绘制图3.3和图3.4。

`B5_Ch3_1.m`

```
clc; clear all; close all
r0 =.03;
% r0: current short rate at time 0
a =.3;
% a: the speed of mean reversion
b =.04;
% b: long-term mean of the short rate
sigma =.03;
% sigma: the volatility of the short rate
numSim = 10;
dt = 7.0/365; % weekly frequency
t = (0:dt:0.5)'; % 6 months horizon
T = .5; % in 6 months
S = .75; % in 9 months
L = 1000; % Notional
Rk = .0318; % fixed rate
r = zeros(length(t),numSim); % short rate

r(1,:) = r0;

for i = 1:length(t)-1
    dr = a*(b-r(i))*dt + sigma*sqrt(dt)*randn(1,numSim);
    r(i+1,:) = r(i,:) + dr;
end

B_T = (1-exp(-a*(T-t)))/a;
B_S = (1-exp(-a*(S-t)))/a;
```

```
A_T = (B_T-(T-t)).*(b-sigma^2/(2*a^2))-(sigma^2*B_T.^2)/(4*a);
A_S = (B_S-(S-t)).*(b-sigma^2/(2*a^2))-(sigma^2*B_S.^2)/(4*a);
P_T = exp(A_T-B_T.*r);
P_S = exp(A_S-B_S.*r);

Rf = 1/(S-T)*(P_T./P_S-1);
FRA = L*(S-T)*(Rk-Rf)./(1+Rf.*(S-T));
FRA_discount = L*(S-T)*(Rk-Rf)./(1+Rf.*(S-T)).*B_T;

figure(1)
plot(t,Rf);hold on
xlabel('t'); ylabel('Forward rate')

figure(2)
plot(t,FRA_discount);hold on
xlabel('t'); ylabel('Discount FRA')

box off; set(gcf,'color','white')
```

除此之外，常见的利率衍生品还包括以下几种：

◀ **利率期货** (interest rate futures)；
◀ **利率掉期** (interest rate swap)；
◀ **债券期权** (bond option)；
◀ **利率上限** (interest rate caps)、**利率下限** (interest rate floors) 和**利率双限** (interest rate cap floors)；
◀ **利率互换期权** (interest rate swaptions)。

利率期货(interest rate futures)，是最早出现的利率衍生品，是一种标准化的期货合约，交易双方约定在未来某一时间，按事先商定的价格，交割一定数量的与利率相关的金融资产。利率期货一般分为短期和中长期两种。短期期货一般以短期银行同业拆借利率和短期国债为标的物(期限在一年内)；中长期利率期货一般以中长期债券为标的物(期限在一年以上)。利率期货中比较流行的是**国债期货** (treasury bond futures) 和**欧洲美元期货** (Eurodollar futures)。欧洲美元指存在于美国境外银行的美元存款。

利率掉期也称**利率互换** (interest rate swap)，是指交易双方同意在未来一定期限内，根据同种货币、同样的名义本金交换现金流。其中一方的现金流根据浮动利率计算出来，而另一方的现金流根据固定利率计算，如图3.5所示。交易双方不交换本金，本金只是作为计算基数。上述**FRA**也可以用来为利率掉期定价。

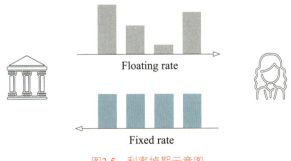

图3.5 利率掉期示意图

债券期权 (bond option)，是以债券为标的物的期权，包括美式和欧式两种。此外，债券期权也常常指代内嵌的利率衍生品，例如**可卖回债券** (puttable bond) 和**可赎回债券** (callable bond)。

所谓可赎回债券就是指债券发行人在到期日之前，可以按照约定的价格赎回全部或者部分金额的债券。

附带提前偿还权条款的房屋贷款，本质上就是一种可赎回债券。借款方即购房者为债券的发行方，银行贷款给购房者，相当于买入了购房者的债券。购房者根据和银行签订的协议按时支付**票息** (coupon) 和一部分**本金** (notional)。如果利率下降，债券价值上涨，购房者(即债券发行人)可以使用提前偿还权从银行手中提前赎回已升值债券，归还本金，从而获利。相反，利率上涨则会引起债券价格下跌，购房者则不会行使提前偿还权。可见，提前偿还权相当于给予了购房者一个债券看涨期权。

从投资人的角度来说，可赎回债券相当于买入了普通债券的同时，卖出了一份债券看涨期权给发行人，从而换取更高的收益率。可赎回债券的发行人为了拥有提前赎回权，一般会提供更优厚的收益率给投资人。因此，与普通债券相比，可赎回债券的价值更低。普通债券和可赎回债券的关系，可以由下面的等式来描述。

不可赎回债券价值 = 可赎回债券价值 + 内嵌债券看涨期权

关于赎回条款，债券合同中经常会特别规定以下的细节：

◀ 赎回价格，就是发行人在赎回债券的时候，支付给债券投资人的债券价格；
◀ 赎回溢价，就是发行人为了提前赎回债券而支付的超过面值的金额；
◀ 赎回计划，规定了债券可能会被赎回的时间和价格；
◀ 赎回时间，规定了债券可能会被赎回的最早的日期。

可回售债券 (puttable bonds)，指债券持有人有权利以一个事先确定的价格，在一个特定的日期将债券卖回给发行人。这个内嵌的可回售条款会在利息上升的时候，给债券持有人带来收益，因为如果利率上升，那么债券价值就会下降，如果债券持有人能够以之前确定好的较高的价格回售给发行人，那么投资人就会获利。

利率上限 (interest rate cap)，交易双方确定一个利率上限水平，在此基础上，利率上限的卖方向买方承诺，在规定的期限内，如果市场参考利率高于协定的利率上限，则卖方向买方支付市场利率高于协定利率上限的差额部分。如果市场利率低于或等于协定的利率上限，卖方无任何支付义务，同时买方由于获得了上述权利，必须向卖方支付一定数额的期权手续费。

如图3.6和图3.7所示分别为从买方和卖方角度展示即"从买方和卖方的角度给出利率上限盈亏示意图"利率上限盈亏示意图。利率上限相当于利率的看涨期权。对于利率上限买方来说，该期权具有亏损有限，收益无限的特点；对于卖方来说，该期权具有收益有限，亏损无限的特点。

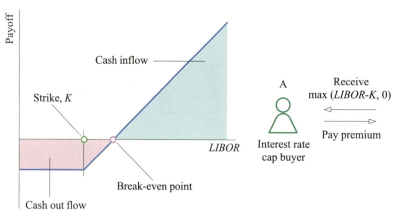

图3.6　利率上限盈亏示意图，利率上限买方角度

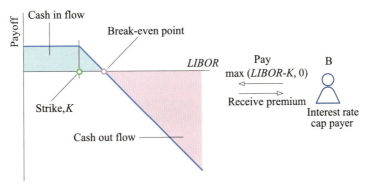

图3.7　利率上限盈亏示意图，利率上限卖方角度

利率下限 (interest rate floor)，交易双方规定一个利率下限水平，卖方向买方承诺，在规定的有效期内，如果市场参考利率低于协定的利率下限，则卖方向买方支付市场参考利率低于协定利率下限的差额部分。若市场参考利率大于或等于协定的利率下限，则卖方没有任何支付义务。作为补偿，卖方向买方收取一定数额的手续费。

如图3.8和图3.9所示分别为从买方和卖方角度展示利率下限盈亏示意图。利率下限相当于利率的看跌期权。

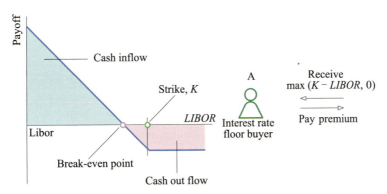

图3.8　利率下限盈亏示意图，利率下限买方角度

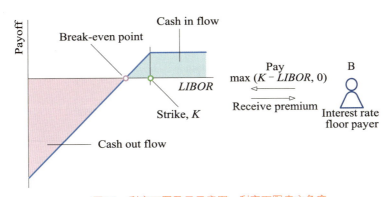

图3.9　利率下限盈亏示意图，利率下限卖方角度

利率双限 (interest rate cap floors) 是指将利率上限和利率下限两种金融工具结合使用。具体地说，可以看作一个利率上限多头和一个执行利率较低的利率下限空头的组合，以收入的手续费来部分抵消需要支出的手续费，从而达到既防范利率风险又降低费用成本的目的。如图3.10所示为利率双限盈亏示意图。

如果利率波动在一定范围内(图3.10中K_1到K_2区域)，利率双限购买者的融资成本为市场利率。若超过此范围，则利率双限期权生效，避免了市场利率大幅波动的风险。利率双限与利率互换相比，购买者承担了一部分利率上行的风险，但获得了利率下行降低成本的好处。利率互换将融资成本完全固定，而利率双限允许融资成本在一定范围内波动，波动大小由上下限水平决定。当上下限一致，则利率双限相当于一个利率互换。

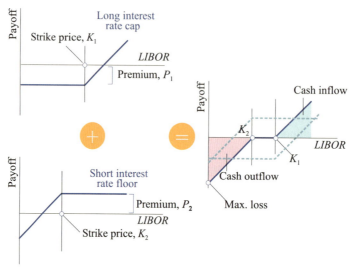

图3.10　利率双限盈亏示意图

利率上限实际上是一组行权利率相同，但到期时间不同的**利率上限单元** (caplet) 的组合。类似地，利率下限是**利率下限单元** (floorlet) 的组合。我们将在3.3节模型校准做更详细的介绍。

互换或掉期期权 (swaption) 同时结合了互换和期权，是一种交易很活跃的利率期权品种。持有者在期权到期时，可以选择是否进入利率互换。如图3.11所示的例子中，购买者在A时刻购入该期权，一年后的期权到期日B，期权持有者面临两种选择：一种是执行期权，开始履行期限为两年的利率互换合约；另一种是不执行利率互换交易。

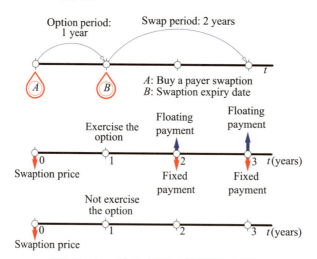

图3.11　1 × 2欧式看涨利率掉期期权示意图

按照行权时效性的不同，利率掉期期权分为**欧式** (european style)、**美式** (american style) 和**百慕大式** (bermudan style)。以图3.11为例，如果行权日固定在期权的到期日B，此为欧式。如果行权日具有一些弹性，可以在合同签订A时刻之后、期权到期日B之前的任意时刻，此为美式。如果行权日限定在合同签订A时刻之后、期权到期日B之前的特定日期，此为百慕大式。

内嵌 (embedded) 的利率衍生品不作为本文的重点讲解内容，有兴趣的读者可以参考本丛书第二本固定收益章节。

3.2 利率模型

利率衍生品定价的核心是对标的物利率的**动态过程** (dynamic process) 进行建模。由于债券价格和利率之间存在一一对应的关系，因此产生了两种为利率衍生品定价的思路：一种是基于债券价格建模，其中最具代表性的模型就是**布莱克模型** (black model)；另一种是针对利率建模，利用利率期限模型进行利率衍生品定价，例如Vasicek 模型、**赫尔怀特模型** (hull-white model)、CIR 模型。

本节主要介绍三个利率模型：

◀ Black 模型；
◀ Vasicek 模型；
◀ CIR 模型。

有关Vasicek模型和CIR模型的基础内容，请读者参考本丛书第二本第3章内容。首先我们来了解一下被称为欧式利率期权报价标准市场模型的Black模型。

Black模型由美国数学家Fischer Black于1976年提出。该模型最初用于为普通欧式期货期权定价，1991年Fischer Black首次将其使用拓展到利率期权定价领域。最基础的利率期权产品——债券期权在Black模型下具有解析解。Black模型假定变量 V_T (在本例中为债券价格) 在期权到期时刻 T 服从**对数正态分布** (log-normal distribution)，因此欧式债券看涨期权的定价公式为：

$$c = P(t_0, T)\left[F_0 N(d_1) - KN(d_2)\right] \tag{3-4}$$

其中：

$$\begin{cases} d_1 = \dfrac{\ln\left(F_0/K\right) + \sigma^2 \tau/2}{\sigma\sqrt{\tau}} \\ d_2 = \dfrac{\ln\left(F_0/K\right) - \sigma^2 \tau/2}{\sigma\sqrt{\tau}} = d_1 - \sigma\sqrt{\tau} \end{cases} \tag{3-5}$$

其中，t_0 表示当前时刻即零时刻，$P(t_0, T)$ 代表到期时间为 T 的零息债券在零时刻的价格；t_0 距离到期时间 T 为：$\tau = T - t_0$，F_0 代表零时刻债券的远期价格，K 为执行价格，σ 为债券远期价格 F 的波动率，$N()$ 为标准正态分布的累计概率分布函数。

同样地，欧式债券看跌期权的定价公式为：

$$p = P(t_0, T)\left[KN(-d_2) - F_0 N(-d_1)\right] \tag{3-6}$$

值得一提的是，市场上常见的利率衍生品大都与债券期权有关。可赎回和可回售债券是内嵌了债券期权的普通债券，利率上限期权和利率下限期权可以拆解成零息债券期权的组合。由于利用Black模型的定价较为简便，可以直接利用公式得到解析解，目前应用广泛，是普通利率期权报价采用的标准市场模型。

Black模型假定利率、债券价格或者其他变量在未来时间内呈对数正态分布，可以用来给欧式利率上限期权、欧式利率下限期权、欧式债券期权和欧式利率掉期期权定价。然而由于假设条件的限制，在应用上具有局限性。Black模型没有刻画利率随时间的演化，因此，不能用来给涉及提前执行的美式利率掉期期权和可赎回债券定价。接下来介绍的**瓦西塞克模型** (vasicek model) 和CIR模型，描述了利率随时间的变化，克服了这一不足。

瓦西塞克模型和CIR模型就是利率期限模型的代表，它们都属于**均衡模型** (equilibrium model)，即根据市场的均衡条件求出利率所遵循的动态过程，相关的经济变量是输入变量，利率水平是输出变量。

瓦西塞克模型由捷克数学家Vasicek于1977年提出，模型假设短期利率的动态过程为：

$$dr = a(b-r)dt + \sigma dw \tag{3-7}$$

式中：b为利率长期均衡水平；a为回归速度；σ为利率的瞬时波动；w为维纳过程。

瓦西塞克模型下零息债券的价格为：

$$P(t,T) = A(t,T)\exp(-B(t,T)r(t)) \tag{3-8}$$

其中：

$$\begin{cases} B(t,T) = \dfrac{1-\exp(-a(T-t))}{a} \\ A(t,T) = \exp\left[\dfrac{(B(t,T)-T+t)(a^2b-\sigma^2/2)}{a^2} - \dfrac{\sigma^2 B(t,T)^2}{4a}\right] \end{cases} \tag{3-9}$$

用$R(t,T)$代表t时刻，期限$T-t$的短期利率，于是：

$$R(t,T) = -\frac{1}{T-t}\ln A(t,T) + \frac{1}{T-t}\ln B(t,T)r(t) \tag{3-10}$$

现实世界中收益率曲线有着不同的形状，如图3.12所示。而在Vasicek模型下，收益率曲线只可以呈现出**正常型**(Normal)，**驼峰型** (humped)和**倒挂型**(inverse)三种情况。图3.13给出应用Vasicek 模型得到的不同的利率期限形状。

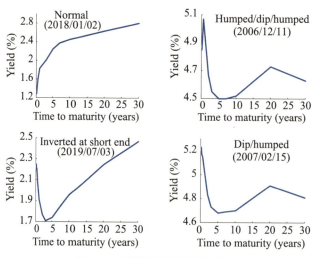

图3.12　美国国债收益率期限结构实例

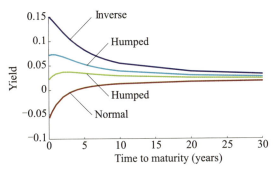

图3.13　Vasicek 模拟不同的利率期限形状

以下代码可以用来获得图3.13。

```
B5_Ch3_2.m

clc; clear; close all;
a = 0.5;
sigma = 0.2;
b =0.1;
r0 = [-0.06 0.02 0.07 0.15];
Maturity =[1/12 3/12 6/12 1:1:10 20 30]';
T = Maturity;
B=(1-exp(-a*T))/a;

A=(b-sigma^2/(2*a^2)).*(B-T)-(sigma^2*B.^2)/(4*a);

figure;
xlabel('Time to maturity');
ylabel('Yield');

for i = 1:length(r0)
    hold on;
    ZCBPrice = exp(A-B*r0(i));
    Yield = -log(ZCBPrice)./T;
    plot(T,Yield);
end

legend('normal','humped','humped','inverse');
```

Cox, Ingersoll and Ross 于1982年提出的CIR模型是对Vasicek模型的延伸。两者的区别是CIR模型下利率不可以取负值。

$$dr = a(b-r)dt + \sigma\sqrt{r}dw \tag{3-11}$$

CIR模型和Vasicek模型具有相同的漂移项，不同的是短期利率的扩散项和r的平方根呈正比。
CIR模型下零息债券的价格具有Vasicek模型同样的形式。

$$P(t,T) = A(t,T)\exp(-B(t,T)r(t)) \tag{3-12}$$

其中：

$$
\begin{cases}
B(t,T) = \dfrac{2\exp\big(\gamma(T-t)-1\big)}{(\gamma+a)\big(\exp(\gamma(T-t))-1\big)+2\gamma} \\[3mm]
A(t,T) = \left[\dfrac{2\gamma\exp\big((a+\gamma)(T-t)/2\big)}{(\gamma+a)\big(\exp(\gamma(T-t))-1\big)+2\gamma}\right]^{2ab/\sigma^2} \\[3mm]
\gamma = \sqrt{a^2+2\sigma^2}
\end{cases}
\tag{3-13}
$$

类似的，在CIR模型下，收益率曲线只可以呈现出正常型、驼峰型和倒挂型三种情况。

相对于均衡模型，**无套利模型** (no arbitrage model) 在利率建模中同样应用广泛。无套利模型是通过拟合市场数据以保证无套利性质，并确定资产价格动态的参数。常见的无套利模型有Heath、Jarrow和Morton提出的HJM模型、Black-Derman-Toy (BDT) 模型、Ho-Lee模型，等等。

与均衡模型不同，无套利模型认为市场价格是合理的 (即强效率市场)。均衡模型通常需要用历史数据估计风险的价格，常常会在资料获取上遇到困难，而无套利模型则只需要市场上即期利率结构的数据。但是，由于计算错误、流动性及其他因素，市场报价往往是偏离的，而无套利模型将市场上的即期利率期限结构视为合理的，这会导致市场数据的偏差都会被纳入模型，这是无套利模型的劣势。均衡模型则不存在这个问题，它们可以剔除数据偏差带来的影响。

无套利模型拟合的只是当前的市场数据，其估计的模型参数也会随着市场数据发生改变，这会导致其缺乏稳定性。相反，均衡模型是在综合历史数据和对投资者行为的基本特征概括的基础上建立的，所以模型的参数具有较好的稳定性。

因此，两种模型各有各的特点，无套利模型通过不断调整参数来适应市场，强调模型的针对性，而均衡模型则是用稳定的参数来拟合市场，强调模型的普遍性。

3.3 模型校准

Hull-White模型是应用最为广泛的利率模型之一，广义的 Hull-White 单因子模型公式为：

$$
\mathrm{d}f(r) = \big[\theta(t)-a(t)f(r)\big]\mathrm{d}t+\sigma(t)\mathrm{d}w
\tag{3-14}
$$

公式3-14的广泛性就在于：

◀ 当$f(r)=r$，$a(t)$ 等于零，σ是常数，就变成了Ho-Lee 模型；
◀ 当$f(r)=r$，$a(t)$为不等于零的常数，就是原始的Hull-white模型；
◀ 当$f(r)=r$，$a(t)$不等于零，就是扩展的Vasicek模型；
◀ 当$f(r)=\ln(r)$，就变成了Black-Karasinski 模型或B-K模型，在该模型中，短期利率恒为正，该模型应用最广泛。

Hull-White单一因子模型用来描述**短期利率** (short rate) 的动态过程。该模型由John Hull 和Alan White于1990年提出，其论文题目是 "*Pricing Interest-Rate Derivative Securities*" ，发表在 "*The*

Review of Financial Studies"。该模型公式为：

$$\mathrm{d}r = \left[\theta(t) - ar\right]\mathrm{d}t + \sigma \mathrm{d}w \qquad (3\text{-}15)$$

或者：

$$\mathrm{d}r = a\left[\frac{\theta(t)}{a} - r\right]\mathrm{d}t + \sigma \mathrm{d}w \qquad (3\text{-}16)$$

式中：r为短期利率；a为短期利率的均值回归速率；$\theta(t)/a$为短期利率的均值；σ为短期利率的波动率。a和σ可以是常数，也可以是**分段常数** (piecewise constant)。

$\theta(t)$是时间的函数，从收益率曲线中校正得到。

$$\theta(t) = F_t(0,t) + aF(0,t) + \frac{\sigma^2}{2a}\big(1 - \exp(-2at)\big) \qquad (3\text{-}17)$$

其中，$F(0, t)$代表零时刻、期限为t的**瞬时远期利率** (instantaneous forward rate)。$F_t(0, t)$中的下角标代表对时间的偏导数。

Hull-White模型可以为零息债券欧式期权定价。考虑一个到期时间为S的零息债券$B(t, S)$，以它为标的物、执行价格为K且到期时间为T的零债券看跌期权 (zero-bond put option，ZBP) ($t < T < S$)，在t时刻该期权的价格为：

$$ZBP^{HW}(t) = KB(t,T)N(-d_2) - B(t,S)N(-d_1) \qquad (3\text{-}18)$$

其中：

$$
\begin{cases}
d_1 = \dfrac{1}{\sigma_P}\ln\left(\dfrac{B(t,S)}{B(t,T)K}\right) + \dfrac{\sigma_P}{2} \\[3mm]
d_2 = \dfrac{1}{\sigma_P}\ln\left(\dfrac{B(t,S)}{B(t,T)K}\right) - \dfrac{\sigma_P}{2} \\[3mm]
\sigma_P = \dfrac{\sigma}{a}\left[\big(1 - \exp(-a(T-t))\big)\sqrt{\dfrac{1 - \mathrm{e}^{-2a(T-t)}}{2a}}\right]
\end{cases}
\qquad (3\text{-}19)
$$

考虑一个利率上限，它由一系列行权价格为K，重设时间分别为t_1, t_2, ..., t_N的N个利率上限元组成。利率上限具有延迟支付的特点。假设r_k为在时间t_k观察到的利率 ($k = 1, 2, ..., N-1$)，在时间t_{k+1}会有如下支付 (假设本金为1 USD)。

$$\delta_k \max(r_k - K, 0) \qquad (3\text{-}20)$$

其中：

$$\delta_k = t_{k+1} - t_k$$

贴现到t_k时刻：

$$\frac{\delta_k}{1 + r_k\delta_k}\max(r_k - K, 0) \qquad (3\text{-}21)$$

经过变换，得到：

$$\frac{\delta_k}{1+r_k\delta_k}\max\left(r_k-K,0\right)=\max\left(1-\frac{1+K\delta_k}{1+r_k\delta_k},0\right)=(1+K\delta_k)\max\left(\frac{1}{1+K\delta_k}-\frac{1}{1+r_k\delta_k},0\right) \tag{3-22}$$

其中，$1/(1+r_k\delta_k)$ 代表t_k时刻的零息债券价格，该债券在t_{k+1}时刻的支付为1。因此，上述利率上限元的价格可以看作本金为$1+K\delta_k$、行权价格为 $(1+K\delta_k)^{-1}$的看跌期权，其中债券的到期时间为t_{k+1}，期权的到期时间为t_k。而利率上限可以看作一系列零息债券欧式看跌期权的组合，所以利率上限的价格可表示为：

$$\begin{aligned}
\text{Cap}^{HW} &= \sum_{i=1}^{N}(1+K\delta_i)\text{ZBP}\left(t_i,t_{i+1},(1+K\delta_i)^{-1}\right) \\
&= \sum_{i=1}^{N}B(0,t_i)N\left(-d_2^{i+1}+\sigma\right)-(1+K\delta_i)B(0,t_{i+1})N\left(-d_1^{i+1}\right)
\end{aligned} \tag{3-23}$$

最终，Hull-White模型参数通过利率上限的市场价格校对得到。通常，市场上报价是二维的波动率平面，一个维度是到期时间，另一个维度是行权利率。把市场波动率带回标准市场模型——Black模型即可得到市场价格。同样的，参数校准也可由利率下限或利率交换期权的市场价格得到。

接下来给出一个实例，展示Hull-White模型参数的校准，这里假定模型中的a 和σ为常数。如图3.14所示为市场波动率曲面，而如图3.15所示为市场价格与H-W模型价格的比较。

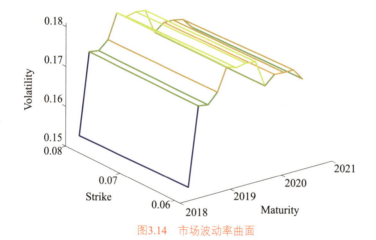

图3.14　市场波动率曲面

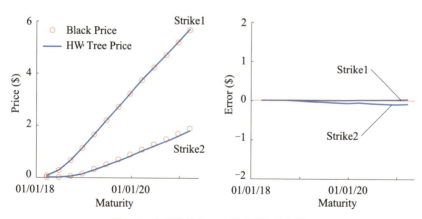

图3.15　市场价格与H-W模式价格的比较

由以下代码可以绘制图3.14和图3.15。

```matlab
B5_Ch3_3.m

clc; close all; clear all;
Settle = ' Jan-21-2018';
Reset = 4;
Principal = 1000;
MarketStrike = [0.0590; 0.0790];
MarketMat = {'21-Mar-2018';
'21-Jun-2018';
'21-Sep-2018';
'21-Dec-2018';
'21-Mar-2019';
'21-Jun-2019';
'21-Sep-2019';
'21-Dec-2019';
'21-Mar-2020';
'21-Jun-2020';
'21-Sep-2020';
'21-Dec-2020'};
MarketMat = datenum(MarketMat);
MarketVol = [0.1533 0.1731 0.1727 0.1752 0.1809 0.1800 0.1805 0.1802 0.1735
             0.1757 ...
             0.1755 0.1755 ; % First row in table corresponding to Strike1
             0.1526 0.1730 0.1726 0.1747 0.1808 0.1792 0.1797 0.1794 0.1733
             0.1751 ...
             0.1750 0.1745 ]; % Second row in table corresponding to Strike2

Rates= [0.0627;
0.0657;
0.0691;
0.0717;
0.0739;
0.0755;
0.0765;
0.0772;
0.0779;
0.0783;
0.0786;
0.0789];

[AllMaturities,AllStrikes] = meshgrid(MarketMat,MarketStrike);

figure(1);
mesh(AllMaturities,AllStrikes,MarketVol);
datetick;
xlabel('Maturity');
```

```matlab
ylabel('Strike');
zlabel('Volatility');
title('Market Volatility Data');


ValuationDate = '21-Jan-2018';
EndDates = {'21-Mar-2018';'21-Jun-2018';'21-Sep-2018';'21-Dec-2018';...
            '21-Mar-2019';'21-Jun-2019';'21-Sep-2019';'21-Dec-2019';....
            '21-Mar-2020';'21-Jun-2020';'21-Sep-2020';'21-Dec-2020'};
Compounding = 4;
Basis = 0;

RateSpec = intenvset('ValuationDate', ValuationDate, ...
'StartDates', ValuationDate, 'EndDates', EndDates, ...
'Rates', Rates, 'Compounding', Compounding, 'Basis', Basis);

o=optimoptions('lsqnonlin','TolFun',100*eps);

[Alpha, Sigma] = hwcalbycap(RateSpec, MarketStrike, MarketMat, MarketVol,...
'Reset', Reset, 'Basis',...
Basis, 'OptimOptions', o);

BlkPrices1  = capbyblk(RateSpec,AllStrikes(1,:), Settle, AllMaturities(1,:),...
    MarketVol(1,:),'Reset',Reset,'Basis',Basis);

BlkPrices2  = capbyblk(RateSpec,AllStrikes(2,:), Settle, AllMaturities(2,:),...
    MarketVol(2,:),'Reset',Reset,'Basis',Basis);

VolDates     = EndDates;
VolCurve     = Sigma*ones(numel(EndDates),1);
AlphaDates   = EndDates;
AlphaCurve   = Alpha*ones(numel(EndDates),1);
HWVolSpec    = hwvolspec(Settle, VolDates, VolCurve, AlphaDates, AlphaCurve);

HWTimeSpec   = hwtimespec(Settle, EndDates, Compounding);
HWTree = hwtree(HWVolSpec, RateSpec, HWTimeSpec, 'Method', 'HW2000');

HWPrices1 = capbyhw(HWTree, AllStrikes(1,:), Settle, AllMaturities(1,:), Reset, Basis);

HWPrices2 = capbyhw(HWTree, AllStrikes(2,:), Settle, AllMaturities(2,:), Reset, Basis);

figure(2);
plot(AllMaturities(1,:), BlkPrices1, 'or', AllMaturities(1,:), HWPrices1, '-b');
hold on;
plot(AllMaturities(2,:), BlkPrices2, 'or', AllMaturities(2,:), HWPrices2, '-b');

datetick('x', 2)
xlabel('Maturity');
```

```
ylabel('Price');
title('Black and Calibrated (HW) Prices');
legend('Black Price', 'Calibrated HW Tree Price','Location', 'NorthWest');

figure(3);

plot(AllMaturities(1,:), -BlkPrices1 + HWPrices1, '-b');
hold on;
plot(AllMaturities(2,:), -BlkPrices2 + HWPrices2, '-b');

datetick('x', 2)
xlabel('Maturity');
ylabel('Error');
ylim([-2 2]);

grid off;box off; set(gcf,'color','white')
```

核心函数capfloorbyhwcf()即对Hull-White的看跌期权ZBP解析解的实现。具体代码如下。

```
% Pull out data for each instrument
ResetTimesi    = ResetTimes(i,1:numDates(i))';
dResetPeriodsi = dResetPeriods(i,1:numLets(i))';
Disci          = Disc(i,1:numDates(i))';

% Price the 'Lets using Hull-White
volP = sqrt(...
    ((Sigma^2)/(2*Alpha^3)) .* (1-exp(-2 .* ResetTimesi(1:end-1) * Alpha ./
Reset(i))) .* ...
    (1-exp(-Alpha.*(dResetPeriodsi ./ Reset(i)))) .^2 ...
    );

d1 = (...
    log(((1+(Strike(i) .* dResetPeriodsi ./ Reset(i))) .* Disci(2:end)) ./
Disci(1:end-1)) + ...
    ((volP .^ 2) / 2) ...
    ) ./ volP;

d2 = d1 - volP;
```

3.4 利率三叉树

在3.3节中介绍了短期利率Hull-White模型及其参数估计，这就为接下来要介绍的利用Hull-White

三叉树给利率衍生品定价奠定了基础。本丛书第一本曾介绍过简单二叉树的构建。而对利率而言，三叉树往往比二叉树更为便利。如图3.16所示为一个标准的分叉结构，根据节点上三个树杈的延伸方向，三叉树的分支结构一般分为三种类型：(a) 水平型、(b) 下限型、(c) 上限型。上限型结构适用于在现有利率水平较高的情况下，考虑到利率水平均值回归的特性。而下限型结构适用于在现有利率水平比较低的情况下，考虑利率水平的均值回归。

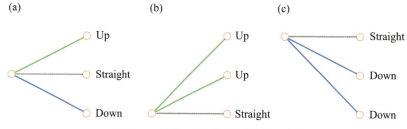

图3.16　三叉树中不同类型的分支结构

在本节中首先介绍Hull-White三叉树的建立，然后介绍运用三叉树计算含权债券价格。

第一步是建立Hull-White短期利率模型并进行参数估计。这一过程已经在3.3节中得到介绍，不再赘述。假设得到的参数是$\sigma = 0.01$，$\alpha = 0.1$，而这里设置的时间步长$\Delta t = 1\ \text{year}$。

第二步是建立标准利率三叉树，将连续型短期利率模型改用离散时间型表达。假设$r_0 = 0$，在这一阶段只考虑波动率的影响，即建模的对象R^*符合式3-24所示动态过程。

$$dR^* = -aR^* dt + \sigma dw \tag{3-24}$$

之后再调整r_0使其符合**利率期限结构** (interest rate term structure)。对于第一期，可以选择水平树形。在Hull-White模型中，三叉树同一期相邻节点的利率差值为：

$$\Delta R = \sigma \sqrt{3\Delta t} \tag{3-25}$$

对于任意节点(i, j)，它的含义是在这个节点上时间$t = i\Delta t$，利率$R^* = j\Delta R$。从第一个节点转移到下一期，利率向上走的概率为p_u、持平的概率为p_m、向下走的概率为p_d。对于水平型结构相关概率为：

$$\begin{cases} p_u = \dfrac{1}{6} + \dfrac{1}{2}(a^2 j^2 \Delta t^2 - aj\Delta t) \\[2mm] p_m = \dfrac{2}{3} - a^2 j^2 \Delta t^2 \\[2mm] p_d = \dfrac{1}{6} + \dfrac{1}{2}(a^2 j^2 \Delta t^2 + aj\Delta t) \end{cases} \tag{3-26}$$

如图3.17所示为第一个节点A的三个分叉以及对应路径的概率。概率仅由纵向位置j来决定。

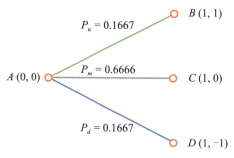

图3.17　三叉树第一期的路径概率示意图

类似地，可以得到B，C，D节点的三个分叉及其对应路径的概率，如图3.18所示。此外，我们发现在节点E上转为上限结构；而在节点I转为下限结构。即当纵向位置j足够大 (小) 时会采用上 (下) 限的走势，其余情况采用水平走势，来反映利率均值回归的特性。这个转换点用J_{max}和J_{min}表示。根据经验，J_{max}选为大于$0.184/(a\Delta t)$的最小的一个整数。在本例中，它的值为2，而$J_{min} = -J_{max} = -2$。

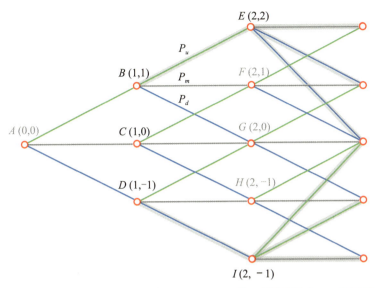

图3.18　第一阶段三叉树第二期节点(B, C, D)以及第三期转换节点(E, I)示意图

类似的，如果是下限结构，概率的计算公式变为：

$$
\begin{cases}
p_u = \dfrac{1}{6} + \dfrac{1}{2}\left(a^2 j^2 \Delta t^2 + a \cdot j\Delta t\right) \\[2mm]
p_m = -\dfrac{1}{3} - a^2 j^2 \Delta t^2 - 2a \cdot j\Delta t \\[2mm]
p_d = \dfrac{7}{6} + \dfrac{1}{2}\left(a^2 j^2 \Delta t^2 + 3a \cdot j\Delta t\right)
\end{cases}
\tag{3-27}
$$

对于上限结构：

$$
\begin{cases}
p_u = \dfrac{7}{6} + \dfrac{1}{2}\left(a^2 j^2 \Delta t^2 - 3aj\Delta t\right) \\[2mm]
p_m = -\dfrac{1}{3} - a^2 j^2 \Delta t^2 + 2aj\Delta t \\[2mm]
p_d = \dfrac{1}{6} + \dfrac{1}{2}\left(a^2 j^2 \Delta t^2 - aj\Delta t\right)
\end{cases}
\tag{3-28}
$$

接下来使用实际收益率曲线对标准利率三叉树进行调整。表3.3给出当前利率期限结构，也称**收益率曲线** (yield curve)。

表3.3　当前收益率曲线

Maturity (year)	Zero Rate (%)
1.0	3.824
2.0	4.512
3.0	5.086

第一阶段建立的利率树与当前市场上观察到的利率期限结构未必相同，因此第二阶段需要将关于R^*的利率树进行调整，使其符合期初的利率期限结构，而α就是这个调整项。如图3.19所示为标准利率三叉树第一阶段到第二阶段的调整。α的定义为：

$$\alpha(t) = R(t) - R^*(t) \tag{3-29}$$

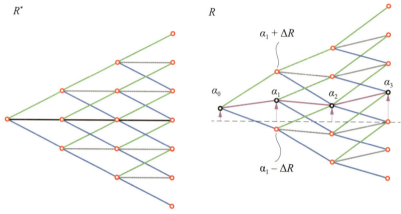

图3.19　标准利率三叉树第一阶段到第二阶段的调整示意图

在离散模型中，α_i代表$\alpha(i\Delta t)$，即在$i\Delta t$时刻（也是利率树节点的横向位置），R和R^*的差别。

下面建立等式求解α_0，等式左边是利用三叉树对到期时间为Δt的单位面值零息债券折现的价格，等式右边是利用实际收益率曲线对同样的债券折现的价格。通过观察实际收益率曲线，Δt（一年期）的利率为3.824%，于是：

$$\exp(\alpha_0 \Delta t) = \exp(0.03824 \Delta t) \tag{3-30}$$

求解式3-30，得到$\alpha_0 = 0.03824$。

接下来，利用到期时间为$2\Delta t$的单位面值零息债券建立等式。根据实际收益率曲线，$2\Delta t$（两年期）的利率为4.512%。在三叉树中，第二期B、C、D节点处的利率分别为$\alpha_1 + \Delta R$、α_1、$\alpha_1 - \Delta R$，其对应的到期时间为$2\Delta t$的单位面值零息债券价格分别为$\exp(-\alpha_1 - \Delta R)$、$\exp(-\alpha_1)$、$\exp(-\alpha_1 + \Delta R)$。结合三个分岔路径对应的概率以及第一期的折现因子，建立等式。

$$\left(P_u \exp(-\alpha_1 - \Delta R) + P_m \exp(-\alpha_1) + P_d \exp(-\alpha_1 + \Delta R)\right) \exp(-\alpha_1) = \exp(0.04512 \times 2) \tag{3-31}$$

以此类推，可以求得$\alpha_2, \alpha_3, \dots, \alpha_m$。

通过以上的例子可以发现，确定了α_m的值，就可以通过三叉树计算到期时间为$(m+1)\Delta t$的零息债券价格P_{m+1}。节点(m, j)处的利率为$\alpha_m + j\Delta R$，则：

$$P_{m+1} = \sum_{j=-n_m}^{n_m} Q_{m,j} \exp\left[-(\alpha_m + j\Delta R)\Delta t\right] \tag{3-32}$$

n_m代表$m\Delta t$时刻，在纵向上位于中心的节点每侧的节点个数，也是$m\Delta t$时刻，j能取得的最大值。

$Q_{m,j}$代表商品现值，这个商品只在利率走到节点(m, j)处支付\$1，否则报酬为零。确定了α_m的值，则对于$i = m+1$：

$$Q_{m+1,j} = \sum_k Q_{m,j} q(k, j) \exp\left[-(\alpha_m + j\Delta R)\Delta t\right] \tag{3-33}$$

式中：$q(k,j)$为利率从节点 (m,k) 走到节点 $(m+1,j)$ 的概率。

最后给出 α_m 的通用表达式。

$$\alpha_m = \frac{\ln\left\{\sum_{-n_m}^{n_m} Q_{m,j} \exp\left(-j\Delta R\Delta t\right)\right\} - \ln P_{m+1}}{\Delta t} \tag{3-34}$$

如图3.20和图3.21所示为运用三叉树计算可赎回债券和可卖回债券的价格。本丛书第一本第10章介绍可赎回债券的购买者相当于认购普通债权，但是售出看涨期权。债券发行方，有权利赎回债券，因此，其他条件不变，可赎回债券售价低于普通债权如图3.20所示。同样，购买可卖回债券相当于认购普通债权，同时购买看跌期权，也就是，债权持有者可以一定执行价格卖出债权。因此，其他条件保持一致，可卖回债券售价高于普通债权，如图3.21所示。

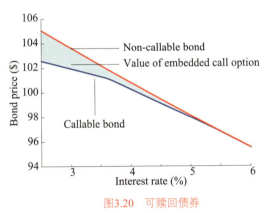

图3.20　可赎回债券

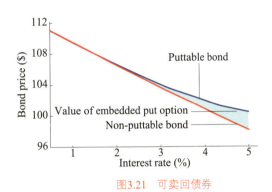

图3.21　可卖回债券

以下代码可以用来获得图3.20。

`B5_Ch3_4.m`

```
% test_callableBond2
clc; close all; clear all;
ZeroRates0 = [ 0.035;0.04;0.045];
Compounding = 1;
StartDates = ['jan-1-2007';'jan-1-2008';'jan-1-2009'];
EndDates   = ['jan-1-2008';'jan-1-2009';'jan-1-2010'];
ValuationDate = 'jan-1-2007';

Rates_temp =  (-0.025:0.001:0.01 )';
% Rates_temp = 0.0;
PriceCallBondHW=zeros (length (Rates_temp ),1 );
PriceBondHW=zeros (length (Rates_temp ),1 );
Rate=zeros (length (Rates_temp ),1 );
for i = 1:length (Rates_temp )
ZeroRates=ZeroRates0-Rates_temp (i );
Rate (i )=ZeroRates (1 );
RateSpec = intenvset ('Rates', ZeroRates, 'StartDates', ValuationDate,
'EndDates', ...
EndDates, 'Compounding', Compounding, 'ValuationDate', ValuationDate );
```

```matlab
VolDates = ['jan-1-2008';'jan-1-2009';'jan-1-2010'];
VolCurve = 0.01;
AlphaDates = 'jan-1-2010';
AlphaCurve = 0.1;

HWVolSpec = hwvolspec (ValuationDate, VolDates, VolCurve,
AlphaDates, AlphaCurve );

HWTimeSpec = hwtimespec (ValuationDate, EndDates, Compounding );

HWTree = hwtree (HWVolSpec, RateSpec, HWTimeSpec );

BondSettlement = 'jan-1-2007';
BondMaturity   = 'jan-1-2010';
CouponRate = 0.0525;
Period = 1;
OptSpec = 'put';
Strike = [100];
ExerciseDates = {'jan-1-2008' '01-Jan-2010'};
AmericanOpt = 1;

PriceCallBondHW (i ) = optembndbyhw (HWTree, CouponRate,
BondSettlement, BondMaturity,...
'call', Strike, ExerciseDates,'Period', 1, 'AmericanOpt', 1 );

PriceBondHW (i ) = bondbyhw (HWTree, CouponRate, BondSettlement,
BondMaturity,...
    'Period', 1 );

end
figure;

plot (Rate*100,PriceCallBondHW );
hold on;
plot (Rate*100,PriceBondHW );

xlabel ('Interest rate  (% )' );
ylabel ('Bond price ' );
% title ('Time to maturity = 0~1 year' )

grid off; box off
set (gca, 'FontName', 'Times New Roman','fontsize',10 )
% axis equal

xlim ([2 6.5] );
ylim ([94 106] );
```

以下代码可以用来获得图3.21。

```matlab
% test_puttableBond
clc; close all; clear all;
ZeroRates0 = [ 0.035;0.04;0.045];
Compounding = 1;
StartDates = ['jan-1-2007';'jan-1-2008';'jan-1-2009'];
EndDates   = ['jan-1-2008';'jan-1-2009';'jan-1-2010'];
ValuationDate = 'jan-1-2007';

% Rates_temp =  (-0.15:0.005:0.0 )';
Rates_temp =  (-0.03:0.001:0.015 )';
PricePutBondHW=zeros (length (Rates_temp ),1 );
PriceBondHW=zeros (length (Rates_temp ),1 );
Rate=zeros (length (Rates_temp ),1 );
for i = 1:length (Rates_temp )
ZeroRates=ZeroRates0+Rates_temp (i );
Rate (i )=ZeroRates (1 );
RateSpec = intenvset ('Rates', ZeroRates, 'StartDates',
ValuationDate, 'EndDates', ...
EndDates, 'Compounding', Compounding, 'ValuationDate', ValuationDate );

VolDates = ['jan-1-2008';'jan-1-2009';'jan-1-2010'];
VolCurve = 0.01;
AlphaDates = 'jan-1-2010';
AlphaCurve = 0.1;
HWVolSpec = hwvolspec (ValuationDate, VolDates, VolCurve,
AlphaDates, AlphaCurve );

HWTimeSpec = hwtimespec (ValuationDate, EndDates, Compounding );

HWTree = hwtree (HWVolSpec, RateSpec, HWTimeSpec );

BondSettlement = 'jan-1-2007';
BondMaturity   = 'jan-1-2010';
CouponRate = 0.0525;
Period = 1;
OptSpec = 'put';
Strike = [100];
ExerciseDates = {'jan-1-2008' '01-Jan-2010'};
AmericanOpt = 1;

PricePutBondHW (i ) = optembndbyhw (HWTree, CouponRate,
BondSettlement, BondMaturity,...
OptSpec, Strike, ExerciseDates,'Period', 1, 'AmericanOpt', 1 );

PriceBondHW (i ) = bondbyhw (HWTree, CouponRate, BondSettlement,
```

```
BondMaturity,...
    'Period', 1 );
end
figure;

plot (Rate*100,PricePutBondHW,'color',[0,153,255]/255,'LineWidth',1 );
hold on;
plot (Rate*100,PriceBondHW,'r','LineWidth',1 );

xlabel ('Interest rate  (% )' );
ylabel ('Bond price ' );
% title ('Time to maturity = 0~1 year' )

grid off; box off
set (gca, 'FontName', 'Times New Roman','fontsize',10)
% axis equal
ylim ([96 113] );
xlim ([0 5.5] );

ZeroRates0 = [ 0.035;0.04;0.045];
```

  本章先从利率衍生品出发，引出了建立利率模型的必要性。几种常见的利率模型中，**Black**模型应用最为广泛，被誉为标准市场模型，可以计算出欧式利率衍生品价格的解析解，但其缺乏对利率期限结构的刻画。均衡模型和无套利模型弥补了这一不足。本章以**Hull-White**模型为例，详细讲解了模型参数的校准。利率期限模型的校准过程，就是通过模型参数的选择，使得模型价格和市场价格相吻合。得到了完备的利率期限模型后，本章的最后介绍了如何利用三叉树，为可提前执行的利率衍生品定价。

第4章

Volatility Models and Calibration
波动率模型与校准

机会很少出现。下金子的时候，请用桶去接，而不是用顶针。

Opportunities come infrequently. When it rains gold, put out the bucket, not the thimble.

—— 沃伦·巴菲特 (Warren Buffett)

最大的投资就是投资你自己。

The most important investment you can make is in yourself.

——沃伦·巴菲特 (Warren Buffett)

- ◀ `blackvolbysabr()` 运用 SABR 随机波动率模型计算布莱克隐含波动率
- ◀ `blsdelta()` BSM 模型计算欧式期权 Delta
- ◀ `blsimpv()` BSM 模型计算隐含波动率
- ◀ `datenum()` 将日期变量字符串转化为连续日期数值变量
- ◀ `integral(fun,xmin,xmax)` 计算符号变量函数 `fun` 在 [xmin,xmax] 之间的积分
- ◀ `interp1(x,v,xq,'linear','extrap')` 线性外插插值
- ◀ `isnan(A)` 判断矩阵 A 中 NaN 和非 NaN 元素，NaN 元素位置结果为 1，非 NaN 元素位置结果为 0
- ◀ `mesh()` 填充区二维绘图
- ◀ `meshgrid(x,y)` 生成网格坐标
- ◀ `normcdf()` 给出标准正态分布累积概率
- ◀ `normpdf(x,mu,sigma)` 根据指定的 x 值计算其正态分布的概率分布函数值；数学期望是 mu，标准差是 sigma
- ◀ `optByHestonNI()` 运用数值积分方法求解 Heston 模型下的香草期权价格
- ◀ `optSenByHestonNI()` 运用数值积分方法求解 Heston 模型下的香草期权价格和希腊字母
- ◀ `randn()` 标准正态分布随机数生成器
- ◀ `roots()` 求解多项式的根
- ◀ `tic(),toc()` 启动秒表计时器，从秒表读取已用时间
- ◀ `unique()` 可找出输入向量中的所有唯一项
- ◀ `x = lsqnonlin(fun,x0)` 从初始解 x0 点开始，找到 `fun` 中描述的函数的最小平方和。返回值为最优解
- ◀ `xlsread()` 读取 Excel 电子表格文件
- ◀ `yearfrac(start_date,end_date)` 返回 `start_date` 和 `end_date` 之间的天数占全年天数的百分比

4.1 隐含波动率

期权定价模型中唯一真正的变量是波动率，因此期权的核心定价模型是波动率模型。**做市商** (market maker) 运作过程中，若要对期权进行有效的报价，必须对波动率进行有效估计和预测。

BSM模型 (black scholes model or black scholes merton model) 被誉为期权定价中的经典理论模型。自1973年首次发表之后，备受欢迎，大大地促进了衍生品市场的发展。本丛书第二本第4章已经详细介绍过相关内容，这里简单回顾一下。

欧式看涨期权的价格可以通过式4-1求解。

$$C(S, \tau) = N(d_1)S - N(d_2)X \exp(-r\tau) \tag{4-1}$$

式中：S为当前时刻标的物的价格，也常记作S_t (t为当前时间点)；τ 为当前时刻距离到期时间长度(单位通常为年)，也常常表达为$T - t$ (其中T为到期时间点，t为当前时刻时间点；两者之差为时间距离τ)；N为标准正态分布的CDF；X为执行价格，也常记作K；r为无风险利率。

而d_1和d_2可以通过式4-2求得：

$$\begin{cases} d_1 = \dfrac{1}{\sigma\sqrt{\tau}}\left[\ln\left(\dfrac{S}{X}\right) + \left(r + \dfrac{\sigma^2}{2}\right)\tau\right] \\ d_2 = \dfrac{1}{\sigma\sqrt{\tau}}\left[\ln\left(\dfrac{S}{X}\right) + \left(r - \dfrac{\sigma^2}{2}\right)\tau\right] = d_1 - \sigma\sqrt{\tau} \end{cases} \tag{4-2}$$

$N(d_2)$ 是在风险中性测度下，期权被执行的概率。根据本丛书第一本中讲到的欧式买卖权平价关系：

$$P + S = X \exp(-r\tau) + C \tag{4-3}$$

可以求得欧式看跌期权的公式：

$$P(S, \tau) = -N(-d_1)S + N(-d_2)X \exp(-r\tau) \tag{4-4}$$

隐含波动率 (implied volatility) 是通过BSM模型根据期权市场价格反向求得的资产波动率，它是期权投资决策中不可替代的重要分析变量。

MATLAB用来计算隐含波动率的函数为blsimpv()，具体调用形式如下。

```
implied_vol = blsimpv(S, K, r, T2t, V, Class = true)
或者implied_vol = blsimpv(S, K, r, T2t, V, Class = {'call'})
```

MATLAB还有另外一个计算隐含波动率的函数impvbybls()。impvbybls()可以读进利率和分红的期限结构。而blsimpv()设定读入的是转化为**年化率** (annualized rate) 后的利率和分红。

本丛书第二本介绍了如何用回报率历史数据计算波动率。通过这种方法计算出来的波动率叫**历史波动率** (historic volatility)。

那么如何区分隐含波动率和历史波动率之间的区别呢？这里有个在"宽客"界流传的笑话：在6月的一个清晨，一位家住芝加哥的交易员需要决定是否穿大衣出门。根据历史经验，6月份的芝加哥并没有冷到需要穿大衣 (历史波动率)。交易员打开窗户看看外面的行人，发现行人都穿着外套并带了雨伞，依此他也应该穿着外套带把雨伞才好 (隐含波动率)。可见，历史波动率可以通俗地理解为"以史为鉴"，而隐含波动率则是"关注当下"。

那么，如何用市场数据得到隐含波动率呢？下面是几个常用的获得市场行情数据的网站。

◀ 蒙特利尔交易所网址：https://m-x.ca/nego_cotes_en.php
◀ 芝加哥期货交易所网址：http://www.cboe.com/delayedquote/quote-table-download
◀ 雅虎财经网址：https://stock.finance.sina.com.cn/option/quotes.html

以**芝加哥期货交易所** (CBOE) 获取的数据为例。首先将下载的数据进行简单处理，得到三列信息，分别是到期时间 (以年为单位)、行权价格以及期权的价格 (可以采用看涨期权买卖的中间价)。接下来把期权价格以及其他相关信息代入MATLAB隐含波动率计算命令blsimpv()，就能得到不同到期日以及不同行权价格下的隐含波动率。

从图4.1中可以发现，在一系列不同的到期日上，隐含波动率大体上都呈现出这样一种趋势：随着执行价格的递增，波动率先是递减；到达平权位置即标的价格附近后达到一个低点，紧接着又开始递增。

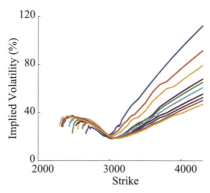

图4.1　不同到期时间下的波动率微笑曲线

虚值 (out of the money, OTM) 期权和**实值** (in the money, ITM) 期权的波动率高于平值期权的波动率。这种波动率随执行价格呈现出类似微笑形状的曲线因而称为**波动率微笑** (volatility smile)，如图4.2(a)所示。

而波动率并不总是微笑的，如图4.2(b)所示，称为**波动率偏斜** (volatility skew)。广义的波动率偏斜指的是各种形状的波动率曲线，狭义的波动率偏斜指的是低行权价的隐含波动率高于高行权隐含波动率的波动率曲线。

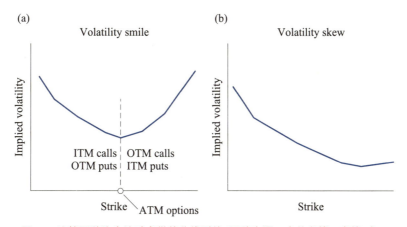

图4.2　比较两种隐含波动率微笑曲线形状 (图片来源：本丛书第二本第4章)

以下代码可以得到图4.1。

```
B5_Ch4_1.m

clc;clear all;close all
SPX = xlsread('SPX_VOL.xlsx',2,'b2:t7600');
S0 = 2853;
r=0.66/100;

Maturity = SPX(:,3);            % maturity
Strike = SPX(:,1);              % strike
CallPrice = SPX(:,2);           % option prices
tic

IV = blsimpv(S0, Strike, r, Maturity, CallPrice);%(S, X, r, T, value)

toc

unique_Maturity = unique(Maturity);
for i = 1:1:10
    ind = find (Maturity ==unique_Maturity(i+1));
    Maturity_1d = Maturity(ind);
    plot(Strike(ind),IV(ind)*100);hold on
end

xlabel('Strike'); ylabel('Implied Vol %')
box off; set(gcf,'color','white')
```

如果将图4.1稍作变换,将横轴改为期权的Delta值,就会得到隐含波动率在Delta值上的分布,如图4.3所示。首先对图4.3横坐标轴上的Delta值进行说明:10P指的是Delta的绝对值为0.1的看跌期权;以此类推,ATM指的是平价期权;25C指的是Delta值为0.25的看涨期权。相同到期时间和行权价格下,看涨期权和看跌期权的Delta绝对值之和为1。这意味着25C即为75P,10C即为90P。而由于交易者倾向于购买虚值OTM期权,因此按惯例标注25C和10C。如图4.3所示的曲线也表现出了中间低、两头高的波动率微笑。以Delta作为横坐标轴的波动率曲线可以转化为以行权价格作为横坐标轴的波动率曲线。如图4.4所示为在本例中Delta和行权价格之间的对应关系。

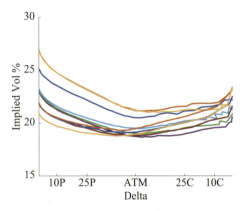

图4.3 不同到期时间下隐含波动率在Delta上的分布

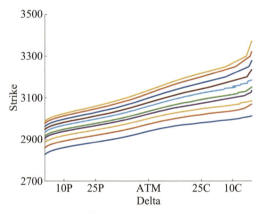

图4.4 不同到期时间下的行权价格和Delta的关系

用Delta作为横坐标的优点是可以在平价区域ATM观察到更多的细节。这种方法常见于外汇市场。感兴趣的读者可以在下述网站得到外汇期权隐含波动率历史数据。比如，中国外汇交易中心网站：http://116.236.198.44/chinese/bkcurvfqqh/。

以下代码可以用来得到图4.3和图4.4。

```
B5_Ch4_2.m

clc; clear all; close all
SPX = xlsread('SPX_VOL.xlsx',2,'b2:f7600');
S0 = 2853;
r=0.66/100;

Maturity = SPX(:,3);            % maturity
Strike = SPX(:,1);              % strike
CallPrice = SPX(:,2);           % option prices

tic;
IV   = blsimpv(S0, Strike, r, Maturity, CallPrice);%(S, X, r, T, value)

toc;


ind = ~isnan(IV);
IV = IV(ind);
Strike = Strike(ind);
Maturity = Maturity(ind);
CallPrice = CallPrice(ind);
[CallDelta_calc, PutDelta_calc] = blsdelta(S0, Strike, r, Maturity, CallPrice);

figure(1)
unique_Maturity = unique(Maturity);
for i = 1:1:10
    ind = find (Maturity ==unique_Maturity(i+1));
    Maturity_1d = Maturity(ind);
    plot(abs(PutDelta_calc(ind)),IV(ind)*100);hold on
end

xlabel('Delta'); ylabel('Implied Vol %')
xticks([0.1 0.25 0.5 0.75 0.9])
xticklabels({'10P','25P','ATM','25C','10C'})
xlim([0.01 0.99]);
ylim([15 30]);
box off; set(gcf,'color','white')

figure(2);
for i = 1:1:10
    ind2 = find (Maturity ==unique_Maturity(i+1));
    Maturity_1d = Maturity(ind2);
    plot(abs(PutDelta_calc(ind2)),Strike(ind2));hold on
```

```
end

xlabel('Delta'); ylabel('Strike');
xticks([0.1 0.25 0.5 0.75 0.9])
xticklabels({'10P','25P','ATM','25C','10C'})
xlim([0.01 0.99]);
ylim([2700 3500]);
box off; set(gcf,'color','white')
```

　　根据BSM模型理论，隐含波动率在不同行权价或不同Delta值上的分布应该呈一条直线。波动率微笑这一现象反映出传统的BSM模型存在一个重要的不足——假设标的物的波动率是一个常数，也就是说，用恒定的波动率，BSM模型给出的期权理论定价无法吻合观察到的市场价格。

　　除此之外，对于市场参与者而言，仅仅如图4.1所示的线形结构是不够的。他们需要看到整个市场以到期时间和行权价为坐标轴的整个**波动率曲面** (volatility surface)。这样的波动率曲面构造，往往需要依赖某种模型或者某种插值方法。关于插值方法，读者可以回顾本丛书第三本介绍的**线性样条插值** (linear interpolation)、**二次样条插值** (quadratic spline interpolation)和**三次样条插值** (cubic spline interpolation)。接下来将介绍几种应用比较广泛的波动率模型。

4.2 Heston随机波动率模型

　　1993年Steven L. Heston 在被誉为全球金融学三大核心期刊之一的 *"Review of Financial Studies"* 上发表了论文，论文题目是 *"A Closed-Form Solution for Options with Stochastic Volatility with Applications to Bond and Currency Options"*。他提出如下模型，假定标的物价格S服从一个扩散过程，S的波动率方差符合**奥恩斯坦-乌伦贝克过程** (Ornstein-Uhlenbeck process)，并考虑标的物价格和波动率方差的相关性。标的物价格S的动态过程如式4-5所示。

$$\frac{\mathrm{d}S_t}{S_t} = r\,\mathrm{d}t + \sqrt{v_t}\,\mathrm{d}W_t^{(1)} \tag{4-5}$$

　　式中：r为无风险利率；v_t为瞬时波动率的方差。

　　波动率方差的动态过程如式4-6所示。

$$\mathrm{d}v_t = k\left(\theta - v_t\right)\mathrm{d}t + \xi\sqrt{v_t}\,\mathrm{d}W_t^{(2)}$$
$$v(0) = v_0 \tag{4-6}$$

　　式中：k为v_t的均值回归速率；ξ为v_t的波动率；θ为v_t的长期均值回归水平。

　　随机过程 $W^{(1)}$ 和$W^{(2)}$ 的相关系数为ρ：

$$\mathrm{d}W_t^{(1)}\,\mathrm{d}W_t^{(2)} = \rho\,\mathrm{d}t \tag{4-7}$$

　　式中：v_0一般为常数；k、θ、ξ和ρ可以是常数，也可以是分段常数，可以通过模型校正得到。

　　和其他模型相比，Heston模型有如下独特之处：

◀ 首先，它考虑了标的物和标的波动率的相关性；

◀ 标的物的波动率具有**均值回归** (mean-reversion) 特性；

◀ 它具有关于期权价格的闭合解；

◀ 标的物不需要服从对数正态分布，因此在取值上不必受到恒大于零的限制。

有关均值回归特性，读者可以参考本丛书第二本第3章。

这里，相关性参数的引进尤为重要。它可以体现资产回报率的偏度，有助于刻画资产回报尖峰厚尾的特点。如图4.5所示，当相关系数 $\rho > 0$ 时，波动率随回报的变大而变大，会导致概率密度分布的右侧尾部变厚。与之相对的，当相关性 $\rho < 0$ 时，波动率随回报的变大而变小，会导致概率密度分布左侧尾部变厚，从而影响到金融衍生品的定价。

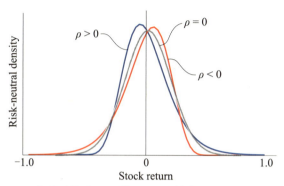

图4.5 相关系数对Heston模型风险中性密度函数的影响示意图
(蓝色代表正相关，$\rho > 0$；红色代表负相关，$\rho < 0$；灰色代表 $\rho = 0$)

下面通过实例来熟悉Heston 模型的应用。首先，我们在假定Heston模型参数已知的情况下，求解看涨期权的价格，并通过绘制3D图像了解价格随执行价格及到期时间的变化。接下来，讲解一下如何校正Heston模型的参数。

Heston给出了看涨期权的闭合解，(读者如果想了解具体的求解过程，请参考论文原文)。看涨期权的价格为：

$$C\left(S,v,t,T\right) = SP_1 - K\exp\left(-r(T-t)\right)P_2 \tag{4-8}$$

式中：S为即期价格；K为行权价格；r为利率。

P_1和P_2的表达式为：

$$P_j\left(x,v,T;\ln(K)\right) = \frac{1}{2} + \frac{1}{\pi}\int_0^\infty \mathrm{Re}\left[\frac{\exp\left(-i\phi\ln(K)\right)f_j\left(x,v,T;\phi\right)}{i\phi}\right]\mathrm{d}\phi \quad j=1,2 \tag{4-9}$$

式中：i为虚数单位；j为序数$j = 1, 2$。

特征函数$f_j(x,v,T;\phi)$ 的表达式为：

$$f_j\left(x,v,T;\phi\right) = \exp\left\{C\left(T-t;\phi\right) + D\left(T-t,\phi\right)v + i\phi x\right\} \tag{4-10}$$

其中，C和D的表达式为：

$$\begin{cases} C\left(\tau;\phi\right) = r\phi i\tau + \dfrac{a}{\sigma^2}\left\{\left(b_j - \rho\sigma\phi i + d\right)\tau - 2\ln\left[\dfrac{1-g\exp(d\tau)}{1-g}\right]\right\} \\[4mm] D\left(\tau;\sigma\right) = \dfrac{b_j - \rho\sigma\phi i + d}{\sigma^2}\left[\dfrac{1-\exp(d\tau)}{1-g\exp(d\tau)}\right] \end{cases} \tag{4-11}$$

其中，g和d的表达式为：

$$\begin{cases} g = \dfrac{b_j - \rho\sigma\phi i + d}{b_j - \rho\sigma\phi i - d} \\ d = \sqrt{\left(\rho\sigma\phi i - b_j\right)^2 - \sigma^2\left(2u_j\phi i - \phi^2\right)} \end{cases}$$ (4-12)

其中，u_1、u_2、a、b_1、b_2的表达式为：

$$u_1 = 1/2, \quad u_2 = -1/2, \quad a = \kappa\theta, \quad b_1 = \kappa - \rho\sigma, \quad b_2 = \kappa$$ (4-13)

如图4.6所示为标的物价格和波动率方差相关系数ρ分别为正负0.75的时候，Heston模型下的看涨期权价格。横坐标采用了**价值状态** (moneyness)，这是除了上文介绍过的执行价格和Delta以外，第三种比较常见的横坐标轴。价值状态定义为股价和行权价格的比。通过观察可以发现，在虚值 (价值状态小于1，即股价小于行权价) 部分，蓝色曲面高于红色曲面，表示以$\rho > 0$定价会比$\rho < 0$定价更高。反之，在实值 (价值状态大于1，即股价大于行权价) 部分，红色曲面在上，表示以$\rho < 0$定价会比$\rho > 0$定价更高。

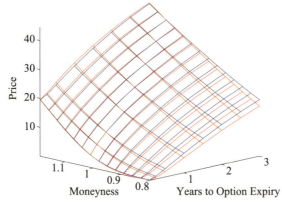

图4.6 Heston 波动率模型下看涨期权价格随到期时间和价值状态的变化，不同参数对比
(蓝色代表$\rho = 0.75$; 红色代表$\rho = -0.75$)

沿着图4.6中的时间轴切开，即可得到图4.7。对于在不同参数下的看涨期权价格对比，可以观察到同图4.6一致的规律。

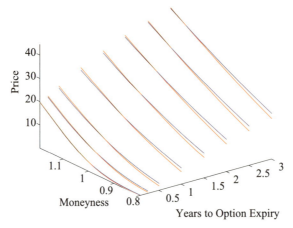

图4.7 Heston 波动率模型下看涨期权价格在不同的到期时间切面，不同参数对比 (蓝色代表$\rho = 0.75$; 红色代表$\rho = -0.75$)

以下代码可以用来获得图4.6和图4.7。

```
B5_Ch4_3.m

clc; clear all; close all;
AssetPrice = (80:1:120)';
Strike = 100;

Rate = 0.05;
DividendYield = 0.01;
OptSpec = 'call';

V0 = 0.09;
ThetaV = 0.2;
Kappa = 1.0;
SigmaV = 0.3;
RhoSV_minus = -0.75;
RhoSV_plus =    0.75;
Settle = datenum('29-Jun-2017');
Maturity = datemnth(Settle, 12*[1/12 0.25 (0.5:0.5:3)]');
Time = yearfrac(Settle, Maturity);

Call_Heston_minus_rho = zeros(length(AssetPrice),length(Maturity));
Call_Heston_plus_rho = zeros(length(AssetPrice),length(Maturity));
Call_bls = zeros(length(AssetPrice),length(Maturity));

for t = 1:length(Maturity)

Call_Heston_minus_rho(:,t) = optByHestonNI(Rate, AssetPrice,
Settle, Maturity(t), OptSpec, Strike, ...
    V0, ThetaV, Kappa, SigmaV, RhoSV_minus, 'DividendYield',
DividendYield,'ExpandOutput',true);

Call_Heston_plus_rho(:,t) = optByHestonNI(Rate, AssetPrice,
Settle, Maturity(t), OptSpec, Strike, ...
    V0, ThetaV, Kappa, SigmaV, RhoSV_plus, 'DividendYield',
DividendYield,'ExpandOutput',true);

end
% plot(AssetPrice',Call_Heston_minus_rho,AssetPrice',Call_Heston_plus_
rho,AssetPrice',Call_bls);
[X,Y] = meshgrid(Time,AssetPrice/Strike);
%
close all
figure(1);
h1 = mesh(X(1:3:end,:),Y(1:3:end,:),Call_Heston_minus_rho(1:3:end,:));
h1.FaceColor = [0,0,0];
h1.FaceAlpha = 0;
```

```matlab
h1.EdgeColor = [1,0,0];
hold on;
h2 = mesh(X(1:3:end,:),Y(1:3:end,:),Call_Heston_plus_rho(1:3:end,:));
h2.FaceColor = [0,0,0];
h2.FaceAlpha = 0;
h2.EdgeColor = [0,0,1];
xlabel('Years to Option Expiry');
ylabel('Moneyness');
% view(-112,34);
box off; grid off
axis tight
view(-45,15)
%%
figure(2);
h1 = mesh(X(1:3:end,:),Y(1:3:end,:),Call_Heston_minus_rho(1:3:end,:),...
'MeshStyle','column');
h1.FaceColor = [0,0,0];
h1.FaceAlpha = 0;
h1.EdgeColor = [1,0,0];
hold on;
h2 = mesh(X(1:3:end,:),Y(1:3:end,:),Call_Heston_plus_rho(1:3:end,:),...
'MeshStyle','column');
h2.FaceColor = [0,0,0];
h2.FaceAlpha = 0;
h2.EdgeColor = [0,0,1];
xlabel('Years to Option Expiry');
ylabel('Moneyness');
% view(-112,34);
box off; grid off
axis tight
```

以上代码中 optByHestonNI () 命令通过数值积分的办法得到 Heston 模型下欧式期权的价格。它的核心命令是运用数值积分法实现期权定价公式。具体代码如下。

```matlab
fun_f1 = @(x)CharacteristicFcn(x, AssetPrice, Rate, DividendYield, Times, Param,
'Numeraire', 1);

        p1 = 0.5 + Heston1993Integral(fun_f1, Strike,
IntegrationRange, AbsTol, RelTol);

        fun_f2 = @(x)CharacteristicFcn(x, AssetPrice, Rate,
DividendYield, Times, Param);

        p2 = 0.5 + Heston1993Integral(fun_f2, Strike,
IntegrationRange, AbsTol, RelTol);

        SEqTau = AssetPrice.*exp(-DividendYield.*Times);
        KErTau = Strike.*exp(-Rate.*Times);
        cellOut{i} = SEqTau.*p1 - KErTau.*p2;
```

```
Out = 1./pi.*integral(...
    @(Phi)real(exp(-1i.*Phi.*log(Strike)).*IntegFun(Phi)./(1i.*Phi)),...
    IntegrationRange(1),IntegrationRange(2),'AbsTol',AbsTol,'RelTol',
    RelTol,'ArrayValued',true);
```

而特征函数的核心代码即为将上述公式实现，虽然看起来烦琐，但实际操作并非遥不可及。具体代码如下。

```
if (Numeraire == 1)
    u = 0.5;
    b = Kappa + VolRiskPremium  - RhoSV.*SigmaV;
else
    u = -0.5;
    b = Kappa + VolRiskPremium;
end

Phi = Phi(:);    % (NPhi x 1)

d = sqrt((b-RhoSV.*SigmaV.*1i.*Phi).^2 - SigmaV.^2.*(2.*u.*1i.*Phi-Phi.^2));

bRhSigmaPd = b - RhoSV.*SigmaV.*1i.*Phi + d;
bRhSigmaMd = b - RhoSV.*SigmaV.*1i.*Phi - d;
```

optSensByHestonN()命令不光可以用来计算欧式期权价格，还可以用来计算希腊字母，它的调用代码如下。

```
[Delta, Gamma, Rho, Theta, Vega] = optSensByHestonN ( r , S , Settle , ...
    Maturity ,'call' or 'put', K , V0, ThetaV, Kappa, SigmaV, RhoSV, ...
    'DividendYield', DividendYield, 'OutSpec', ...
    ["delta", "gamma", "rho", "theta", "vega"], 'ExpandOutput', true)
```

这一部分可以作为读者的练习，请大家尝试计算看跌期权价格的**Delta**、**Gamma**、**Rho**和**Vega**。

接下来介绍Heston 模型的校准。Heston模型有五个参数，为了确保参数之一的波动率ξ为正数，需要满足Feller条件 (Feller condition)。即对于Cox-Ingersoll-Ross (以下简写为CIR) 模型：

$$\mathrm{d}v_t = k(\theta - v_t)\mathrm{d}t + \xi\sqrt{v_t}\,\mathrm{d}W_t^2 \tag{4-14}$$

为保证$\mathrm{d}v_t$的解为正数，需要满足：$2k\theta \geqslant \xi^2$。

这就是Feller条件。可以通过设定目标函数的参数值的下边界条件，来实现这一目的。

模型校准的过程是通过选择模型的参数，使模型得到的价格和市场上流动性强的产品价格匹配。流动性强的产品通常是一些可以用BSM模型来定价的香草期权。参数校准的本质，是找到最优参数值，从而使模型价格和市场价格差值达到最小，其目标函数是：

$$\min_{\{2k\theta-\xi^2,\theta,\xi,\rho,v_0\}}\sum_{i=1}^{n}\left[Call\left(\sigma_{mkt}\left(K_i,T_i\right)\right)-Call_{Heston}\left(k,\theta,\xi,\rho,v_0\right)\right]^2 \tag{4-15}$$

在校准的过程中用到了函数lsqnonlin()，该函数可以分别设定各个参数的取值范围。本例中，设定参数$2k\theta - \xi^2$的下边界是零，即强制$2k\theta - \xi^2$取值大于零。

如图4.8所示为看涨期权的市场价格和Heston模型价格的比较。可以看出模型价格比较贴近市场价格，经校准的模型被认为比较成功地再现了现实世界的价格。

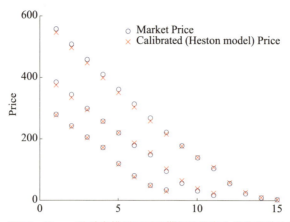

图4.8　Heston 波动率模型下看涨期权价格和市场价格的比较

以下代码可以用来获得图4.8。

B5_Ch4_4.m

```matlab
clc;clear all;close all
market_data = xlsread('heston_market_data_cooked.xlsx',1,'A2:E35');

NumberOfOptions = size(market_data,1);
mid_price = market_data(:,5);
r = market_data(:,1);
T = market_data(:,2);
S0= market_data(:,3);
K = market_data(:,4);

x0 = [6.5482 0.0731 0.2 -0.4176 0.04];

lb = [0 0 0 -1 0];
ub = [20 1 5 0 1];

IntegrationRange = [1.00000000000000e-09 100];
AbsTol = 1.00000000000000e-10;
RelTol = 1.00000000000000e-06;
options = optimset('MaxFunEvals',20000);

tic;

HestonDifferences = @(X) mid_price - ...
    HestonCallQuad((X(1)+X(3).^2)./(2.*X(2)), ...
    X(2), X(3), X(4), X(5), ...
    r, T, S0, K,IntegrationRange, AbsTol, RelTol);

X = lsqnonlin(HestonDifferences,x0,lb,ub,options);
```

```matlab
toc;

HestonCall = HestonCallQuad((X(1)+X(3).^2)./(2.*X(2)), ...
    X(2), X(3), X(4), X(5), ...
    r, T, S0, K,IntegrationRange, AbsTol, RelTol);

unique_Ts = unique(T);

for i = 1:length(unique_Ts)

index = market_data(:,2)==unique_Ts(i);
plot(mid_price(index),'ob');
hold on;
plot(HestonCall(index),'xr');

end

% xlabel('Strike');
ylabel('Price');
title('Market and Calibrated (Heston model ) Prices');
legend('Market Price', 'Calibrated (Heston model) Price','Location',
'NorthEast');
box off;

function call = HestonCallQuad(kappa,theta,sigma,rho,v0,r,T,...
s0,K, IntegrationRange, AbsTol, RelTol)
    warning off;

    fun_f1 = @(x)CharacteristicFcn(x,kappa,theta,sigma,rho,v0,r,T,s0,1);

    p1 = 0.5 + HestonIntegral(fun_f1, K, IntegrationRange, AbsTol, RelTol);

%      fun_f2 = @(x)CharacteristicFcn(x, AssetPrice, Rate, DividendYield, Times,
Param);
    fun_f2 = @(x)CharacteristicFcn(x,kappa,theta,sigma,rho,v0,r,T,s0,2);

    p2 = 0.5 + HestonIntegral(fun_f2, K, IntegrationRange, AbsTol, RelTol);

    call = s0.*p1 - ...
    K.*exp(-r.*T).*p2;

end

function Out = HestonIntegral(IntegFun, Strike, IntegrationRange, AbsTol, RelTol)

Out = 1./pi.*integral(...
```

```
        @(Phi)real(exp(-1i.*Phi.*log(Strike)).*IntegFun(Phi)./(1i.*Phi)),...
    IntegrationRange(1),IntegrationRange(2),'AbsTol',AbsTol,'RelTol'
    ,RelTol,'ArrayValued',true);

end

function f = CharacteristicFcn(phi,kappa,theta,sigma,rho,v0,r,T,s0,type)
    if type == 1
        u = 0.5;
        b = kappa - rho*sigma;
    else
        u = -0.5;
        b = kappa;
    end

    a = kappa.*theta;
    x = log(s0);

    d = sqrt((b-rho.*sigma.*1i.*phi).^2-sigma.^2.*(2.*u.*1i.*phi-phi.^2));

    g = (b - rho.*sigma.*1i.*phi + d)./(b - rho.*sigma.*1i.*phi - d);

    C = r.*phi.*1i.*T + a./sigma.^2.*((b- rho.*sigma.*phi.*1i + d).*T - ...
    2.*log((1-g.*exp(d.*T))./(1-g)));

    D = (b - rho.*sigma.*1i.*phi + d)./sigma.^2.*((1-exp(d.*T))./ ...
    (1-g.*exp(d.*T)));

    f = exp(C + D.*v0 + 1i.*phi.*x);
end
```

　　CIR是常用的短利模型。Heston模型用CIR过程来模拟波动率，是因为波动率与利率类似，一般具有无平移以及均值回归的性质。Heston模型另一个重要假设是引入了价格和波动率之间的相关性，因此可以用来模拟波动率微笑的偏斜，但同时也增加了定价的难度。

　　Heston模型虽然看上去很复杂，但是解的过程和结果却非常简洁，因此是一款很受欢迎的随机波动率模型。

4.3　局部波动率模型

　　随机波动率模型能够很好地解释隐含波动率微笑的现象，但其计算过程较为耗时，对计算资源要求高。局部波动率是随机波动率的一种特例，将波动率定义为标的物价格*S*与时间*t*的函数，简化了随机波动率模型的复杂计算，可以较好地拟合隐含波动率微笑并用于**奇异期权**(exotic option)的定价。

　　局部波动率模型由Dupire、Derman和 Kani提出。1994年年初，Bruno Dupire在 "*Risk*" 杂志上发

表了"*Pricing with a smile*"。不久，高盛银行量化策略部门的Emanuel Derman和Iraj Kani也在"*Risk*"发表了"*Riding on a smile*"。值得一提的是，Derman是著名华裔物理学家李政道的学生，著名的短利模型BDT (black-deman-toy) 中的D指的就是他。

这两篇论文分别从不同的角度出发，最后却刻画出同一个解决思路：**局部波动率模型** (local volatility model)。在该模型中，股票的价格符合如式4-16所示动态过程。

$$\frac{\mathrm{d}S_t}{S_t} = \mu\mathrm{d}t + \sigma_L(S_t,t)\mathrm{d}W_t \tag{4-16}$$

其中，μ为平移项，股票的局部波动率$\sigma_L(S_t, t)$是股票价格S和时间t的确定性函数，其选择是保证模型价格与所有在市场上观察到的欧式期权价格一致。该模型对BSM进行了拓展，波动率不再是常数，而是标的资产价格S和t的函数。

Derman-Kani的离散时间二叉树模型中，结合期权价格倒推每个节点的局部波动率。本丛书第一本详细介绍了CRR二叉树的建模方法，波动率作为常数输入，继而求得股票价格上升、下降的幅度以及概率，最终得到期权价格；而Derman-Kani二叉树中，不同执行价格的期权价格作为输入量，股票上升、下降后的节点以及上升下降的概率都作为需要反解的未知数，最终达到迭代求解局部波动率的目的。如图4.9所示为恒定波动率二叉树和局部波动率隐含二叉树的示意图。二叉树每个节点的敞口程度由局部波动率$\sigma_L(S_t, t)$决定，越宽的敞口对应越高的局部波动率。

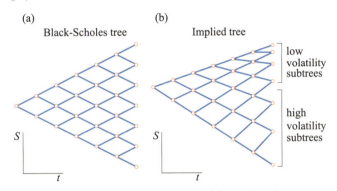

图4.9　恒定波动率与局部波动率二叉树示意图

Dupire证明了局部波动率解的唯一性，并且给出在连续时间模型下局部波动率σ_L与期权价格C的数学关系。

$$\frac{\partial C}{\partial T} = \frac{\sigma_L^2 K^2}{2}\frac{\partial^2 C}{\partial K^2} + \mu_t\left(C - \frac{\partial C}{\partial K}\right) \tag{4-17}$$

局部波动率σ_L也可以表示成与隐含波动率σ_{imp}的数学关系。

$$\sigma_L^2 = \frac{\sigma_{imp}^2 + 2T\sigma_{imp}\dfrac{\partial \sigma_{imp}}{\partial T} + 2\mu_t K \dfrac{\partial \sigma_{imp}}{\partial K}}{\left(1 + Kd_1\sqrt{T}\dfrac{\partial \sigma_{imp}}{\partial K}\right)^2 + K^2 T\sigma_{imp}\left(\dfrac{\partial^2 \sigma_{imp}}{\partial K^2} - \dfrac{\partial \sigma_{imp}}{\partial K}\right)^2} \tag{4-18}$$

其中：

$$d_1 = \frac{\log\left(\dfrac{S_0}{K}\right) + \left(\mu + 0.5\sigma_{imp}^2\right)T}{\sigma_{imp}\sqrt{T}} \tag{4-19}$$

因此，隐含波动率曲面在时间轴的斜度，以及在空间轴的弧度决定了每个节点局部波动率的大小。

只要给定**无套利**(arbitrage free)的隐含波动率曲面，就可以通过Dupire公式生成局部波动率曲面的拟合。换句话说，该模型可以快速校准到欧洲期权价格。下面通过实例演示整个拟合过程。

首先得到加密网格下的隐含波动率曲面如图4.10所示。在时间轴上，将波动率**总方差** (total variance) 进行线性插值，在行权价格轴上，对波动率进行三次样条插值。

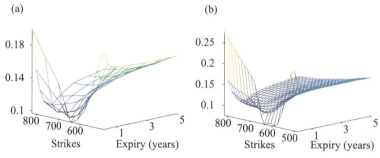

图4.10　原始隐含波动率曲面与延展、加密后的曲面

然后经过求解得到局部波动率曲面，如图4.11所示。

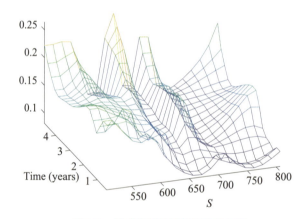

图4.11　校准得到的局部波动率曲面

最后，把采用局部波动率模型的欧式看涨期权价格与市场价格进行比较。市场价格通过把隐含波动率代入BSM公式得到。由图4.12可以看出，模型得到的价格可以较好地拟合市场价格。误差比较大的区域出现在虚值部分和到期时间比较长的部分，实值部分模拟效果较好如图4.13所示。

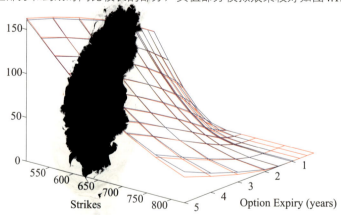

图4.12　模型价格和市场价格的比较 (红色为市场价格；蓝色为模型价格)

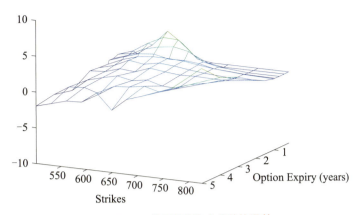

图4.13　模型价格和市场价格误差

以下代码可以用来绘制图4.12和图4.13。

```matlab
clc;clear all;close all
AssetPrice = 590;
% Strike = 590;
Rate = 0.06;
DividendYield = 0.0262;
Settle = '01-Jan-2018';
% ExerciseDates = '01-Jan-2020';

Maturity = ["06-Mar-2018" "05-Jun-2018" "12-Sep-2018" "10-Dec-2018" "01-Jan-
2019" ...
"02-Jul-2019" "01-Jan-2020" "01-Jan-2021" "01-Jan-2022" "01-Jan-2023"];
TimeToMaturity = yearfrac(Settle,Maturity,3);

ExercisePrice = AssetPrice.*[0.85 0.90 0.95 1.00 1.05 1.10 1.15 1.20 1.30 1.40];

ImpliedVol = [...
    0.190; 0.168; 0.133; 0.113; 0.102; 0.097; 0.120; 0.142; 0.169; 0.200; ...
    0.177; 0.155; 0.138; 0.125; 0.109; 0.103; 0.100; 0.114; 0.130; 0.150; ...
    0.172; 0.157; 0.144; 0.133; 0.118; 0.104; 0.100; 0.101; 0.108; 0.124; ...
    0.171; 0.159; 0.149; 0.137; 0.127; 0.113; 0.106; 0.103; 0.100; 0.110; ...
    0.171; 0.159; 0.150; 0.138; 0.128; 0.115; 0.107; 0.103; 0.099; 0.108; ...
    0.169; 0.160; 0.151; 0.142; 0.133; 0.124; 0.119; 0.113; 0.107; 0.102; ...
    0.169; 0.161; 0.153; 0.145; 0.137; 0.130; 0.126; 0.119; 0.115; 0.111; ...
    0.168; 0.161; 0.155; 0.149; 0.143; 0.137; 0.133; 0.128; 0.124; 0.123; ...
    0.168; 0.162; 0.157; 0.152; 0.148; 0.143; 0.139; 0.135; 0.130; 0.128; ...
    0.168; 0.164; 0.159; 0.154; 0.151; 0.147; 0.144; 0.140; 0.136; 0.132];

nTerm = length(TimeToMaturity);
nStrike = length(ExercisePrice);
ImpVolSurface = reshape(ImpliedVol,[nStrike, nTerm])'; % nTerm, nStrike
```

```matlab
[Strikes,Terms] = meshgrid(ExercisePrice,TimeToMaturity);
figure(1)
mesh(Terms,Strikes,ImpVolSurface);
xlabel('Option Expiry (years)');
ylabel('Strikes');
box off; grid off
axis tight
view(-45,15)

total_var = ImpVolSurface.^2.*Terms;
refined_maturity = (TimeToMaturity(1) - 0.1:0.25: TimeToMaturity(end) + 0.1)';

refined_total_var = zeros(length(refined_maturity),nStrike);

for i = 1:nStrike
    refined_total_var(:,i) = interp1(TimeToMaturity,total_var(:,i),
refined_maturity,'linear','extrap');
end
refined_maturity_ = repmat(refined_maturity,1,nStrike);
refined_vol_tenor = sqrt(refined_total_var./refined_maturity_);

refined_strike = (ExercisePrice(1)-10:15: ExercisePrice(end) + 10)';

refined_vol = zeros(length(refined_maturity),length(refined_strike));
for i = 1:length(refined_maturity)
    refined_vol(i,:) = interp1(ExercisePrice,refined_vol_tenor(i,:),
refined_strike,'spline','extrap');
end

[Strikes,Terms] = meshgrid(refined_strike,refined_maturity);
figure(2)
mesh(Terms,Strikes,refined_vol);
xlabel('Option Expiry (years)');
ylabel('Strikes');
box off; grid off
axis tight
view(-45,15)

tic;

[X_grid, T_grid, LocalVolSurface ] = genlocalvol(AssetPrice,
Rate, DividendYield, refined_strike, refined_maturity,  refined_vol);

[Terms,Strike] = meshgrid( T_grid, X_grid);
figure(3)
mesh( Strike, Terms, LocalVolSurface );
xlabel('S');
```

```matlab
ylabel('Time (years)');
box off; grid off
axis tight
view(-20,35)


nTerm = length(Maturity);
nStrike = length(ExercisePrice);
Call_bls = zeros(nTerm,nStrike);
Call_lv = zeros(nTerm,nStrike);

for i = 1:length(TimeToMaturity)
    for j =  1:length(ExercisePrice)
    Call_bls(i,j) = blsprice(AssetPrice,ExercisePrice(j),Rate,TimeToMaturity(i),
ImpVolSurface(i,j),DividendYield);

    Call_lv(i,j) =  mcprice(AssetPrice,ExercisePrice(j),Rate, DividendYield,
TimeToMaturity(i),X_grid, T_grid, LocalVolSurface);
    end
end
toc;

[Strikes,Terms] = meshgrid(ExercisePrice,TimeToMaturity);

figure(4)
h1 = mesh(Terms(1:1:end,:),Strikes(1:1:end,:),Call_bls(1:1:end,:));
h1.FaceColor = [0,0,0];
h1.FaceAlpha = 0;
h1.EdgeColor = [1,0,0];
hold on;
h2 = mesh(Terms(1:1:end,:),Strikes(1:1:end,:),Call_lv(1:1:end,:));
h2.FaceColor = [0,0,0];
h2.FaceAlpha = 0;
h2.EdgeColor = [0,0,1];
xlabel('Option Expiry (years)');
ylabel('Strikes');
% view(-112,34);
box off; grid off
axis tight

figure(5)
mesh( Terms, Strikes, Call_lv - Call_bls);
xlabel('Option Expiry (years)');
ylabel('Strikes');
zlim([-10 10])
box off; grid off
axis tight
view(-112,35)
```

```matlab
function [K_grid, T_grid, LocalVSurface] = genlocalvol(AssetPrice, Rate,
DividendYield, K, T, VolSurf)

    nTerm = length(unique(T));
    nStrike = length(unique(K));

    if nTerm ~= size(VolSurf,1) || nStrike ~= size(VolSurf,2)
        warning('check the size of the implied vol data');
    end

    V_grid = VolSurf'; % change to k, t

    K_grid = K(2:end-1);
    T_grid = T(2:end-1)';
    dT = T(2)-T(1);
    dK = K(2) - K(1);
    V    = V_grid(2:end-1,2:end-1);

    V_t  = (V_grid(2:end-1,3:end) - V_grid(2:end-1,1:end-2))./2./dT;

    V_k  = (V_grid(3:end,2:end-1) - V_grid(1:end-2,2:end-1))./2./dK;

    V_kk = (V_grid(1:end-2,2:end-1) - 2.*V_grid(2:end-1,2:end-1) +
V_grid(3:end,2:end-1))./dK.^2;

    d1 = (log(AssetPrice./K_grid) + (Rate-DividendYield+V.^2/2).*T_grid).
/V./sqrt(T_grid);

    LocalV = (V.^2 +2.*T_grid.*V.*V_t + 2.*(Rate-DividendYield).*K_grid.
*T_grid.*V.*V_k)./...
        ((1+K_grid.*d1.*sqrt(T_grid).*V_k).^2 + K_grid.^2.*T_grid.*V.*
(V_kk-d1.*V_k.^2.*sqrt(T_grid)));

    LocalV(1,:) = LocalV(2,:);
    LocalV(:,1) = LocalV(:,2);
    LocalV(LocalV<0) = 0.01;

    LocalVSurface = sqrt(LocalV);
end

function call_price_mc = mcprice(AssetPrice,ExercisePrice,Rate,DividendYield,Time
ToMaturity,X_grid, T_grid, LocalVolSurface)
nPath = 50000;
dT = 1/365;
nSteps = round(TimeToMaturity/dT,0);
S = zeros(nPath,nSteps);
```

```
S(:,1) = AssetPrice;

for t = 2:nSteps
    sigma_mc = extractVol(S(:,t-1), t*dT, X_grid,T_grid,LocalVolSurface);
    S(:,t) = S(:,t-1).*(exp((Rate - DividendYield-0.5.*sigma_mc.^2).*dT +
sigma_mc.*sqrt(dT).*randn(nPath,1)));
end

call_payoff = max(S(:,end) - ExercisePrice,0);
call_price_mc = mean(call_payoff)*exp(-Rate*TimeToMaturity);

end

function sigma = extractVol(x,t,X_grid,T_grid,Vol)

if t < T_grid(1)
    idx = 1;
elseif t > T_grid(end)
    idx = length(T_grid);
else
    idx = t >= T_grid;
end

vol_slice = Vol(:,idx);
vol_slice = vol_slice(:,end);
sigma = interp1(X_grid,vol_slice,x,'linear',0.2);

end
```

4.4 SABR随机波动率模型

2002年，彼时的贝尔斯登公司 (Bear Stearns) 经营状况尚好。在此工作的Patrick Hagan在研究利率期权时，困扰于局部波动率模型的局限性。因为局部波动率是股票价格和时间的函数，缺乏额外的自由度，某些时候无法刻画期权市场的波动率**偏斜** (skew)。为了更灵活地描述波动率的**动态过程** (dynamic)，Hagan偕同另外三位作者发表了论文 "*Managing smile risk*"，提出一种全新的随机波动率模型：SABR (stochastic alpha beta rho)。SABR模型全称随机alpha-beta-rho模型。它描述在**远期测度** (forward measure) 下**远期价格** (forward price) 的动态过程。

$$
\begin{aligned}
\mathrm{d}F_t &= \alpha_t F^\beta \mathrm{d}W_t^{(1)} \quad (1)\\
\mathrm{d}\alpha_t &= \nu \alpha_t \mathrm{d}W_t^2 \quad (2)\\
\mathrm{d}W_t^1 \mathrm{d}W_t^2 &= \rho \mathrm{d}t \quad (3)
\end{aligned}
\qquad (4\text{-}20)
$$

α反映标的物波动率的大小水平，α越大，F的波动率越大。而α是一个随机数，它的动态过程由式4-20(2)表示，它与标的物的相关性为ρ。ρ表示随机过程$W^{(1)}$和$W^{(2)}$的相关系数。ν代表α的波动率，称为波动率的波动率。

β是取值在0到1之间的常数。当$\beta=1$时，式4-20(1)变成：

$$\frac{\mathrm{d}F_t}{F_t} = \alpha_t \mathrm{d}W_t^{(1)} \tag{4-21}$$

F服从**对数正态分布** (lognormal distribution)，其取值恒为正；当$\beta=0$时，式4-20(2)变成：

$$\mathrm{d}F_t = \alpha_t \mathrm{d}W_t^{(1)} \tag{4-22}$$

F服从**正态分布** (normal distribution)，其取值可正可负。

通常情况下，当标的物F代表**指数** (index) 或是**股票** (equity) 时，可指定模型中$\beta=1$；当标的物F表示利率时，可指定模型中$\beta=0.5$。β也可以通过校准得到。这个模型没有解析解，但可以通过摄动法得到高度近似的解。

首先来看一下SABR的模型参数代表的意义 (见图4.14)。

◀ α决定波动率的大小水平，越大波动率曲线越高 (见图4.14(a))；
◀ β和ρ决定曲线的偏斜度 (见图4.14(b)和(c))；
◀ ν决定曲线的弧度，越大决定曲线的弧度越大 (见图4.14(d))。

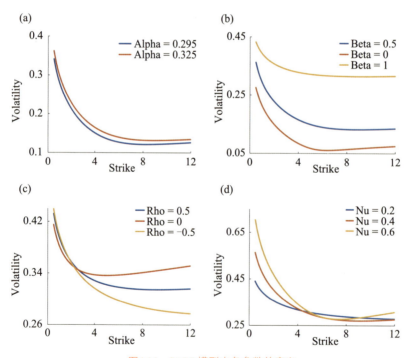

图4.14　SABR模型中各参数的意义

以下代码可以用来绘制图4.14。

```
B5_Ch4_6.m
```

```
clc; clear; close all
ForwardRate = 5;
```

```matlab
% Strike = 0.03;
Strike = 0.5:0.1:12;
Alpha = 0.295;
Beta = 0.5;
Rho = -0.25;
Nu = 0.2;

Settle = datenum('15-Sep-2013');
ExerciseDate = datenum('15-Sep-2023');

ComputedVols = blackvolbysabr(Alpha, Beta, Rho, Nu, Settle, ...
ExerciseDate, ForwardRate, Strike);
% figure1
figure;
plot(Strike,ComputedVols)
hold on
Alpha = 0.325;
ComputedVols = blackvolbysabr(Alpha, Beta, Rho, Nu, Settle, ...
ExerciseDate, ForwardRate, Strike);
plot(Strike,ComputedVols)
xlabel('Strike');
ylabel('Volatility');
legend('Alpha = 0.295', 'Alpha = 0.325');
box off;

figure;
% figure2
plot(Strike,ComputedVols);
Beta = 0;
ComputedVols = blackvolbysabr(Alpha, Beta, Rho, Nu, Settle, ...
ExerciseDate, ForwardRate, Strike);
hold on;
plot(Strike,ComputedVols);

Beta = 1;
ComputedVols = blackvolbysabr(Alpha, Beta, Rho, Nu, Settle, ...
ExerciseDate, ForwardRate, Strike);
hold on;
plot(Strike,ComputedVols);
xlabel('Strike');
ylabel('Volatility');
legend('Beta = 0.5', 'Beta = 0', 'Beta = 1');
box off;

% figure3
figure;
plot(Strike,ComputedVols);
```

```
Rho = 0;
ComputedVols = blackvolbysabr(Alpha, Beta, Rho, Nu, Settle, ...
ExerciseDate, ForwardRate, Strike);
hold on;
plot(Strike,ComputedVols);

Rho = -0.5;
ComputedVols = blackvolbysabr(Alpha, Beta, Rho, Nu, Settle, ...
ExerciseDate, ForwardRate, Strike);
hold on;
plot(Strike,ComputedVols);
xlabel('Strike');
ylabel('Volatility');
legend('Rho = 0.5', 'Rho = 0', 'Rho = -0.5');
box off;

% figure4
figure;
plot(Strike,ComputedVols);
Nu = 0.4;
ComputedVols = blackvolbysabr(Alpha, Beta, Rho, Nu, Settle, ...
ExerciseDate, ForwardRate, Strike);
hold on;
plot(Strike,ComputedVols);

Nu = 0.6;
ComputedVols = blackvolbysabr(Alpha, Beta, Rho, Nu, Settle, ...
ExerciseDate, ForwardRate, Strike);
hold on;
plot(Strike,ComputedVols);
xlabel('Strike');
ylabel('Volatility');
legend('Nu = 0.2', 'Nu = 0.4', 'Nu = 0.6');
box off;
```

SABR模型具有显式解，这一点使其应用起来有很大优势。SABR模型没有**均值恢复** (mean-reverted) 特性，但其隐含波动率有高精度的近似解析公式，使用方便，且对隐含波动率曲面的模拟效果较好。

下面介绍一下SABR模型校准。根据波动率的解析表达式，SABR模型需要估计a、b、n 和 r 四个参数，具体校准步骤如下。

第一步：设置参数 β

通常情况下，当标的物F表示指数或是股票时，$\beta = 1$；当标的物F表示利率时，$\beta = 0.5$。β也可作为需要求解的参数。

第二步：设置参数 α

在SABR模型下，期权的隐含波动率具有式4-23所示的近似解析解形式。

$$\sigma\left(K,f\right)=\frac{\alpha\left(1+\left(\dfrac{(1-\beta)^2}{24(fK)^{1-\beta}}\alpha^2+\dfrac{\rho\beta\nu}{4(fK)^{(1-\beta)/2}}\alpha+\dfrac{(2-3\rho^2)\nu^2}{24}\right)T\right)}{(fK)^{(1-\beta)/2}\left(1+\dfrac{(1-\beta)^2}{24}\log^2\dfrac{f}{K}+\dfrac{(1-\beta)^4}{1920}\log^4\dfrac{f}{K}\right)}\frac{z}{x(z)}\quad(1)$$

$$z=\frac{\nu}{\alpha}(fK)^{(1-\beta)/2}\log\frac{f}{K}\qquad(2)\qquad\text{(4-23)}$$

$$x(z)=\log\frac{\sqrt{1-2\rho z+z^2}+z-\rho}{1-\rho}\qquad(3)$$

对于**平值期权** (At-the-money option)，$K=f$，波动率计算公式简化为：

$$\sigma_{\text{ATM}}=\sigma(f,f)=\frac{\alpha}{f^{1-\beta}}\left(1+\left(\frac{(1-\beta)^2}{24(fK)^{1-\beta}}\alpha^2+\frac{\rho\beta\nu}{4(fK)^{(1-\beta)/2}}\alpha+\frac{(2-3\rho^2)\nu^2}{24}\right)T\right)\qquad\text{(4-24)}$$

其中，f代表当前瞬时远期利率，T代表以年为单位的**到期时间** (year fraction to maturity)。
对式4-24整理可以得到：

$$\frac{(1-\beta)^2T}{24f^{2-2\beta}}\alpha^3+\frac{\rho\beta\nu T}{4f^{1-\beta}}\alpha^2+\left(1+\frac{(2-3\rho^2)\nu^2T}{24}\right)\alpha-\sigma_{ATM}f^{1-\beta}=0\qquad\text{(4-25)}$$

在给定参数 (β,ν,ρ) 后，式4-25 可以看作关于α的三次方程。α可以通过反解含有参数 (β,ν,ρ) 的方程来表示。

它在**MATLAB**中是通过以下代码实现的。

```
alpharoots = @(Beta,Rho,Nu) roots([...
    (1 - Beta)^2*T/24/CurrentForwardValue^(2 - 2*Beta) ...
    Rho*Beta*Nu*T/4/CurrentForwardValue^(1 - Beta) ...
    (1 + (2 - 3*Rho^2)*Nu^2*T/24) ...
    -ATMVolatility*CurrentForwardValue^(1 - Beta)]);
```

细心的读者会发现，解关于α的三次方程，会得到三个解，那么应该选择哪一个呢？通过以下代码，将返回解中最小的实数解。

```
atmVol2SabrAlpha = @(Beta,Rho,Nu) min(real(arrayfun(@(x) ...
x*(x>0) + realmax*(x<0 || abs(imag(x))>1e-6), alpharoots(Beta,Rho,Nu))));
```

第三步：设置参数 ν 和 ρ
通过第一步和第二步已可以表示出参数α和β，此时只剩下另外两个待确定的参数ν和ρ。将它们代入式4-23(1)，即可得到不同执行价格K下的模型波动率，结合市场上观察到的波动率，可得到模型误差，即需要优化的目标函数。

$$\min_{\{\alpha,\beta,\rho,\nu\}}\sum_{i=1}^{n}\left[\sigma_i^{mkt}-\sigma_{SABR}\left(\alpha,\beta,\rho,\nu\right)\right]^2\qquad\text{(4-26)}$$

通过优化参数ν和ρ使模型误差达到最小。它在**MATLAB**中是通过如下代码实现的。

```
objFun = @(X) MarketVolatilities - ...
    blackvolbysabr(atmVol2SabrAlpha(X(3),X(1), X(2)), ...
```

```
     X(3), X(1), X(2), Settle, ExerciseDate, CurrentForwardValue, ...
     MarketStrikes);
```

```
X = lsqnonlin(objFun, [0 0.5 0.5], [-1 0 0], [1 Inf 1]);
```

Blackvolbysabr()函数用来计算SABR模型下的隐含波动率。它的核心代码如下，即对式4-23(1)的实现。

```
V1 = (ShiftedForwardValue(NATMidx).*ShiftedStrike(NATMidx)).^((1 - Beta)/2);
z = Nu./Alpha.*V1.*log(ShiftedForwardValue(NATMidx)./ShiftedStrike(NATMidx));
x = log((sqrt(1 - 2.*Rho.*z + z.^2) + z - Rho)./(1 - Rho));
V2 = (1 - Beta).^2.*Alpha.^2./24./V1.^2 + ...
               0.25.*Rho.*Beta.*Nu.*Alpha./V1 + ...
               (2 - 3.*Rho.^2).*Nu.^2./24;
V3 = (1 - Beta).^2.*(log(ShiftedForwardValue(NATMidx)./
ShiftedStrike(NATMidx))).^2./24 + ...
               (1 - Beta).^4.*(log(ShiftedForwardValue(NATMidx)./ShiftedStrike(N
ATMidx))).^4./1920;
outVol(NATMidx) = Alpha.*z.*(1 + V2.*Time)./x./V1./(1 + V3);
```

接下来通过实例来估计SABR模型参数、拟合波动率微笑曲线，加深对随机波动率模型的认识。

如图4.15和图4.16所示为对数正态分布模型波动率与市场波动率的比较以及正态分布模型波动率与市场引用波动率的比较，如图4.17所示为模型下的期权价格与市场价格的比较。

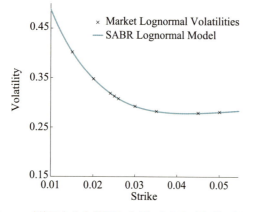
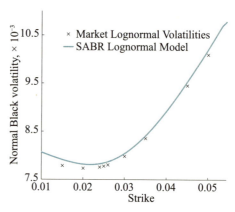

图4.15　对数正态分布模型波动率与市场波动率的比较　　图4.16　正态分布模型波动率与市场引用波动率的比较

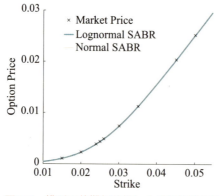

图4.17　模型下的期权价格与市场价格的比较

以下代码可以用来绘制图4.15、图4.16和图4.17。

```matlab
B5_Ch4_7.m

clc; clear; close all

Settle = '12-Jun-2014' ;
ExerciseDate =  '12-Jun-2016' ;

t= yearfrac(Settle, ExerciseDate, 1);
MarketStrikes = [0.505000000000000,1.505000000000000,2.005000000000000,
2.405000000000000,2.505000000000000,2.605000000000000,3.005000000000000,
3.505000000000000,4.505000000000000,5.005000000000000]'/100;
MarketVolatilities = [63.6500000000000,40.2100000000000,34.7800000000000,
31.8700000000000,31.3000000000000,30.7900000000000,29.2600000000000,
28.2500000000000,27.9200000000000,28.1400000000000]'/100;

CurrentForwardValue = MarketStrikes(5);
ATMVolatility = MarketVolatilities(5);
f0=CurrentForwardValue;
Strike = MarketStrikes ;
Sigma1= MarketVolatilities;
Sigma2= MarketVolatilities;
df=1;
T=t;
price1 = floorlet(f0,Strike,Sigma1,T,df);
MarketPrice=price1;
myfun= @(sigma,K,price) price-floorletN(f0,K,sigma,T,df);

for i=1:length(Sigma1)
    K =Strike(i);
    price=price1(i);
    fun=@(sigma)myfun(sigma,K,price);
    Sigma2(i) = fzero(fun,Sigma1(i));
end

MarketVolatilities2=Sigma2;
floorletN(f0,Strike,Sigma2,T,df)

% Year fraction from Settle to option maturity
T = yearfrac(Settle, ExerciseDate, 1);

% This function solves the SABR at-the-money volatility equation as a
% polynomial of Alpha
alpharoots = @(Beta,Rho,Nu) roots([...
    (1 - Beta)^2*T/24/CurrentForwardValue^(2 - 2*Beta) ...
    Rho*Beta*Nu*T/4/CurrentForwardValue^(1 - Beta) ...
    (1 + (2 - 3*Rho^2)*Nu^2*T/24) ...
```

```
        -ATMVolatility*CurrentForwardValue^(1 - Beta)]);

% This function converts at-the-money volatility into Alpha by picking the
smallest positive real root
atmVol2SabrAlpha = @(Beta,Rho,Nu) min(real(arrayfun(@(x) ...
    x*(x>0) + realmax*(x<0 || abs(imag(x))>1e-6), alpharoots(Beta,Rho,Nu))));

% Calibrate Rho and Nu (while converting at-the-money volatility into Alpha
% using atmVol2SabrAlpha)
objFun = @(X) MarketVolatilities - ...
    blackvolbysabr(atmVol2SabrAlpha(X(3),X(1), X(2)), ...
    X(3), X(1), X(2), Settle, ExerciseDate, CurrentForwardValue, ...
    MarketStrikes);

X = lsqnonlin(objFun, [0 0.5 0.5 ], [-1 0 0], [1 Inf 1]);

Rho2 = X(1);
Nu2 = X(2);
Beta2 =X(3);
% Obtain final Alpha from at-the-money volatility using calibrated parameters
Alpha2 = atmVol2SabrAlpha(Beta2,Rho2, Nu2);
PlottingStrikes = (0.05:0.1:5.50)'/100;

% Compute volatilities for model calibrated by Method 1
ComputedVols1 = blackvolbysabr(Alpha2, Beta2, Rho2, Nu2, Settle, ...
    ExerciseDate, CurrentForwardValue, PlottingStrikes);

ComputedVols2 = blacknormalvolbysabr(Alpha2, Beta2, Rho2, Nu2, t,
CurrentForwardValue, PlottingStrikes);

figure;
plot(MarketStrikes,Sigma1,'xk',...
    PlottingStrikes,ComputedVols1,'b');
xlim([0.01 0.06]);
ylim([0.15 0.5]);
xlabel('Strike', 'FontWeight', 'bold');
ylabel('Lognormal Black Volatility', 'FontWeight', 'bold');
legend('Market Lognormal Volatilities', 'SABR Lognormal Model');
box off;

figure;
plot(MarketStrikes,Sigma2,'xk',...
    PlottingStrikes,ComputedVols2' ,'b');
xlim([0.01 0.06]);

xlabel('Strike', 'FontWeight', 'bold');
ylabel('Normal Black Volatility', 'FontWeight', 'bold');
```

```matlab
legend('Market Normal Volatilities', 'SABR Normal Model');
box off;



f0=CurrentForwardValue;
strike = PlottingStrikes';
sigma1= ComputedVols1' ;
sigma2= ComputedVols2 ;
df=1;
T=t;
price1=floorlet(f0,strike,sigma1,T,df);

price2=floorletN(f0,strike,sigma2,T,df);



figure;
plot( PlottingStrikes,price1,'-', PlottingStrikes,price2,':',MarketStrikes,Marke
tPrice,'*');
xlim([0.01 0.06]);
xlabel('Strike', 'FontWeight', 'bold');
ylabel('Option Price' );
legend('Lognormal SABR', 'Normal SABR', 'Market Price' );
box off;

function  [floorlet_] = floorlet(f0,strike,sigma,T,df)

dmin_1= (log(f0./strike)+0.5* sigma.^2.*T)./(sigma.*sqrt(T));
dmin_2= dmin_1 - sigma.*sqrt(T);

floorlet_ =   (-f0.* normcdf(-dmin_1) + strike.* normcdf(-dmin_2)).*df;
end

function  [floorletN_] = floorletN(f0,strike,sigma,T,df)

dmin_1= (f0-strike)./(sigma.*sqrt(T));
floorletN_ =   ( -1*( f0 - strike).* normcdf(-1*dmin_1) +
sigma.*sqrt(T).* normpdf(dmin_1)).*df;
end

function outVol = blacknormalvolbysabr(alpha, beta, rho, nu, t, f, K)

fav=sqrt(f*K);
c=fav.^beta;
gamma1=beta/fav;
gamma2=beta*(beta-1)/fav.^2;
z=nu/alpha.*(f-K)./c;
x=log((sqrt(1-2*rho*z+z.^2)+z-rho)/(1-rho));
```

```
outVol=(alpha*(f-K)*(1-beta)./(f^(1-beta)-K.^(1-beta)+eps).*(z+eps)./(x+eps) )'.
    *(1+((2*gamma2-gamma1.^2)*alpha^2*c.^2/24+rho*nu*alpha*gamma1.*c.'/4 ...
            +(2-3*rho^2)*nu^2/24)*t);
end
```

参数β也可以由用户输入，只需将上述代码中"X(3)"替代成用户指定的数值，感兴趣的读者可以尝试修改代码。

此外，shifted SABR模型也是一种常见的模型，它是在SABR模型基础上的变形，可以用来处理负利率，感兴趣的读者可登录网址：https://www.mathworks.com/help/fininst/examples/calibrating-shifted-sabr-model-for-swaption.html。

本章介绍了几种常用的波动率模型及其校准。在实际应用中，理论上完美的复杂模型的应用范围反倒不如简单的模型。例如，BSM模型的应用就比局部波动率模型广泛。同样属于随机波动率模型，SABR模型的应用要比Heston模型更广泛。根本原因在于，对于实际应用来说，简单、高效和稳定才是关键。

Counterparty Credit Risk

第5章 交易对手信用风险

资本是死劳动，它像吸血鬼一样，只有吮吸活劳动才有生命。

Capital is dead labour which, vampire-like, lives only by sucking living labour, and lives the more, the more labour it sucks.

——卡尔·马克思 (Karl Marx)

Core Functions and Syntaxes
本章核心命令代码

- ◄ `cellstr(A)` 将 A 转换为字符向量元胞数组
- ◄ `norminv()` 正态分布累计分布函数逆函数
- ◄ `num2str(num)` 将数字 num 转化为字符串格式
- ◄ `numel(A)` 返回数组 A 中元素数目 n 等同于 `prod(size(A))`
- ◄ `quantile()` 计算指定置信区间的分位点
- ◄ `randn()` 标准正态分布随机数生成器
- ◄ `strcat()` 水平串联字符串
- ◄ `strtrim()` 从字符串中删除前导和尾随空白
- ◄ `xlsread()` 读取 Excel 电子表格文件

5.1 交易对手信用风险

交易对手信用风险 (counterparty credit risk, CCR) 指交易对手没有能力或者没有意愿履行完成合同的义务 (即交易对手违约) 而导致的风险。对于OTC衍生产品，违约往往发生在合同开始之后、交割日之前的某个时刻。如果违约发生了，那么任何衍生品契约规定的当前和未来的支付将无法兑现。

通常讨论的风险，比如市场风险，往往是单向地关注投资品可能会损失多少，价值有多少损失。而交易对手信用风险对于一个OTC契约的双方来说是双向的。双方都承担了对方违约的风险，并且往往是**价内** (in the money, ITM)，即预期"赚钱"的一方承担了**价外** (out of the money, OTM)，即预期"亏钱"一方的违约风险。如图5.1所示展示了投资者和交易对手签订了某股权的**总收益互换** (equity total return swap)。当股票价格上涨时，投资者预期"赚钱"。在交易对手违约时，对手将不履行合同义务，则投资者的预期收益将不可实现。

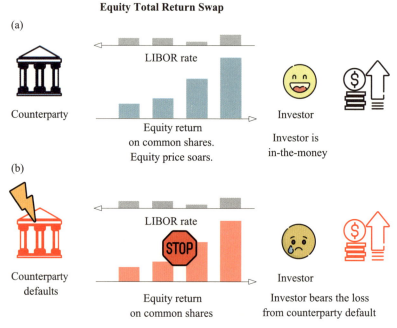

图5.1 对手可能违约而造成的信用风险

那么，什么样的产品会有对手违约风险？

一般来说，在**交易所交易的衍生品** (exchange-traded derivatives) 的对手是交易所，不具有交易对手信用风险，只有交易双方在场外谈判而成的合同或者交易会包含交易对手信用风险，比如前面例子中的总收益互换交易。通常而言，有两大类产品是大家关注的。

◀ OTC衍生品；

◀ **证券融资产品** (securities financing transactions)。

OTC衍生品，也称为场外衍生品。指在场外交易，而非交易所交易的金融衍生品。这些交易产品种类繁多，主要涉及**股权** (equity)、**利率** (interest rate)、**信用** (credit)、**汇率** (foreign exchange)、**大宗商品** (commodity) 等为标的物的**远期** (forward)、**期权** (option)、**互换** (swap)，等等。由于标的物价格的波动，这些衍生品的市场计价会有显著的起伏变化，因此一旦对手违约，便有可能产生大量的交易对手信用风险。

证券融资产品是另外一大类具有交易对手信用风险的产品。证券融资产品主要包括**回购协议** (repo, repurchase agreement)、**反向回购协议** (reverse repo)以及**证券借贷** (security borrowing and lending)。

回购协议在场外市场交易中非常常见。它是一种短期的带有抵押物的借贷协议，概念上类似于抵押贷款。交易双方包括了买方(贷方)和卖方(借方)。卖方 (借方) 把证券抵押物卖给买方(贷方)，从买方(贷方) 处换得现金，如图5.2所示。

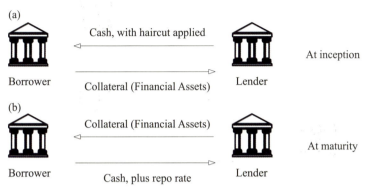

图5.2　回购协议 (Repo)

在契约到期日，卖方 (借方) 将证券抵押物从买方 (贷方) 处购回。卖方 (借方) 从交易中获得了现金，而买方 (贷方) 从交易中获得了一个短期的利率，这个利率叫作**回购利率** (repo rate)。它一般比无风险利率要高一些，因为包括了对手违约的风险。在交易中，抵押物一般是流动性很强的证券产品，比如政府发行的债券等。通常，考虑到对手违约的风险，也就是卖方 (借方) 违约返还现金，而同时期又发生了抵押物的贬值，所以就需要一个估值**折扣** (haircut) 来补偿这样的风险。如果估值折扣是2%，买方(贷方)用价值100元的政府债券作为抵押，那么从卖方(借方)处就只能拿到98元的现金。在这样的交易中，尽管有抵押物，但是抵押物的价值从交易起始日开始，便一直存在波动，当抵押物价值低于应收回的现金加回购利率的价值，这时候对买方(贷方)就存在**信用敞口** (credit exposure)。而卖方(借方)若不能履行回购的义务，这部分的损失就是交易对手信用风险需要考虑的。

反向回购协议就是回购协议的反向操作，即卖方 (借方) 从买方 (贷方) 处借到证券抵押物，支付给买方 (贷方) 一笔现金。在契约到期日，卖方 (借方) 将证券抵押物返还给买方 (贷方)，并根据回购利率换回现金。

证券借贷产品与回购协议和反向回购协议相似，只不过交易物并非必须为现金。同样的，它们都存在交易对手信用风险。

5.2 信用敞口

交易对手信用风险广泛存在，因此需要对交易对手信用风险进行量化。

首先要理解当对手违约时会发生什么。假设银行和对手A签订了一份外汇远期合同。银行为了对冲市场风险，和另一家对手B有一笔相反的交易。那么，当交易对手因为各种原因在交割日之前破产，从而不能履行衍生品契约规定的支付时，银行需要重新对冲市场风险，因而要再找一家对手C重新签订一份类似的外汇交易，来替代这一份无法履行 的外汇期货，如图5.3所示。

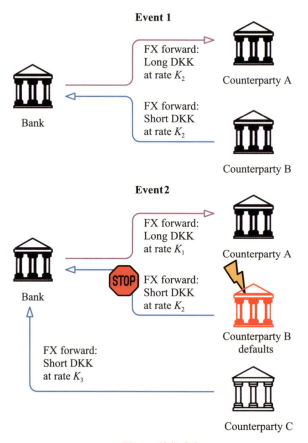

Event 1

FX forward:
Long DKK
at rate K_2

Counterparty A

Bank

FX forward:
Short DKK
at rate K_2

Counterparty B

Event 2

FX forward:
Long DKK
at rate K_1

Counterparty A

STOP

FX forward:
Short DKK
at rate K_2

Counterparty B
defaults

Bank

FX forward:
Short DKK
at rate K_3

Counterparty C

图5.3　替代成本

这种替代往往不是免费的，是有代价的，而这个代价即为**替代成本** (replacement cost)。那什么时候是有替代成本，什么时候是零成本替代呢？这就有两种情况。

◀ 当被违约的交易产品**盯市** (Mark-to-Market, or MtM) 为负时，提前结算交易，银行就履行义务向破产的对手支付交易品的市值 (银行可没有资格在这时候也违约，拍屁股走人)，然后和另一家对手签一份类似的交易。因此无替代成本，零损失。

◀ 当被违约的交易产品盯市为正时，结算交易，但是银行不能够拿到对手应当偿付的产品市值。为了对冲银行自身的市场风险，需要和另一家对手签一份类似的交易。因此，银行的损失或者替代成本就是不能从违约对手收回的那一笔偿还，即为被违约交易品的市值价值MtM。

由此，就引入了一个在交易对手信用风险的计算和建模中的重要概念——**信用敞口** (credit exposure)，来描述对手违约时所需要的替代成本。

单一交易层面的信用敞口可通过场外交易衍生品的盯市和零之间的较大值来计算，参见式5-1。

$$E_{t,i} = \max\left(MtM_{t,i}, 0\right) \tag{5-1}$$

其中，$MtM_{t,i}$指单一衍生品的盯市，i为某单一衍生交易产品，t表示时间节点。盯市即为当日交易产品的市场价值。这个概念来源于场内交易衍生品，因为交易所需要凭此对投资者收取**保证金** (margin)。而场外交易并不存在每日可观测的交易价格，盯市通常指衍生品的一个市场**公允价值** (fair value)。大多数常见衍生品都能通过定价公式计算它的公允价值。

对手层面的信用敞口即为这同一家对手的所有交易产品信用敞口的简单相加，即：

$$E_t = \sum_i E_{t,i} = \sum_i \max\left(\text{MtM}_{t,i}, 0\right)$$ (5-2)

表5.1列出了单一交易产品层面的盯市和信用敞口，以及交易对手层面的信用敞口计算。

表5.1　盯市和信用敞口 (单位：USD MM)

At time t	MtM	Credit Exposure
Deal 1	18	18
Deal 2	−25	0
Deal 3	31	31
Deal 4	−2	0
Deal 5	7	7
Counterparty-level exposure	56	

信用敞口这个概念量化了在对手可能违约时产生的替代成本。由此为基础，来实现对各个金融衍生品信用敞口的建模。

对于信用敞口的计算，通常比较流行的做法是通过**蒙特卡罗模拟**来实现。在这个框架下，有两个重要的方面。

◀ **情景模拟** (scenario simulation)。需要为每一个市场风险因子 (risk factor) 做模拟。不同于传统市场风险的计算，比如VaR，通常会定义一个时间段，比如1天(1-day VaR)、5天(5-day VaR)或者1年(1-year VaR)。信用敞口关注的时间段是一个交易品从交易起始到交割日整个产品时限跨度 (life span)。因此需要定义一组未来时间线上的固定时间节点。在每一个时间节点上，要做相同数量的情景模拟。时间节点定得越多，计算越精确，当然计算量也会相应增加。

◀ **产品价值再估算** (product revaluation)。在每个时间节点上的每个情景下，就要为每一种金融衍生品重新定价计算，也就是MtM的计算，从而再计算出相应的信用敞口。

如图5.4所示为通过在未来时间节点上的MtM模拟来预测信用敞口的计算。注意，有些模拟得到的MtM小于0，其对应的信用敞口被设定为0。

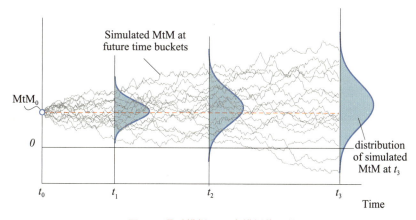

图5.4　通过模拟MtM来模拟信用敞口

5.3 信用敞口指标

本节来讨论常见的**风险敞口计量指标** (metrics for credit exposure)。**巴塞尔协议** (Basel Accords) 中涉及的常用信用敞口指标有以下几种。

- ◀ **期望盯市** (Expected Mark to Market);
- ◀ **期望敞口** (Expected Exposure, EE);
- ◀ **潜在未来敞口** (Potential Future Exposure, PFE);
- ◀ **最大潜在未来敞口** (Maximum PFE);
- ◀ **期望正敞口** (Expected Positive Exposure, EPE);
- ◀ **有效期望敞口** (Effective Expected Exposure, Effective EE or EEE);
- ◀ **有效期望正敞口** (Effective Expected Positive Exposure, EEPE)。

期望盯市 (Expected Mark to Market)：这个概念很简单，即指某衍生产品，在时间节点t上的期望价值，i为某个衍生品。

$$\text{EMtM}_{t,i} = \text{E}\left[\text{MtM}_{t,i}\right] \tag{5-3}$$

期望敞口 (Expected Exposure, EE)：指在某时间节点t上，信用敞口的平均值。注意在式5-4中，信用敞口为MtM的正值，记作$\text{MtM}_{t,i}^{+}$。

$$\text{EE}_{t,i} = \text{E}\left[E_{t,i}\right] = \text{E}\left[\max\left(\text{MtM}_{t,i}, 0\right)\right] = \text{E}\left[\text{MtM}_{t,i}^{+}\right] \tag{5-4}$$

潜在未来敞口 (Potential Future Exposure, PFE)：PFE指在某时间节点t上，某**百分位** (quantile) 上的潜在敞口值。

$$\text{PFE}_{t,i}^{\alpha} = \text{q}_{\alpha}\left(E_{t,i}\right) = \text{q}_{\alpha}\left[\text{MtM}_{t,i}^{+}\right] \tag{5-5}$$

式中，α为百分位。

PFE是在交易对手信用风险中最常用的计量指标。它指在一个特定的时间节点，一定置信水平下，能够发生的最大期望信用风险敞口。常见的置信水平为95%或者99%。比如，$\text{PFE}_{t,i}^{95\%}$解答了在时间节点t上，如果对手违约，敞口高于这一个值的概率会有5%。通常情况下，当一个衍生品距离到期日越远，那么不确定的因素越多，往往PFE值会越大。

图5.5大致描绘了在时间t_2和t_3时，一个衍生品的MtM正态分布中$\text{EMtM}_{t,i}$、$\text{PFE}_{t,i}^{95\%}$、$\text{EE}_{t,i}$的相对位置。

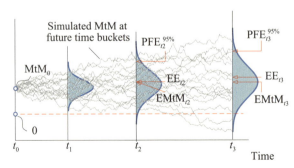

图5.5　期望价值计价 (EMtM)、期望敞口 (EE)、潜在未来敞口 (PFE)

最大潜在未来敞口 (Maximum PFE)：指在一定时间区间内，某衍生产品的最大PFE值。通常来讲，这个时间区间为计算日期到产品交割日。

$$PFE_{i\_Max} = \max\left(PFE_{t,i}^{\alpha}\right) \tag{5-6}$$

期望正敞口 (Expected Positive Exposure, EPE)：与最大潜在未来敞口类似，EPE也并不关注单个时间节点，而是一个时间区间。EPE实际上是EE概念的一个衍生。EE指在每个时间节点上的平均敞口值，而EPE是一个时间区间内的平均EE。

$$EPE_i = E\left[EE_{t,i}\right] = E\left[E\left[MtM_{t,i}^{+}\right]\right] \tag{5-7}$$

有效期望敞口 (Effective Expected Exposure, Effective EE 或 EEE)：每个时间节点的Effective EE等于之前所有时间节点的最大EE。

$$EEE_i(t) = \max\left(EE_{t,i}, \max_{[0,t]}\left(EE_i\right)\right) \tag{5-8}$$

有效期望正敞口 (Effective Expected Positive Exposure, EEPE)：Effective EPE并不关注时间节点，而是时间区间。它是指Effective EE的平均值。

$$EEPE_i = E\left[EEE_{t,i}\right] \tag{5-9}$$

期望敞口、期望正敞口、有效期望敞口和有效期望正敞口这几个概念容易混淆。图5.6描绘了这几个指标在一个**利率互换** (interest rate swap) 中的相对位置。图5.7描绘了这几个指标在一个**股权远期** (equity forward) 中的相对位置。对于股权远期，期望敞口和有效期望敞口是重合的，而期望正敞口和有效期望正敞口相等。通过上文的介绍，读者可以思考一下为什么。

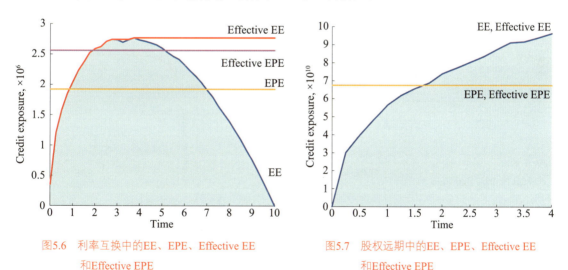

图5.6　利率互换中的EE、EPE、Effective EE和Effective EPE

图5.7　股权远期中的EE、EPE、Effective EE和Effective EPE

表5.2对本节介绍的计量公式和内容做一小结，便于读者归纳总结。

表5.2　信用敞口指标小结

中文名称	计算公式	图形，以利率互换为例
期望价值计价 Expected MtM	$\text{EMtM}_{t,i} = E[\text{MtM}_{t,i}]$	N/A
信用敞口 Exposure (credit exposure)	$E_{t,i} = \max\left(\text{MtM}_{t,i}, 0\right)$	N/A
期望敞口 Expected Exposure	$EE_{t,i} = E\left[E_{t,i}\right]$	
潜在未来敞口 Potential Future Exposure	$\text{PFE}_{t,i}^{\alpha} = q_{\alpha}\left[E_{t,i}\right]$	
有效期望敞口 Effective EE	$EEE_{t,i} = \max\left(EE_{t,i}, \max_{[0,t]}\left(EE_{t,i}\right)\right)$	
有效正敞口 Expected Positive Exposure	$EPE_i = E\left[EE_{t,i}\right]$	
有效期望正敞口 Effective EPE	$EEPE_i = E\left[EEE_{t,i}\right]$	

中文名称	计算公式	图形，以利率互换为例
最大潜在未来敞口 Maximum PFE	$\text{Maximum PFE}_i = \max\left(\text{PFE}_{t,i}^{\alpha}\right)$	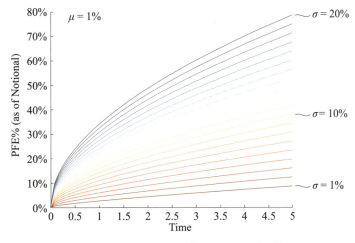

在交易对手信用风险的讨论中，往往会关注PFE图像。一个衍生品的PFE图像主要有两种类型：一种类型可以被比喻为开阔型，比如**远期合同** (forward contract)；另一种类型近似于橄榄型，比如利率互换。

在下文的例子中，将用一种快速估计的方法来大致画出衍生品的PFE图像。这些快速的估计方法在实际应用中非常实用。

首先来看开阔型的代表——远期合同。它的特点是信用敞口的分布随着时间推移逐渐变大。常见的有股权远期、汇率远期，等等。假设一个远期的价值计价服从标准布朗运动分布。

$$dV_t = \mu \, dt + \sigma \, dW_t \tag{5-10}$$

因此，一个远期合同的MtM在未来某个时间节点t上的分布符合正态分布。

$$V_t \sim N\left(\mu t, \sigma \sqrt{t}\right) \tag{5-11}$$

其中，μ即**漂移** (drift) 表达了布朗运动的偏离，而σ即**波动性** (volatility) 则描述了产品价值计价的布朗运动漫步方向上的波动率。

因此可以得到PFE如式5-12所示。

$$\text{PFE}_{t,i}^{\alpha} = q_\alpha\left[E_{t,i}\right] = q_\alpha\left[\max\left(V_{t,i}, 0\right)\right] = \mu t + \sigma \sqrt{t} N^{-1}(\alpha) \tag{5-12}$$

如图5.8和图5.9所示为不同漂移和波动率假设下远期合同PFE曲线的比较。

图5.8 不同波动性假设下，远期合同PFE曲线比较，$\mu = 1\%$

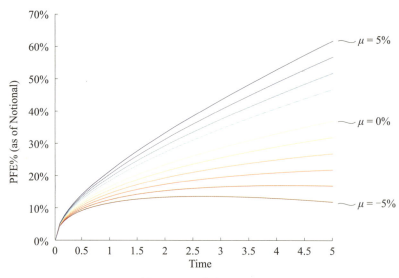

图5.9　不同漂移假设下，远期合同PFE曲线比较，$\sigma = 10\%$

在MtM的模拟中，读者能够体会到如果有一笔大额支付发生在衍生品合约的交割日，那么在从合约起始日起，由于价值计算的因子的波动，比如利率、股价、外汇价格、大宗商品价格等，都会极大地影响衍生品的定价。衍生品价值的波动性越大，PFE也会越大，最大PFE将会发生在交割日。这就决定了远期类产品开阔型PFE的图形。

下面再来讨论橄榄型PFE图形的代表——利率互换。利率互换在前期PFE上升，大约在1/3处开始随着时间推移而逐渐递减。

在MtM的模拟中，读者可以体会到，比较起只有一个支付发生在交割日的远期股权，利率互换存在许多定期发生的支付。这些支付可以减少由于定价因子的波动造成的对于未来风险敞口的影响。尤其是在合约期限的约1/3处之后，定期支付对于风险敞口减少的影响就超过了定价因子的波动对于风险敞口增大的影响。这就好比对于银行来说，分期还款比到期日全款还清的债务风险要小得多。

由于在合约的履行义务中，会存在多笔利率互换，所以利率互换在某一时间节点t的大致价值走势符合式5-13所示正态分布。

$$V_t \sim N\left(0, \sigma\sqrt{t(T-t)}\right) \tag{5-13}$$

其中，T为合约到期日。从式5-13中可以发现$\sqrt{t}$随着时间t而增大，但是$T-t$随着时间t而变小。

在合约的前期，图像被$\sqrt{t}$所主导，到后期则被$T-t$影响的更多。而**临界点**t为T的1/3可由式5-14推导。

$$\begin{cases} V_t = \sigma\sqrt{t}(T-t)\cdot\varepsilon \\ \varepsilon \sim N(0,1) \end{cases} \Rightarrow \frac{dV_t}{dt} = \frac{d}{dt}\left(\sigma\sqrt{t}(T-t)\right) = 0$$

$$\Rightarrow \frac{1}{2}t^{-\frac{1}{2}}(T-t) - t^{\frac{1}{2}} = 0 \tag{5-14}$$

$$\Rightarrow t = \frac{1}{3}T$$

图5.10和图5.11比较了不同到期日，波动率假设下利率互换合同PFE曲线的比较。

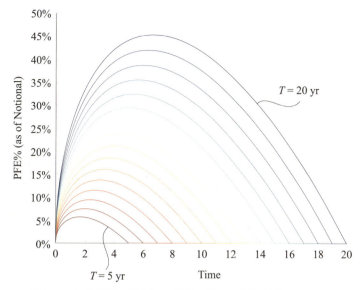

图5.10　不同到期日假设下，利率互换PFE曲线比较，$\sigma = 0.8\%$

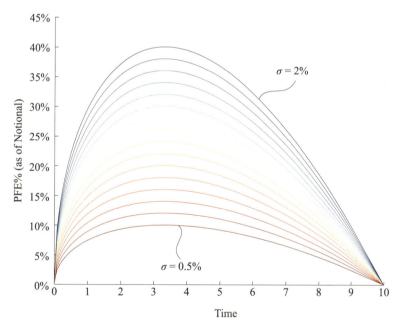

图5.11　不同利率波动率假设下，利率互换PFE曲线比较，$T = 10$ yr

　　从这些例子中希望读者能够体会到PFE是如何被这些因素所影响的。

　　另外，还有第三种常见的衍生品，**货币互换** (cross-currency swap)。它包括了交割日时两种货币互换，同时也包含了合约中需要执行的利率互换。可以说既有一笔大额支付发生在交割日，也有相当数量的定期支付。因此，它结合了远期类产品和利率互换各有的特点。它的PFE走势分布为：

$$V_t \sim N\left(\mu_{FX}t, \sqrt{\sigma_{FX}^2 t + \sigma_{IR}^2 t(T-t)^2 + 2\rho\sigma_{FX}\sigma_{IR}t(T-t)}\right) \qquad (5\text{-}15)$$

它的PFE图像如图5.12所示。

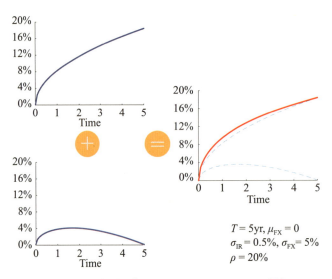

図5.12 货币互换 (cross-currency swap) PFE曲线

货币汇率和利率的波动相关性也会在相当程度上决定货币互换的PFE图像。图5.13比较了不同相关性假设下的PFE图像。

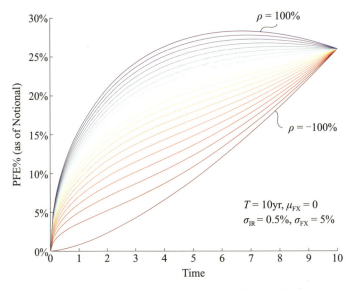

图5.13 不同相关性假设下，货币互换PFE曲线比较

这些产品的PFE图像可以帮助在实际运用中对所涉及问题有清晰的理解，结合本节介绍的公式，可以对衍生品的信用敞口做快速估计运算。

以下代码可以获得图5.8～图5.13。

```
B5_Ch5_1.m

clc; close all; clear all

% Define PFE profile
ConfiLevel = 0.95;
```

```matlab
%% Forward expdosure approxi
T = 5;
drift = 0.01;
vol = 0.18;
% set up Time buckets
TimeBuckets = 0:1/12:T;
% analytical approxi solution
PFE = drift.*TimeBuckets + vol.*sqrt(TimeBuckets).*norminv(ConfiLevel);
% plot
figure;
plot(TimeBuckets, PFE);
xlabel('Time Buckets');
ylabel('PFE%');


%% flex the vol - a forward
T = 5;
drift = 0.01;
vol_range = 0.01:0.01:0.2;
% set up Time buckets
TimeBuckets = 0:1/12:T;


PFE = drift.*ones(numel(vol_range),1).*TimeBuckets + vol_range'.
*sqrt(TimeBuckets).*norminv(ConfiLevel);


num_plots = numel(vol_range);
my_col = brewermap(num_plots,'RdYlBu');

figure
for i = 1: num_plots
    plot(TimeBuckets, PFE(i,:),...
        'color',my_col(i,:));

    yt = get(gca, 'ytick');
    ytl = strcat(strtrim(cellstr(num2str(yt'*100))), '%');
    set(gca, 'yticklabel', ytl);
    hold on
end
xlabel('Time Buckets');
ylabel('PFE% (as of Notional)');

%% flex the drift - a forward
T = 5;
drift_range = -0.05:0.01:0.05;
vol = 0.10;
% set up Time buckets
TimeBuckets = 0:1/12:T;
```

```matlab
PFE = drift_range'.*TimeBuckets + vol.*sqrt(TimeBuckets).*norminv(ConfiLevel);

num_plots = numel(drift_range);
my_col = brewermap(num_plots,'RdYlBu');

figure
for i = 1: num_plots
    plot(TimeBuckets, PFE(i,:),...
        'color',my_col(i,:));

    yt = get(gca, 'ytick');
    ytl = strcat(strtrim(cellstr(num2str(yt'*100))), '%');
    set(gca, 'yticklabel', ytl);
    hold on
end
xlabel('Time Buckets');
ylabel('PFE% (as of Notional)');


%% IR Swap exposure approxi
T = 10;
vol = 0.008;
% set up Time buckets
TimeBuckets = 0:1/12:T;


% analytical approxi solution
PFE = vol.*sqrt(TimeBuckets).*(T-TimeBuckets).*norminv(ConfiLevel);

% plot
figure;
plot(TimeBuckets, PFE);
xlabel('Time Buckets');
ylabel('PFE% (as of Notional)');


%% flex the maturity T - a swap
T = 5:1:20;
TimeBuckets = 0:1/12:T(end);
vol = 0.008;
PFE = vol.*sqrt(TimeBuckets).*max(0,T'-TimeBuckets).*norminv(ConfiLevel);

num_plots = numel(T);
my_col = brewermap(num_plots,'RdYlBu');

figure
```

```matlab
for i = 1: num_plots
    plot(TimeBuckets, PFE(i,:),...
        'color',my_col(i,:));

    yt = get(gca, 'ytick');
    ytl = strcat(strtrim(cellstr(num2str(yt'*100))), '%');
    set(gca, 'yticklabel', ytl);
    hold on
end
xlabel('Time Buckets');
ylabel('PFE% (as of Notional)');

%% flex the vol - a swap
T = 10;
TimeBuckets = 0:1/12:T;
vol_range = 0.005:0.001:0.02;
PFE = vol_range'.*sqrt(TimeBuckets).*(T-TimeBuckets).*norminv(ConfiLevel);

num_plots = numel(vol_range);
my_col = brewermap(num_plots,'RdYlBu');

figure
for i = 1: num_plots
    plot(TimeBuckets, PFE(i,:),...
        'color',my_col(i,:));

    yt = get(gca, 'ytick');
    ytl = strcat(strtrim(cellstr(num2str(yt'*100))), '%');
    set(gca, 'yticklabel', ytl);
    hold on
end
xlabel('Time Buckets');
ylabel('PFE% (as of Notional)');


%% Cross-Currency Swap exposure approxi
T = 5;
drift_fx = 0;
vol_ir = 0.005;
vol_fx = 0.05;
rho = 0.2;
% set up Time buckets
TimeBuckets = 0:1/12:T;

% analytical approxi solution
PFE_fx = drift_fx.*TimeBuckets + vol_fx.*sqrt(TimeBuckets).*norminv(ConfiLevel);
```

```matlab
PFE_irswap = vol_ir.*sqrt(TimeBuckets).*(T-TimeBuckets).*norminv(ConfiLevel);

PFE_ccsw = sqrt(...
    vol_fx^2.*TimeBuckets + vol_ir^2.*TimeBuckets.*(T-TimeBuckets).^2 +...
    2*rho*vol_fx*vol_ir.*TimeBuckets.*(T-TimeBuckets))...
    .*norminv(ConfiLevel);

PFE_Aggre = PFE_fx + PFE_irswap;
PFE_Diff = PFE_fx - PFE_irswap;

% plot
figure;
plot(TimeBuckets, PFE_fx);
yt = get(gca, 'ytick');
ytl = strcat(strtrim(cellstr(num2str(yt'*100))), '%');
set(gca, 'yticklabel', ytl);
xlabel('Time Buckets');
ylabel('PFE% (as of Notional)');

figure;
plot(TimeBuckets, PFE_irswap);
yt = get(gca, 'ytick');
ytl = strcat(strtrim(cellstr(num2str(yt'*100))), '%');
set(gca, 'yticklabel', ytl);
xlabel('Time Buckets');
ylabel('PFE% (as of Notional)');

figure;
plot(TimeBuckets, [PFE_fx; PFE_irswap; PFE_ccsw]);
yt = get(gca, 'ytick');
ytl = strcat(strtrim(cellstr(num2str(yt'*100))), '%');
set(gca, 'yticklabel', ytl);
xlabel('Time Buckets');
ylabel('PFE% (as of Notional)');

figure;
plot(TimeBuckets, [PFE_fx; PFE_irswap; PFE_ccsw; PFE_Aggre; PFE_Diff]);
yt = get(gca, 'ytick');
ytl = strcat(strtrim(cellstr(num2str(yt'*100))), '%');
set(gca, 'yticklabel', ytl);
xlabel('Time Buckets');
ylabel('PFE% (as of Notional)');
legend({'PFE: FX','PFE: IR','PFE: Cross-Currency Swap','PFE: FX + IR','PFE: FX -
IR'},'Location','northwest')

%% flex the rho - a cross-currency swap
T = 10;
```

```
drift_fx = 0;
vol_ir = 0.005;
vol_fx = 0.05;
rho_range = -1:0.1:1;
% set up Time buckets
TimeBuckets = 0:1/12:T;

PFE = sqrt(...
    (vol_fx^2.*TimeBuckets + vol_ir^2.*TimeBuckets.*(T-TimeBuckets).^2).*...
    ones(numel(rho_range),1) +...
    2.*rho_range'.*vol_fx*vol_ir.*TimeBuckets.*(T-TimeBuckets))...
    .*norminv(ConfiLevel);

num_plots = numel(rho_range);
my_col = brewermap(num_plots,'RdYlBu');

figure
for i = 1: num_plots
    plot(TimeBuckets, PFE(i,:),...
        'color',my_col(i,:));

    yt = get(gca, 'ytick');
    ytl = strcat(strtrim(cellstr(num2str(yt'*100))), '%');
    set(gca, 'yticklabel', ytl);
    hold on
end
xlabel('Time Buckets');
ylabel('PFE% (as of Notional)');
```

在这里需要回顾另一个形式相似却易混淆的概念——VaR，尤其是Credit VaR。它们有以下共同点。

◀ 与信用风险、违约风险有关。
◀ 都是通过百分位来计量风险值，比如95th percentile PFE，99th 1-day Credit VaR。

它们的不同点如下。

◀ PFE是一个基于时间节点的概念，每一个时间节点上都能计算出一个PFE值，形成一个曲线 PFE profile，而 Credit VaR是一个基于时间段的概念，比如1-day VaR或者1-year VaR。
◀ Credit VaR表达了由违约造成的损失 (loss)，这个损失是通过模拟定价因素而算出的模拟值 (simulated value) 和基础值 (base value) 的差别；而PFE计算本质上是模拟出一个不包含违约情况下的价值或者MtM。换一个方式表达，PFE其实模拟出了一个产品 (deal) 或者投资组合的上限可能。由此而得出，如果对手违约，可能会出现的损失状况。

5.4 信用敞口的模拟

信用敞口的计算从产品的MtM路径模拟开始。本节以利率互换和股权远期的MtM路径模拟计算做例子，介绍信用敞口计算的基础。

假设投资者和对手签订一份利率互换合约，规定投资者接受固定利率，并向对家支付浮动利率，固定利率为5%，每个季度互换利率一次，即每年互换4次，期限为10年，本金$100000000。

首先一个关键点是要确定利率的模拟模型。本节采用的是本丛书第五本第7章介绍的**瓦西塞克模型** (vasicek model)，具体如下。

$$dr = a(b-r_t)dt + \sigma dW_t \tag{5-16}$$

式中：b为利率长期均衡水平；a为回归速度；σ为利率的瞬时波动；W_t为维纳过程。

通过利率模型，可以计算出每个时期的基于不同期限的折算因子，亦即**零息债券价格** (zero-coupon bond price)。它的价格表达式为：

$$P_{ZCB}(t,t+\tau) = A(t,t+\tau)\exp\left(-B(t,t+\tau)r_t\right) \tag{5-17}$$

A和B的具体计算为：

$$\begin{cases} B(t,t+\tau) = \dfrac{1-\exp(-a\cdot\tau)}{a} \\ A(t,t+\tau) = \exp\left[\dfrac{\left(B(t,t+\tau)-\tau\right)\left(a^2 b - \dfrac{\sigma^2}{2}\right)}{a^2} - \dfrac{\sigma^2 B(t,t+\tau)^2}{4a}\right] \end{cases} \tag{5-18}$$

其中，τ为债券的到期剩余时间。假设现的利率r_0为5%，长期利率水平也是5%，均值回归速度为0.1，利率的波动率为1%。

由于投资者在利率互换合同中，接收固定利率，支付浮动利率，所以这份合同的定价即为未来固定利息收入的折算价值和减去未来浮动利息收入的折算价值和。利率互换的定价方式在本章不做详细描述，读者可参考本节末的MATLAB代码来理解。这个例子参考自Jon Gregory的 "*Counterparty Credit Risk and Credit Value Adjustment*"。

另一个关键点是要确定用于模拟的时间节点和模拟数量。为方便计算，这里假设每个季度末为一个结算点。需要指出的是，在实际操作中，时间节点假设越多 (时间节点编排更紧密)，就需要更高的计算量。一家银行或者机构会有成千上万个OTC衍生品交易，更多的时间节点会造成计算成本过高。通常来讲，由于大量的衍生品的交割日集中在5年之内，所以，时间节点轴在短中期会有更密的设计，而在时间轴远端，节点的设置选择比较稀疏。除此之外，需要决定在每个时间节点上的模拟次数。一般大型金融机构选择不少于5000次模拟。

如图5.14所示为这份利率互换所形成的其中100次模拟路径MtM。正如5.3节讨论过的，利率互换的MtM路径模拟在开始阶段是展开，由于利率的波动对于MtM的计算影响较大。在大约1/3处之后，无论是正MtM还是负MtM，都向零收拢，这是因为未发生的未来支付逐渐减少。在所有支付发生之后，MtM为零。

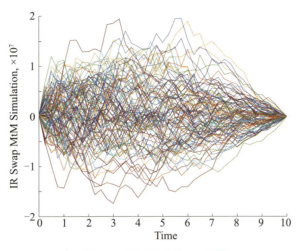

图5.14　利率互换的MtM模拟

　　股权期货是另一种非常常见的OTC金融衍生品。假设投资者和对手签订一份**买涨股权期货** (long an equity forward)，合约内容规定投资者在4年后，买入40000只股票，每只股价$3000。

　　它的定价公式为：

$$F_t = S_t - K \cdot \mathrm{disc}(t, T) \tag{5-19}$$

　　式中：$\mathrm{disc}()$为T到t的折算因子。

　　其中有两个关键的计价变量，股价S_t和折价因子。折价因子受无风险利率的影响。可以借用上面例子中的利率模型来模拟无风险利率。股价可以利用**几何布朗运动** (geometric brownian motion, GBM)模型来模拟每个时间节点的股价漫步。

$$dS = \mu S_t dt + \sigma S_t dW_t \tag{5-20}$$

　　假设现在股价是$2458.245，股价漂移$\mu$为 2%，波动率$\sigma$为 17%。同样时间轴上的节点为每一个季度末，每个节点上模拟5000次，如图5.15所示。在这个例子中，用于计算折价因子的利率，同样利用了本丛书第五本第7章介绍的瓦西塞克模型。

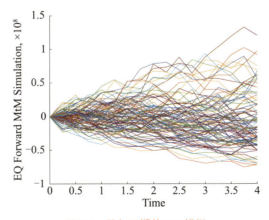

图5.15　股权远期的MtM模拟

　　同样由图5.15可知，股权远期的MtM路径模拟呈现出一种扩张的趋势，并且越靠近交割日，价值范围越大。类似的，货币互换、大宗商品期货等，都呈现出类似的MTM路径模拟图像。正如5.3节讨论过的，合同的大额支付发生在最后交割日，其MtM的可能路径差异由波动率所决定。

现在，有了MtM的路径模拟，就可以在每个时间节点计算信用敞口的模拟。在5.3节介绍过，信用敞口即为它的盯市和零之间的较大值。

$$E_{t,i} = \max\left(\mathrm{MtM}_{t,i}, 0\right) \tag{5-21}$$

承接本节之前讨论过的两个例子，利率互换的信用敞口模拟图和信用风险计量指标如图5.16和图5.17所示。而股权远期的敞口图像和信用风险计量指标呈现如图5.18和图5.19所示。

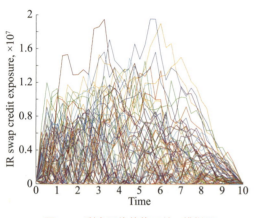

图5.16 利率互换的信用敞口模拟图

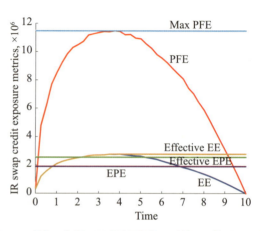

图5.17 利率互换信用风险计量指标，计算PFE的α为95%

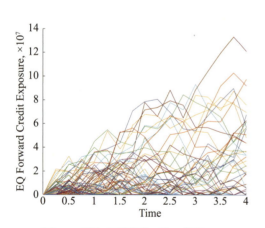

图5.18 股权远期的信用敞口模拟图

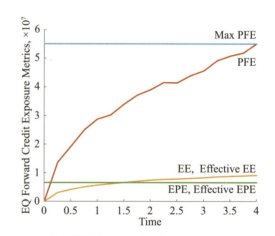

图5.19 股权远期的信用风险计量指标，计算PFE的α为95%

以下代码可以获得图5.14～图5.19。

`B5_Ch5_2.m`

```
clc; close all; clear all
%% Deal Inputs
Notional = 10^8;       % IR Swap notional
SwapRate = 0.05;       % Swap Rate
RecFixed = 1;          % if Receive floating Pay fixed, this is -1
```

```matlab
tau = 0.25;              % Payment Frequency
Maturity = 10;                  % Swap Maturity

%% Parameter Inputs for Interest Rate Model
r = 0.05;    % current spot rate
a = 0.1;     % mean reversion rate or speed or reversion
b = 0.05;    % long-term mean level
vol = 0.01;  % instantaneous volatility

%% Simulation
NumOfSim = 5000;
Simulated_InterestRate = zeros(NumOfSim,Maturity/tau+1);
IRSwap_MtM = zeros(NumOfSim,Maturity/tau+1);

for n = 1:NumOfSim
    Diffusion_ir = randn(Maturity/tau,1);
    [IRSwap_MtM(n,:),Simulated_InterestRate(n,:)] ...
        = SimpleVascicek_Calc_IRSwap_MtM...
(Notional,SwapRate,RecFixed,tau,Maturity,r,a,b,vol,Diffusion_ir);
end

%% Plot the simulated Interest Rate
n = 1:50;
figure;
plot(0:tau:Maturity, Simulated_InterestRate(n,:));
xlabel('Time');
ylabel('Simulated Interest Rate');

%% Plot IR Swap MtM
n = 1:100;
figure;
plot(0:tau:Maturity, IRSwap_MtM(n,:));
xlabel('Time');
ylabel('IRSwap MtM');

%% Plot IR Swap Credit Exposure
n = 1:100;
figure;
plot(0:tau:Maturity, max(0,IRSwap_MtM(n,:)));
xlabel('Time');
ylabel('IRSwap Credit Exposure');

%% Credit Exposure Metrics

% Credit Exposure
Exposure_IRSwap = max(0,IRSwap_MtM);

qntile = 0.95; % look at 95th percentile PFE
```

```matlab
[EE_IRSwap,PFE_IRSwap,EffEE_IRSwap,EPE_IRSwap,EffEPE_IRSwap,...
    MaxPFE_IRSwap] = ExposureMetrics(Exposure_IRSwap,qntile);

%%
figure;
plot(0:tau:Maturity, [EE_IRSwap;PFE_IRSwap;EffEE_IRSwap;EPE_IRSwap;EffEPE_
IRSwap;MaxPFE_IRSwap]);
xlabel('Time');
ylabel('Credit Exposure Metrics');


%% Deal Inputs
N = 40000;        % Number of shares
Maturity = 4;     % Swap Maturity
K = 3000;         % strike price
tau = 0.25;       % set up time buckets for every quarter

%% Parameter Inputs for EQ Model
S0 = 2458.245;
drift = 0.02;     % equity drift
eq_vol = 0.17;    % equity vol

%% Parameter Inputs for Interest Rate Model
r = 0.05;         % current spot rate
a = 0.1;          % mean reversion rate or speed or reversion
b = 0.05;         % long-term mean level
IR_vol = 0.01;    % instantaneous volatility

%% Simulation
NumOfSim = 5000;
Simulated_InterestRate = zeros(NumOfSim,Maturity/tau+1);
Simulated_EQ = zeros(NumOfSim,Maturity/tau+1);
EQfwd_MtM = zeros(NumOfSim,Maturity/tau+1);

for n = 1:NumOfSim
    Diffusion_eq = randn(Maturity/tau,1);
    Diffusion_ir = randn(Maturity/tau,1);
    [EQfwd_MtM(n,:),Simulated_InterestRate(n,:),Simulated_EQ(n,:)] ...
    = Simple_EQfwd_MtM...
    (N,Maturity,K,tau,S0,drift,eq_vol,r,a,b,IR_vol,Diffusion_eq,Diffusion_ir);
end

%% Plot the simulated Equity Rate
n = 1:50;
figure;
plot(0:tau:Maturity, Simulated_EQ(n,:));
xlabel('Time');
ylabel('Simulated Equity Price');
```

```matlab
%% Plot Equity Forward MtM
n = 1:100;
figure;
plot(0:tau:Maturity, EQfwd_MtM(n,:));
xlabel('Time');
ylabel('EQ Forward');

%% Plot Equity Forward Credit Exposure
n = 1:100;
figure;
plot(0:tau:Maturity, max(0,EQfwd_MtM(n,:)));
xlabel('Time');
ylabel('EQ Forward Credit Exposure');

%% Credit Exposure Metrics

% Credit Exposure
Exposure_EQfwd = max(0,EQfwd_MtM);

qntile = 0.95; % look at 95th percentile PFE
[EE_EQfwd,PFE_EQfwd,EffEE_EQfwd,EPE_EQfwd,EffEPE_EQfwd,...
    MaxPFE_EQfwd] = ExposureMetrics(Exposure_EQfwd,qntile);


%%
figure;
plot(0:tau:Maturity, [EE_EQfwd;PFE_EQfwd;EffEE_EQfwd;EPE_EQfwd;EffEPE_
EQfwd;MaxPFE_EQfwd]);
xlabel('Time');
ylabel('Credit Exposure Metrics');
```

以上主函数调用如下三个子函数。

```matlab
function [IRSwap_MtM,Simulated_InterestRate] ...
    = SimpleVascicek_Calc_IRSwap_MtM...
    (Notional,SwapRate,RecFixed,tau,End,r,a,b,vol,Diffusion_ir)
    %% Simulate Future Interest Rate
    TimeLine = 0:tau:End;
    Simulated_InterestRate = zeros(length(TimeLine),1);

    Simulated_InterestRate(1) = r;
    for i = 2:length(TimeLine)
        Simulated_InterestRate(i)=Simulated_InterestRate(i-1) ...
            + a*(b-Simulated_InterestRate(i-1))*tau ...
            + vol*sqrt(tau)*Diffusion_ir(i-1);
    end

    B = (1 - exp(-a*TimeLine(2:end)))/a;
```

```matlab
    A = exp((B - TimeLine(2:end))*(a^2*b-vol^2/2)/a^2-(vol^2/(4*a))*(B.*B));


    %% Calculate discount factor between t and t + delta t
    DF = zeros(length(TimeLine)-1,length(TimeLine)-1);
    for i = 1:length(TimeLine)-1
        for j = i:length(TimeLine)-1
            DF(i,j) = A(j-i+1)*exp(-B(j-i+1)*Simulated_InterestRate(i));
        end
    end


    %% Calculate IR Swap MtM at each time step
    PV_flt = 1 - DF(:,end);
    PV_fix = SwapRate*tau*sum(DF,2);
    IRSwap_MtM = (PV_fix - PV_flt)*RecFixed*Notional;
    IRSwap_MtM = [IRSwap_MtM;0];


end


function [EQfwd_MtM,Simulated_InterestRate,Simulated_EQ] ...
    = Simple_EQfwd_MtM...
    (N,Maturity,K,tau,S0,drift,eq_vol,r,a,b,IR_vol,Diffusion_eq,Diffusion_ir)

%% Simulate Future Equity Price
TimeLine = 0:tau:Maturity;
Simulated_EQ = zeros(length(TimeLine),1);


Simulated_EQ(1) = S0;
% Diffusion_eq = randn(length(TimeLine)-1,1);


for i = 2:length(TimeLine)
    Simulated_EQ(i)=Simulated_EQ(i-1) ...
        *(1 + drift*tau + eq_vol*sqrt(tau)*Diffusion_eq(i-1));
end

%% Simulate Future Interest Rate
% TimeLine = 0:tau:End;
Simulated_InterestRate = zeros(length(TimeLine),1);


Simulated_InterestRate(1) = r;
% Diffusion_ir = randn(length(TimeLine)-1,1);


for i = 2:length(TimeLine)
    Simulated_InterestRate(i)=Simulated_InterestRate(i-1) ...
        + a*(b-Simulated_InterestRate(i-1))*tau ...
        + IR_vol*sqrt(tau)*Diffusion_ir(i-1);
end


B = (1 - exp(-a*TimeLine(2:end)))/a;
```

```matlab
A = exp((B - TimeLine(2:end))*(a^2*b-IR_vol^2/2)/a^2-(IR_vol^2/(4*a))*(B.*B));

%% Calculate discount factor between t and t + delta t
DF = zeros(length(TimeLine)-1,length(TimeLine)-1);
for i = 1:length(TimeLine)-1
    for j = i:length(TimeLine)-1
        DF(i,j) = A(j-i+1)*exp(-B(j-i+1)*Simulated_InterestRate(i));
    end
end

%% Calculate EQ Forward MtM at each time step
EQfwd_MtM = zeros(length(TimeLine),1);
EQfwd_MtM(1:end-1) = (Simulated_EQ(1:end-1) - K*DF(:,end))*N;
EQfwd_MtM(end) = (Simulated_EQ(end) - K)*N;

end


function [EE,PFE,EffEE,EPE,EffEPE,MaxPFE] = ExposureMetrics(Exposure,qntile)

%% Credit Exposure Metrics

% Expected Exposure
EE = mean(Exposure);

% Potential Future Exposure
PFE = quantile(Exposure,qntile);

% Effective Expected Exposure
EffEE = EE;
for i = 1: length(EffEE)
    EffEE(i) = max(EE(1:i));
end

% Expected Positive Exposure
% it is supposed to be time weighted average
% as our example here has equal interval time buckets
% we just take equal weight average here
% same for EffEPE
EPE = mean(EE)*ones(1,length(EE));

% Effective Expected Positive Exposure
EffEPE = mean(EffEE)*ones(1,length(EffEE));

% Maximum PFE
MaxPFE=max(PFE)*ones(1,length(PFE));

end
```

5.5 交易对手信用风险规避

正如本丛书之前章节所介绍，市场风险可以通过其他金融工具来对冲，甚至可以做到完全对冲收益和损失。交易对手信用风险则无法完全规避或对冲，通常通过下述方法来管理或者减少交易对手信用风险。

- 和市场的大玩家们进行场外OTC产品的交易，比如一些发达国家的主流银行、大型借贷公司。它们都有充足的现金流来支撑其业务和信用，其违约风险也相对较小。
- 和交易对手**轧差协议** (netting agreement)，一般指**跨产品轧差** (cross-product netting)，指交易双方可以把互相交易的OTC各个合约的MtM进行叠加。这是降低信用风险的主要手段。这种轧差协议在国际上被ISDA协议 (ISDA master agreement)广泛涵盖。现如今，大多数跨国银行、公司之间都互相有ISDA协议签订。
- **抵押** (collateralization)。在和对手签有ISDA协议的基础上，可以和对手签订抵押协议。国际上广泛认可的协议称为信用支持附件 (credit support annex, CSA)。CSA实际上为ISDA协议的一项内容，但并不具有强制性。交易双方可以签有ISDA协议但没有CSA，但不可能签有CSA却不具备ISDA协议。CSA规定了当信用敞口上升的时候，对手需要支付**保证金** (margin) 来充当抵押，来减少信用敞口。
- 对手多元化。和投资管理的理念一样，不要把鸡蛋放在同一个篮子里。如果投资者有很多场外衍生品，可以选择和很多家不同对手做交易。这样可以分散投资者对每一个对手的信用敞口。

当与对手没有签订ISDA协议的时候，各个衍生品合约之间是不能进行轧差的。由此，对于这个对手的信用敞口是将各个合约的信用敞口叠加。信用敞口是价值计价的正值，也意味着负的价值计价在计算中为零。因此一个没有ISDA协议的对手信用敞口计算公式为：

$$E_t^{NoNet} = \sum_{i=1}^{n} E_{t,i} = \sum_{i=1}^{n} \max\left(\text{MtM}_{t,i}, 0\right) \tag{5-22}$$

也可以称它为**无轧差信用敞口** (non-netting exposure或no net exposure)。

如果和对手签订了ISDA协议，那么不同合约之间是可以轧差的。也就是一个合约的负价值计价可以抵消另一个合约的正价值计价。

$$E_t^{Net} = \max\left(\sum_{i=1}^{n} \text{MtM}_{t,i}, 0\right) \tag{5-23}$$

也可以称它为**轧差信用敞口** (netting exposure)。

回顾本章的表5.1，并加入netting exposure来做个比较，见表5.3。可见，基于ISDA协议的轧差可以显著减少信用风险敞口。

表5.3　MtM和信用敞口　　　　　　　　　　　　　　　　　　　（单位：USD MM）

At time t	MtM	Credit Exposure
Deal 1	18	18
Deal 2	−25	0
Deal 3	31	31
Deal 4	−2	0
Deal 5	7	7
Counterparty-level exposure (No Net)	56	
Counterparty-level exposure (Netting)	29	

CSA协议规定了交易对手信用风险高过**阈值** (threshold) 时，就要支付保证金。一般来说，保证金不需要当日支付，会有一个约14天的缓冲期，方便对方准备资金。

由于签有ISDA协议是具有CSA的必要条件，所以**轧差敞口** (netting exposure) 是用来计算抵押物价值的基础。这样就有了如式5-24所示的计算公式来计算签有CSA情况下对手的信用敞口。

$$\begin{cases} C_{t-m} = \max\left(E_{t-m}^{Net} - H, 0\right) \\ C_t = f\left(C_{t-m}, m\right) \\ E_t^C = \max(E_t^{Net} - C_t, 0) \end{cases} \tag{5-24}$$

也可以称它为**含抵押信用敞口** (collateralized exposure)。式5-24中的m为缓冲期。

在实际计算模拟中，通常定义两个时间节点。一个是执行模拟的时间节点t，称为**主时间节点** (primary time buckets)。另外一个是**二级时间节点** (secondary time buckets)，即主时间节点前m天 (m为缓冲期的时长)。对于二级时间节点$t-m$，需要计算或者模拟抵押物的价值C_{t-m}。抵押物的价值会随着时间而变化。因此到时间节点t时，价值为C_t。为了简化计算，通常可以假设$C_t = C_{t-m}$。这样在时间t时，含抵押敞口E_t^C可以通过此时的轧差敞口E_t减去抵押物价值C_t来计算，如图5.20所示。

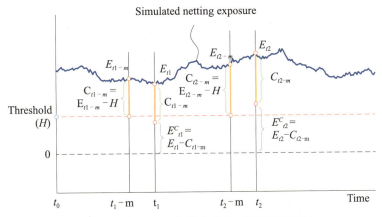

图5.20 签订CSA后的交易对手信用风险模拟方法

下面来看一个collateralized exposure计算模拟的例子。假设银行和对手有CSA签约，并有以下四个衍生品。

◀ Product A: $100m interest rate swap payer GBP 5y
◀ Product B: $100m interest rate swap payer GBP 6y
◀ Product C: $100m interest rate swap payer EUR 5y
◀ Product D: $25m cross-currency swap GBPUSD 5y

每一个产品的模拟都已事先算好。产品的模拟取自Jon Gregory的"*Counterparty Credit Risk and Credit Value Adjustment*"。每个衍生品模拟1000次。如图5.21～图5.24所示分别描绘出四个产品的MtM模拟。如图5.25～图5.28所示分别描绘出它们各自的EE和PFE图像，PFE为95百分位。

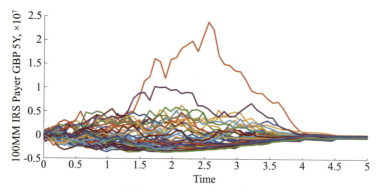

图5.21　Product A的MtM模拟

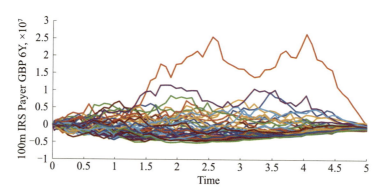

图5.22　Product B的MtM模拟

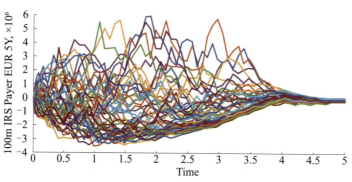

图5.23　Product C的MtM模拟

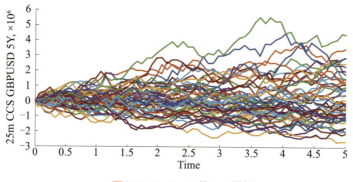

图5.24　Product D的MtM模拟

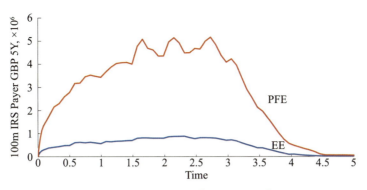

图5.25　Product A的EE和PFE图像

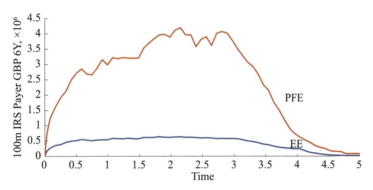

图5.26　Product B的EE和PFE图像

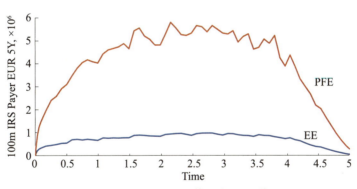

图5.27　Product C的EE和PFE图像

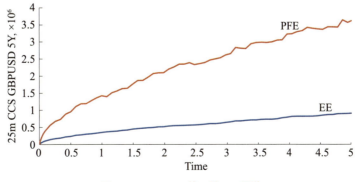

图5.28　Product D的EE和PFE图像

假设CSA协议的阈值 (threshold) 为 \$1 million。需要了解的是，在实际计算中还应包含有**最小支付金额** (minimum transfer amount, MTA)，目的是减少支付保证金的次数。在这个例子中为了简化计算，假设MTA为0，缓冲期$m = 14/365$。

在**二级时间节点**的信用敞口计算中，为了方便，本节的例子利用了**线性插值法** (linear interpolation) 来做估值，即通过前后两个**主时间节点**的敞口做线性插值。

在实际运用中，如果同时在每个二级时间节点上的信用敞口做模拟，那总计算量几乎翻倍，会造成计算成本过高，所以往往会采取估值方法。估值方法有很多，可以灵活应用，线性插值当然是最快捷的方法。

将四个衍生品经过模拟和叠加，如图5.29所示比较了对手的无轧差期望敞口、轧差期望敞口和含抵押期望敞口。如图5.30所示比较了对手的无轧差潜在未来敞口、轧差潜在未来敞口和含抵押潜在未来敞口。可以发现，轧差敞口图像略低于无轧差敞口，因为合同间的正负价值计价可以求和。含抵押敞口图像远低于另外两类，敞口大多靠近CSA规定的阈值附近。

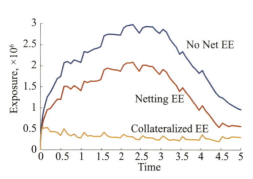

图5.29 无轧差期望敞口、轧差期望敞口、含抵押期望敞口

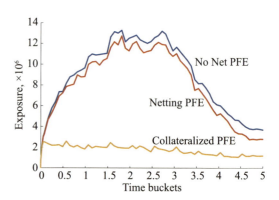

图5.30 无轧差潜在未来敞口、轧差潜在未来敞口、含抵押潜在未来敞口

以下代码可以获得图5.21～图5.30。

`B5_Ch5_3.m`

```
clc; close all; clear all
 % Data input
Timebuckets = xlsread('CCR_Netting_CSA_example.xlsx','TimeBuckets');
Trade1 = xlsread('CCR_Netting_CSA_example.xlsx','Trade1');
Trade2 = xlsread('CCR_Netting_CSA_example.xlsx','Trade2');
Trade3 = xlsread('CCR_Netting_CSA_example.xlsx','Trade3');
Trade4 = xlsread('CCR_Netting_CSA_example.xlsx','Trade4');

%% Figure
% Plot Trade 1 MtM
figure(1)
plot(Timebuckets, Trade1(1:50,:));
xlabel('Time buckets');
ylabel('100m IRS Payer GBP 5Y');

% Plot Trade 2 MtM
```

```matlab
figure(2)
plot(Timebuckets, Trade2(1:50,:));
xlabel('Time buckets');
ylabel('100m IRS Payer GBP 6Y');

% Plot Trade 3 MtM
figure(3)
plot(Timebuckets, Trade3(1:50,:));
xlabel('Time buckets');
ylabel('100m IRS Payer EUR 5Y');

% Plot Trade 4 MtM
figure(4)
plot(Timebuckets, Trade4(1:50,:));
xlabel('Time buckets');
ylabel('25m CCS GBPUSD 5Y');

%% Calculate each individual deal's exposure
Exposure1 = max(0,Trade1);
Exposure2 = max(0,Trade2);
Exposure3 = max(0,Trade3);
Exposure4 = max(0,Trade4);

%% Plot individual deals EE and PFE
figure(5)
plot(Timebuckets, [mean(Exposure1); quantile(Exposure1,0.95)]);
xlabel('Time buckets');
ylabel('100m IRS Payer GBP 5Y');

figure(6)
plot(Timebuckets, [mean(Exposure2); quantile(Exposure2,0.95)]);
xlabel('Time buckets');
ylabel('100m IRS Payer GBP 6Y');

figure(7)
plot(Timebuckets, [mean(Exposure3); quantile(Exposure3,0.95)]);
xlabel('Time buckets');
ylabel('100m IRS Payer EUR 5Y');

figure(8)
plot(Timebuckets, [mean(Exposure4); quantile(Exposure4,0.95)]);
xlabel('Time buckets');
ylabel('25m CCS GBPUSD 5Y');

%% Calculate NoNet exposure, and Netting exposure
NoNetExposure = max(0,Trade1) + max(0,Trade2) + max(0,Trade3) + max(0,Trade4);
NettingExposure = max(0,Trade1 + Trade2 + Trade3 + Trade4);
```

```matlab
%% Calculate Collateralized exposure
TH = 10^6;
m = 14/365;
SecondaryTimebuckets = max(0,Timebuckets - m);


% use linear interpolation to quickly estimate the exposure at
secondary timebuckets
NettingExposure2 = zeros(size(NettingExposure,1),size(NettingExposure,2));
for i = 2:length(Timebuckets)
    if Timebuckets(i)<m
        NettingExposure2(:,i)=zeros(size(NettingExposure,1),1);
    else
        NettingExposure2(:,i)= max(0,NettingExposure(:,i)-...
            m*(NettingExposure(:,i-1)-NettingExposure(:,i))/...
            (Timebuckets(i-1)-Timebuckets(i)));
    end
end


Collateral = max(NettingExposure2-TH,0);
CollateralizedExposure = max(NettingExposure-Collateral,0);


%%
EE_NoNet= mean(NoNetExposure);
EE_Netting = mean(NettingExposure);
EE_CollExp = mean(CollateralizedExposure);


PFE95_NoNet = quantile(NoNetExposure,0.95);
PFE95_Netting = quantile(NettingExposure,0.95);
PFE95_CollExp = quantile(CollateralizedExposure,0.95);


%%
figure;
plot(Timebuckets, [EE_NoNet; EE_Netting; EE_CollExp]);
xlabel('Time buckets');
ylabel('Exposure');

%%
figure;
plot(Timebuckets, [PFE95_NoNet; PFE95_Netting; PFE95_CollExp]);
xlabel('Time buckets');
ylabel('Exposure PFE');
```

5.6 信用价值调整

由于衍生品的价格本身和交易对手不存在信用风险的联系 (这里暂时不涉及错向风险)，也就是说资产定价是在一个对手无风险的情况下进行的。在OTC市场交易中，通常会加入一个**信用价值调整** (credit value adjustment, CVA)，也就是考虑到对手违约风险的一个价值补偿，它的计算和前文提到的**期望敞口值**有关。

$$CVA = (1-R)\int_0^T discEE_t \, dPD(0,t) \tag{5-25}$$

注意，由于这是一个资产定价的概念，不同于之前讨论的各种风险计量指标。这里的EE必须是一个在Q空间的**折价期望敞口** (discounted expected exposure)，即式5-25中的$discEE_t$。Q空间是指**风险中性的空间** (risk-neutral space)，是资产定价理论的基础假设。

同时式5-25中的R为**回收率** (recovery rate)，即当对手违约时，可以获得对于信用敞口的补偿率。PD即为随着未来时间节点变化的、交易对手的**违约率** (probability of default)。

在模拟计算中，可以把式5-25写为离散形式。

$$CVA = (1-R)\sum_{k=2}^N discEE_{t_k} \times \left(PD_{t_k} - PD_{t_{k-1}}\right) \tag{5-26}$$

利用上一节中的例子，计算一下在签有ISDA情况下，需要对手支付CVA的价值。

为了方便计算，假设无风险利率为0，也就是说折价期望敞口即为上面例子计算的EE，同时，还需要计算对手的违约率。一家公司的违约率可以通过市场上的信用违约互换息差 (CDS spread) 来倒推计算，本节不详细论述，假设这个违约率的曲线已经计算好，如图5.31所示为对手在未来时间节点上的违约率和折价期望敞口。

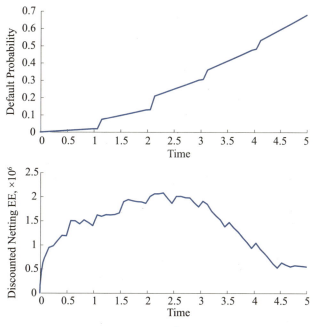

图5.31 Default Probability和Discounted Netting EE

由此可以计算出对手需要支付$577k的CVA。以下代码可以获得图5.31。

```
B5_Ch5_4.m

%% CVA calculation
DP = xlsread('CCR_Netting_CSA_example.xlsx','DP');
Recovery = 0.4;
%%
CVA = (1-Recovery)*sum(EE_Netting(2:end).*(DP(2:end)-DP(1:end-1)));

%% figure
figure

subplot (2,1,1)
plot(Timebuckets, DP);
xlabel('Time');
ylabel('DP');

subplot (2,1,2)
plot(Timebuckets, EE_Netting);
xlabel('Time');
ylabel('Discounted EE Netting');
```

5.7 错向风险

在交易对手信用风险分析中，有一个很特殊也很重要的概念叫**错向风险** (wrong-way risk)，也叫错路风险。错向风险是指，信用敞口和交易对手的信用质量存在相反关系。也就是当产品的信用敞口越高时，对手的信用质量反而变低。这也意味着**信用价值调节**的增加，对手更容易违约。在交易对手信用风险中，错向风险是需要额外关注的一个方面。下面列举了几个错向风险的实例。

投资者和对手银行A签订了一份**股权收益互换** (equity total return swap)。合约规定投资者向银行A支付银行A自己股票的价格收益与分红收益，作为互换，银行定期支付投资者一笔浮动利率。如果银行A股票下跌，即股票收益为负，那么投资者将会支付差价。这个衍生品相当于投资者卖空银行A的股票。所以当银行A的股票下跌，同时也意味着他们可能营运管理、利润等指标出现了下降，违约风险也会提高。对于投资者来讲，这一份股权收益互换具有违约风险。如图5.32所示为股权收益互换下银行和投资者之间的支付要求。

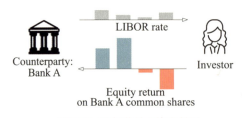

图5.32　股权收益互换支付图

假设一家中国公司和一家美国公司签订一份**货币互换** (cross currency swap)协议。交割日时，美国公司买入人民币，中国公司卖出人民币买入美元。所以当美元兑人民币贬值时，这份货币互换的信用敞口提高。对手作为美国公司，营运货币为美元，美元贬值相当于对手的利润下降，购买力下降，增加了他们的违约风险。

航空公司需要对冲油价波动对于营运成本的影响，因此通过一份大宗商品衍生品和一个石油商品投机对手来签署一份固定浮动油价互换。航空公司向对手定期支付一个固定油价，而对手向航空公司支付浮动的市场油价。当市场油价上涨时，这份油价互换的信用敞口变高，对手的盈利下降，增加了违约风险。

最著名的例子还是2008年金融海啸。一些大型保险机构开始向市场兜售**不动产抵押贷款** (mortgage backed securities, MBS) 的**信用违约互换** (credit default spread, CDS)。CDS的购买者需要定期支付一定的费用，直到标的资产违约时，就会收到一笔赔偿金，来对冲标的资产的损失，如图5.33所示。保险机构相信房产价格永远上升，不会崩盘，所以它们大胆地甚至超量地向市场推销CDS，因为它们认为这样就可以免费收到买家的保护费。

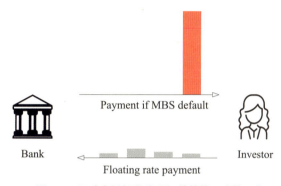

图5.33　不动产抵押贷款为标的的信用违约互换

但是当金融危机发生时，各个MBS产品价值暴跌，极大地提高了各位CDS买家的信用敞口。然后由于当初发售CDS的保险公司过度地兜售CDS产品，在金融危机来临时，需要面对多家对手索赔挤兑，造成自身的信用质量严重下降并最终违约。这个经典的错向风险例子，给资本市场造成了极大的混乱。也由此开始，西方各大金融机构开始重视交易对手信用风险的控制和管理。巴塞尔条款也是将交易对手信用风险列为重点。

在错向风险的情况下，对手的违约概率和衍生品合约的MtM呈正相关，在计算CVA时可以通过关联结构 (copula) 来进行模拟。

有兴趣的读者可以细读MATLAB官网的介绍，网址https://www.mathworks.com/help/fininst/examples/wrong-way-risk-with-copulas.html。

相对应的另一个概念**正向风险** (right-way risk) 是指，信用敞口和对手的信用质量呈正比。信用敞口越高，对手的违约风险越低。比如，在第一个例子中，银行和A签订的股权收益交易方向相反，即银行A支付股票的价格收益和分红收益，而投资者支付浮动利率，如图5.34所示。

图5.34　正向风险例子

第6章

Technical Analysis
技术分析

> 若历史不断重演，但意外持续发生；人类未曾从经验中学习。
>
> *If history repeats itself, and the unexpected always happens, how incapable must man be of learning from experience.*
>
> ——乔治·伯纳德·萧 (George Bernard Shaw)

6.1 技术分析

技术分析 (technical analysis) 主要是采用图表来研究金融市场数据，预测价格趋势，并决定投资策略。本章主要讨论如何使用MATLAB时间表数据和技术分析函数。读者想要深入了解股市分析，请参考Robert D. Edwards、John Magee和W.H.C Bassetti三人编写的*Technical Analysis of Stock Trends*；这本书的中译本为《股市趋势技术分析》。

MATLAB提供的技术分析图主要有四大类。

◀ 股价绘制，具体函数见表6.1。
◀ 成交量图，具体函数见表6.2。
◀ 价格变化，具体函数见表6.3。
◀ 震荡指标，具体函数见表6.4。

表6.1　股价绘图

函数	描述
candle()	K线图、阴阳烛图 (candlestick chart)
highlow()	高低价 (high, low, open, close chart)
kagi()	折线图、卡吉图 (kagi chart)
linebreak()	线突破图 (line break chart)
pointfig()	点线图、涨跌点图 (point and figure chart)
priceandvol()	成交量图 (price and volume chart)
renko()	砖形图 (renko chart)
volarea()	成交量图、成交量面积图 (price and volume chart)

表6.2　成交量图

函数	描述
negvolidx()	负成交量指标 (negative volume index)
posvolidx()	正成交量指标 (positive volume index)
rsindex()	相对强弱指标 (relative strength index, RSI)

表6.3　价格变化

函数	描述
adline()	集散指标、离散指标 (accumulation/distribution line)
bollinger()	布林通道指标 (time series bollinger band)
hhigh()	高价指标 (highest high)
llow()	低价指标 (lowest low)
medprice()	中位数价格 (median price)
onbalvol()	净额成交量、能量潮指标 (on-balance volume, OBV)
prcroc()	价格变化率 (price rate of change)
pvtrend()	价量趋势指标 (price and volume trend, PVT)
typprice()	典型价格 (typical price)
volroc()	成交量变动率 (volume rate of change)
wclose()	加权收盘价 (weighted close)
willad()	Williams集散指标 (williams accumulation/distribution line)
movavg()	移动平均图 (moving average of a financial time series)

表6.4 震荡指标

函数	描述
adosc()	离散震荡指标 (accumulation/distribution oscillator)
chaikosc()	佳庆指标、蔡金摆动指标 (chaikin oscillator)
macd()	指数平滑移动平均线 (moving average convergence/divergence)
stochosc()	随机震荡指标 (stochastic oscillator)
tsaccel()	时差加速指标 (acceleration between times)
tsmom()	时差动量指标 (momentum between times)
chaikvolat()	佳庆离散指标 (chaikin volatility)
willpctr()	威廉指数 (williams %R)

本章用TSLA两年股票股价来介绍这些函数的使用。首先下载02-Apr-2018至27-Mar-2020股票数据，其中包括Open、High、Low、Close、Volume和Adjusted Close (Adj_Cl)。这些数据将以Timetable的格式保存在stock_TT中，具体代码如下。

```
stock_TT = timetable(Date,Open,High,Low,Close,Price,Volume,Adj_Cl);
```

为了对Timetable数据进行计算和可视化操作，先用head()和tail()函数来查看该组数据的"头"和"尾"，具体代码如下。

```
head(stock_TT)
tail(stock_TT)
```

其结果如图6.1和图6.2所示。

Date	Open	High	Low	Close	Price	Volume	Adj_Cl	log_r_daily
18-Mar-2018	256.26	260.33	244.59	252.48	252.48	1.6114e + 07	252.48	NaN
19-Mar-2018	269.82	273.35	254.49	267.53	267.53	1.8844e + 07	267.53	0.0579
20-Mar-2018	252.78	288.37	252	286.94	286.94	1.9897e + 07	286.94	0.070041
23-Mar-2018	289.34	306.26	288.2	305.72	305.72	1.9121e + 07	305.72	0.063397
24-Mar-2018	301	309.28	295.5	299.3	299.3	1.352e + 07	299.3	−0.021223
25-Mar-2018	300.37	309.5	289.21	289.66	289.66	1.025e + 07	289.66	−0.032739
26-Mar-2018	298.97	307.1	293.68	304.7	304.7	1.099e + 07	304.7	0.05062
27-Mar-2018	300.74	308.98	299.66	300.93	300.93	7.4829e + 06	300.93	−0.01245

图6.1 时间表数据表头，日频率

Date	Open	High	Low	Close	Price	Volume	Adj_Cl	log_r_daily
18-Mar-2020	389	404.86	350.51	361.22	361.22	2.3786e + 07	361.22	−0.17476
19-Mar-2020	374.7	452	358.46	427.64	427.64	3.0196e + 07	427.64	0.16879
20-Mar-2020	438.2	477	425.79	427.53	427.53	2.8286e + 07	427.53	−0.0002573
23-Mar-2020	433.6	442	410.5	434.29	434.29	1.6455e+07	434.29	0.015688
24-Mar-2020	477.3	513.69	474	505	505	2.2895e+07	505	0.15085
25-Mar-2020	545.25	557	511.11	539.25	539.25	2.1223e+07	539.25	0.065621
26-Mar-2020	547.39	560	512.25	528.16	528.16	1.7381e+07	528.16	−0.02078
27-Mar-2020	505	525.8	494.03	514.36	514.36	1.4352e+07	514.36	−0.026476

图6.2 时间表数据表尾，日频率

如图6.3所示是用stock_TT中的stock_TT.Date和stock_TT.Adj_Cl数据绘制股票的已调整收盘价随时间变化情况。通过price2ret()函数计算日对数回报率，并且用addvars()函数将这一列数据收录到时间表格stock_TT中。如图6.4所示展示是日对数回报率随时间变化。具体代码如下。

```
log_r_daily = price2ret(stock_TT.Adj_Cl);
log_r_daily = [NaN;log_r_daily];
```

```
stock_TT = addvars(stock_TT,log_r_daily);
```

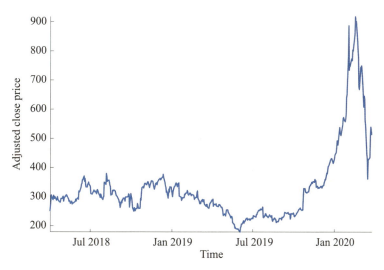

图6.3　已调整收盘价

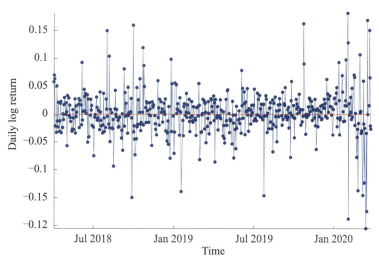

图6.4　日对数回报率

　　如图6.5所示是用histogram()绘制stock_TT中stock_TT.log_r_daily数据的直方图，具体代码如下。

```
figure(fig_index); fig_index = fig_index + 1;
nbins = 40; % number of buckets or bins
h = histogram(stock_TT.log_r_daily,nbins)
h.Normalization = 'probability';
ylabel('Probability'); xlabel('Daily log return');
box off; grid off; axis tight
```

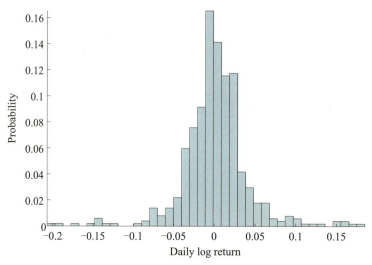

图6.5　日对数回报率分布

下面用retime()函数获取stock_TT的周频率的数据。stock_TT.Open每周的初值'firstvalue'；stock_TT.High每周数据的最大值'max'；stock_TT.Low每周数据的最小值'min'；stock_TT.Close每周数据的终值'lastvalue'；stock_TT.daily_log_r2每周数据的标准差，并且合成一个全新的时间表weeklyTT。用synchronize命令将stock_TT和weeklyTT同步，并且对stock_TT.Volume，每周内的数据求和。如图6.6和图6.7所示是weeklyTT时间表数据的表头和表尾。

Date	Open	High	Low	Close	wkly_std	Volume
01-Apr-2018	256.26	309.28	244.59	299.3	0.060738	8.7497e + 07
08-Apr-2018	300.37	309.5	289.21	300.34	0.022088	4.3659e + 07
15-Apr-2018	299	301.01	282.51	290.24	0.022183	3.1615e + 07
22-Apr-2018	291.29	294.47	276.5	294.08	0.024173	2.3313e + 07
29-Apr-2018	293.61	306.85	275.23	294.09	0.014255	4.3746e + 07
06-Mar-2018	297.5	312.99	295.17	301.06	0.017905	3.0667e + 07
13-Mar-2018	303.32	304.94	274	276.82	0.019494	3.4153e + 07
20-Mar-2018	281.33	291.49	273.42	279.85	0.022791	3.2165e + 07

图6.6　时间表数据表头，周频率

Date	Open	High	Low	Close	wkly_std	Volume
02-Feb-2020	673.69	968.99	673.52	748.07	0.09523	2.1354e + 08
09-Feb-2020	800	819.99	735	800.03	0.043981	9.0392e + 07
16-Feb-2020	841.6	944.78	832.36	901	0.014792	7.3754e + 07
23-Feb-2020	839	863.5	611.52	667.99	0.052273	9.541e + 07
01-Mar-2020	711.26	806.98	684.27	703.48	0.045887	8.4544e + 07
08-Mar-2020	605.39	668	502	546.62	0.034303	8.754e + 07
15-Mar-2020	469.5	494.87	350.51	427.53	0.081492	1.2675e + 08
22-Mar-2020	433.6	560	410.5	514.36	0.034457	9.2305e + 07

图6.7　时间表数据表头，周频率

rowfun()函数可以进行时间表行之间数据的运算。用每周初的开盘价和每周末的收盘价来近似计算周对数回报率。具体代码如下，同时如图6.8所示是周对数回报率随时间变化图像。

```
wkly_open_close = [weeklyOpen,weeklyClose];
```

```
wkly_log_r_fcn = @(Open, Close) log(Close) - log(Open);
wkly_log_r = rowfun(wkly_log_r_fcn,wkly_open_close,'OutputVariableNames',{'wkly_
    log_r'});
```

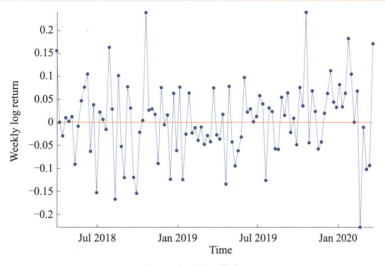

图6.8　周对数回报率

以下代码可以获得图6.1～图6.8。

`B5_Ch6_1_A.m`

```
clc; close all; clear all

stock_data = hist_stock_data(now-365*2, now,'TSLA');

Open   = stock_data.Open;
High   = stock_data.High;
Low    = stock_data.Low;
Close  = stock_data.Close;
Price  = stock_data.Close;
Adj_Cl = stock_data.AdjClose;
Volume = stock_data.Volume;
Date   = string(stock_data.Date);
Date   = datetime(Date,'InputFormat','yyyy-MM-dd');
%Tranform the data to timetable
stock_TT = timetable(Date,Open,High,Low,Close,Price,Volume,Adj_Cl);
log_r_daily = price2ret(stock_TT.Adj_Cl);
log_r_daily = [NaN;log_r_daily];

stock_TT = addvars(stock_TT,log_r_daily);

%Fill the missing data with previous value
if any(any(ismissing(stock_TT)))==true
    stock_TT = fillmissing(stock_TT,'previous');
end
```

```matlab
%%
summary(stock_TT)
head(stock_TT)
tail(stock_TT)
%% Adjusted close price

fig_index = 1;
figure(fig_index); fig_index = fig_index + 1;
plot(stock_TT.Date,stock_TT.Adj_Cl);
ylabel('Adjusted close price');
xlabel('Time');
box off; grid off; axis tight

%% Daily log return

figure(fig_index); fig_index = fig_index + 1;
plot(stock_TT.Date,stock_TT.log_r_daily,'Marker','.'); hold on
plot(stock_TT.Date,stock_TT.log_r_daily*0,'r');
ylabel('Daily log return');
xlabel('Time');
box off; grid off; axis tight

%% Histogram of daily return

figure(fig_index); fig_index = fig_index + 1;
nbins = 40; % number of buckets or bins
h = histogram(stock_TT.log_r_daily,nbins)
h.Normalization = 'probability';
ylabel('Probability'); xlabel('Daily log return');
box off; grid off; axis tight

%% Daily log return using rowfun

daily_log_r_fcn = @(Open, High, Low, Close, Price, Volume,
Adj_Cl, log_r_daily) log(Close/Open);

daily_log_r2 = rowfun(daily_log_r_fcn,stock_TT,'OutputVariableNames',
{'Daily_log_r2'});

daily_simple_r_fcn = @(Open, High, Low, Close, Price, Volume, Adj_Cl,
log_r_daily) (Close - Open)/Open;

daily_simple_r = rowfun(daily_simple_r_fcn,stock_TT,'OutputVariableNames',
{'Daily_log_r2'});

%% Weekly data
```

```matlab
weeklyOpen = retime(stock_TT(:,'Open'),'weekly','firstvalue');
weeklyHigh = retime(stock_TT(:,'High'),'weekly','max');
weeklyLow = retime(stock_TT(:,'Low'),'weekly','min');
weeklyClose = retime(stock_TT(:,'Close'),'weekly','lastvalue');
weeklyStd = retime(daily_log_r2(:,'Daily_log_r2'),'weekly',@std);
weeklyTT = [weeklyOpen,weeklyHigh,weeklyLow,weeklyClose,weeklyStd];
wkly_open_close = [weeklyOpen,weeklyClose];


wkly_log_r_fcn = @(Open, Close) log(Close) - log(Open);
wkly_log_r = rowfun(wkly_log_r_fcn,wkly_open_close,'OutputVariableNames',
{'wkly_log_r'});


weeklyTT = synchronize(weeklyTT,stock_TT(:,'Volume'),'weekly','sum');
weeklyTT.Properties.VariableNames{'Daily_log_r2'} = 'wkly_std';
head(weeklyTT)
tail(weeklyTT)

%% Weekly return

figure(fig_index); fig_index = fig_index + 1;
plot(wkly_log_r.Date,wkly_log_r.wkly_log_r,'Marker','.'); hold on
plot(wkly_log_r.Date,wkly_log_r.wkly_log_r*0,'r')
ylabel('Weekly log return');
xlabel('Time');
box off; grid off; axis tight
```

6.2 蜡烛图

蜡烛图 (candlestick chart)，也叫K线图，将股票的开盘价、收盘价、最高价和最低价等信息用图形方式展现出来。如图6.9(a)所示，当收盘价高于开盘价，股价走势呈上升趋势，也就是**牛市** (bullish)，这时K线为阳线，中间实体部分用白色表示，在欧美国家，也用绿色表示，而中国采用红色表示。如图6.9(b)所示，当收盘价低于开盘价，也就是**熊市** (bearish)，股价走势呈下降趋势，这时K线为阴线，中间实体部分用实色颜色，实色的颜色可以随意设定，默认为蓝色。在欧美国家，这种情况用红色表示，在中国用绿色表示。

MATLAB中，用candle()函数来绘制K线图。K线图的实体部分分为蓝色和白色两种，白色表达价格上升，蓝色表达价格下降。candle()函数接受时间表输入，四个重要的数据是Open、Close、High和Low。如图6.10所示就是用candle()绘制的蜡烛图。MATLAB提供linebreak()函数绘制线突破图。这种图类似蜡烛图，linebreak()函数只需要收盘价 (或者已调整收盘价) 作为唯一输入。如图6.11和图6.12所示是两种正好相反的配色方案。

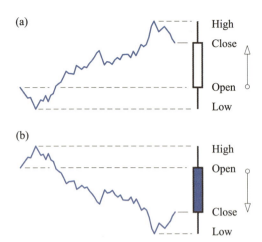

图6.9　白色表达牛市，蓝色表达熊市

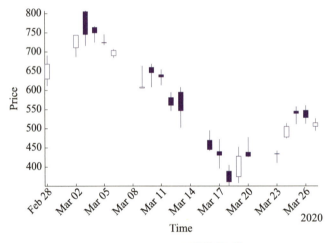

图6.10　candle()函数绘制K线图

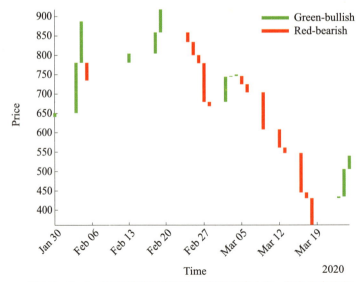

图6.11　linebreak()函数绘制线突破图(绿色代表牛市，红色代表熊市)

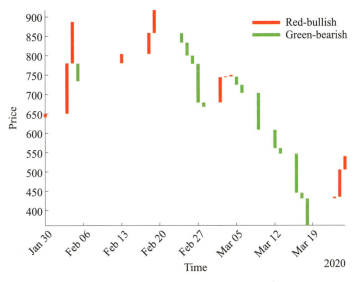

图6.12　linebreak()函数绘制线突破图(红色代表牛市，绿色代表熊市)

配合本章之前代码，以下代码可以获得图6.9～图6.12。

```
B5_Ch6_1_B.m

%% Candle stick

figure(fig_index); fig_index = fig_index + 1;
candle(stock_TT(end-20:end,:),'b');
ylabel('Price (high, low, open, close)');
xlabel('Time');
box off; grid off; axis tight
xtickangle(45)

%% Line break, red-bearish, green-bullish

linebreak_price(:,'Price') = stock_TT(:,'Close');
linebreak_price.Time = stock_TT.Date;

figure(fig_index); fig_index = fig_index + 1;
plot1 = linebreak(linebreak_price(end-40:end,:));
xlabel('Time'); ylabel('Line break')
box off; grid off; axis tight
legend('Green-bullish','Red-bearish');

%% Line break, red-bullish, green-bearish

linebreak_price(:,'Price') = stock_TT(:,'Close');
linebreak_price.Time = stock_TT.Date;

figure(fig_index); fig_index = fig_index + 1;
plot1 = linebreak(linebreak_price(end-40:end,:));
```

```
xlabel('Time'); ylabel('Line break')
box off; grid off; axis tight
set(plot1(1),'Color',[1 0 0]);
set(plot1(2),'Color',[0 1 0]);
legend('Red-bullish','Green-bearish');
```

6.3 其他股价绘图

类似蜡烛图，highlow()函数绘制的高低价图，同样可以展示股票的Open、Close、High和Low四个数据。左侧横线为开盘价，右侧横线为收盘价，竖线高低代表当日最高价和最低价。如图6.13所示就是用highlow()函数绘制的股票高低价图。另外，**priceandvol()**函数可以绘制一个上下布置的图像，如图6.14(a)所示为股票高低价图，如图6.14(b)所示为成交量图。volarea()函数绘制一个双y图，左y轴为成交量，右y轴为股价，如图6.15所示。

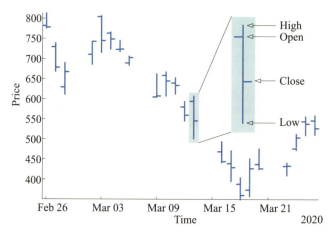

图6.13　highlow()函数绘制高低图

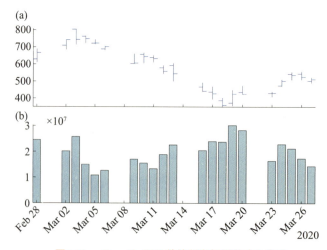

图6.14　priceandvol()函数绘制高低图和成交量图

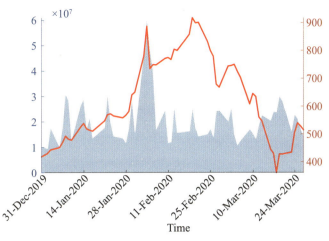

图6.15　volarea()函数绘制成交量和股价图

卡吉图 (kagi chart) 和蜡烛图一样兴起于日本。MATLAB绘制卡吉图的函数是kagi()，这个函数的输入为收盘价，如图6.16所示。卡吉图清理掉干扰数据，仅仅显示重要的价格走势。蓝色转红色时，买入；红色转蓝色时，卖出。如图6.17所示是卡吉图叠合蜡烛图。

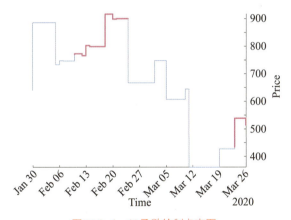

图6.16　kagi()函数绘制卡吉图

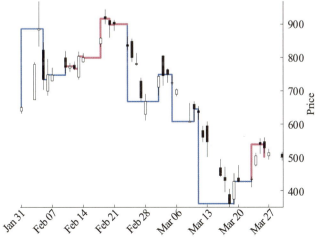

图6.17　卡吉图叠合蜡烛图

砖形图 (Renko chart) 不考虑时间因素，只考虑价格变化，当价格变化达到一个固定的范围，图中就出现一个"砖头"方块。如图6.18所示，假设一个砖头代表的20点的价格变动，当价格上涨，砖头的颜色为白色；当价格下降，砖头的颜色为实色 (默认为黑色)。和砖形图类似的还有点数图 (point & figure chart)，对应的MATLAB函数为pointfig()。

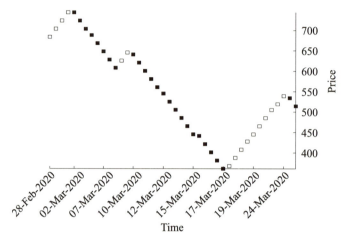

图6.18 renko()函数绘制砖形图

配合之前代码，以下代码可以获得图6.13～图6.18。

```
B5_Ch6_1_C.m

%% High-low

figure(fig_index); fig_index = fig_index + 1;
endTime = stock_TT.Date(end);
index = timerange(endTime - days(30),endTime);
highlow(stock_TT(index,:));
ylabel('Price (high, low, open, close)');
xlabel('Time');
box off; grid off; axis tight


%% High-low and volumn

figure(fig_index); fig_index = fig_index + 1;
priceandvol(stock_TT(end-20:end,:));
box off; grid off; axis tight


%% Price and volume chart

figure(fig_index); fig_index = fig_index + 1;


h = volarea(stock_TT(end-60:end,:))
ylabel('Volume');
xlabel('Time');
box off; grid off; axis tight
xtickangle(45)
```

```
h(1).Color = 'r';
h(2).FaceColor = [189, 214, 238]/255;
h(2).EdgeColor = [1, 1, 1];

%% New plot function stackedplot R2018b

figure(fig_index); fig_index = fig_index + 1;
stackedplot(stock_TT,{'Adj_Cl','Volume','log_r_daily'});


%% Kagi

figure(fig_index); fig_index = fig_index + 1;
kagi(linebreak_price(end-40:end,:))
xlabel('Time'); ylabel('Kagi')
box off; grid off; axis tight
%% Renko

figure(fig_index); fig_index = fig_index + 1;
renko(linebreak_price(end-20:end,:),20)
xlabel('Time'); ylabel('Renko')
box off; grid off; axis tight
xtickangle(45)
```

6.4 成交量图

本节主要讨论三个有关成交量的指标。第一个是**正成交量指标** (positive volume index，PVI)，也叫正量指标，正成交量指标对应的函数为posvolidx()。PVI通过式6-1迭代计算获得。

$$PVI_{i+1} = PVI_i + \frac{CP_{i+1} - CP_i}{CP_i} PVI_i \qquad (6\text{-}1)$$

式中：PVI_{i+1}为第i + 1天正成交量指标；PVI_i为第i天 (上一天) 正成交量指标；CP_{i+1}为第i + 1天收盘价；CP_i为第i天 (上一天) 收盘价。MATLAB默认的PVI初始值为100。

如果今天的成交量小于等于昨天的成交量，则：

$$PVI_{i+1} = PVI_i \qquad (6\text{-}2)$$

MATLAB具体计算代码如下。

```
% Calculate the Positive Volume Index (PVI).
volume = initialValue * ones(length(tvolume),1);

for didx = 2:length(tvolume)
```

```
    if tvolume(didx) > tvolume(didx-1)
        volume(didx) = volume(didx-1) * (1+((closep(didx)-closep(didx-1))./
closep(didx-1)));
    elseif tvolume(didx) <= tvolume(didx-1)
        volume(didx) = volume(didx-1);
    end
end
```

如图6.19所示是前文股价和成交量计算得到的正成交量指标。

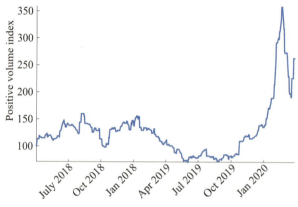

图6.19　posvolidx()函数计算并绘制正成交量指标

第二个是**负成交量指标** (negative volume index，NVI)，也叫负量指标，负成交量指标对应函数为negvolidx()。NVI通过式6-3迭代计算获得。

$$NVI_{i+1} = NVI_i + \frac{CP_{i+1} - CP_i}{CP_i} NVI_i \qquad (6\text{-}3)$$

式中：NVI_{i+1}为第$i+1$天负成交量指标；NVI_i为第i天 (上一天) 负成交量指标；CP_{i+1}为第$i+1$天收盘价CP_i为第i天 (上一天) 收盘价。同样，MATLAB默认的NVI初始值为100。

如果今天的成交量大于等于昨天的成交量，则。

$$NVI_{i+1} = NVI_i \qquad (6\text{-}4)$$

如图6.20所示是前文股价和成交量计算得到的负成交量指标。

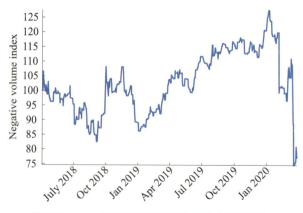

图6.20　negvolidx()函数计算并绘制负成交量指标

相对强弱指标 (relative strength index, RSI)，又称强弱指标，通过比较一段窗口时间 (MATLAB默认14天) 平均收盘涨跌来分析市场规律。为了讲解RSI，结合图6.21中数据和式6-5～式6-7介绍RSI计算过程。

Date	Close price	Gain/loss	Gain or 0	Loss or 0	Ave gain	Ave loss	RS	RSI
'02-Apr-2018'	252.480							
'03-Apr-2018'	267.530	15.050	15.050	0.000				
'04-Apr-2018'	286.940	19.410	19.410	0.000				
'05-Apr-2018'	305.720	18.780	18.780	0.000				
'06-Apr-2018'	299.300	-6.420	0.000	6.420				
'09-Apr-2018'	289.660	-9.640	0.000	9.640				
'10-Apr-2018'	304.700	15.040	15.040	0.000				
'11-Apr-2018'	300.930	3.770	0.000	3.770				
'12-Apr-2018'	294.080	-6.850	0.000	6.850				
'13-Apr-2018'	300.340	6.260	6.260	0.000				
'16-Apr-2018'	291.210	-9.130	0.000	9.130				
'17-Apr-2018'	287.690	-3.520	0.000	3.520				
'18-Apr-2018'	293.350	5.660	5.660	0.000				
'19-Apr-2018'	300.080	6.730	6.730	0.000				
'20-Apr-2018'	290.240	-9.840	0.000	9.840	6.209	3.512	1.768	63.872
'23-Apr-2018'	283.370	-6.870	0.000	6.870	5.134	4.003	1.283	56.191
'24-Apr-2018'	283.460	0.090	0.090	0.000	3.754	4.003	0.938	48.398
'25-Apr-2018'	280.690	-2.770	0.000	2.770	2.413	4.201	0.574	36.483
'26-Apr-2018'	285.480	4.790	4.790	0.000	2.755	3.742	0.736	42.403
'27-Apr-2018'	294.080	8.600	8.600	0.000	3.369	3.054	1.103	52.458
'30-Apr-2018'	293.900	-0.180	0.000	0.180	2.295	3.066	0.748	42.806
'01-May-2018'	299.920	6.020	6.020	0.000	2.725	2.797	0.974	49.347
'02-May-2018'	301.150	1.230	1.230	0.000	2.813	2.308	1.219	54.931
'03-May-2018'	284.450	-16.700	0.000	16.700	2.366	3.501	0.676	40.326
'04-May-2018'	294.090	9.640	9.640	0.000	3.054	2.849	1.072	51.743
'07-May-2018'	302.770	8.680	8.680	0.000	3.674	2.597	1.415	58.588

图6.21　计算相对强弱指标过程

首先计算窗口内股价涨跌数据Gain (图6.21中Gain or 0一栏) 和Loss (图6.21中Loss or 0一栏)。

$$Gain_{i+1} = \max\left(CP_{i+1} - CP_i,\ 0\right)$$
$$Loss_{i+1} = -\min\left(CP_{i+1} - CP_i,\ 0\right)$$

(6-5)

请注意Gain和Loss均为正值。

然后，计算窗口内 (14个涨跌数据) 的平均上涨$Gain_{ave}$ (图6.21中Ave gain一栏) 和平均下跌$Loss_{ave}$ (图6.21中Ave loss一栏)。再计算相对强弱参数RS (图6.21中RS一栏)

$$RS = \frac{Gain_{ave}}{Loss_{ave}}$$

(6-6)

最后，通过式6-7计算RSI。

$$RSI = 100 - \frac{100}{1+RS} = 100 \times \frac{RS}{1+RS} \qquad (6\text{-}7)$$

观察式6-7，容易发现RSI将Loss和Gain相对强度用百分数来表示。RSI大于50时，RS大于0.5；RSI小于50时，RS小于0.5。

MATLAB计算相对强弱指标的函数为rsindex()。强弱指标的值均在0与100之间变动。如图6.22所示是通过rsindex()计算的相对强弱指标。

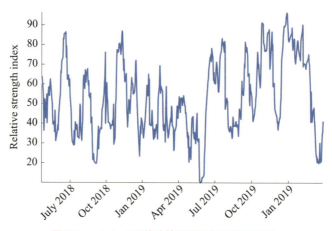

图6.22　rsindex()函数计算并绘制相对强弱指标

MATLAB计算这一数据的核心代码如下。

```
% Calculate the Relative Strength index (RSI).

% Take a diff of the closing prices
priceChange = diff(closep);

% Create '+' Delta vectors and '-' Delta vectors
advances = priceChange;
declines = priceChange;

advances(priceChange < 0) = 0;
declines(priceChange >= 0) = 0;
declines = -declines;

% Calculate the RSI of the closing prices.
% Gains/losses
totalGain = movsum(advances,[windowSize-1,0],'Endpoints','discard');
totalLoss = movsum(declines,[windowSize-1,0],'Endpoints','discard');

% Calculate RSI
rs = totalGain ./ totalLoss;
index = 100 - (100 ./ (1+rs));
index = [nan(windowSize,1);index]; % Fill up missing values.
```

配合之前代码，以下代码可以获得图6.19～图6.22。

```
B5_Ch6_1_D.m

%%%%%%%%%%
%% Time Series Volumes
%%%%%%%%%%
%% Positive volume index

figure(fig_index); fig_index = fig_index + 1;
volume = posvolidx(stock_TT);
plot(volume.Time,volume.PositiveVolume)

ylabel('Positive Volume Index'); xlabel('Time');
box off; grid off; axis tight
xtickangle(45)

%% Negative volume index

figure(fig_index); fig_index = fig_index + 1;
volume = negvolidx(stock_TT);
plot(volume.Time,volume.NegativeVolume)

ylabel('Negative Volume Index'); xlabel('Time');
box off; grid off; axis tight
xtickangle(45)

%% Relative Strength Index (RSI)

figure(fig_index); fig_index = fig_index + 1;
index = rsindex(stock_TT);
plot(index.Time,index.RelativeStrengthIndex)

ylabel('Relative Strength Index'); xlabel('Time');
box off; grid off; axis tight
xtickangle(45)
```

6.5 价格变化图像

集散指标，也称作**离散指标** (accumulation/distribution line, ADL)，常被称作A\D Line，它的计算方法如式6-8所示。

$$ADL_{i+1} = ADL_i + CMFV \tag{6-8}$$

其中，CMFV(current money flow volume) 通过式6-9获得。

$$CMFV = \frac{2 \cdot CP - LP - HP}{HP - LP} \cdot Volume \qquad (6\text{-}9)$$

式中：CP为当天收盘价；LP为当天最低价位；HP为当天最高价位；$Volume$为当天成交量。

MATLAB计算集散指标的函数为adline()，该函数的核心代码如下。

```
% Calculate the Accumulation/Distribution Line.
tADline = tvolume .* ((closep - lowp) - (highp - closep)) ./ ...
(highp - lowp);

% Handle denominator is 0 issue.
tADline(isinf(tADline)) = NaN;

ADline = cumsum(tADline);
```

如图6.23所示是MATLAB的adline()函数计算并绘制集散指标。

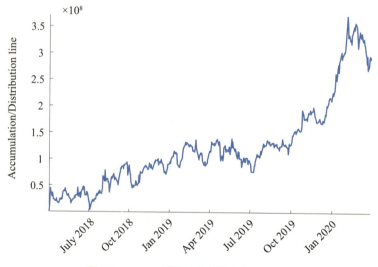

图6.23　adline()函数计算并绘制集散指标

高价指标函数hhigh()计算的是一段窗口内的股价最高价的最大值。MATLAB默认的窗口长度为14。hhigh()函数的核心代码如下。

```
% Calculate the Highest of high.
values = movmax(highp,[numPeriods - 1,0]);
% Handle cases where the window size is greater than the data points.
values(1:numPeriods) = max(highp(1:numPeriods));
```

如图6.24所示是hhigh()函数计算并绘制高价指标。窗口长度采用MATLAB默认的14个数据点。类似的，函数llow()计算一段窗口内股价最低价的最小值。同样，默认窗口长度为14个数据点。如图6.25所示是llow()函数计算并绘制低价指标。

MATLAB的medprice()函数计算并绘制中位数价格。所谓的中位数价格就是当天的最高价和最低价的平均值，如图6.26所示。同时，图6.27比较了高价指标、低价指标、中位数价格和蜡烛图数据的位置关系。

图6.24 hhigh()函数计算并绘制高价指标

图6.25 llow()函数计算并绘制低价指标

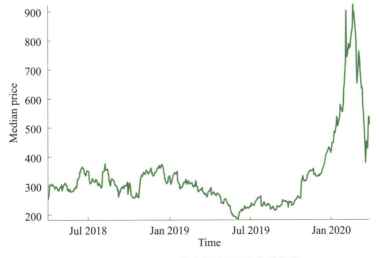

图6.26 medprice()函数计算并绘制中位数价格

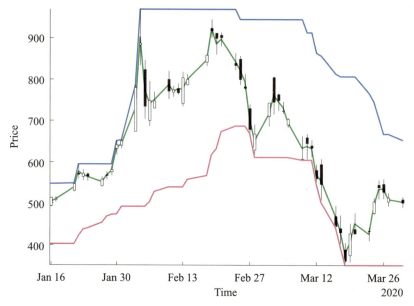

图6.27 比较高价指标、低价指标、中位数价格和蜡烛图

　　movavg()函数可以计算一定窗口条件下的算数移动平均、线性移动平均、**指数移动平均**(exponential moving average, EMA)，等等。EMA这个概念和本丛书之前讲到的EWMA几乎完全相同。movavg()函数类似本丛书第三本第5章讲到的movmean()函数。不同的是，movavg()更适合处理时间表数据。movavg()函数接受这几种权重 'simple'、'square-root'、'linear'、'square'、'exponential'、'triangular'，等等。本章主要用的方法是 'linear' 和 'exponential'。movavg()函数在本章中非常重要，在后文将会在不同的技术分析指标中反复使用该函数，因此也有必要仔细了解一下该函数的功能。

　　如图6.28(a)所示是窗口宽度为5时，'linear' 算法下，数据的权重，新的数据权重更高，旧的数据权重更低。如图6.30所示，ma5列，第一个值是表头数值为252.480。ma5列第二个值，通过式6-10计算得到：

$$\left(\frac{5}{15}\times267.530+\frac{4}{15}\times252.480\right)\bigg/\left(\frac{5}{15}+\frac{4}{15}\right)=260.841 \tag{6-10}$$

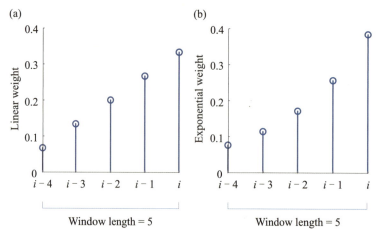

图6.28 'linear'和'exponential'的窗口内数据权重

ma5列第三个值，通过式6-11计算得到：

$$\left(\frac{5}{15}\times286.940+\frac{4}{15}\times267.530+\frac{3}{15}\times252.480\right)\bigg/\left(\frac{5}{15}+\frac{4}{15}+\frac{3}{15}\right)=271.855 \tag{6-11}$$

ma5列第四个值，通过式6-12计算得到：

$$\frac{\left(\frac{5}{15}\times305.720+\frac{4}{15}\times286.940+\frac{3}{15}\times267.530+\frac{2}{15}\times252.480\right)}{\left(\frac{5}{15}+\frac{4}{15}+\frac{3}{15}+\frac{2}{15}\right)}=284.565 \tag{6-12}$$

ma5列第五个值，通过式6-13计算得到：

$$\frac{\left(\frac{5}{15}\times299.300+\frac{4}{15}\times305.720+\frac{3}{15}\times286.940+\frac{2}{15}\times267.530+\frac{1}{15}\times252.480\right)}{\left(\frac{5}{15}+\frac{4}{15}+\frac{3}{15}+\frac{2}{15}+\frac{1}{15}\right)}=291.183 \tag{6-13}$$

ma5列之后的数值用的都是类似式6-13计算获得。

如图6.28(b)所示是 'exponential' 方法下数据的权重。但是请注意，movavg()函数中 'exponential' 方法采用的是迭代的计算过程。

$$y_i=\alpha x_i+\left(1-\alpha\right)y_{i-1} \tag{6-14}$$

其中：

$$\alpha=\frac{2}{windowSize+1} \tag{6-15}$$

如果窗口宽度为5，那么：

$$\alpha=\frac{2}{5+1}=\frac{1}{3} \tag{6-16}$$

图6.30中最右侧一列 ema5，展示的就是窗口宽度为5，经过迭代得到的数据。因为指数平均是通过迭代获得，因此数据实际权重如图6.29所示。虽然实际窗口长度为5，但是使用的数据长度一般情况都超过5。如图6.31和图6.32分别绘制不同窗口长度的算数移动平均和指数移动平均结果。

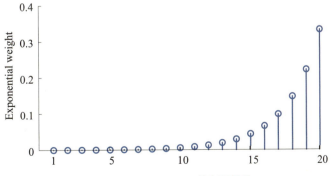

图6.29 'exponential'的实际权重

Index	Date	Close price	ma5	ema5	
1	'02-Apr-2018'	252.480	252.480	252.480	
2	'03-Apr-2018'	267.530	260.841	257.497	
3	'04-Apr-2018'	286.940	271.855	267.311	
4	'05-Apr-2018'	305.720	284.565	280.114	Window length
5	'06-Apr-2018'	299.300	291.183	286.509	
6	'09-Apr-2018'	289.660	293.605	287.560	
7	'10-Apr-2018'	304.700	298.561	293.273	
8	'11-Apr-2018'	300.930	299.783	295.825	
9	'12-Apr-2018'	294.080	297.789	295.244	
10	'13-Apr-2018'	300.340	298.658	296.942	
11	'16-Apr-2018'	291.210	296.414	295.032	
12	'17-Apr-2018'	287.690	292.893	292.584	

图6.30　movavg()函数计算ma5和ema5

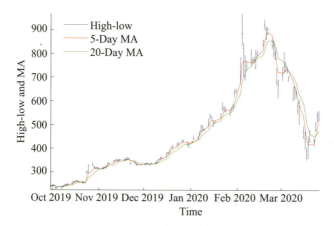

图6.31　movavg()函数计算并绘制算数移动平均

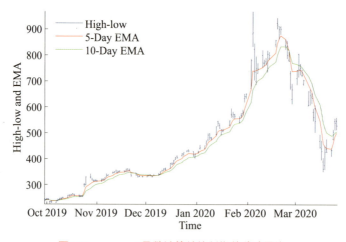

图6.32　movavg()函数计算并绘制指数移动平均

布林通道 (bollinger bands) 又称**布林带**，或称**布林线指标**。MATLAB中bollinger()函数可用来计算股价的布林通道指标。这个指标通常有三根线：上界 (又叫上轨线，如图6.33中的红线)、移动平均 (又叫中轨线，如图6.33中的蓝线) 和下界 (又叫下轨线，如图6.33中的橙线)。对于MATLAB默认设置，移动平均线采用的是移动窗口宽度为10的移动平均。上界为移动平均加两个标准差，下界为移动平均减去两个标准差。

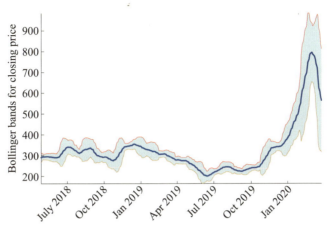

图6.33　bollinger()函数计算并绘制布林通道指标

bollinger()函数的核心代码如下。对移动窗口生疏的读者，可以回顾参考本丛书第三本第5章的内容。

```
middle = movavg(data,maType,windowSize,'fill');
```

```
mstd = movstd(data,[windowSize-1 0],'Endpoints','fill');
% movstd(A,[kb kf]) computes the standard deviation with a
% window of length kb+kf+1. The calculation includes the element
% in the current position, kb elements backward, and
% kf elements forward

upper = middle + NumStd*mstd;
lower = middle - NumStd*mstd;
```

净额成交量 (on-balance volume, OBV) 通过式6-17迭代获得。

$$OBV_{i+1} = OBV_i + \begin{cases} volume & \text{if } CP_{i+1} > CP_i \\ 0 & \text{if } CP_{i+1} = CP_i \\ -volume & \text{if } CP_{i+1} < CP_i \end{cases} \qquad (6\text{-}17)$$

函数onbalvol()计算并绘制净额成交量，该函数的核心计算部分如下。

```
% Calculate the On-Balance Volume.
OBV = tvolume;

for didx = 2:length(tvolume)
    if closep(didx) > closep(didx-1)
        OBV(didx) = OBV(didx-1) + tvolume(didx);
    elseif closep(didx) < closep(didx-1)
```

```
        OBV(didx) = OBV(didx-1) - tvolume(didx);
    elseif closep(didx) == closep(didx-1)
        OBV(didx) = OBV(didx-1);
    end
end
```

如图6.34所示是onbalvol()函数计算并绘制净额成交量。

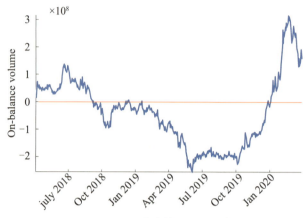

图6.34　onbalvol()函数计算并绘制净额成交量

价格变化率 (price rate of change, PRC) 的计算方法很简单，即：

$$PRC_i = \frac{CP_i - CP_{i-n}}{CP_{i-n}} \times 100\% \tag{6-18}$$

prcroc()函数计算价格变化率，它的核心代码如下。

```
% Calculate the Price Rate-Of-Change (PROC).
PriceChangeRate = (closep(numPeriods:end) - closep(1:end-numPeriods+1))./ ...
closep(1:end-numPeriods+1)*100;

PriceChangeRate = [nan(numPeriods-1,1);PriceChangeRate];
```

MATLAB中prcroc()函数默认的numPeriods为12。如图6.35所示是prcroc()函数计算并绘制价格变化率。

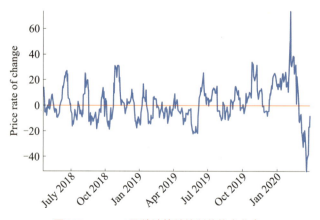

图6.35　prcroc()函数计算并绘制价格变化率

价量趋势指标 (price and volume trend, PVT) 通过式6-19迭代计算获得。

$$PVT_{i+1} = PVT_i + \frac{CP_{i+1} - CP_i}{CP_i} Volume_{i+1} \qquad (6\text{-}19)$$

式中：PVT_{i+1}为第$i+1$天价量趋势指标；PVT_i为第i天 (上一天) 价量趋势指标；CP_{i+1}为第$i+1$天收盘价；CP_i为第i天 (上一天) 收盘价。

pvtrend()函数计算价量趋势指标，它的核心代码如下。

```
% Calculate the Price and Volume Trend (PVT).
trend = [tvolume(1);tvolume(2:end) .* diff(closep) ./ closep(1:end-1)];
trend = cumsum(trend);
```

如图6.36所示是pvtrend()函数计算并绘制价量趋势指标。

图6.36　pvtrend()函数计算并绘制价量趋势指标

典型价格 (typical price indicator, TP) 的计算过程很简单，就是求每天最高价、最低价和收盘价的平均数。

$$TP_i = \frac{HP_i + LP_i + CP_i}{3} \qquad (6\text{-}20)$$

如图6.37所示是typprice()函数计算并绘制典型价格。

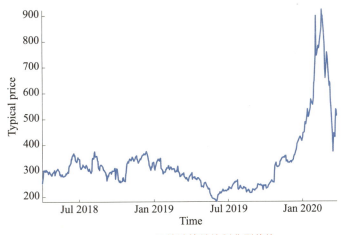

图6.37　typprice()函数计算并绘制典型价格

成交量变动率 (volume rate of change, VRC) 的计算方法很简单。

$$VRC_i = \frac{Volume_i - Volume_{i-n}}{Volume_{i-n}} \times 100\%$$

(6-21)

volroc()函数计算成交量变动率,它的核心代码如下。

```
% Calculate the Volume Rate-of-Change (VROC).
volumeChangeRate = 100 * (tvolume(numPeriods:end) - tvolume(1:(end-
numPeriods+1))) ./ tvolume(1:(end-numPeriods+1));
volumeChangeRate = [NaN(numPeriods-1,1);volumeChangeRate]; % Fill in NaNs in
front.
```

MATLAB中volroc()函数默认的numPeriods为12。如图6.38所示是volroc()函数计算并绘制成交量变动率。

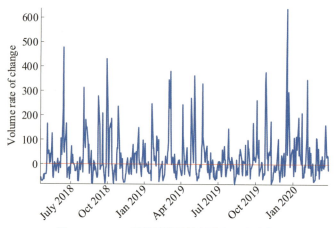

图6.38 volroc()函数计算并绘制成交量变动率

加权收盘价 (weighted close price),计算思路类似典型价格。加权收盘价是每天最高价、最低价和两倍的收盘价的平均数。

$$WC_i = \frac{HP_i + LP_i + 2CP_i}{4}$$

(6-22)

如图6.39所示是wclose()函数计算并绘制加权收盘价。

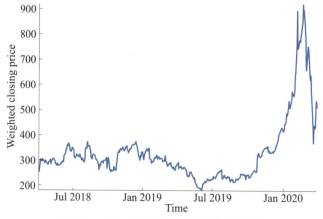

图6.39 wclose()函数计算并绘制加权收盘价

Williams集散指标 (Williams accumulation/distribution line, WADL) 类似本节最初介绍的A\D Line。Williams集散指标计算过程稍微复杂。首先计算TRH (true high) 和 TRL (true low)。

$$TRH_{i+1} = \max\left(HP_{i+1}, CP_i\right)$$
$$TRL_{i+1} = \min\left(LP_{i+1}, CP_i\right)$$

(6-23)

TRH是当前最高价和上一时刻收盘价的最高值。TRL是当前最低价和上一时刻收盘价的最小值。然后计算当前AD值。

$$AD_{i+1} = \begin{cases} CP_{i+1} - TRL_{i+1} & \text{if } CP_{i+1} > CP_i \\ 0 & \text{if } CP_{i+1} = CP_i \\ CP_{i+1} - TRH_{i+1} & \text{if } CP_{i+1} < CP_i \end{cases}$$

(6-24)

最后一步，就是更新WADL。

$$WADL_{i+1} = WADL_i + AD_{i+1}$$

(6-25)

willad()函数的核心计算代码如下。

```
% Calculate True Range High (TRH) and True Range Low (TRL).
TRH = max(highp(2:end),closep(1:end-1));
TRL = min(lowp(2:end),closep(1:end-1));

dTRL = closep(2:end) - TRL;
dTRH = closep(2:end) - TRH;

dCLOSE = diff(closep);

% Calculate Today's A/D.
todaysad = zeros(length(TRH),1);

ii = dCLOSE > 0;
todaysad(ii) = dTRL(ii);

ii = dCLOSE < 0;
todaysad(ii) = dTRH(ii);

% Calculate the Williams A/D Line.
WADLine = cumsum([closep(1);todaysad]);
```

如图6.40所示是willad()函数计算并绘制Williams集散指标。

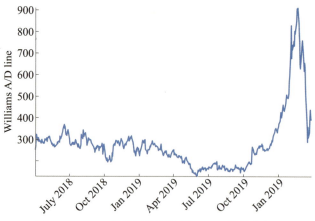

图6.40　willad()函数计算并绘制Williams集散指标

配合前文代码，以下代码可以获得图6.23～图6.40。

```
B5_Ch6_1_E.m

%%%%%%%%%%%%%%
%% Time Series Rate of Change
%%%%%%%%%%%%%%%
%% Accumulation/Distribution line

figure(fig_index); fig_index = fig_index + 1;
line = adline(stock_TT);
plot(line.Time,line.ADLine)

ylabel('Accumulation/Distribution Line'); xlabel('Time');
box off; grid off; axis tight
xtickangle(45)


%% Time series Bollinger band

figure(fig_index); fig_index = fig_index + 1;
[middle,upper,lower]= bollinger(stock_TT);
CloseBolling = [middle.Close, upper.Close,lower.Close];
plot(middle.Time,CloseBolling)
ylabel('Bollinger Bands for closing price'); xlabel('Time');
box off; grid off; axis tight
xtickangle(45)

%% Highest high
figure(fig_index); fig_index = fig_index + 1;
values = hhigh(stock_TT);
plot(values.Time,values.HighestHigh)

ylabel('Highest High'); xlabel('Time');
```

```matlab
box off; grid off; axis tight
xtickangle(45)

%% Lowest low

figure(fig_index); fig_index = fig_index + 1;
values = llow(stock_TT);
plot(values.Time,values.LowestLow)

ylabel('Lowest Low'); xlabel('Time');
box off; grid off; axis tight
xtickangle(45)

%% Median price

MedianPrice = medprice(stock_TT);

figure(fig_index); fig_index = fig_index + 1;
plot(MedianPrice.Time,MedianPrice.MedianPrice)
xlabel('Time'); ylabel('Median Price')
box off; grid off; axis tight

%% High-low, Moving Average (MA)

figure(fig_index); fig_index = fig_index + 1;

index = timerange(endTime - days(180),endTime);
highlow(stock_TT(index,:));
hold on

type = 'linear';
windowSize = 5;
ma5 = movavg(stock_TT(:,'Close'),type,windowSize);
windowSize = 10;
ma10 = movavg(stock_TT(:,'Close'),type,windowSize);

ma5 = ma5(index,:);
ma10 = ma10(index,:);
plot(ma5.Time,ma5.Close,'r');
plot(ma10.Time,ma10.Close,'g');

legend('High-low','5-Day MA','20-Day MA','Location','best')
xlabel('Time'); ylabel('High-low and MA')
box off; grid off; axis tight

%% %% High-low, Exponential Moving Average (EMA)

figure(fig_index); fig_index = fig_index + 1;
```

```matlab
index = timerange(endTime - days(180),endTime);
highlow(stock_TT(index,:));
hold on

ema5 = movavg(stock_TT(:,'Close'),'exponential',5);
ema10 = movavg(stock_TT(:,'Close'),'exponential',10);

ema5 = ema5(index,:);
ema10 = ema10(index,:);
plot(ema5.Time,ema5.Close,'r');
plot(ema10.Time,ema10.Close,'g');
hold off

legend('High-low','5-Day EMA','10-Day EMA','Location','best')
xlabel('Time'); ylabel('High-low and EMA')
box off; grid off; axis tight

%% On-Balance Volume (OBV)

figure(fig_index); fig_index = fig_index + 1;
volume = onbalvol(stock_TT);
plot(volume.Time,volume.OnBalanceVolume)
ylabel('On-Balance Volume'); xlabel('Time');
box off; grid off; axis tight
xtickangle(45)

%% Price rate of change

figure(fig_index); fig_index = fig_index + 1;
PriceChangeRate = prcroc(stock_TT);
plot(PriceChangeRate.Time,PriceChangeRate.PriceRoc)

ylabel('Price Rate of Change'); xlabel('Time');
box off; grid off; axis tight
xtickangle(45)

%% Price and Volume Trend (PVT)

figure(fig_index); fig_index = fig_index + 1;
trend = pvtrend(stock_TT);
plot(trend.Time,trend.PriceVolumeTrend)
ylabel('Price and Volume Trend'); xlabel('Time');
box off; grid off; axis tight
xtickangle(45)

%% Typical Price
% typical price is the average of the high, low, and closing prices for each period
```

```
TypicalPrice = typprice(stock_TT);

figure(fig_index); fig_index = fig_index + 1;
plot(TypicalPrice.Time,TypicalPrice.TypicalPrice)
xlabel('Time'); ylabel('Typical Price')
box off; grid off; axis tight

%% Volume rate of change

figure(fig_index); fig_index = fig_index + 1;
volumeChangeRate = volroc(stock_TT);
plot(volumeChangeRate.Time,volumeChangeRate.VolumeChangeRate)
ylabel('Volume Rate of Change'); xlabel('Time');
box off; grid off; axis tight
xtickangle(45)

%% Weighted Closing
% The weighted closing price is the average of
% twice the closing price plus the high and low prices.


WeightedClose = wclose(stock_TT);

figure(fig_index); fig_index = fig_index + 1;
plot(WeightedClose.Time,WeightedClose.WeightedClose)

xlabel('Time'); ylabel('Weighted closing price')
box off; grid off; axis tight

%% Williams Accumulation/Distribution line

figure(fig_index); fig_index = fig_index + 1;
WADLine = willad(stock_TT);
plot(WADLine.Time,WADLine.WillAD)
ylabel('Williams A/D Line'); xlabel('Time');
box off; grid off; axis tight
xtickangle(45)
```

6.6 震荡指标

　　本节将探讨震荡指标。第一个是**A/D离散震荡指标** [accumulation/distribution (A/D) oscillator]。如式6-26所示为A/D离散震荡指标计算式。

$$ADO = \frac{(HP-OP)+(CP-LP)}{2 \cdot (HP-LP)} \cdot 100 \qquad (6\text{-}26)$$

式中：CP为当天收盘价；LP为当天最低价位；HP为当天最高价位；OP为当天的开盘价。

函数 adosc() 计算离散震荡指标，它的核心代码如下。

```
% Calculate the Accumulation/Distribution Oscillator.
oscillator = 100 * ((highp-openp) + (closep-lowp)) ./ ...
    (2*(highp-lowp));

% Handle denominator == 0 issue
oscillator(isinf(oscillator)) = NaN;
```

如图6.41所示是adosc()函数计算并绘制离散震荡指标。

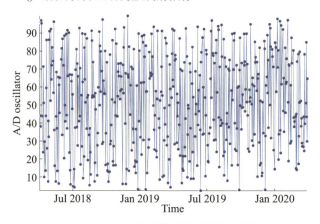

图6.41　adosc()函数计算并绘制离散震荡指标

佳庆指标 (chaikin A/D oscillator, 或者 chaikin oscillator) 和6.5节介绍的**集散指标** (accumulation/distribution line, ADL) 和movavg()函数计算指数移动平均有关。先计算得到ADL，然后用movavg()函数分别计算3天和10天的ADL的指数平均数，两者之差就是佳庆指标。

MATLAB的chaikosc()函数计算佳庆指标，它的核心代码如下。

```
% Calculate the ADLINE and its 10-period and 3-period exp. moving averages.
ADLine  = adline([highp, lowp, closep, tvolume]);

ma10p = movavg(ADLine,'exponential',10);
ma03p = movavg(ADLine,'exponential',3);

% Calculate the Chaikin Oscillator.
oscillator = ma03p - ma10p;
oscillator(1:9) = NaN;
```

如图6.42所示是chaikosc()函数绘制佳庆指标。

计算**指数平滑移动平均线** (moving average convergence/divergence, MACD)，也需要借助movavg()函数。macd()函数的输入为收盘价，输出为MACDLine和SignalLine。首先用movavg()函数计算收盘价12天和26天的指数移动平均值，两者之差为MACDLine。SignalLine为movavg()函数计算收盘价9天的指数移动平均值。如图6.43所示是macd()函数绘制指数平滑移动平均线。

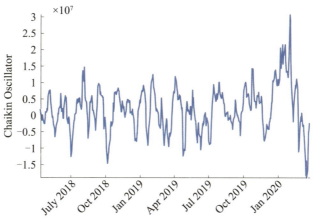

图6.42 chaikosc()函数计算并绘制佳庆指标

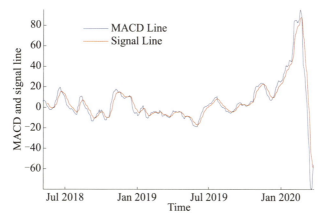

图6.43 macd()函数计算并绘制指数平滑移动平均线

随机震荡指标（stochastic oscillator），也叫KD指标。MATLAB计算随机震荡指标的函数为stochosc()。该函数主要数据输入为 'High' 'Low' 和 'Close'，函数的输出有'FastPercentK' 'FastPercentD' 'SlowPercentK'和'SlowPercentD'。

MATLAB中stochosc()函数的核心计算代码如下。

```
%  'NumPeriodsK' - Positive integer scalar indicating the period
%                   difference for PercentK. The default is 10.
%
%  'NumPeriodsD' - Positive integer scalar indicating the length of
%                   moving average in periods for PercentD. The default
%                   is 3.


llv = llow(lowp,numPeriodsK);
hhv = hhigh(highp,numPeriodsK);


% Calculate the PercentK (%K).
pctk = 100 * (closep-llv)./(hhv-llv);


% Handle denominator is 0 issue.
pctk(isinf(pctk)) = NaN;
```

```
% Calculate the PercentD (%D).
pctd = movavg(pctk,type,numPeriodsD);

% Calculate the Slow PercentK (%K).
spctk = pctd;
spctd = movavg(spctk,type,numPeriodsD);

%......

percentKnD = [pctk,pctd,spctk,spctd];
% {'FastPercentK','FastPercentD','SlowPercentK','SlowPercentD'}
```

如图6.44和图6.45所示是stochosc()函数计算并绘制随机震荡指标FastPercentK、FastPercentD、SlowPercentK和SlowPercentD。

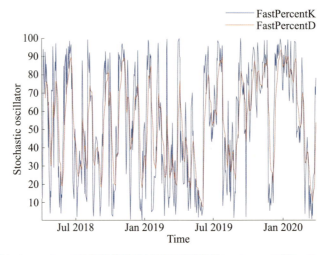

图6.44　stochosc()函数计算并绘制随机震荡指标FastPercentK和FastPercentD

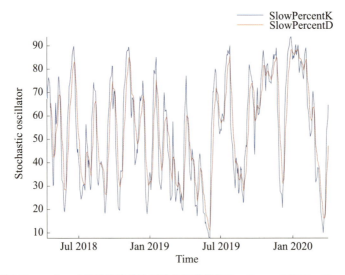

图6.45　stochosc()函数计算并绘制随机震荡指标SlowPercentK和SlowPercentD

时差动量指标 (momentum between times) 的计算函数为tsmom()。时差动量的计算思路非常简单，就是求取numPeriods = 12 (MATLAB默认) 时，数据点差值。

tsmom()函数的核心代码如下。

```
% Calculate the Momentum.
momentum = data(numPeriods:end,:) - data(1:(end-numPeriods+1),:);
momentum = [NaN(numPeriods-1,numVar);momentum]; % Fill in NaNs in front.
```

如图6.46所示是tsmom()函数计算并绘制时差动量指标。

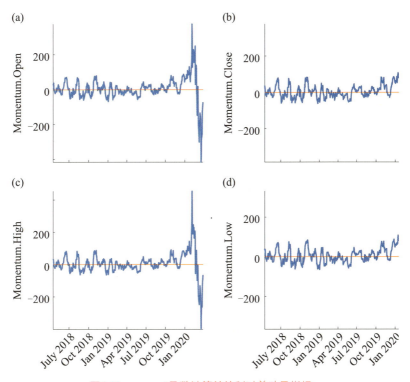

图6.46　tsmom()函数计算并绘制时差动量指标

时差加速指标 (acceleration between times) 是在时差动量指标数据基础上再次采用同样思路计算得到的数据。用物理学距离、速度和加速度打个比方，原始数据相当于距离，时差动量相当于速度，而时差加速指标相当于加速度。

MATLAB中tsaccel()函数的核心代码如下。

```
% Calculate the Momentum.
momentum = data(numPeriods:end,:) - data(1:(end-numPeriods+1),:);
momentum = [NaN(numPeriods-1,numVar);momentum]; % Fill in NaNs in front.
switch datatype
case 0
    acceleration = momentum(numPeriods:end,:) - momentum(1:(end-numPeriods+1),:);
    acceleration = [NaN(numPeriods-1,numVar);acceleration]; % Fill in NaNs in
front.
case 1
    acceleration = momentum;
end
```

如图6.47所示是tsaccel()函数计算并绘制时差加速指标。

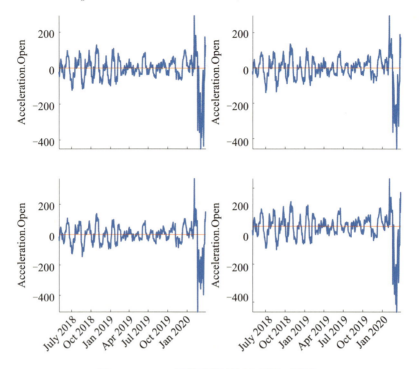

图6.47　tsaccel()函数计算并绘制时差加速指标

佳庆离散指标 (chaikin volatility) 的计算函数为chaikvolat()。该函数重要的输入数据是股票的最低价 (highp) 和最高价 (lowp)。首先计算这两者之差，然后用movavg()函数计算指数平均数，这一过程MATLAB默认的windowSize 为10。然后再计算numPeriods = 10 的变化率，得到的结果就是佳庆离散指标。

MATLAB中chaikvolat()函数的核心代码如下。

```
hlEMA = movavg(highp-lowp,'exponential',windowSize);
hlEMA(1:windowSize-1) = NaN;

% Calculate the Chakin's volatility based on difference period difference.
volatility = (hlEMA(numPeriods:end) - hlEMA(1:end-numPeriods+1)) ./ ...
             (hlEMA(1:end-numPeriods+1))*100;

volatility = [NaN(numPeriods-1,1);volatility];
```

如图6.48所示是chaikvolat()函数计算并绘制佳庆离散指标。

威廉指数 (Williams %R) 的计算过程特别像是随机震荡指标中计算pctk。首先计算在 NumPeriods = 14 (MATLAB默认) 窗口长度内，用llow()函数计算最低价的最小值LP_{low}，用hhigh()函数计算最高价的最大值HP_{high}。然后通过式6-27计算威廉指数。

$$Williams\ \%R = -100 \times \frac{HP_{high} - CP}{HP_{high} - LP_{low}} \tag{6-27}$$

式中：CP为当天的收盘价。

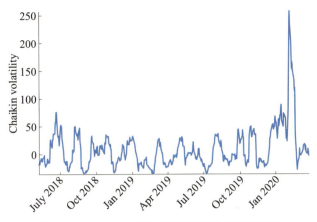

图6.48　chaikvolat()函数计算并绘制佳庆离散指标

MATLAB计算威廉指数的函数为**willpctr()**，该函数的核心代码为。

```
llv = llow(lowp,numPeriods);
hhv = hhigh(highp,numPeriods);

% Calculate the Williams PercentR.
PercentR = -100 * (hhv-closep)./(hhv-llv) ;

% Handle denominator is 0 issue.
PercentR(isinf(PercentR)) = NaN;
```

如图6.49所示是**willpctr()**函数计算并绘制威廉指数。

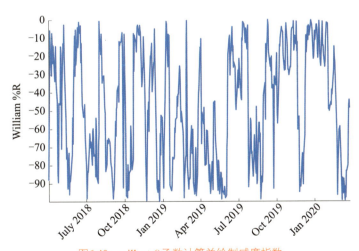

图6.49　willpctr()函数计算并绘制威廉指数

配合之前代码，以下代码获得图6.41～图6.49。

```
B5_Ch6_1_F.m

%%%%%%%%%%%%%%%%%%
%% Time Series Oscillations
%%%%%%%%%%%%%%%%%%
```

```matlab
%% Accumulation/Distribution oscillator

figure(fig_index); fig_index = fig_index + 1;
ADOsc = adosc(stock_TT);
plot(ADOsc.dates, ADOsc.ADOscillator, 'Marker','.')

box off; grid off; axis tight
xlabel('Time'); ylabel('A/D Oscillator')

%% Chaikin oscillator

figure(fig_index); fig_index = fig_index + 1;
oscillator = chaikosc(stock_TT);
plot(oscillator.Time, oscillator.ChaikinOscillator)
ylabel('Chaikin Oscillator'); xlabel('Time');
box off; grid off; axis tight
xtickangle(45)

%% MACD and Signal Line

figure(fig_index); fig_index = fig_index + 1;
[macdLine, signalLine] = macd(stock_TT(:,'Close'));

plot(macdLine.Time,macdLine.Close);
hold on
plot(signalLine.Time,signalLine.Close);
hold off
legend('MACD Line', 'Signal Line')
box off; grid off; axis tight
xlabel('Time'); ylabel('MACD and Signal Line')

%% Stochastic oscillator

figure(fig_index); fig_index = fig_index + 1;
oscillator = stochosc(stock_TT,'NumPeriodsD',7,'NumPeriodsK',10,'Type','
exponential');
plot(oscillator.Time,oscillator.FastPercentK,oscillator.Time,oscillator.
FastPercentD)
box off; grid off; axis tight
xlabel('Time'); ylabel('Stochastic Oscillator')

%% Acceleration between times

acceleration = tsaccel(stock_TT);
% acceleration.Price  = [];
% acceleration.Volume = [];
% acceleration.Adj_Cl = [];
% acceleration.log_r_daily = [];
```

```matlab
figure(fig_index); fig_index = fig_index + 1;
subplot(2,2,1)

plot(acceleration.Time,acceleration.Open); hold on
plot(acceleration.Time,acceleration.Low*0,'r')
ylabel('Acceleration.Open'); xlabel('Time');
box off; grid off; axis tight
xtickangle(45)

subplot(2,2,2)

plot(acceleration.Time,acceleration.Close); hold on
plot(acceleration.Time,acceleration.Low*0,'r')
ylabel('Acceleration.Close'); xlabel('Time');
box off; grid off; axis tight
xtickangle(45)

subplot(2,2,3)

plot(acceleration.Time,acceleration.High); hold on
plot(acceleration.Time,acceleration.Low*0,'r')
ylabel('Acceleration.High'); xlabel('Time');
box off; grid off; axis tight
xtickangle(45)

subplot(2,2,4)

plot(acceleration.Time,acceleration.Low); hold on
plot(acceleration.Time,acceleration.Low*0,'r')
ylabel('Acceleration.Low'); xlabel('Time');
box off; grid off; axis tight
xtickangle(45)

%% Momentum between times

momentum = tsmom(stock_TT);

figure(fig_index); fig_index = fig_index + 1;
subplot(2,2,1)

plot(momentum.Time,momentum.Open); hold on
plot(momentum.Time,momentum.Low*0,'r')
ylabel('Momentum.Open'); xlabel('Time');
box off; grid off; axis tight
xtickangle(45)

subplot(2,2,2)
```

```
plot(momentum.Time,momentum.Close); hold on
plot(momentum.Time,momentum.Low*0,'r')
ylabel('Momentum.Close'); xlabel('Time');
box off; grid off; axis tight
xtickangle(45)

subplot(2,2,3)

plot(momentum.Time,momentum.High); hold on
plot(momentum.Time,momentum.Low*0,'r')
ylabel('Momentum.High'); xlabel('Time');
box off; grid off; axis tight
xtickangle(45)

subplot(2,2,4)

plot(momentum.Time,momentum.Low); hold on
plot(momentum.Time,momentum.Low*0,'r')
ylabel('Momentum.Low'); xlabel('Time');
box off; grid off; axis tight
xtickangle(45)

%%%%%%%%%%%%
%% Time Series Volatilities
%%%%%%%%%%%%

%% Chaikin volatility

figure(fig_index); fig_index = fig_index + 1;
volatility = chaikvolat(stock_TT,'NumPeriods',14,'WindowSize',14);
plot(volatility.Time,volatility.ChaikinVolatility)
ylabel('Chaikin Volatility'); xlabel('Time');
box off; grid off; axis tight
xtickangle(45)

%% Williams %R

figure(fig_index); fig_index = fig_index + 1;
PercentR = willpctr(stock_TT);
plot(PercentR.Time,PercentR.WillPercentR)
ylabel('Williams %R'); xlabel('Time');
box off; grid off; axis tight
xtickangle(45)
```

　　本章有一项重要的工作就是读者需要打开每一个MATLAB函数，仔细了解这些函数的计算流程。清楚这些函数的输入和输出数据是什么、格式怎样以及各种默认设置。本章已经为大家开了一个头，请读者更进一步了解这些函数，并在股票分析中使用它们。

第7章

Portfolio Optimization Ⅳ
投资组合优化Ⅳ

开始本章学习之前，请大家确定已经学完本丛书第四本第5～7章优化方法相关内容和第四本第8～10章投资组合优化相关内容。

时间就像一条河，载着我们一路向前；而旅途中定会遇到必须做决定的时刻。我们不能让时间这条河停止流淌，也不能避免遇到做决定的时刻。我们只能以最好的方式对待这些时刻。

Time is like a river that carries us forward into encounters with reality that require us to make decisions. We can't stop our movement down this river and we can't avoid those encounters. We can only approach them in the best possible way.

——瑞·达利欧 (Ray Dalio)

Core Functions and Syntaxes
本章核心命令代码

- `area()` 填充区二维绘图
- `diff()` 函数可计算输入向量或矩阵特定维度上相连元素的差值
- `estimateAssetMoments()` 投资组合优化对象函数，计算风险资产收益率的均值和方差协方差矩阵
- `estimateFrontier` 投资组合优化对象有效前沿上资产权重
- `estimatePortReturn` 估算投资组合优化对象收益率期望
- `estimatePortRisk` 估算投资组合风险指标
- `estimatePortStd` 估算投资组合优化对象标准差
- `estimatePortVaR` 估算投资组合优化对象VaR值
- `fminbnd(fun,x1,x2)` 返回一个值 x，该值是fun中描述的标量值函数在区间x1 < x < x2中的局部最小值
- `histfit()` 创建直方图以及拟合曲线
- `inforatio()` 计算信息比率
- `plotFrontier()` 绘制投资组合优化对象有效前沿
- `portalloc()` 绘制有效前沿、CAL以及最优完全投资组合在CAL上位置
- `PortfolioCVaR` 投资组合优化对象，风险指标为预期亏空ES，即CVaR
- `PortfolioMAD` 投资组合优化对象，风险指标为平均绝对偏差MAD
- `Portfolio` 投资组合优化对象，风险指标为波动率，即均方差
- `price2ret()` 将价格数据转化为收益率
- `reshape(A,sz)` 使用大小向量sz重构A以定义size(B)。例如，reshape(A,[2,3])将A重构为一个2×3矩阵
- `setDefaultConstraints()` 设置投资组合优化对象约束条件
- `setProbabilityLevel()` 设置PortfolioCVaR对象计算ES值的置信度，默认为95%
- `setScenarios()` 设置投资组合优化对象PortfolioMAD和PortfolioCVaR的收益率数据
- `tick2ret()` 将价格转化为回报率；有'Simple'和'Continuous'两个选择

7.1 风险指标

本丛书第四本第8～10章投资组合优化部分讨论过一个常用的**风险指标** (risk proxy) —— 投资组合收益率方差。本节比较另外几个风险指标：**平均绝对偏差** (mean absolute deviation)、**风险价值** (value at risk, VaR)、**预期亏空** (expected shortfall, ES)。其中，**预期亏空**也叫**条件风险价值** (conditional value-at-risk, CVaR)。

以两个风险资产构造的投资组合为例，两个资产**投资组合收益率方差** (portfolio variance) 可以通过式7-1计算获得。

$$\sigma_p^2 = w_1^2 \sigma_1^2 + w_2^2 \sigma_2^2 + 2w_1 w_2 \rho_{1,2} \sigma_1 \sigma_2 \tag{7-1}$$

在本例中，下载特斯拉和苹果公司 ('TSLA' 和 'AAPL') 过去两年时间的股票价格数据，计算得到日收益率，进一步计算得到不同权重条件下的投资组合方差。如图7.1所示为投资组合方差曲面，本丛书第四本介绍过这个曲面为椭圆抛物面，为凸面；观察图7.1 (b)，可以发现曲面的等高线为旋转椭圆。图7.1中黑色曲线是线性约束条件$w_1 + w_2 = 1$对应的投资组合方差取值。将图7.1(b) 分别沿w_1 和 w_2方向投影得到如图7.2所示。在如图7.2所示的两个投影平面上，黑色曲面的形状为抛物线，观察抛物线可以发现，该曲线开口向上，即为凸面，曲面存在最小值点。

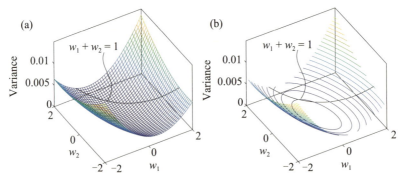

图7.1　投资组合收益率方差曲面和等高线

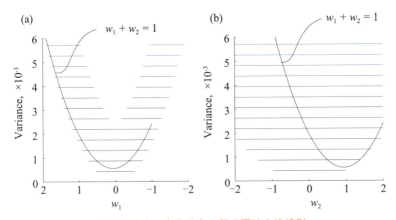

图7.2　投资组合收益率方差曲面等高线投影

两个资产**投资组合收益波动率** (portfolio volatility)，即均方差，可以通过式7-2计算获得。

$$\sigma_p = \sqrt{w_1^2\sigma_1^2 + w_2^2\sigma_2^2 + 2w_1w_2\rho_{1,2}\sigma_1\sigma_2} \qquad (7\text{-}2)$$

如图7.3所示，波动率曲面为椭圆锥面；图7.3(b) 告诉我们椭圆锥面等高线也是旋转椭圆。将图7.3(b) 沿w_1和w_2方向投影可以获得圆锥面上线性约束条件$w_1 + w_2 = 1$平面图像，具体如图7.4所示。本丛书第四本介绍过黑色曲线为双曲线开口朝上部分。

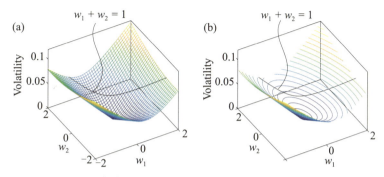

图7.3　投资组合收益率波动率 (均方差) 曲面和等高线

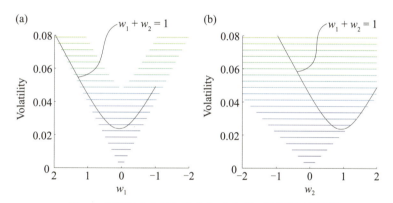

图7.4　投资组合收益率波动率 (均方差) 曲面等高线投影

7.2 平均绝对离差 (MAD)

本丛书第三本第4章介绍过**平均绝对离差** (mean absolute deviation, average absolute deviation, MAD)。MAD类似均方差，可以用作投资组合优化问题中的风险指标，具体计算如式7-3所示。

$$\text{MAD} = \frac{1}{N}\sum_{i=1}^{N}|r_i - \mu| \qquad (7\text{-}3)$$

式中：r_i为在某个权重条件下投资组合第i个收益率取值；μ为投资组合收益率均值。

如图7.5所示为投资组合收益率平均绝对离差MAD曲面和等高线。可以发现这个曲面类似图7.3均方差锥面，也是凸面。类似的，将图7.5(b) 沿w_1和w_2方向投影，可以得到图7.6。

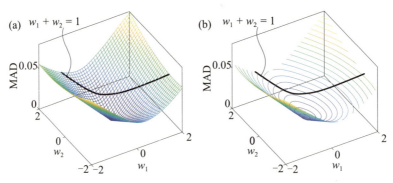

图7.5　投资组合收益率平均绝对离差MAD曲面和等高线

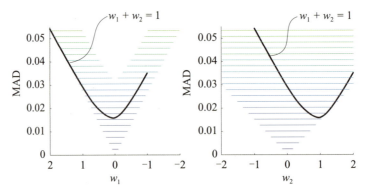

图7.6　投资组合收益率平均绝对离差MAD曲面等高线投影

　　本丛书第四本深入探讨过对于投资组合优化，**有效前沿** (efficient frontier) 是一种重要的可视化方案。相信读者对有效前沿这个概念不陌生，在均值方差投资组合优化问题中，横轴为投资组合收益波动率，纵轴为投资组合收益率。对于某个特定风险水平，即波动率值，有效前沿上能找到此条件下最大的收益率。类似的，当预期收益率固定，有效前沿上也能找到对应的风险最小的投资组合。如图7.7所示，蓝色曲线为有效前沿，而有效前沿内部红色点代表可能的投资组合，每一个红色点代表着一组满足约束条件的资产权重。

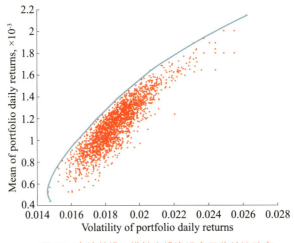

图7.7　有效前沿，横轴为投资组合日收益波动率

　　同理，当风险指标为投资组合收益率平均绝对离差MAD时，可以得到横轴为MAD的有效前沿。如图7.8所示便是风险指标MAD作为横轴。MATLAB环境下，风险指标为收益率均方差，投资

组合优化对象为Portfolio。类似的，风险指标为平均绝对偏差MAD条件下，投资组合优化对象为PortfolioMAD。PortfolioMAD对象使用方式和本丛书第四本第10章介绍的Portfolio对象完全一致。本章7.4节会介绍如何使用PortfolioMAD对象。

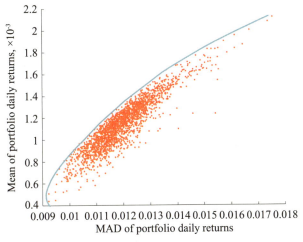

图7.8　有效前沿，横轴为投资组合日收益平均绝对离差MAD

7.3 风险价值VaR和ES

本丛书第二本介绍过VaR不满足**次可加性** (subadditivity)，因此不建议用作风险指标，而预期亏空ES满足次可加性，因此可以用作风险指标。同时，本丛书第二本讲解过几种计算VaR和ES的方法，比如历史法、参数法、EWMA参数法，等等。下面，讨论用不同方法得到的VaR和ES的结果特点，并且进一步讨论它们是否用作投资组合优化问题的风险指标。

首先介绍历史法计算VaR和ES。历史法VaR计算过程是，投资组合收益PnL或收益率从大到小排序，然后取出某个百分位点 (比如95%或99%) 对应值便是VaR。如图7.9所示是两个风险资产历史法得到的95% VaR平面，黑色线是线性等式约束条件下95% VaR值取值。如图7.10所示是沿w_1 和 w_2方向投影，观察图7.10可以发现，黑色曲线上存在若干极小值，这种情况给优化带来诸多不便。观察图7.11中99% VaR取值，虽然极小值数量小于95%，但是曲线仍然不为凸面。

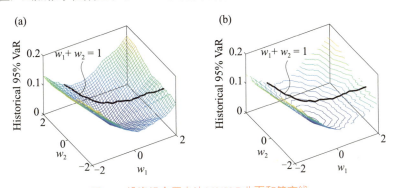

图7.9　投资组合历史法95%VaR曲面和等高线

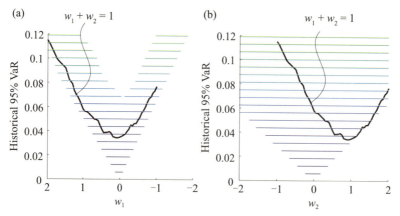

图7.10 投资组合历史法95%VaR等高线投影

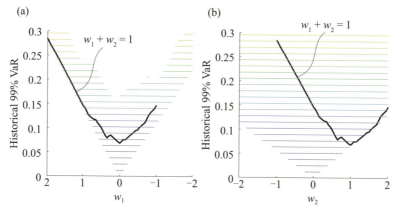

图7.11 投资组合历史法99% VaR等高线投影

为了更清楚地看到历史法VaR曲面，我们再引入一个风险资产，权重为w_3，线性约束条件$w_3 = 1 - (w_1 + w_2)$，可以将未知量从三个变量变为两个，即w_1和w_2。变量从三维变为两维，这个过程相当于降维，也是投影过程。如图7.12所示是通过此法得到的VaR曲面，曲面上可以发现众多极小值点。特别是当资产数量不断增多，不同资产权重条件下VaR值构成的超曲面会存在难以计数的极小值点。

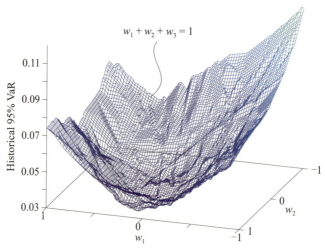

图7.12 三个风险资产投资组合历史法95% VaR曲面

历史法ES计算过程类似VaR。首先，投资组合收益PnL或收益率从大到小排序。其次，计算大于(大于等于) 某个百分位点 (比如95%或99%) 尾部损失值的平均值，得到的结果便是ES。取平均值计算类似本丛书第三本数据部分介绍的降噪平滑过程。同样95%置信度，如图7.13所示，95% ES曲面明显更平滑。如图7.14所示为95% ES等高线投影曲线。

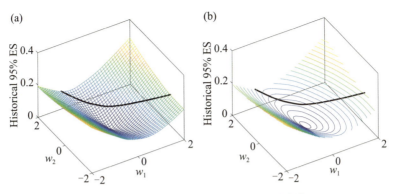

图7.13　投资组合历史法95% ES曲面和等高线

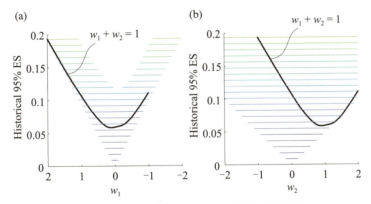

图7.14　投资组合历史法95% ES曲面等高线投影

图7.12条件下计算得到的三个风险资产投资组合历史法ES曲面如图7.15所示。对比图7.12，可以发现图7.15所示历史法ES曲面极为平滑，为凸曲面，存在唯一极值点。

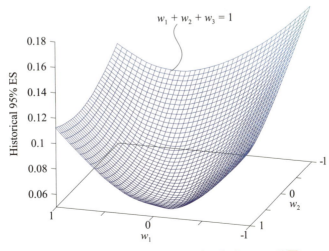

图7.15　三个风险资产投资组合历史法95% ES曲面

如图7.16所示的有效前沿，横轴为投资组合日收益率历史法95% ES。PortfolioCVaR是风险指标为ES的投资组合优化对象，本例中采用历史法计算ES。

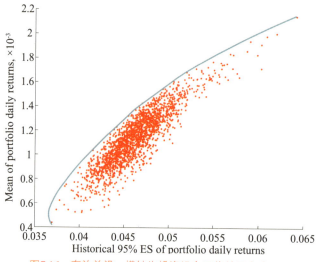

图7.16　有效前沿，横轴为投资组合日收益历史法95% ES

采用参数法计算VaR或ES时，实际上和计算方差或波动率几乎一致。具体计算公式请读者参考本丛书第二本第7章，图7.3和图7.4，波动率曲面为椭圆抛物面，且是凸面。同理，采用参数法计算得到的VaR和ES曲面也是椭圆抛物凸面。如图7.17和图7.18所示是参数法95% VaR和99% ES曲面。

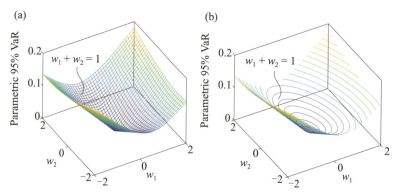

图7.17　投资组合参数法95% VaR曲面和等高线

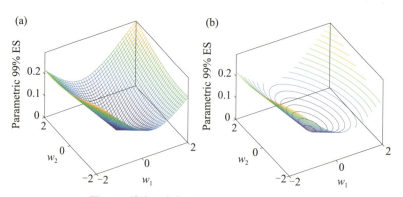

图7.18　投资组合参数法99% ES曲面和等高线

本丛书第二本第8章还介绍过采用EWMA法计算VaR和ES值。相信读者已经知道EWMA法和参数法思路一致，唯一区别在于估算波动率。EWMA是指数加权平均，对新数据赋予更高的权重。如图7.19和图7.20所示，EWMA法估算的99% VaR和95% ES曲面也是凸面。

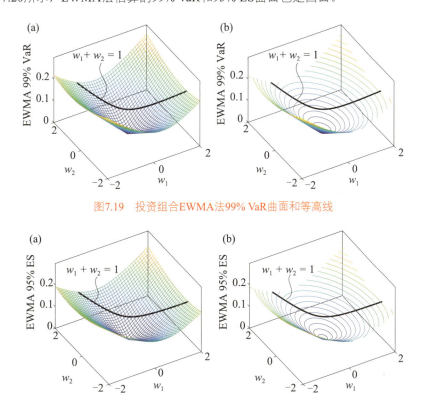

图7.19　投资组合EWMA法99% VaR曲面和等高线

图7.20　投资组合EWMA法95% ES曲面和等高线

通过这三节的讲解比较，可以发现波动率、方差和MAD这三个风险指标所包含的信息为投资组合总风险，所谓总风险即资产价格相对期望收益率的偏离情况。总风险中既有**上行风险** (upside risk)，又有**下行风险** (downside risk)。以股价为例，所谓下行风险即股价走低；反之，上行风险即股价走高。大家可以找到很多自定义函数，计算上行方差和下行方差。值得一提的是VaR和ES只关注下行风险的尾部损失。

7.4 投资组合优化对象

本节介绍如何使用Portfolio、PortfolioMAD和PortfolioCVaR三种投资组合优化，以及比较它们优化目标结果的差异。如图7.21所示为构造投资组合8个风险资产特征：股价走势、日收益率和收益率统计规律。采用PortfolioMAD对象，可以获得图7.21中8个资产构成的投资组合MAD有效前沿。

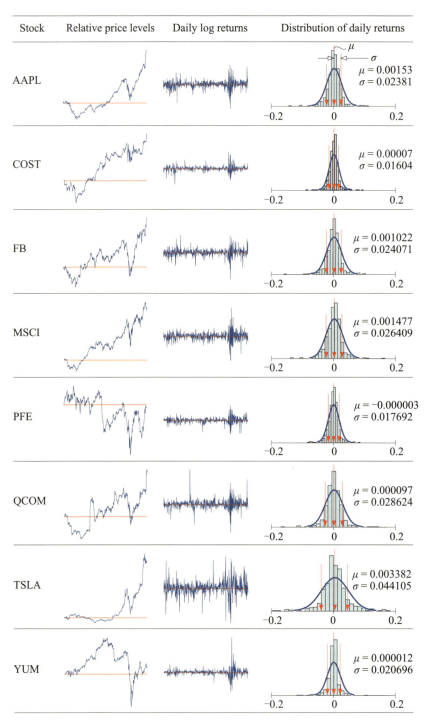

图7.21　8个风险资产特征

如图7.22所示是没有约束条件下，不允许卖空投资组合MAD有效前沿。在均值方差投资组合优化问题中，有效前沿图像的横轴为资产收益率波动率。图7.22中横轴为平均绝对偏差MAD。

PortfolioCVaR是风险指标为ES（CVaR）的投资组合优化对象，本例采用历史法计算ES。图7.23和图7.11利用的是一致的投资组合条件，不同的是图7.23的横轴为95% ES值。

图7.22和图7.23所示有效前沿不能和均值方差有效前沿直接比较，因此需要采用estimatePortStd和

estimatePortReturn函数估算在PortfolioMAD和PortfolioCVaR对象条件下有效前沿投资组合的标准差和期望收益率。如图7.24和图7.25所示为在统一标准下，即横轴为波动率时，比较均值方差和MAD，以及比较均值方差和ES。

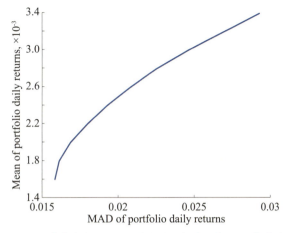

图7.22　没有约束条件下，不允许卖空投资组合MAD有效前沿

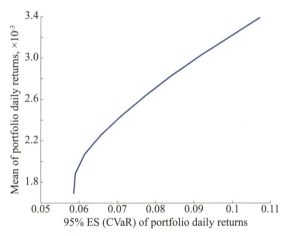

图7.23　没有约束条件下，不允许卖空投资组合CVaR (ES) 有效前沿

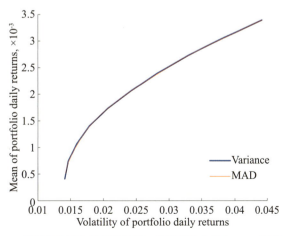

图7.24　横轴为波动率的有效前沿，比较均值方差和MAD两种风险指标

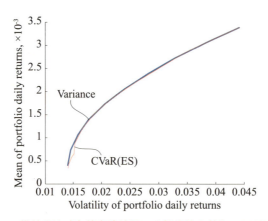

图7.25　横轴为波动率的有效前沿，比较均值方差和ES两种风险指标

图7.26采用area()函数比较方差、MAD和ES这三种投资组合优化问题分别得到的40个有效前沿上的**帕累托前沿解** (Pareto front solutions)。图7.26任意分图行画一道竖线，得到不同颜色的长度对应不同风险资产的权重。如图7.26 (c)中三道竖线对应#10、#20和#30三个ES有效前沿上的投资组合。

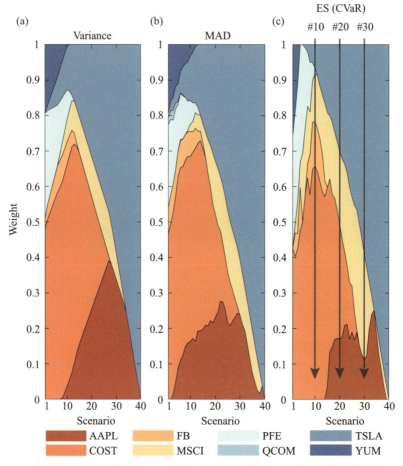

图7.26　比较均值方差、MAD和ES的有效前沿上40个投资组合资产权重

利用estimatePortVaR()和estimatePortRisk()函数，可以估算#10、#20和#30三个投资组合的VaR值和ES值。注意，置信度是用setProbabilityLevel()函数设定。本例中采用的置信度为95%。图7.27～图7.29

分别绘制#10、#20和#30三个投资组合收益率的频率直方图，直方图上给出收益率均值、均方差、95% VaR和95% ES对应的位置。

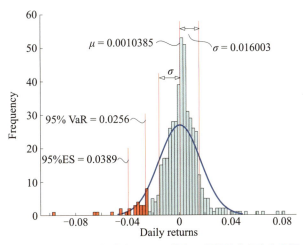

图7.27　ES (CVaR) 有效前沿上#10投资组合收益率频率直方图

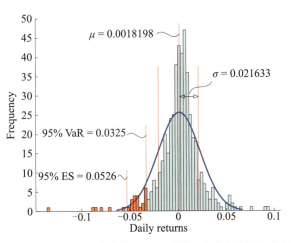

图7.28　ES (CVaR) 有效前沿上#20投资组合收益率频率直方图

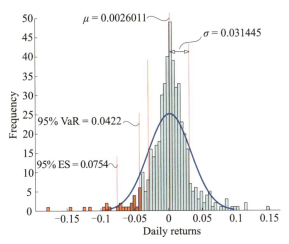

图7.29　ES (CVaR) 有效前沿上#30投资组合收益率频率直方图

以下代码可以获得图7.22和图7.29。

```matlab
B5_Ch7_1.m

%% download stock prices for past two years

clc; close all; clear all

AssetList = {'AAPL','COST','FB',...
    'MSCI','PFE','QCOM','TSLA','YUM'};

price_assets = hist_stock_data('08092018','08082020',AssetList);

dates_cells = price_assets(1).Date;
dates = datetime(dates_cells, ...
    'InputFormat', 'yyyy-MM-dd');
num_assets = length(AssetList);
num_Bdays_year = 482;
Price_levels = extractfield(price_assets,'AdjClose');
Price_levels = reshape(Price_levels,num_Bdays_year,num_assets);
AssetScenarios = price2ret(Price_levels);

%% Volatility (standard deviation) as risk proxy

p_vol = Portfolio('AssetList',AssetList);
p_vol = estimateAssetMoments(p_vol, AssetScenarios);
p_vol = setDefaultConstraints(p_vol);

figure
plotFrontier(p_vol); box off; grid off

%% MAD as risk proxy
num_scenarios = 40;

p_MAD = PortfolioMAD('AssetList',AssetList);
p_MAD = setScenarios(p_MAD, AssetScenarios);
p_MAD = setDefaultConstraints(p_MAD);
p_MAD_weights = p_MAD.estimateFrontier(num_scenarios);
p_MAD_std = p_MAD.estimatePortStd(p_MAD_weights);
p_MAD_returns = p_MAD.estimatePortReturn(p_MAD_weights);

figure
plotFrontier(p_MAD); box off; grid off

figure
hold on
plotFrontier(p_vol); box off; grid off
plot(p_MAD_std,p_MAD_returns,'r')
```

```matlab
legend('Variance','MAD')
%% CVaR (ES) as risk proxy

p_CVaR = PortfolioCVaR('AssetList',AssetList);
p_CVaR = setScenarios(p_CVaR, AssetScenarios);
p_CVaR = setDefaultConstraints(p_CVaR);
p_CVaR = setProbabilityLevel(p_CVaR, 0.95);


p_CVaR_weights = p_CVaR.estimateFrontier(num_scenarios);
p_CVaR_std = p_CVaR.estimatePortStd(p_CVaR_weights);
p_CVaR_returns = p_CVaR.estimatePortReturn(p_CVaR_weights);

figure

plotFrontier(p_CVaR); hold on

box off; grid off

figure
hold on
plotFrontier(p_vol); box off; grid off
plot(p_CVaR_std,p_CVaR_returns,'r')
legend('Variance','CVaR')

%% Compare components

p_vol_weights = p_vol.estimateFrontier(num_scenarios);
p_vol_std = p_vol.estimatePortStd(p_CVaR_weights);
p_vol_returns = p_vol.estimatePortReturn(p_CVaR_weights);
my_col = brewermap(num_assets,'RdYlBu');

figure

subplot(1,3,1)
h = area(p_vol_weights');
for i = 1:num_assets
    h(i).FaceColor = my_col(i,:);
end

title('Variance'); xlabel('Scenario'); ylabel('Weight')
xlim([1,num_scenarios]); ylim([0,1])

subplot(1,3,2)
h = area(p_MAD_weights');
for i = 1:num_assets
    h(i).FaceColor = my_col(i,:);
end
title('MAD'); xlabel('Scenario'); ylabel('Weight')
xlim([1,num_scenarios]); ylim([0,1])
```

```matlab
subplot(1,3,3)
h = area(p_CVaR_weights');
for i = 1:num_assets
    h(i).FaceColor = my_col(i,:);
end
title('CVaR'); xlabel('Scenario'); ylabel('Weight')
xlim([1,num_scenarios]); ylim([0,1])
legend(p_CVaR.AssetList)

%% Plot ES for a certain portfolio on the efficient frontier

portNum = 10;
figure
plotCVaRHist(p_CVaR, p_CVaR_weights, AssetScenarios, portNum, 80)

portNum = 20;
figure
plotCVaRHist(p_CVaR, p_CVaR_weights, AssetScenarios, portNum, 80)

portNum = 30;
figure
plotCVaRHist(p_CVaR, p_CVaR_weights, AssetScenarios, portNum, 80)
%% Sub-functions

function plotCVaRHist(p, w, ret, portNum, nBin)

% portfolio returns given portNum
portRet = ret*w(:,portNum);
alpha = p.ProbabilityLevel;
% Calculate VaR and CVaR of the portfolios.
VaR = estimatePortVaR(p,w(:,portNum));
CVaR = estimatePortRisk(p,w(:,portNum));

% Convert positive number to negative number
VaR = -VaR;
CVaR = -CVaR;

% Plot main histogram
h1 = histogram(portRet,nBin);

figure;
h = histfit(portRet,nBin); hold on
xlabel('Daily returns')
ylabel('Frequency')
hold on;

% Highlight bins with lower edges < VaR level in red
```

```
edges = h1.BinEdges;
counts = h1.Values.*(edges(1:end-1) < VaR);
h2 = histogram('BinEdges',edges,'BinCounts',counts);
h2.FaceColor = 'r';

% Add CVaR line
plot([CVaR;CVaR],[0;max(h1.BinCounts)*0.80],'r')
plot([mean(portRet);mean(portRet)],[0;max(h1.BinCounts)*0.80],'r')
plot([std(portRet);std(portRet)],[0;max(h1.BinCounts)*0.80],'r')
plot([mean(portRet)-std(portRet);mean(portRet)-std(portRet)],[0;max(h1.
BinCounts)*0.80],'r')
plot([VaR;VaR],[0;max(h1.BinCounts)*0.80],'r')
% Add CVaR text
title({[num2str(round(alpha*100)),'% VaR = ' num2str(round(-VaR,4)),';',...
    num2str(round(alpha*100)),'% CVaR = v' num2str(round(-CVaR,4))],...
    ['\mu = ',num2str(mean(portRet)),'; \sigma = ' num2str(std(portRet))]})
box off; grid off
hold off;
end
```

上述代码中自定义函数plotCVaRHist() 参考MATLAB官方例子。此外MATLAB官方提供了一个更为有趣的例子，请读者自行学习。网址：

https://www.mathworks.com/videos/analyzing-investment-strategies-with-cvar-portfolio-optimization-in-matlab-81942.html；

https://www.mathworks.com/matlabcentral/fileexchange/39449-analyzing-investment-strategies-with-cvar-portfolio-optimization。

7.5 信息比率

信息比率 (information ratio) 也可以用作投资组合优化目标。信息比率定义式为。

$$IR = \frac{E\left(r_p - r_b\right)}{\sqrt{\mathrm{var}\left(r_p - r_b\right)}} = \frac{r_{\mathrm{active}}}{\sigma_{\mathrm{active}}} \tag{7-4}$$

式中：r_p为投资组合回报率，r_b为基准收益率。两者之差，$r_p - r_b$，为**主动收益率** (active returns)。信息比率分子一项 $E(r_p - r_b)$ 为**主动收益期望** (expected active return)，r_{active}；分母一项为**主动风险** (active risk)，也叫**跟踪误差** (tracking error)，σ_{active}。本丛书第四本第10章介绍过跟踪误差这个概念。信息比率为主动收益和主动风险的比值，因此信息比率相当于承担单位主动风险所带来的超额收益。MATLAB用来计算信息比率的函数为inforation()。

如果投资组合回报率期望为5%，基准收益率期望为3%，则主动收益为2% (5% – 3%)。如果主动风险为3%，则投资组合回报率r_p落入基准收益率 r_b ± 3% 的可能性约为68%。这个结论的前提是，回报率服从正态分布，便可以使用68-95-99.7原则。此外，主动风险和主动收益两者也可以构造一个有效前沿。首先下载如图7.30所示8只股票的历史股价数据，并下载同时期NASDAQ综合指数作为基准。

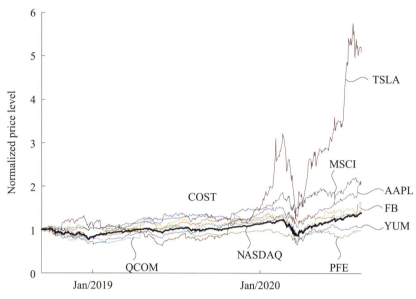

图7.30　8个风险资产以及NASDAQ (基准) 相对价格水平

　　计算8个风险资产和基准的日收益率，得到日收益率均值和波动率；一年按照252个工作计算得到年化收益率和年化波动率。如图7.31所示为8个风险资产和基准年化收益率和年化波动率平面位置。

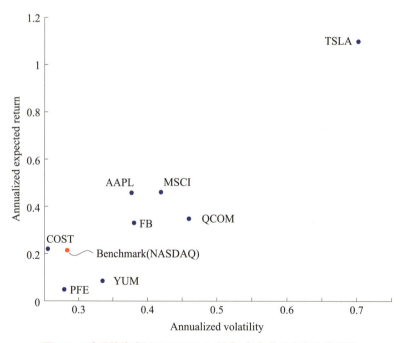

图7.31　8个风险资产以及NASDAQ (基准) 年化收益率和波动率图

　　然后，用8只股票日收益率分别减去基准 (NASDAQ) 日收益率，得到8个日主动收益率历史数据。计算日主动收益率均值并年化，得到年化主动收益期望值，计算主动收益波动率 (均方差) 并年化，得到年化主动风险。如图7.32所示，横轴为年化主动风险，纵轴为年化主动收益期望值。图7.32中8个数据点即为刚刚计算得到的8只股票主动收益和主动风险数据。利用上述数据构造Portfolio均值方差投资组合对象，并利用estimateFrontier() 函数得到图7.32所示**主动收益有效前沿** (active return efficient frontier)，也称**跟踪误差有效前沿** (tracking error efficient frontier)。

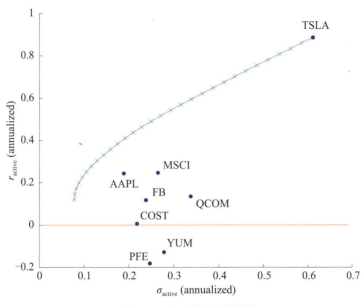

图7.32　主动收益有效前沿

　　在有效前沿上多承担主动风险，主动收益会随之增加。但是图7.32所示曲线形状为凹，函数一阶导数单调递减，也就是随着承担主动风险，边际收益 $\Delta r_{active} / \Delta \sigma_{active}$ 递减，具体趋势如图7.33所示。

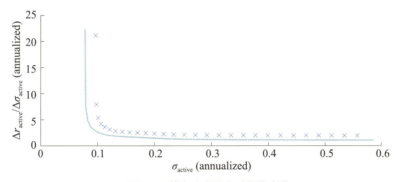

图7.33　信息比率随主动风险变化

　　而信息比率的定义为主动收益期望和主动风险之间的比率，即承担单位主动风险收获的主动收益期望。因此图7.32上有效前沿数据点纵轴值除以其横轴值，便可以得到有效前沿每一个点对应的信息比率。如图7.34所示，即为信息比率随主动风险变化情况。

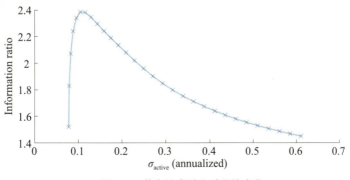

图7.34　信息比率随主动风险变化

观察图7.34可以发现信息比率曲线随主动风险变化为凹函数，存在最大值。如图7.32所示，主动收益有效前沿上主动风险和主动收益之间为一一对应递增关系，因此信息比率随主动收益变化也是凹函数，具体趋势如图7.35所示。

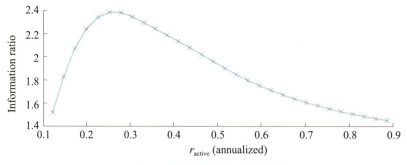

图7.35　信息比率随主动收益变化

构造信息比率最大化 (maximize IR = minimize – IR) 优化问题，以主动收益收效前沿上r_{active}和σ_{active}为变量。并利用fminbnd() 函数查找单变量函数在定区间上的最小值。如图7.36所示是最大信息比率在主动有效前沿上对应的位置。

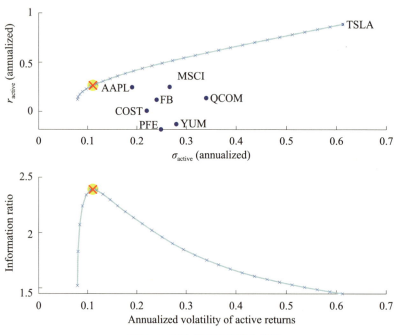

图7.36　最大信息比率所在位置

以下代码可以获得图7.30～图7.36。

```
B5_Ch7_2.m

%% Maximize information ration
clc; close all; clear all

% import historical price levels for the assets
AssetList = {'AAPL','COST','FB',...
    'MSCI','PFE','QCOM','TSLA','YUM','^IXIC'};
```

```matlab
% Nasdaq Composite (^IXIC) is used as the benchmark

price_assets = hist_stock_data('08092018','08082020',AssetList);

dates_cells = price_assets(1).Date;
dates = datetime(dates_cells, ...
    'InputFormat', 'yyyy-MM-dd');
num_assets = length(AssetList);
num_Bdays_year = 482;
Price_levels = extractfield(price_assets,'AdjClose');
Price_levels = reshape(Price_levels,num_Bdays_year,num_assets);
AssetScenarios = price2ret(Price_levels);

benchPrice = Price_levels(:,9);
assetNames = AssetList(1:end-1);
assetPrice = Price_levels(:,1:8);

assetP = assetPrice./assetPrice(1, :);
benchmarkP = benchPrice / benchPrice(1);
%% Visualize normalized price levels for stocks and benchmark
AssetNames = AssetList;
AssetNames{9} = 'NASDAQ';

figure
plot(dates,assetP); hold on;
plot(dates,benchmarkP,'LineWidth',1,'Color','k');
datetick('x','mmm/yyyy')
xlim([dates(1),dates(end)])
ylabel('Normalized price level');
grid off; box off;
legend(AssetNames,'Location','Best')
%% Expected return and volatility

benchReturn = tick2ret(benchPrice);
assetReturn = tick2ret(assetPrice);

benchRetn = mean(benchReturn);
benchRisk =  std(benchReturn);
assetRetn = mean(assetReturn);
assetRisk =  std(assetReturn);

annualize_scale = 252;

assetRiskR = sqrt(annualize_scale) * assetRisk; % annualize risk
benchRiskR = sqrt(annualize_scale) * benchRisk; % annualize risk
assetReturnR = annualize_scale * assetRetn;     % annualize return
benchReturnR = annualize_scale * benchRetn;     % annualize risk
```

```matlab
figure;

scatter(assetRiskR, assetReturnR, 6, 'b', 'Filled');
hold on
scatter(benchRiskR, benchReturnR, 6, 'r', 'Filled');
for k = 1:length(assetNames)
    text(assetRiskR(k) + 0.005, assetReturnR(k), assetNames{k}, 'FontSize', 8);
end
text(benchRiskR + 0.005, benchReturnR, 'Benchmark (NASDAQ)', 'Fontsize', 8);
hold off;

xlabel('Annualized volatility');
ylabel('Annualized return');
grid off; box off;
%% Set Up a Portfolio Optimization for active returns

p = Portfolio('AssetList',assetNames);

p = setDefaultConstraints(p);
% no shorting, 100% investment in risky assets

activReturn = assetReturn - benchReturn;
% Calculate active return

pAct = estimateAssetMoments(p,activReturn,'missingdata',false)

pwgtAct = estimateFrontier(pAct, 30);
% Estimate weights

[portRiskAct, portRetnAct] = estimatePortMoments(pAct, pwgtAct);
% Get risk and return

% Extract asset moments & names
[assetActRetnDaily, assetActCovarDaily] = getAssetMoments(pAct);
assetActRiskDaily = sqrt(diag(assetActCovarDaily));
assetNames = pAct.AssetList;

% Rescale
assetActRiskAnnual = sqrt(annualize_scale) * assetActRiskDaily;
portRiskAnnual  = sqrt(annualize_scale) * portRiskAct;
assetActRetnAnnual = annualize_scale * assetActRetnDaily;
portRetnAnnual = annualize_scale * portRetnAct;

figure;

plot(portRiskAnnual, portRetnAnnual, 'bx-', 'MarkerFaceColor', 'b');
```

```matlab
hold on;
scatter(assetActRiskAnnual, assetActRetnAnnual, 6, 'b', 'Filled');
for k = 1:length(assetNames)
     text(assetActRiskAnnual(k) + 0.005, assetActRetnAnnual(k), assetNames{k},
'FontSize', 8);
end

hold off;

xlabel('\sigma_{active} (annualized)');
ylabel('r_{active} (annualized)');
grid off; box off

figure;

plot(portRiskAnnual(1:end-1), diff(portRetnAnnual)./diff(portRiskAnnual),
'bx-', 'MarkerFaceColor', 'b');

xlabel('\sigma_{active} (annualized)');
ylabel('\Delta r_{active}/\Delta \sigma_{active}');
grid off; box off

figure;
plot(portRiskAnnual, portRetnAnnual./portRiskAnnual, 'bx-', 'MarkerFaceColor',
'b');
ylabel('Information ratio');
xlabel('\sigma_{active} (annualized)');
grid off; box off

figure;
plot(portRetnAnnual, portRetnAnnual./portRiskAnnual, 'bx-', 'MarkerFaceColor', 'b');
ylabel('Information ratio');
xlabel('r_{active} (annualized)');
grid off; box off

%% Perform Information Ratio Maximization
% objective: maximizes the information ratio
% = minimizes a negative information ratio.
% variable: target risk

objFun = @(targetRisk) -infoRatioTargetRisk(targetRisk,pAct);
options = optimset('TolX',1.0e-8);
[optPortrisk, ~ , exitflag] = fminbnd(objFun,0,max(portRiskAct),options);

% Get weights, information ratio, and risk return for the optimal portfolio.

[optInfoRatio,optWts] = infoRatioTargetRisk(optPortrisk,pAct);
optPortReturn = estimatePortReturn(pAct,optWts)
```

```
% Plot the Optimal Portfolio

optPortRiskAnnual = sqrt(annualize_scale) * optPortrisk;
optPortReturnAnnual = annualize_scale * optPortReturn;

figure;
subplot(2,1,1);

scatter(assetActRiskAnnual, assetActRetnAnnual, 6, 'b', 'Filled');
hold on
for k = 1:length(assetNames)
    text(assetActRiskAnnual(k) + 0.005,assetActRetnAnnual(k),assetNames{k},
'FontSize',8);
end
plot(portRiskAnnual,portRetnAnnual,'bx-','MarkerSize',4,'MarkerFaceColor','b');
plot(optPortRiskAnnual,optPortReturnAnnual,'rx','MarkerSize',8);
hold off;

xlabel('\sigma_{active} (annualized)');
ylabel('r_{active} (annualized)');
grid off

subplot(2,1,2);
plot(portRiskAnnual,portRetnAnnual./portRiskAnnual,'bx-','MarkerSize',4,'Marker
FaceColor','b');
hold on
plot(optPortRiskAnnual,optPortReturnAnnual./optPortRiskAnnual,'rx','MarkerSize',8);
hold off;

xlabel('\sigma_{active} (annualized)');
ylabel('Information Ratio');
grid off; box off

%% objective function

function [infoRatio,wts] = infoRatioTargetRisk(targetRisk,portObj)
% Calculate information ratio for a target-return portfolio along the
% efficient frontier
wts = estimateFrontierByRisk(portObj,targetRisk);
active_return = estimatePortReturn(portObj,wts);
infoRatio = active_return/targetRisk;
end
```

以上代码参考了MATLAB最大化信息比率样例，网址如下。

https://www.mathworks.com/help/finance/portfolio-optimization-against-a-benchmark.html

7.6 风险规避

风险规避 (risk aversion) 描述的是投资者对风险的偏好，据此，投资者规避特征可以被分为如下三大类。

◀ **风险回避** (risk averse, risk avoiding)；
◀ **风险中性** (risk neutral)；
◀ **风险偏爱** (risk seeking)。

在 σ-r 平面上，三种投资者风险规避特征如图7.37所示。如图7.37(a) 所示，风险回避指的是随着投资者承担的风险 σ_c 不断增加，投资者对回报率的边际期望也不断增加，也就是 $\Delta r_c/\Delta\sigma_c$ 随着 σ_c 增加而增加。所以图7.37(a) 呈现凸性，其一阶导数，即 $\Delta r_c/\Delta\sigma_c$，呈现出单调递增特性，具体如图7.37(d)所示。

风险中性则是随着 σ_c 增加 $\Delta r_c/\Delta\sigma_c$ 水平不变，如图7.37(e)所示。如图7.37(b) 所示为风险中性中 r_c 和 σ_c 两者关系。风险偏爱则和风险回避相反，投资者乐于承担更多风险，r_c 和 σ_c 两者关系如图7.37(c)所示。对于风险偏爱，$\Delta r_c/\Delta\sigma_c$ 水平随着 σ_c 增加而降低，具体关系如图7.37(f)所示。注意，图7.37中 $\Delta\to 0$。

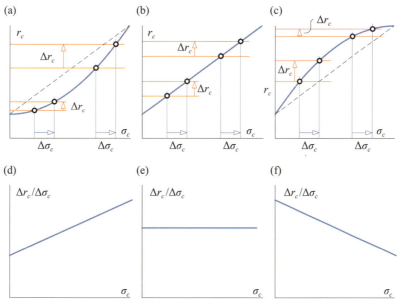

图7.37　三种投资者的风险规避特征

一般情况下，投资者都呈现出风险回避这一特征。数学上常用二次函数来表达风险 (σ_c) 和收益 (r_c) 这一关系。

$$r_c = \frac{1}{2}\times A\times\sigma_c^2 + U \tag{7-5}$$

其中，A 为风险厌恶参数，变化范围在 $2\sim4$，A 越大说明投资者对风险越厌恶，即越保守。U 被称作**效用** (utility)，一般情况投资者决策时追求效用最大化。这条曲线常称为**无差异曲线** (indifference curve)。

观察式7-5，可以发现风险 (σ_c) 和收益 (r_c) 两者关系为二次式；$A > 0$，曲线开口向上。如图7.38(a)所示，随着A增大，曲线开口变小；如图7.38(b) 所示，随着A增大，$\Delta r_c / \Delta \sigma_c$斜率增大。而$U$决定双曲线的高度，在本例情况下$U$也决定了双曲线的截距高度，如图7.39所示。这些常见的二次函数性质，在本丛书第一本数学基础章节已经详细介绍过。

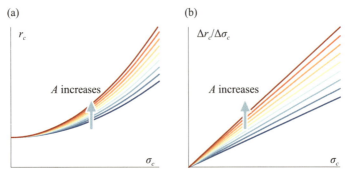

图7.38　风险回避特征，A递增

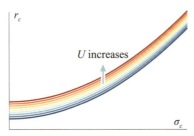

图7.39　风险回避特征，U递增

整理式7-5，效用(U)可以用式7-6表示。

$$U = r_c - \frac{1}{2} \times A \times \sigma_c^2 \tag{7-6}$$

特别的，如果效用(U)、风险 (σ_c) 和收益 (r_c) 都用百分数表示，则效用的计算式为：

$$U = r_c - 0.005 \times A \times \sigma_c^2 \tag{7-7}$$

注意，很多时候在计算效用(U)时，会采用7.5节介绍的主动风险和主动收益。

下面，我们要把上述风险规避和本丛书第四本第8章介绍过的**资产配置线** (capital market line, CML) 结合在一起。如图7.40所示中的深蓝色的切线就是CML，此时CML也叫CAL (capital allocation line, optimal capital allocation line)。切线和有效前沿的切点位置为**市场投资组合** (market portfolio)，又叫**切线投资组合** (tangency portfolio)，也叫**最优化风险投资组合** (optimal risky portfolio)。CML是通过配置无风险资产和风险资产来降低风险，提高收益。设定风险资产权重为w，则CML线上投资组合期望收益为：

$$r_c = w \cdot r_m + (1-w) \cdot r_f = r_f + (r_m - r_f) \cdot w \tag{7-8}$$

CML线上投资组合风险σ_c为：

$$\sigma_c^2 = w^2 \sigma_m^2 + 2w(1-w)\rho_{m,f}\sigma_m\sigma_f + (1-w)^2 \sigma_f^2 = w^2 \sigma_m^2$$
$$\Rightarrow \sigma_c = w \cdot \sigma_m \tag{7-9}$$

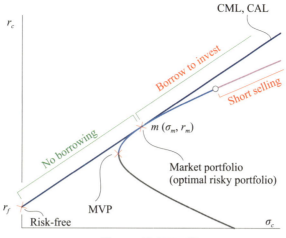

图7.40　资产配置线

因此，U可以整理为以w为变量的函数。

$$U(w) = -\frac{A\sigma_m^2}{2}w^2 + \left(r_m - r_f\right) \cdot w + r_f \tag{7-10}$$

观察式7-10，$U(w)$为开口向下的二次函数，对称轴为正 $(r_m > r_f)$，$U(w)$ 可以取到最大值。函数 $U(w)$ 截距为r_f，此时 $w = 0$，即投资组合全部资产配置为无风险资产。如图7.41所示，随着A递增，$U(w)$ 开口不断减小，且对称轴左移，即A增大时，$U(w)$ 取得最大值所对应w的位置不断靠近0，即风险资产成分不断减小。

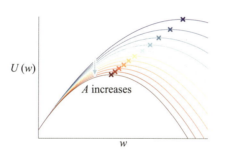

图7.41　$U(w)$ 函数，A递增

在CAL条件下，风险 (σ_c) 和 w呈正比，$\sigma_c = \sigma_m w$。因此，如果以σ_c作为未知量，则$U(w)$ 函数可以写作 $U(\sigma_c)$。函数$U(\sigma_c)$ 的形状和图7.41所示$U(w)$ 函数图像几乎一致。

w为自变量，投资者决策时追求效用$U(w)$ 最大化，则优化问题可以写作：

$$\underset{w}{\arg\min}\ U(w) = -\frac{A\sigma_m^2}{2}w^2 + \left(r_m - r_f\right) \cdot w + r_f \tag{7-11}$$

以上优化问题，很容易求解$U(w)$ 取最大值时所对应的w位置。w为$U(w)$ 导数为0的取值，即对称轴所在位置。

$$\frac{\mathrm{d}U(w)}{\mathrm{d}w} = -A\sigma_m^2 w + \left(r_m - r_f\right) = 0$$
$$\Rightarrow w = \frac{\left(r_m - r_f\right)}{A\sigma_m^2} \tag{7-12}$$

这一点又称为**最优完全投资组合** (optimal complete portfolio, optimal overall portfolio)。对于优化方法以及相关数学内容，请读者参考本丛书第四本。

如果 $w = 1$，则最优完全投资组合都是风险资产，即：

$$w = \frac{(r_m - r_f)}{A\sigma_m^2} = 1 \implies r_m = r_f + A\sigma_m^2 \tag{7-13}$$

这种情况下，A的取值为：

$$A = \frac{r_m - r_f}{\sigma_m^2} \tag{7-14}$$

A越大，w越小，也就是风险厌恶参数越大，对风险越厌恶，则投资组合中风险资产成分越少。

若式7-15所示不等式成立，$w > 1$，则最优完全投资组合通过无风险借款来购买风险资产。

$$r_m > r_f + A\sigma_m^2 \implies w > 1 \tag{7-15}$$

如果式7-16所示不等式成立，$0 < w < 1$，则最优完全投资组合含有有风险和无风险两种资产成分，且不存在借款。

$$r_f < r_m < r_f + A\sigma_m^2 \implies 0 < w < 1 \tag{7-16}$$

此时，在$\sigma\text{-}r$平面上，对应的σ_c位置为：

$$\sigma_c = w \cdot \sigma_m = \frac{(r_m - r_f)\sigma_m}{A\sigma_m^2} = \frac{(r_m - r_f)}{A\sigma_m} \tag{7-17}$$

如图7.42所示为在$\sigma\text{-}r$平面上最优完全投资组合所在位置，容易发现，无差异曲线和CAL切点位置便是最优完全投资组合。根据A的大小，最优完全投资组合可以在市场投资组合m的左下侧 (无借款)，或者右上侧 (借款)。

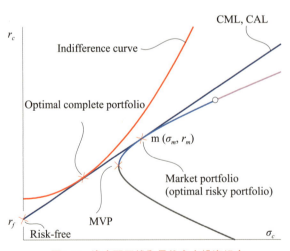

图7.42　资产配置线和最优完全投资组合

如图7.43所示，从另外一个角度看这个优化过程，CAL为约束条件，无差异曲线和CAL相切时才能使无差异曲线截距项U得到最大值。注意图7.43中无差异曲线线簇截距均非0。

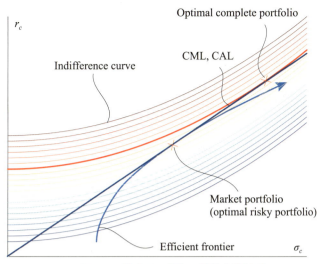

图7.43　资产配置线和无差异曲线关系

下面，通过实际数据来进一步展开讲解这一节内容。采用前文如图7.21所示风险资产特征，年化无风险利率为3%。如图7.44所示浅蓝色线为8个风险资产构造的有效前沿，深蓝色直线为CAL。当A从2逐步增加到4时，也就是风险厌恶程度不断提高，最优化完全投资组合位置沿CAL从右上方向左下方移动，即风险资产m（$\sigma_m = 0.4282$，$r_m = 0.5770$）的比重逐渐减小。$A = 3$这个位置几乎是最优化风险投资组合m。也就是对于本例，$A < 3$，投资组合含有无风险组分；而$A > 3$，投资组合需要借贷购买风险资产。

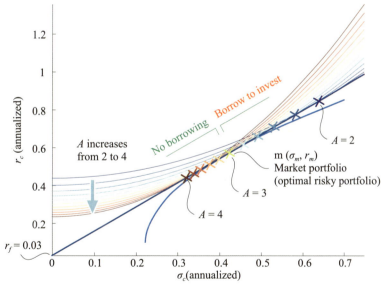

图7.44　A从2逐步增加到4时，最优化完全投资组合位置变化

由于σ_c和w存在$\sigma_c = \sigma_m w$这个关系，可以找到图7.45所示关系，图7.45横轴为风险资产权重w。如图7.45所示，是A从2逐步增加到4时，最优化完全投资组合位置变化。

如图7.46(a) 所示，为A从2变化到4时，U随σ_c变化情况，如图7.46(b) 所示为A从2变化到4时，U随w变化情况。如图7.47(a) 所示为优化风险资产权重w随A增大而降低；如图7.47(b) 所示为U_{max}随A增大而降低。

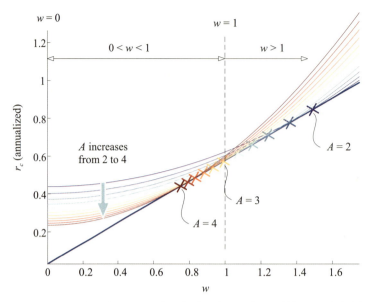

图7.45 *A*从2逐步增加到4，最优化完全投资组合位置变化，横轴为风险资产权重*w*

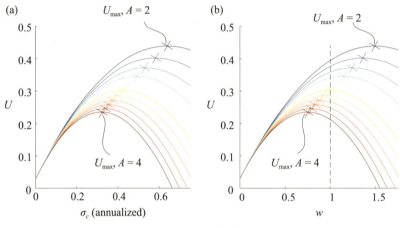

图7.46 *U*随σ_c和*w*变化

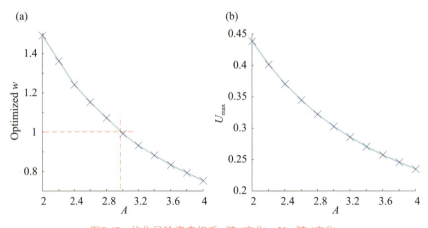

图7.47 优化风险资产权重*w*随*A*变化，U_{max}随*A*变化

函数portalloc() 可以绘制Portfolio对象最优完全投资组合在CAL上的位置。A的取值分别为2、3、4时，如图7.48~图7.50所示为相应的最优完全投资组合在CAL上的位置。

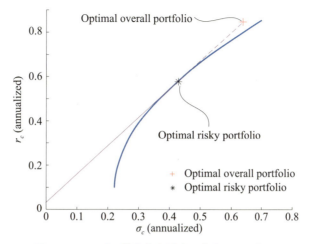

图7.48　$A = 2$时，最优完全投资组合在CAL上位置

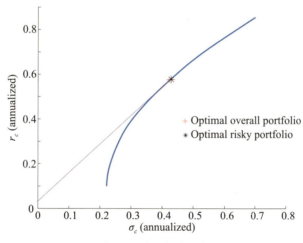

图7.49　$A = 3$时，最优完全投资组合在CAL上位置

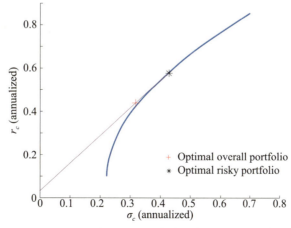

图7.50　$A = 4$时，最优完全投资组合在CAL上位置

图7.51总结了本节介绍的风险规避流程。

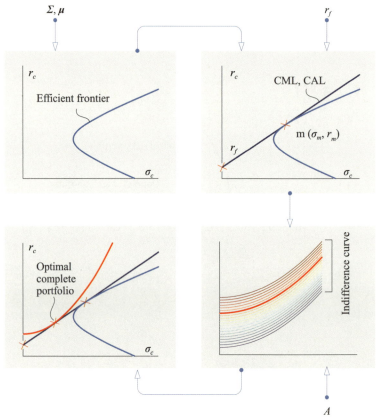

图7.51　风险规律流程图

以下代码可以获得图7.48～图7.50。

```
B5_Ch7_3.m

clc; close all; clear all

AssetList = {'AAPL','COST','FB',...
    'MSCI','PFE','QCOM','TSLA','YUM'};

price_assets = hist_stock_data('08092018','08082020',AssetList);

dates_cells = price_assets(1).Date;
dates = datetime(dates_cells, ...
    'InputFormat', 'yyyy-MM-dd');
num_assets = length(AssetList);
num_Bdays_year = 482;
Price_levels = extractfield(price_assets,'AdjClose');
Price_levels = reshape(Price_levels,num_Bdays_year,num_assets);
Returns = price2ret(Price_levels);

ExpReturn = 252*mean(Returns);
```

```matlab
ExpCovariance = 252*cov(Returns);

num_scenarios = 40;
RisklessRate  = 0.03;
BorrowRate    = RisklessRate;
port = Portfolio('AssetMean',ExpReturn,'AssetCovar',ExpCovariance,
'RiskFreeRate',BorrowRate);

port = setDefaultConstraints(port);
PortWts = port.estimateFrontier(num_scenarios);
PortRisk = port.estimatePortStd(PortWts);
PortReturn = port.estimatePortReturn(PortWts);
PortWts = PortWts';
% [PortRisk, PortReturn, PortWts] = portopt(ExpReturn,...
% ExpCovariance);

figure
RiskAversion  = 2; % 2, 3, 4

portalloc (PortRisk, PortReturn, PortWts, RisklessRate,...
BorrowRate, RiskAversion);
grid off; box off
```

7.7 Black-Litterman模型

马科维茨均值方差投资组合理论 (markowitz mean-variance portfolio theory) 形成了现代投资组合理论的基础。基于这个理论，读者通过之前的学习，能感受到投资组合的计算结果对收益预期有很大的敏感性。20世纪90年代初，Black和Litterman提出的Black-Litterman模型 (本节简称BL模型) 提供了解决收益预期作为输入值的稳定性的一种方法。它结合了专业投资者根据时下市场变化提出的个人视角和市场均衡收益预期。

规定列向量E_r为投资者对各个资产类别的超额收益期望，它们的方差——协方差矩阵方阵为Σ。这就是马科维茨理论的输入参数。超额收益r符合对期望和方差矩阵描述所用的正态分布。

$$r \sim N\left(\mathrm{E}(r), \Sigma\right) \tag{7-18}$$

然而理论上，期望E_r来自样本，并不等于资产的真实期望。即使有再高端的技术，再多的数据，真实期望总是未知的。假设这个真实期望为向量μ。那么预测μ的E_r也会服从一个分布，假设为正态分布，则：

$$\mathrm{E}(r) \sim N(\mu, C) \tag{7-19}$$

BL模型则通过**贝叶斯统计** (bayesian statistics) 方法来对μ和C提出合理估算。本丛书第一本统计章节介绍过贝叶斯定理，此外本书机器学习部分将介绍朴素贝叶斯和高斯朴素贝叶斯监督学习。

贝叶斯统计的定义**后验分布** (posterior distribution) 与**似然性条件分布** (likelihood) 和**先验分布** (prior distribution) 的乘积呈正比。

在BL模型中，先验分布定义为：

$$E(r) \sim N(\boldsymbol{\mu}_0, \boldsymbol{C}) \tag{7-20}$$

似然性条件分布在贝叶斯统计中为观测的新数据点，在BL模型下，即为投资者的视角下对于投资产品的收益期望分布：

$$E(r) \sim N(\boldsymbol{\mu}_L, \boldsymbol{C}_L) \tag{7-21}$$

最终需要求得后验分布：

$$E(r) \sim N(\boldsymbol{\mu}^*, \boldsymbol{M}) \tag{7-22}$$

而后验分布表达为：

$$N(\boldsymbol{\mu}^*, \boldsymbol{M}) \propto N(\boldsymbol{\mu}_0, \boldsymbol{C}) * N(\boldsymbol{\mu}_L, \boldsymbol{C}_L) \tag{7-23}$$

在贝叶斯统计理论中，将方差的逆矩阵作为精度。后验分布的精度为先验分布和似然分布的精度之和，由此计算出后验分布的方差即为此精度之和的逆矩阵。而后验分布的均值则为先验分布和似然分布的均值的加权平均，而权重即为两者的精度。

因此，后验分布的均值和方差表达为：

$$
\begin{aligned}
& N(\boldsymbol{\mu}^*, \boldsymbol{M}) \propto N(\boldsymbol{\mu}_0, \boldsymbol{C}) * N(\boldsymbol{\mu}_L, \boldsymbol{C}_L) \\
\Rightarrow & \begin{cases} \boldsymbol{\mu}^* = \left[(\boldsymbol{C})^{-1} + (\boldsymbol{C}_L)^{-1} \right]^{-1} \left[(\boldsymbol{C})^{-1} \boldsymbol{\mu}_0 + (\boldsymbol{C}_L)^{-1} \boldsymbol{\mu}_L \right] \\ \boldsymbol{M} = \left[(\boldsymbol{C})^{-1} + (\boldsymbol{C}_L)^{-1} \right]^{-1} \end{cases}
\end{aligned} \tag{7-24}
$$

图7.52表达了先验分布、似然分布和后验分布三者之间的关系。

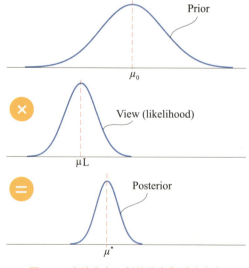

图7.52　先验分布、似然分布和后验分布

为了得到BL模型所要解决的后验分布，这里就有两个关键点：一是超额期望的先验分布；二是个人视角下超额期望收益的分布。

首先讨论超额期望的先验分布的正态分布参数。先验分布的均值是通过逆向优化求得。回顾本章7.6节中介绍的投资者效用，通过矩阵的方式表达为：

$$U = w^{\mathrm{T}} \mathrm{E}(r) - \frac{1}{2} A w^{\mathrm{T}} \Sigma w \tag{7-25}$$

式7-25中U即为投资者的效用，列向量w为投资产品组合的权重，列向量E_r为各投资产品的超额收益期望，常量A则为风险厌恶系数，Σ则为投资组合中产品的方差—协方差矩阵。

为了最大化投资者效用，对组合权重求导得到最优投资权重。

$$\underset{w}{\arg\max}\, U = w^{\mathrm{T}} \mathrm{E}(r) - \frac{1}{2} A w^{\mathrm{T}} \Sigma w \tag{7-26}$$

式7-26为二次式，最大值点处满足式7-27。

$$\frac{\mathrm{d}U(w)}{\mathrm{d}w} = \mathrm{E}(r) - A\Sigma w = 0$$
$$\Rightarrow w^* = (A\Sigma)^{-1} \mathrm{E}(r) \tag{7-27}$$

BL模型提出了**均衡收益** (equilibrium return) 的概念，该概念认为由于市场各投资门类的资本价值代表了市场所有投资者的最大效用，而这个市场代表了均衡状态，由此而得出的权重w^*即为均衡状态下的权重，该权重可以很容易在市场上获得数据，由此反推出收益预期列向量E_r为市场均衡收益，BL模型规定其为列向量π。

$$\pi = A\Sigma w_{mkt} \tag{7-28}$$

读者是否觉得这波操作有些似曾相似？是否与通过提取市场交易的看涨期权或看跌期权价格，利用Black-Scholes来求得**隐含波动率** (implied volatility) 的算法类似？

回顾风险厌恶系数，它的表述为市场的超额收益期望除以市场收益的方差，或者为市场**夏普比率** (sharpe ratio) 除以市场波动率，即：

$$A = \frac{\mathrm{E}(r_{mkt})}{\sigma_{mkt}^2} = \frac{R_{\mathrm{Sharpe}}}{\sigma_{mkt}} \tag{7-29}$$

请读者回顾本丛书第四本第8章有关夏普比率的内容。对于先验分布规定的方差，通常假设其为方差—协方差矩阵Σ的等比例收缩，因此，规定了一个很小的常数τ。

这样，就有了BL模型要求的先验分布：

$$\mathrm{E}(r) \sim N(\mu_0, C) = N(\pi, \tau\Sigma) \tag{7-30}$$

其次，来理解个人视角下超额期望收益的分布。个人视角来自投资者分析近期经济情况后做出的新预测。吸收这些观点，会让投资组合在中短期内有较好的表现。这些观点有绝对观点，比如资产1预期超额收益$E(r_1)$应为3%，或者相对观点，比如资产2的预期收益$E(r_2)$相对比资产3的收益$E(r_3)$高1%。BL模型将这些观点通过一个方程巧妙表达，即：

$$v = P\,\mathrm{E}(r) = q + \varepsilon \tag{7-31}$$

其中，v为k乘1的列向量，表示罗列了k个观点；ε为k乘1的列向量，来表达每个观点的误差；P为

k乘n的矩阵，表达了每个个人视角所涉及的资产权重。比如上述例子中的两个观点通过矩阵$\boldsymbol{P}$来表达为 (假设n为3)：

$$P = \begin{bmatrix} 1 & 0 & 0 \\ 0 & 1 & -1 \end{bmatrix} \tag{7-32}$$

q为k乘1的列向量，罗列了每个观点的预测期望。上文个人视角的例子可以表达为：

$$q = \begin{bmatrix} 3\% \\ 1\% \end{bmatrix} \tag{7-33}$$

BL模型假设每个观点的误差为正态分布，观点之间互相独立，则：

$$\varepsilon \sim N(\boldsymbol{0}, \boldsymbol{\Omega}) \tag{7-34}$$

$\boldsymbol{\Omega}$为k乘k的对角矩阵。对角线上每一个值为每一个个人视角的方差。因此，可以把个人视角的分布表达为：

$$V = P\,\mathrm{E}(r) = q + \varepsilon \sim N(\boldsymbol{q}, \boldsymbol{\Omega}) \tag{7-35}$$

由此推导出的个人视角下资产的超额期望收益表达为：

$$\mathrm{E}(r) = \boldsymbol{P}^{-1}\boldsymbol{q} + \boldsymbol{P}^{-1}\boldsymbol{\varepsilon} \tag{7-36}$$

$E(r)$ 服从式7-37所示正态分布。

$$\begin{aligned} \mathrm{E}(r) &\sim N(\boldsymbol{\mu}_L, \boldsymbol{C}_L) \\ &= N\left(\boldsymbol{P}^{-1}\boldsymbol{q}, \boldsymbol{P}^{-1}\boldsymbol{\Omega}\left(\boldsymbol{P}^{-1}\right)^{\mathrm{T}}\right) \end{aligned} \tag{7-37}$$

回到贝叶斯统计的定理，由此可以推导后验分布为：

$$\begin{aligned} & N(\boldsymbol{\mu}^*, \boldsymbol{M}) \propto N(\boldsymbol{\mu}_0, \boldsymbol{C}) * N(\boldsymbol{\mu}_L, \boldsymbol{C}_L) \\ & = N(\boldsymbol{\pi}, \tau\boldsymbol{\Sigma}) * N\left(\boldsymbol{P}^{-1}\boldsymbol{q}, \boldsymbol{P}^{-1}\boldsymbol{\Omega}\left(\boldsymbol{P}^{-1}\right)^{\mathrm{T}}\right) \\ & \Rightarrow \begin{cases} \boldsymbol{\mu}^* = \left[(\boldsymbol{C})^{-1} + (\boldsymbol{C}_L)^{-1}\right]^{-1}\left[(\boldsymbol{C})^{-1}\boldsymbol{\mu}_0 + (\boldsymbol{C}_L)^{-1}\boldsymbol{\mu}_L\right] \\ \boldsymbol{M} = \left[(\boldsymbol{C})^{-1} + (\boldsymbol{C}_L)^{-1}\right]^{-1} \end{cases} \\ & \Rightarrow \begin{cases} \boldsymbol{M} = \left[(\tau\boldsymbol{\Sigma})^{-1} + \left(\boldsymbol{P}^{-1}\boldsymbol{\Omega}\left(\boldsymbol{P}^{-1}\right)^{\mathrm{T}}\right)^{-1}\right]^{-1} \\ \quad = \left[(\tau\boldsymbol{\Sigma})^{-1} + \boldsymbol{P}^{\mathrm{T}}\boldsymbol{\Omega}^{-1}\boldsymbol{P}\right]^{-1} \\ \boldsymbol{\mu}^* = \left[(\tau\boldsymbol{\Sigma})^{-1} + \boldsymbol{P}^{\mathrm{T}}\boldsymbol{\Omega}^{-1}\boldsymbol{P}\right]^{-1}\left[(\tau\boldsymbol{\Sigma})^{-1}\boldsymbol{\mu}_0 + \boldsymbol{P}^{\mathrm{T}}\boldsymbol{\Omega}^{-1}\boldsymbol{P}\boldsymbol{\mu}_L\right] \\ \quad = \left[(\tau\boldsymbol{\Sigma})^{-1} + \boldsymbol{P}^{\mathrm{T}}\boldsymbol{\Omega}^{-1}\boldsymbol{P}\right]^{-1}\left[(\tau\boldsymbol{\Sigma})^{-1}\boldsymbol{\mu}_0 + \boldsymbol{P}^{\mathrm{T}}\boldsymbol{\Omega}^{-1}\boldsymbol{q}\right] \end{cases} \\ & \Rightarrow \begin{cases} \boldsymbol{\mu}^* = \left[(\tau\boldsymbol{\Sigma})^{-1} + \boldsymbol{P}^{\mathrm{T}}\boldsymbol{\Omega}^{-1}\boldsymbol{P}\right]^{-1}\left[(\tau\boldsymbol{\Sigma})^{-1}\boldsymbol{\pi} + \boldsymbol{P}^{\mathrm{T}}\boldsymbol{\Omega}^{-1}\boldsymbol{q}\right] \\ \boldsymbol{M} = \left[(\tau\boldsymbol{\Sigma})^{-1} + \boldsymbol{P}^{\mathrm{T}}\boldsymbol{\Omega}^{-1}\boldsymbol{P}\right]^{-1} \end{cases} \end{aligned} \tag{7-38}$$

于是便得到声名远扬的Black-Litterman模型的核心公式，即：

$$E(\boldsymbol{r}) = \left[(\tau \boldsymbol{\Sigma})^{-1} + \boldsymbol{P}^{\mathrm{T}} \boldsymbol{\Omega}^{-1} \boldsymbol{P} \right]^{-1} \left[(\tau \boldsymbol{\Sigma})^{-1} \boldsymbol{\pi} + \boldsymbol{P}^{\mathrm{T}} \boldsymbol{\Omega}^{-1} \boldsymbol{q} \right]$$ (7-39)

如图7.53列出了这些输入参数矩阵的形状。如图7.54归纳了BL求解的过程。希望读者通过过程图，结合矩阵形状，再回顾之前介绍的推导，加深印象，方便记忆。

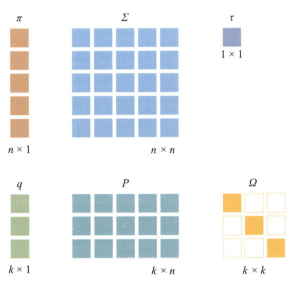

图7.53　BL模型方程式的输入参数，n个资产，k个观点

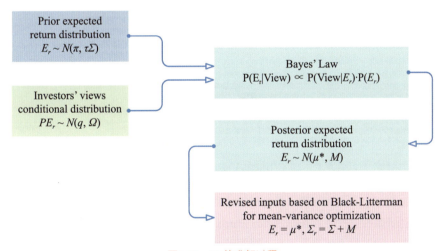

图7.54　BL的求解过程

下面来看一个实践例子。假设投资者的股票组合为美股，投资者需要在美股的各个行业间进行资产权重分配。用2016年10月至2019年6月的月收益来进行分析，为了便于计算，假设无风险利率为0，超额收益即为总收益，注意例子中的收益为月收益。

首先进行第一步操作，通过逆向优化来求得市场均衡收益期望$\boldsymbol{\pi}$。其中，风险厌恶系数可以通过市场，也就是SPX指数来求得。每一个行业的权重在市场上可获得数据。

通过上述公式，便可求得市场均衡收益为：

$$\boldsymbol{\pi} = A\boldsymbol{\Sigma}\boldsymbol{w}_{mkt}$$ (7-40)

表7.1列出了SPX中各行业的权重和市场均衡收益。

表7.1 单因子双因子公式小结

	Implied equilibrium return	Weight
Energy	1.22%	2.22%
Materials	1.02%	2.66%
Industrials	1.22%	8.23%
Consumer Discretionary	1.15%	11.48%
Communication Services	0.91%	11.04%
Information Technology	1.08%	27.70%
Financials	1.07%	9.86%
HealthCare	0.84%	14.09%
Utilities	0.25%	2.94%
Consumer Staples	0.65%	7.08%
Real Estate	0.54%	2.70%

τ可以定义为一个较小的常数，即0.0275。下面来定义投资者的个人视角。

◀ 视角1：信息技术行业 (information technology sector) 的超额收益为2%。
◀ 视角2：能源行业 (energy sector) 的超额收益为0.5%。
◀ 视角3：工业行业 (industrials) 的超额收益比公用事业行业 (utilities sector)高0.2%。

将这些观点转换为BL模型要求的矩阵P和列向量q为：

$$P = \begin{bmatrix} 0 & 0 & 0 & 0 & 1 & 0 & 0 & 0 & 0 & 0 \\ 1 & 0 & 0 & 0 & 0 & 0 & 0 & 0 & 0 & 0 \\ 0 & 0 & 0 & 0 & 0 & 0 & 0 & -1 & 0 & 0 \end{bmatrix}, \quad q = \begin{bmatrix} 2\% \\ 0.5\% \\ 0.2\% \end{bmatrix} \tag{7-41}$$

同时，要规定观点的预测方差，亦即对观点的信心程度，由矩阵Ω表达。假设每个观点的方差都为10^{-3}，则：

$$\Omega = \begin{bmatrix} 10^{-3} & 0 & 0 \\ 0 & 10^{-3} & 0 \\ 0 & 0 & 10^{-3} \end{bmatrix} \tag{7-42}$$

如图7.55所示对比了均衡收益和通过Black-Litterman方程得到的新收益。可以观察到能源的收益期望下降，而信息科技行业的收益上升。工业行业的收益略微下降，而公用事业事业的收益略微上升，使得两者之间差距减小。其他行业的收益也略有变化，这是由行业间相互关联性所决定的。有兴趣的读者可以通过计算相关性矩阵 (correlation matrix) 来加深理解。

通过优化分析，寻找最大化夏普比率，得到BL模型下新的投资组合分配。如图7.56比较了市场均衡下的投资分配和新的BL投资分配。能源行业的权重降为0，信息科技行业权重上升。由于收益期望的变化，工业行业和公用事业行业的权重分别减小和上升。这样的新分配，结合了当下投资者的个人视角，更符合中短期投资策略。

调整观点的预测方差，假设每个观点的方差都为10^{-4}，即对观点的信心程度提高，矩阵Ω则表达为：

$$\Omega = \begin{bmatrix} 10^{-4} & 0 & 0 \\ 0 & 10^{-4} & 0 \\ 0 & 0 & 10^{-4} \end{bmatrix} \tag{7-43}$$

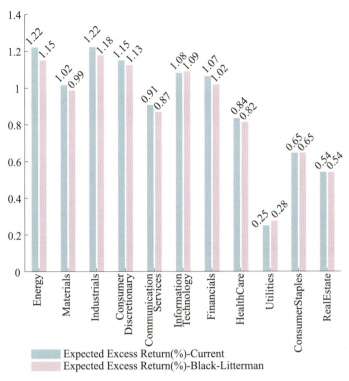

图7.55　对比均衡收益和BL收益 (**Ω**对角线元素为10^{-3})

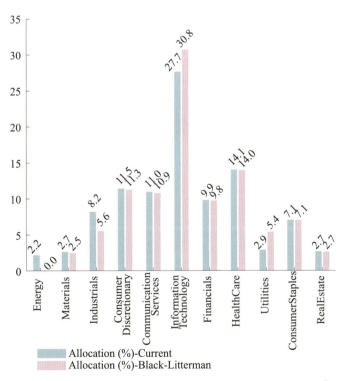

图7.56　最大化夏普比率优化下的权重比较 (**Ω**对角线元素为10^{-3})

　　由此得到的能源行业的收益期望更低，信息科技行业的收益更高，两者都更加接近投资者的观点。工业行业和公用事业行业的收益差距更小。如图7.57比较了均衡收益和BL新收益。

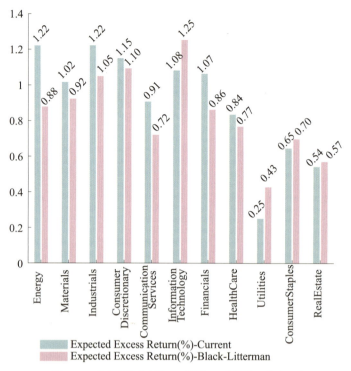

图7.57 对比均衡收益和BL收益 (Ω对角线元素为10^{-4})

而调整后的最大夏普比率投资组合分配，大幅度加大了在信息科技行业的投资权重，达到近50%，如图7.58所示。

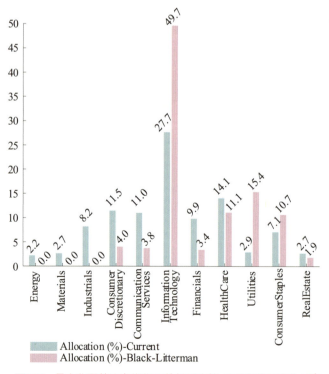

图7.58 最大化夏普比率优化下的权重比较 (Ω对角线元素为10^{-4})

在实际应用中，BL模型提供了一种新颖的方法：结合短期情况下的市场变化得出的个人视角，来微调基于长期战略而设定的投资组合。因此，BL模型常用于投资种类 (比如股权、债券、大宗商品等) 之间的组合分配，另外也用于股票投资中行业间的分配调整。

以下代码可以获得图7.55～图7.58。

```
B5_Ch7_4.m

clc; close all; clear all

%% Data input
T = readtable('BL_example.xlsx','Sheet','BL_example');
W = readtable('BL_example.xlsx','Sheet','MktWeight');

%% Extract data
Ticker = T.Properties.VariableNames(2:end-1)';
singlename_ExcessRet = T(:,2:end-1).Variables;
Mkt_ExcessRet = T(:,end).Variables;
MktWeight = W.Variables';

%% Calculate individual sectors covariance, correlation matrix
n = length(MktWeight);
singlename_Covariance = cov(singlename_ExcessRet);
singlename_Correlation = corrcoef(singlename_ExcessRet);

%% Reverse Optimization to calculate the equilibrium return pi

% Market vol
vol_mkt = std(Mkt_ExcessRet);
% Market average return
mean_mkt = mean(Mkt_ExcessRet);
% Sharpe Ratio
SR = mean_mkt/vol_mkt;
% Risk aversion coefficient -- this is just one way to calculate
A = SR/vol_mkt;
% equilibrium return pi
Pi = A*singlename_Covariance*MktWeight;

% Specify tau
tau = 0.0275; % there are many ways to specify

% C = tau*Cov
C = tau*singlename_Covariance;

%% Investor's views
k = 3;   % number of views

% View 1: Information Technology sector's absolute return is 3%
```

```matlab
% View 2: Energy sector's absolute return is -3%
% View 3: Industrials sector return is higher than Utilities sector return
% by 1%

% Specify P
P = zeros(k, n);
P(1, Ticker=="InformationTechnology") = 1;
P(2, Ticker=="Energy") = 1;
P(3, Ticker=="Industrials") = 1;
P(3, Ticker=="Utilities") = -1;

% Specify q
q = [0.02; 0.005; 0.002];

% Specify Omega
Omega = diag([1e-3;1e-3;1e-3]);

%% Revised return based on Black-Litterman framework

M = inv(inv(C)+P'*(Omega\P));
mu = (inv(C)+P'*(Omega\P))\(C\Pi + P'*(Omega\q));

%% Maximize Sharpe Ratio
port0 = Portfolio('NumAssets', n, 'lb', 0, 'budget', 1);
port0 = setAssetMoments(port0, Pi, singlename_Covariance);
Port0Weights = estimateMaxSharpeRatio(port0);

portBL = Portfolio('NumAssets', n, 'lb', 0, 'budget', 1);
portBL = setAssetMoments(portBL, mu, singlename_Covariance);
PortRevisedWeights = estimateMaxSharpeRatio(portBL);

%%
figure(1)
bar([Pi mu]*100, 'BarWidth', 0.8)
set(gca,'xticklabel',Ticker);
ylabel('Expected Excess Return(%) - Black-Litterman')
text(1:length(Pi),Pi*100,...
    num2str(Pi*100, '%0.2f'),'vert','bottom','horiz','right');
text(1:length(mu),mu*100,...
    num2str(mu*100, '%0.2f'),'vert','bottom','horiz','left');
box off
legend({'Expected Excess Return(%) - Current',...
    'Expected Excess Return(%) - Black-Litterman'})
%%
figure(2)
bar([Port0Weights PortRevisedWeights]*100, 'BarWidth', 0.8)
set(gca,'xticklabel',Ticker);
```

```
ylabel('Allocation(%) - Black-Litterman')
text(1:length(Port0Weights),Port0Weights*100,...
    num2str(Port0Weights*100, '%0.1f'),'vert','bottom','horiz','right');
text(1:length(PortRevisedWeights),PortRevisedWeights*100,...
    num2str(PortRevisedWeights*100, '%0.1f'),'vert','bottom','horiz','left');
box off
legend({'Allocation(%) - Current','Allocation(%) - Black-Litterman'})
```

　　本章首先讲解了平均绝对离差和风险度量(ES)作为风险指标；随后介绍了最大化信息比率、风险规避，以及BL模型。第8章将介绍风险贡献、风险预算以及风险平价等资产配置策略。

第8章

Portfolio Optimization Ⅴ
投资组合优化 Ⅴ

> 如果你没有失败，说明你没有突破自己极限；如果你没有突破自己的极限，你就不能最大化你的潜能。
>
> *If you're not failing, you're not pushing your limits, and if you're not pushing your limits, you're not maximizing your potential.*
>
> ——瑞·达利欧 (Ray Dalio)

Core Functions and Syntaxes
本章核心命令代码

- ◄ `barh(x,y)` 绘制横向柱状图
- ◄ `chol(A)` 基于矩阵 A 的对角线和上三角形生成上三角矩阵。`L = chol(A,'lower')` 基于矩阵 A 的对角线和下三角形生成下三角矩阵 L，满足方程 `L*L'=A`
- ◄ `dendrogram()` 绘制树形图
- ◄ `diag()` 创建对角矩阵或获取矩阵的对角元素；`diag()` 也可以用来生成方阵，其对角元素为输入向量中的元素
- ◄ `double()` 转换为双精度浮点数，即8字节 (64位) 浮点值
- ◄ `estimateAssetMoments()`，投资组合优化对象函数，计算风险资产收益率的均值和方差协方差矩阵
- ◄ `estimateFrontier()`，投资组合优化对象函数，计算有效前沿上投资组合资产权重
- ◄ `estimateFrontierByReturn()`，投资组合优化对象函数，可以根据目标回报率在有效前沿上找到对应的投资组合
- ◄ `estimateFrontierByRisk()`，投资组合优化对象函数，可以根据目标风险在有效前沿上找到对应的投资组合
- ◄ `fmincon()` 约束非线性优化问题寻找最小值
- ◄ `linkage()` 构建树状图所需数据
- ◄ `Portfolio` 投资组合优化对象，风险指标为波动率，即均方差
- ◄ `setDefaultConstraints()` 设置投资组合优化对象约束条件
- ◄ `subs()` 将符号或者数值代入符号表达式
- ◄ `syms()` 创建符号变量和函数

8.1 风险贡献

从本节开始将介绍**风险贡献** (risk contribution)、**风险预算** (risk budgeting) 和**风险平价** (risk parity) 这三个对于投资组合优化最重要的概念。风险贡献研究投资组合中各种资产或风险因子对投资组合总风险的贡献程度。风险预算的目标则是将投资组合的风险按照一定策略分配给每一个资产。而风险平价则是风险预算的一种特殊情况，即每个资产或者每类资产分担相同份额的风险。本节，先从风险贡献讲起。

投资组合的收益率均方差σ_p可以通过式8-1求得。

$$\sigma_p(\boldsymbol{w}) = \sqrt{\mathrm{var}(r_p)} = \sqrt{\boldsymbol{w}^{\mathrm{T}}\boldsymbol{\Sigma}\boldsymbol{w}} \tag{8-1}$$

式中：$\boldsymbol{w}$为n个风险资产权重构成的列向量；$\boldsymbol{\Sigma}$方阵为风险资产收益率方差-协方差矩阵，如图8.1所示。

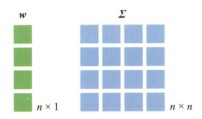

图8.1 两个矩阵形状

MATLAB编程中$\boldsymbol{w}$一般为行向量，请读者注意这与式8-1中的$\boldsymbol{w}$互为转置。

一般情况，风险资产权重满足式8-2所示线性约束条件。

$$\sum_{i=1}^{n} w_i = 1 \Rightarrow \boldsymbol{w}^{\mathrm{T}}\boldsymbol{l} = 1 \tag{8-2}$$

以一个由三个风险资产1、2和3构成的投资组合为例，式8-3所示约束成立。

$$w_1 + w_2 + w_3 = 1 \quad \Rightarrow \quad w_3 = 1 - (w_1 + w_2) \tag{8-3}$$

其中，w_3可以用w_1和w_2表示，也就是σ_p可以整理为w_1和w_2为变量的函数。

比如，3 × 3方差协方差矩阵$\boldsymbol{\Sigma}$及列向量$\boldsymbol{w}$可以记作：

$$\boldsymbol{\Sigma} = \begin{bmatrix} 9 & 6 & 0 \\ 6 & 12 & -1 \\ 0 & -1 & 2 \end{bmatrix}, \quad \boldsymbol{w} = \begin{bmatrix} w_1 \\ w_2 \\ 1 - w_1 - w_2 \end{bmatrix} \tag{8-4}$$

经过计算可以得到均方差σ_p解析式。

$$\sigma_p(w_1, w_2) = \sqrt{11w_1^2 + 18w_1w_2 + 16w_2^2 - 4w_1 - 6w_2 + 2} \tag{8-5}$$

式8-5可以通过符号运算得到，请读者参考本丛书第三本第1章符号运算相关内容。观察式8-5可以得知均方差σ_p平方数为椭圆方程，而均方差σ_p的等高线为旋转椭圆。如图8.2所示为均方差σ_p曲面和及其等高线。红色×对应为σ_p最小值。本小节将以这个3 × 3方差协方差矩阵$\boldsymbol{\Sigma}$为例可视化风险贡献相关概念。

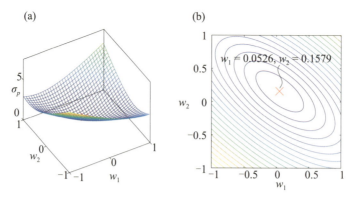

图8.2 投资组合收益率方差曲面和等高线

本丛书第三本第12章介绍过一组重要VaR概念：**边际VaR** (marginal VaR) 和**成分VaR** (component VaR)。本小节，我们引入几个类似的概念。

◀ **边际风险贡献** (marginal risk contribution, MRC)；
◀ **风险贡献** (risk contribution, RC)；
◀ **相对风险贡献** (relative risk contribution, RRC)。

下面，将一一介绍这三个概念和风险平价资产配置策略的关系。

n个资产边际风险贡献列向量**MRC**，即σ_p对向量$\boldsymbol{w}$求导。

$$\boldsymbol{MRC} = \frac{\partial \sigma_p}{\partial \boldsymbol{w}} = \frac{\partial \sqrt{\boldsymbol{w}^{\mathrm{T}} \boldsymbol{\Sigma} \boldsymbol{w}}}{\partial \boldsymbol{w}} = \frac{\boldsymbol{\Sigma} \boldsymbol{w}}{\sqrt{\boldsymbol{w}^{\mathrm{T}} \boldsymbol{\Sigma} \boldsymbol{w}}} = \frac{\boldsymbol{\Sigma} \boldsymbol{w}}{\sigma_p} \tag{8-6}$$

第i个资产边际风险贡献MRC_i为σ_p对w_i的偏导数。

$$MRC_i = \frac{\partial \sigma_p}{\partial w_i} = \frac{(\boldsymbol{\Sigma} \boldsymbol{w})_i}{\sqrt{\boldsymbol{w}^{\mathrm{T}} \boldsymbol{\Sigma} \boldsymbol{w}}} = \frac{(\boldsymbol{\Sigma} \boldsymbol{w})_i}{\sigma_p} \tag{8-7}$$

从公式形式可以看出，边际风险贡献刻画的是单个资产配置权重w_i的微小变化对投资组合波动率带来的影响。边际风险贡献类似边际VaR。对边际VaR和成分VaR生疏的读者，请复习本丛书第三本第12章内容。

为了让读者更好地理解边际风险贡献MRC和风险贡献RC，下面采用两个风险资产构成投资组合来强化理解。两个资产1和2构成的投资组合收益率波动率可以通过式8-8计算获得。

$$\sigma_p = \sqrt{w_1^2 \sigma_1^2 + w_2^2 \sigma_2^2 + 2 w_1 w_2 \rho_{1,2} \sigma_1 \sigma_2} \tag{8-8}$$

资产1和资产2边际风险贡献MRC_1和MRC_2分别为：

$$
\begin{cases}
\begin{aligned}
MRC_1 &= \frac{\partial \sigma_p}{\partial w_1} = \frac{\partial \sqrt{w_1^2 \sigma_1^2 + w_2^2 \sigma_2^2 + 2 w_1 w_2 \rho_{1,2} \sigma_1 \sigma_2}}{\partial w_1} \\
&= \frac{\sigma_1^2 w_1 + \rho_{1,2} \sigma_1 \sigma_2 w_2}{\sqrt{w_1^2 \sigma_1^2 + w_2^2 \sigma_2^2 + 2 w_1 w_2 \rho_{1,2} \sigma_1 \sigma_2}} \\
&= \frac{\sigma_1^2 w_1 + \rho_{1,2} \sigma_1 \sigma_2 w_2}{\sigma_p} \\
MRC_2 &= \frac{\partial \sigma_p}{\partial w_2} = \frac{\sigma_2^2 w_2 + \rho_{1,2} \sigma_1 \sigma_2 w_1}{\sigma_p}
\end{aligned}
\end{cases} \tag{8-9}
$$

对于图8.2所示三个风险资产投资组合，MRC_1相当于σ_p对w_1求偏导得到的结果，MRC_1结果如式8-10所示。如图8.3所示，MRC_1为以w_1和w_2为变量构造的曲面。

$$MRC_1(w_1,w_2) = \frac{11w_1+9w_2-2}{\sqrt{11w_1^2+18w_1w_2+16w_2^2-4w_1-6w_2+2}} \tag{8-10}$$

图8.2所示曲面为凸面，因此，当w_2固定在某一数值时，MRC_1随着w_1增大而递增，如图8.3所示。

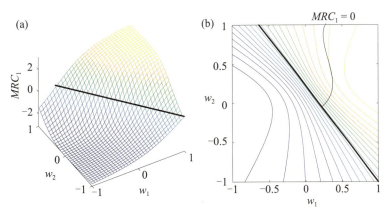

图8.3　边际风险贡献MRC_1曲面和等高线

MRC_2公式为：

$$MRC_2(w_1,w_2) = \frac{9w_1+16w_2-3}{\sqrt{11w_1^2+18w_1w_2+16w_2^2-4w_1-6w_2+2}} \tag{8-11}$$

如图8.4所示为MRC_2曲面。同样的，图8.2为凸面，因此，当w_1固定在某一数值时，MRC_2随着w_2增大而递增，如图8.4所示。

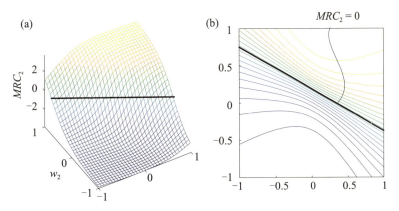

图8.4　边际风险贡献MRC_2曲面和等高线

为了更容易观察σ_p曲面、MRC_2曲面和MRC_2曲面变化趋势管辖，将它们沿w_1和w_2方向投影得到图8.5。

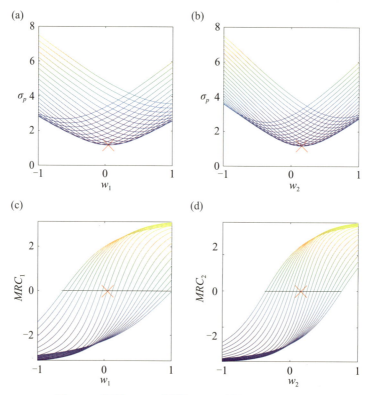

图8.5　σ_p曲面、MRC_1曲面和MRC_2曲面沿w_1和w_2投影

不考虑其他约束条件时，当σ_p取得最小值时，偏导数MRC_1和MRC_2均为0，联立式8-12中两式可以求得极值点坐标。

$$\begin{cases} 9w_1 + 16w_2 - 3 = 0 \\ 11w_1 + 9w_2 - 2 = 0 \end{cases} \Rightarrow \begin{cases} w_1 = 0.0526 \\ w_2 = 0.1579 \end{cases} \tag{8-12}$$

如图8.6所示为偏导数MRC_1和MRC_2等高线，黑色线为偏导数为0对应的两条直线。两条黑色直线交点σ_p为最小值点。

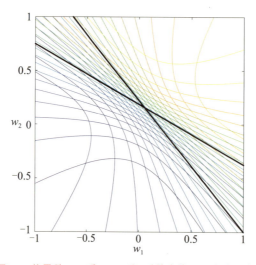

图8.6　偏导数MRC_1和MRC_2为0时的直线及两直线交点

第i个资产风险贡献RC_i为：

$$RC_i = w_i \cdot MRC_i = w_i \cdot \frac{\partial \sigma_p}{\partial w_i} = \frac{w_i \cdot (\boldsymbol{\Sigma w})_i}{\sqrt{\boldsymbol{w}^{\mathrm{T}} \boldsymbol{\Sigma w}}} = \frac{w_i \cdot (\boldsymbol{\Sigma w})_i}{\sigma_p} \tag{8-13}$$

n个资产风险贡献列向量$\boldsymbol{RC}$，可以通过式8-14计算获得。

$$\boldsymbol{RC} = \boldsymbol{w} \odot \boldsymbol{MRC} = \frac{\boldsymbol{w} \odot (\boldsymbol{\Sigma w})}{\sqrt{\boldsymbol{w}^{\mathrm{T}} \boldsymbol{\Sigma w}}} = \frac{\boldsymbol{w} \odot (\boldsymbol{\Sigma w})}{\sigma_p} \tag{8-14}$$

风险贡献RC则相当于成分VaR，因此，风险贡献也具有式8-15所示性质：

$$\sum_{i=1}^{n} RC_i = \frac{\boldsymbol{w}^{\mathrm{T}} \boldsymbol{\Sigma w}}{\sqrt{\boldsymbol{w}^{\mathrm{T}} \boldsymbol{\Sigma w}}} = \sqrt{\boldsymbol{w}^{\mathrm{T}} \boldsymbol{\Sigma w}} = \sigma_p \tag{8-15}$$

也就是每个资产贡献了一部分σ_p，所有资产风险贡献RC总和为σ_p。值得注意的是，各资产的波动率是不可相加的，而方差协方差是可以直接相加的。因此，另一种方式对风险贡献RC的理解为，将投资组合波动性按照各资产对投资组合的方差贡献比例来分解。

对于两个资产1和2构造的投资组合，资产1和资产2风险贡献RC_1和RC_2分别为：

$$\begin{cases} RC_1 = w_1 \cdot MRC_1 = w_1 \cdot \dfrac{\sigma_1^2 w_1 + \rho_{1,2} \sigma_1 \sigma_2 w_2}{\sigma_p} = \dfrac{\sigma_1^2 w_1^2 + \rho_{1,2} \sigma_1 \sigma_2 w_1 w_2}{\sqrt{w_1^2 \sigma_1^2 + w_2^2 \sigma_2^2 + 2 w_1 w_2 \rho_{1,2} \sigma_1 \sigma_2}} \\[4mm] RC_2 = w_2 \cdot MRC_2 = w_2 \cdot \dfrac{\sigma_2^2 w_2 + \rho_{1,2} \sigma_1 \sigma_2 w_1}{\sigma_p} = \dfrac{\sigma_2^2 w_2^2 + \rho_{1,2} \sigma_1 \sigma_2 w_1 w_2}{\sqrt{w_1^2 \sigma_1^2 + w_2^2 \sigma_2^2 + 2 w_1 w_2 \rho_{1,2} \sigma_1 \sigma_2}} \end{cases} \tag{8-16}$$

RC_1和RC_2两者之和σ_p为：

$$RC_1 + RC_2 = \frac{\sigma_1^2 w_1^2 + \rho_{1,2} \sigma_1 \sigma_2 w_1 w_2}{\sigma_p} + \frac{\sigma_1^2 w_1^2 + \rho_{1,2} \sigma_1 \sigma_2 w_1 w_2}{\sigma_p} = \sigma_p \tag{8-17}$$

对于图8.2所示三个资产构造的投资组合，RC_1也是以w_1和w_2为变量构造的曲面，RC_1和MRC_1有如下关系，即：

$$RC_1(w_1, w_2) = w_1 MRC_1(w_1, w_2) = \frac{11 w_1^2 + 9 w_1 w_2 - 2 w_1}{\sqrt{11 w_1^2 + 18 w_1 w_2 + 16 w_2^2 - 4 w_1 - 6 w_2 + 2}} \tag{8-18}$$

同理，可以得到RC_2解析式为：

$$RC_2(w_1, w_2) = w_2 MRC_2(w_1, w_2) = \frac{16 w_2^2 + 9 w_1 w_2 - 3 w_2}{\sqrt{11 w_1^2 + 18 w_1 w_2 + 16 w_2^2 - 4 w_1 - 6 w_2 + 2}} \tag{8-19}$$

而RC_3为σ_p中扣除RC_1和RC_2剩余部分，对应解析式为：

$$\begin{aligned} RC_3(w_1, w_2) &= \sigma_p - RC_1(w_1, w_2) - RC_2(w_1, w_2) \\ &= \frac{-2 w_1 - 3 w_2 + 2}{\sqrt{11 w_1^2 + 18 w_1 w_2 + 16 w_2^2 - 4 w_1 - 6 w_2 + 2}} \end{aligned} \tag{8-20}$$

图8.7～图8.9分别展示的是风险贡献RC_1、RC_2和RC_3曲面。RC_1、RC_2和RC_3这三个曲面叠加在一起便得到图8.2所示σ_p曲面。

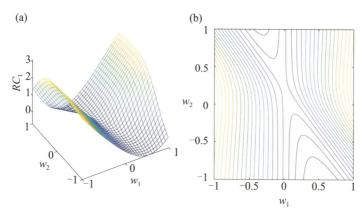

图8.7　风险贡献RC_1曲面和等高线

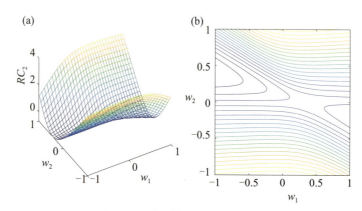

图8.8　风险贡献RC_2曲面和等高线

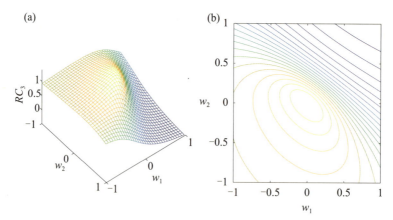

图8.9　风险贡献RC_3曲面和等高线

n个资产相对风险贡献列向量$\boldsymbol{RRC}$，可以通过式8-21计算获得。

$$RRC = \frac{RC}{\sigma_p} = \frac{w \odot (\Sigma w)}{w^{\mathrm{T}} \Sigma w} \tag{8-21}$$

而第i个资产相对风险贡献RRC_i为：

$$RRC_i = \frac{RC_i}{\sigma_p} = \frac{w_i \cdot (\Sigma w)_i}{w^{\mathrm{T}} \Sigma w} \tag{8-22}$$

资产相对风险贡献RRC有式8-23所示性质。

$$\sum_{i=1}^{n} RRC_i = \frac{w^{\mathrm{T}} \Sigma w}{w^{\mathrm{T}} \Sigma w} = 1 \tag{8-23}$$

也就是风险资产的相对贡献RRC之和为1，这一点是风险预算的基石。8.2节将详细介绍风险预算。

对于两个资产构造的投资组合，资产1和资产2相对风险贡献RRC_1和RRC_2分别为：

$$\begin{cases} RRC_1 = \dfrac{\sigma_1^2 w_1^2 + \rho_{1,2}\sigma_1\sigma_2 w_1 w_2}{w_1^2\sigma_1^2 + w_2^2\sigma_2^2 + 2w_1 w_2 \rho_{1,2}\sigma_1\sigma_2} \\[4mm] RRC_2 = \dfrac{\sigma_2^2 w_2^2 + \rho_{1,2}\sigma_1\sigma_2 w_1 w_2}{w_1^2\sigma_1^2 + w_2^2\sigma_2^2 + 2w_1 w_2 \rho_{1,2}\sigma_1\sigma_2} \end{cases} \tag{8-24}$$

对于图8.2所示三个资产构造的投资组合，RRC_1、RRC_2和RRC_3也是以w_1和w_2为变量构造的曲面。

$$\begin{cases} RRC_1(w_1, w_2) = \dfrac{RC_1}{\sigma_p} = \dfrac{11w_1^2 + 9w_1 w_2 - 2w_1}{11w_1^2 + 18w_1 w_2 + 16w_2^2 - 4w_1 - 6w_2 + 2} \\[4mm] RRC_2(w_1, w_2) = \dfrac{RC_2}{\sigma_p} = \dfrac{12w_2^2 + 9w_1 w_2 - 3w_2}{11w_1^2 + 18w_1 w_2 + 16w_2^2 - 4w_1 - 6w_2 + 2} \\[4mm] RRC_3(w_1, w_2) = 1 - RRC_1(w_1, w_2) - RRC_2(w_1, w_2) \\[2mm] \qquad\qquad\qquad = \dfrac{-2w_1 - 3w_2 + 2}{11w_1^2 + 18w_1 w_2 + 16w_2^2 - 4w_1 - 6w_2 + 2} \end{cases} \tag{8-25}$$

如图8.10～图8.12所示是RRC_1、RRC_2和RRC_3曲面和曲面二维等高线。请读者仔细观察图8.13～图8.15，比较风险贡献RC和相对风险贡献RRC趋势。

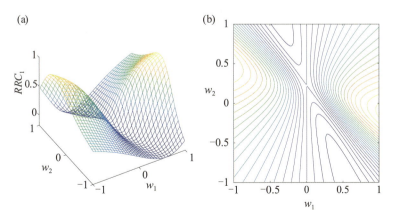

图8.10　相对风险贡献RRC_1曲面和等高线

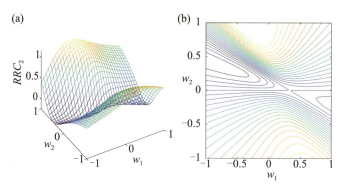

图8.11　相对风险贡献RRC_2曲面和等高线

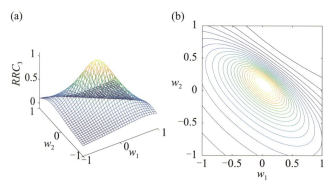

图8.12　相对风险贡献RRC_3曲面和等高线

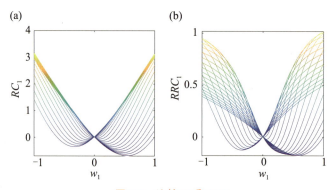

图8.13　比较RC_1和RRC_1

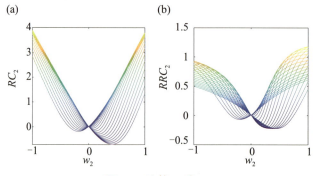

图8.14　比较RC_2和RRC_2

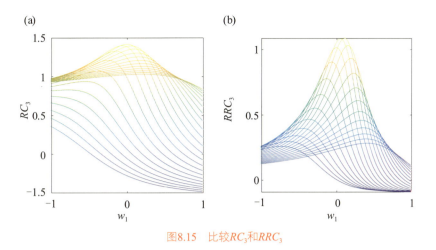

图8.15　比较RC_3和RRC_3

8.2 风险预算

风险预算投资组合 (risk budgeting portfolio, RBP) 的特点是预先设定好每个资产相对风险贡献，即风险预算。对于第i个资产，设定其风险预算为b_i。

$$RC_i = b_i \sigma_p \tag{8-26}$$

或者更常用相对风险贡献RRC。

$$RRC_i = b_i \tag{8-27}$$

n个资产风险预算总和为1。

$$\sum_{i=1}^{n} b_i = 1 \tag{8-28}$$

推导得到风险资产权重向量$\boldsymbol{w}$和风险预算向量$\boldsymbol{b}$的关系为：

$$RRC_i = b_i = \frac{w_i \cdot (\boldsymbol{\Sigma w})_i}{\boldsymbol{w}^\mathrm{T} \boldsymbol{\Sigma w}} \quad \Rightarrow \quad w_i \cdot (\boldsymbol{\Sigma w})_i = b_i \boldsymbol{w}^\mathrm{T} \boldsymbol{\Sigma w}$$

$$\Rightarrow \quad \boldsymbol{\Sigma w} = \frac{\boldsymbol{b} \left(\boldsymbol{w}^\mathrm{T} \boldsymbol{\Sigma w} \right)}{\boldsymbol{w}} \quad \Rightarrow \quad \boldsymbol{\Sigma} \frac{\boldsymbol{w}}{\sqrt{\boldsymbol{w}^\mathrm{T} \boldsymbol{\Sigma w}}} = \frac{\boldsymbol{b}}{\dfrac{\boldsymbol{w}}{\sqrt{\boldsymbol{w}^\mathrm{T} \boldsymbol{\Sigma w}}}} \tag{8-29}$$

定义列向量$\boldsymbol{x}$为：

$$\boldsymbol{x} = \frac{\boldsymbol{w}}{\sqrt{\boldsymbol{w}^\mathrm{T} \boldsymbol{\Sigma w}}} \tag{8-30}$$

则可得到：

$$RRC_i = b_i = \frac{w_i \cdot (\Sigma w)_i}{w^{\mathrm{T}} \Sigma w} \quad \Rightarrow \quad w_i \cdot (\Sigma w)_i = b_i w^{\mathrm{T}} \Sigma w$$

$$\Rightarrow \quad \Sigma w = \frac{b (w^{\mathrm{T}} \Sigma w)}{w} \quad \Rightarrow \quad \Sigma x = \frac{b}{x} \tag{8-31}$$

也就是给定Σ和风险预算权重向量b，可以求得x；然后利用式8-32计算得到w。

$$w = \frac{x}{l^{\mathrm{T}} x} \tag{8-32}$$

再次强调，w为风险资产权重，而b为风险预算权重向量。已知Σ和b，MATLAB环境下，可以采用fsolve() 函数求解式8-33中x。

$$\Sigma x - \frac{b}{x} = 0 \tag{8-33}$$

此外，可以构造式8-34所示优化问题求解x。

$$\underset{x}{\arg\min} \quad \frac{1}{2} x^{\mathrm{T}} \Sigma x - b^{\mathrm{T}} \ln(x)$$

$$\text{subject to: } x \geqslant 0 \tag{8-34}$$

本章8.5节将介绍如何采用fmincon() 函数求解风险预算优化问题。

对于8.1节介绍的三个资产构造的投资组合，设定风险预算系数为：

$$b = \begin{bmatrix} b_1 & b_2 & b_3 \end{bmatrix} = \begin{bmatrix} 0.2 & 0.3 & 0.5 \end{bmatrix} \tag{8-35}$$

这三个风险预算系数实际上就是如图8.16～图8.18所示的RRC_1、RRC_2和RRC_3曲面二维等高线对应的特定高度。

将图8.16、图8.17和图8.18中的黑色等高线叠合在一起，等高线交点就是风险预算的位置，具体如图8.19所示。有意思的是，图8.16和图8.17所示等高线是旋转双曲线；而图8.18所示等高线为旋转椭圆。图8.19上可以发现四个交点。在不允许卖空条件下，也就是每个资产权重大于0，RRC_1、RRC_2和RRC_3曲面等高线和焦点位置如图8.20所示。

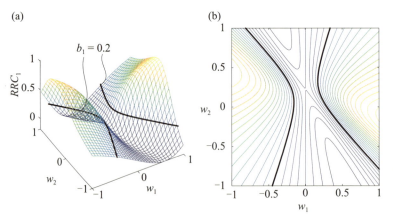

图8.16　相对风险贡献RRC_1曲面和等高线，风险预算$b_1 = 0.2$

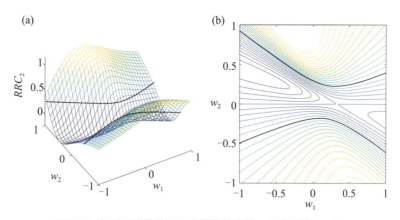

图8.17 相对风险贡献RRC_2曲面和等高线，风险预算$b_2 = 0.3$

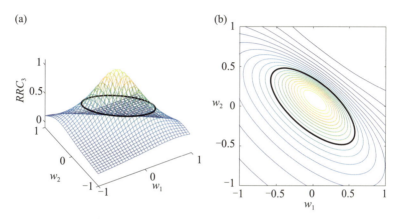

图8.18 相对风险贡献RRC_3曲面和等高线，风险预算$b_3 = 0.5$

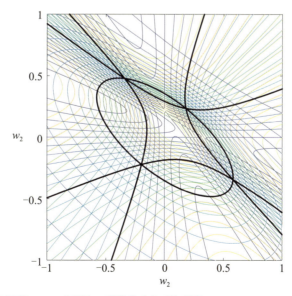

图8.19 资产权重 [−1, 1] 范围内，风险资产权重解的位置，$b_1 = 0.2$、$b_2 = 0.3$、$b_3 = 0.5$

将图8.19中的黑色等高线投影到图8.2所示σ_p曲面等高线上，得到图8.21，可以比较风险预算和σ_p最小值位置。

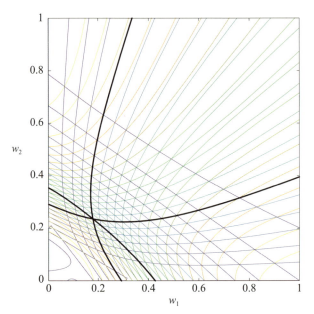

图8.20 资产权重 [0, 1] 范围内，风险资产权重解的位置，$b_1 = 0.2$、$b_2 = 0.3$、$b_3 = 0.5$

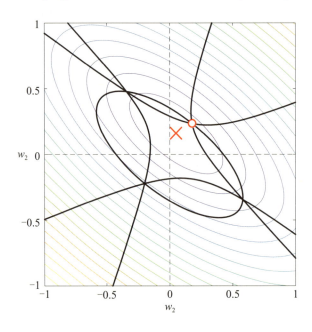

图8.21 资产权重 [-1, 1] 范围内，风险资产权重解的位置叠合σ_p等高线，$b_1 = 0.2$、$b_2 = 0.3$、$b_3 = 0.5$

特别地，如果仅仅保留方差协方差矩阵$\boldsymbol{\Sigma}$的对角线元素，也就是将$\boldsymbol{\Sigma}$转化为**对角矩阵** (diagonal matrix) $\boldsymbol{\Sigma}_d$，则投资组合方差可以通过式8-36计算获得。

$$\sigma_p^2 = \boldsymbol{w}^{\mathrm{T}} \boldsymbol{\Sigma}_d \boldsymbol{w} = \begin{bmatrix} w_1 & w_2 & \cdots & w_n \end{bmatrix} \begin{bmatrix} \sigma_1^2 & & & \\ & \sigma_2^2 & & \\ & & \ddots & \\ & & & \sigma_n^2 \end{bmatrix} \begin{bmatrix} w_1 \\ w_2 \\ \vdots \\ w_n \end{bmatrix} = \sum_{j=1}^{n} w_j^2 \sigma_j^2 \tag{8-36}$$

给定投资组合中第i个资产风险预算b_i，可以通过式8-37计算得到该资产权重w_i反比于σ_i。

$$RRC_i = b_i = \frac{w_i \cdot (\boldsymbol{\Sigma}_\mathrm{d} \boldsymbol{w})_i}{\boldsymbol{w}^\mathrm{T} \boldsymbol{\Sigma}_\mathrm{d} \boldsymbol{w}} = \frac{w_i^2 \sigma_i^2}{\sum\limits_{j=1}^{n} w_j^2 \sigma_j^2} = \frac{w_i^2 \sigma_i^2}{\sigma_p^2} \quad \Rightarrow \quad w_i = \frac{\sqrt{b_i} \sigma_p}{\sigma_i} \tag{8-37}$$

根据资产权重线性约束条件，可以通过式8-38计算w_i。

$$\sum_{j=1}^{n} w_j = 1 \quad \Rightarrow \quad w_i = \frac{\sqrt{b_i}/\sigma_i}{\sum\limits_{j=1}^{n} \sqrt{b_j}/\sigma_j} \tag{8-38}$$

这种资产配置方式叫作**朴素风险预算投资组合** (naive risk budgeting portfolio)。

采用矩阵计算方式，可以通过式8-39计算资产权重列向量。

$$\boldsymbol{w} = \frac{\sqrt{\boldsymbol{b}} \odot \boldsymbol{\sigma}^{-1}}{\boldsymbol{l}^\mathrm{T} \left(\sqrt{\boldsymbol{b}} \odot \boldsymbol{\sigma}^{-1} \right)} \tag{8-39}$$

其中：

$$\boldsymbol{\sigma}^{-1} = \begin{bmatrix} \dfrac{1}{\sigma_1} & \dfrac{1}{\sigma_2} & \cdots & \dfrac{1}{\sigma_n} \end{bmatrix}^\mathrm{T}, \quad \boldsymbol{l} = \begin{bmatrix} 1 & 1 & \cdots & 1 \end{bmatrix}^\mathrm{T} \tag{8-40}$$

本章8.5节会专门介绍如何执行这一投资组合资产配置策略。

8.3 风险平价

风险平价 (risk parity)，又叫风险均衡，是一种资产配置的理念。风险平价的特点在于配置风险，这里风险采用投资组合收益率均方差来度量。简单地说，风险平价投资组合的每个风险资产对整个投资组合风险贡献相同份额。此外，风险平价更一般的形式是风险预算投资组合。

如前文所述，风险平价投资策略的核心是，每个风险资产对整个投资组合风险贡献相同份额，即：

$$RC_i = \frac{\sigma_p}{n} \tag{8-41}$$

即：

$$RRC_i = \frac{1}{n} \tag{8-42}$$

容易发现，风险平价投资组合是风险预算投资组合的一个特例，对于风险平价组合，式8-43成立。

$$b_i = \frac{1}{n}, \quad i = 1, 2, \cdots, n \tag{8-43}$$

为了方便求解风险平价这个优化问题，本节构造如下优化问题。

$$
\arg\min_{\boldsymbol{w}} \sum_{i,j=1}^{n} \left(RC_i - RC_j \right)^2
$$
$$
\text{subject to:} \begin{cases} \boldsymbol{w} \geqslant \boldsymbol{0} \\ \boldsymbol{w}^{\mathrm{T}} \boldsymbol{l} = 1 \end{cases}
$$
(8-44)

本章8.5节采用该优化问题构造，并用fmincon() 函数求解优化解。此外，该优化问题的另外一种构造方式为：

$$
\arg\min_{\boldsymbol{w}} \sum_{i,j=1}^{n} \left(w_i \left(\boldsymbol{\Sigma w} \right)_i - w_j \left(\boldsymbol{\Sigma w} \right)_j \right)^2
$$
$$
\text{subject to:} \begin{cases} \boldsymbol{w} \geqslant \boldsymbol{0} \\ \boldsymbol{w}^{\mathrm{T}} \boldsymbol{l} = 1 \end{cases}
$$
(8-45)

风险平价投资策略下，两个资产构造的投资组合，资产1和资产2对整个投资组合风险贡献相同份额，即：

$$
\begin{cases} RRC_1 = \dfrac{\sigma_1^2 w_1^2 + \rho_{1,2} \sigma_1 \sigma_2 w_1 w_2}{\sigma_p^2} = \dfrac{1}{2} \\[4mm] RRC_2 = \dfrac{\sigma_2^2 w_2^2 + \rho_{1,2} \sigma_1 \sigma_2 w_1 w_2}{\sigma_p^2} = \dfrac{1}{2} \end{cases}
$$
(8-46)

联立式8-46，可以得到式8-47。

$$
w_1^2 \sigma_1^2 = w_2^2 \sigma_2^2 \quad \Rightarrow \quad w_1 \sigma_1 = w_2 \sigma_2
$$
(8-47)

此外，资产1和资产2权重之和为1。

$$
w_1 + w_2 = 1
$$
(8-48)

联立以上两个式子，求解**不允许卖空** (long-only, no short selling, $w_i \geqslant 0$) 情况下资产权重。

$$
\begin{cases} w_1 = \dfrac{\sigma_2}{\sigma_1 + \sigma_2} = \dfrac{1/\sigma_1}{1/\sigma_1 + 1/\sigma_2} \\[4mm] w_2 = \dfrac{\sigma_1}{\sigma_1 + \sigma_2} = \dfrac{1/\sigma_2}{1/\sigma_1 + 1/\sigma_2} \end{cases}
$$
(8-49)

观察以上优化解，可以发现一个很有意思的现象，优化解没有两个风险资产相关性系数。对于多资产优化问题，求解过程则没有这么简单。下面，借助MATLAB优化器fmincon() 函数来求解优化问题。

类似8.1节图8.10～图8.12所示风险预算对应等高线，这里也可以得到三个资产风险平价对应的RRC_1、RRC_2和RRC_3曲面等高线。等高线位置如图8.22～图8.24所示。如图8.25和图8.26所示为风险平价资产权重解位置。

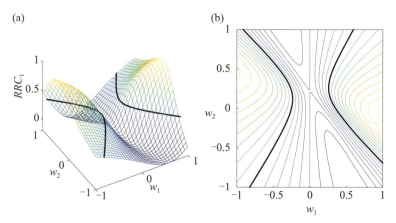

图8.22 相对风险贡献RRC_1曲面和等高线，风险预算$b_1 = 1/3$

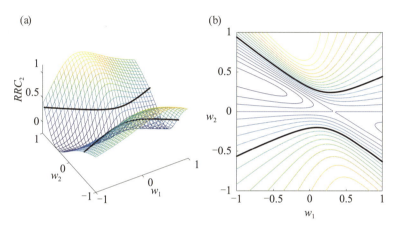

图8.23 相对风险贡献RRC_2曲面和等高线，风险预算$b_2 = 1/3$

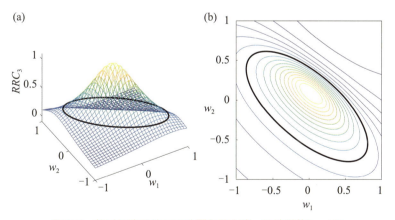

图8.24 相对风险贡献RRC_3曲面和等高线，风险预算$b_3 = 1/3$

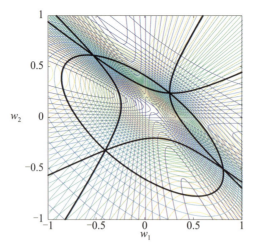

图8.25 [−1, 1] 范围内，风险平价资产权重解的位置，$b_1 = b_2 = b_3 = 1/3$

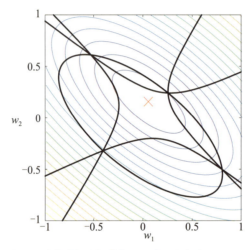

图8.26 [−1, 1] 范围内，风险资产权重解的位置叠合σ_p等高线，$b_1 = 0.2$、$b_2 = 0.3$、$b_3 = 0.5$

朴素风险平价 (naive risk parity) 是一种简化版的风险平价，它只考虑资产收益率均方差。朴素风险平价条件下，资产i的权重w_i为：

$$w_i = \frac{1/\sigma_i}{1/\sigma_1 + 1/\sigma_2 + \cdots 1/\sigma_n} = \frac{1/\sigma_i}{\sum_{j=1}^{n} 1/\sigma_j} \tag{8-50}$$

采用矩阵计算方式，可以用式8-51计算资产权重列向量。

$$\boldsymbol{w} = \frac{\boldsymbol{\sigma}^{-1}}{\boldsymbol{l}^{\mathrm{T}} \boldsymbol{\sigma}^{-1}} \tag{8-51}$$

容易发现这个投资策略的特征是，某个风险资产的权重和自身波动率倒数呈正比。朴素风险平价是8.2节介绍的朴素风险预算投资组合的特殊形式。

请读者自行完成本章前三节并绘制图像。建议读者定义syms符号运算变量，采用符号运算得到投资组合均方差、边际风险贡献MRC、风险贡献RC和相对风险贡献RRC具体公式。然后用meshgrid()函数构造权重矩阵，并用subs() 函数和double() 函数计算得到投资组合均方差、边际风险贡献MRC、风险贡献RC和相对风险贡献RRC具体矩阵数值。最后用mesh()、contour()、contour3() 等函数绘图。此外，本章8.5节会专门介绍如何执行风险平价这一投资策略。

想深入了解风险预算这一话题内容的读者，请大家参考如下两本参考书。

T. Roncalli, *Introduction to Risk Parity and Budgeting*. CRC Press, 2013.
E. Qian, *Risk Parity Fundamentals*. CRC Press, 2016.

8.4 层次风险平价

层次风险平价 (hierarchical risk parity) 是在风险平价策略上衍生出来的一种资产配置方案，它是由康奈尔大学Marcos Lopez de Prado教授于2016年提出。

层次风险平价结合了风险平价和**层次聚类** (hierarchical clustering)，层次聚类是一种**无监督学习** (unsupervised learning) 方法，采用数据之间的 "距离" 远近将样本数据划分为**簇** (cluster)。本书第11章和第12章会专门介绍这种方法，建议读者先学习层次聚类，然后回过头来再学习本节层次风险平价资产配置策略。

层次聚类需要提供任意两个数据点之间的 "距离" (d)，相当于相似度。层次风险平价资产方法，资产i和资产j之间的 "距离" 通过式8-52计算得到，具体如图8.27所示。

$$d_{i,j} = \sqrt{\frac{1-\rho_{i,j}}{2}} \tag{8-52}$$

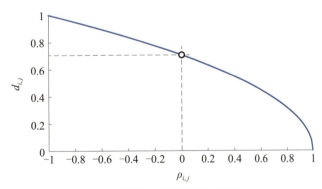

图8.27　相关性系数和距离之间关系

选取17个风险资产，下载窗口长度为2年的历史数据，计算得到相关性矩阵，如图8.28所示。

通过linkage() 函数构建树状图所需数据，然后利用dendrogram() 函数绘制**树形图** (dendrogram)。如图8.30所示是利用图8.29所提供样本数据绘制的树形图。树形图横轴对应股票，纵轴对应数据点间距离和簇间距离。如图8.31所示为根据层次聚类重新排布的相关性矩阵。容易发现，同一行业的个股距离很近，因此被分为一簇，比如：(CITI、JPM和AXP)，(FORD和GM)，(MCD、SBUX和YUM)，(AAPL、ADBE、MSFT、ANSS和GOOG)，(COST和WMT)和 (JNJ和PFE)。

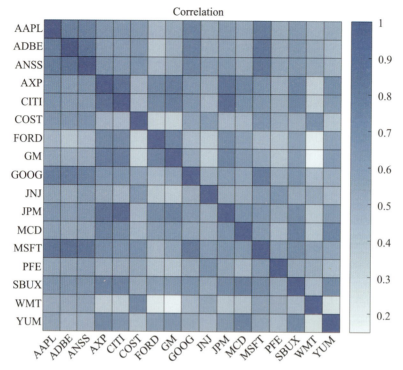

图8.28　相关性矩阵

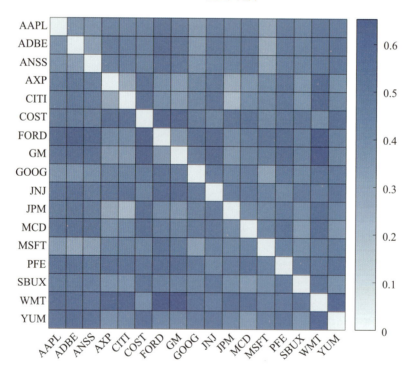

图8.29　距离矩阵

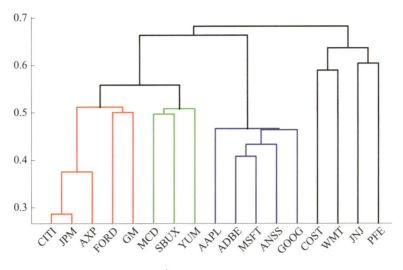

图8.30　距离矩阵数据树形图

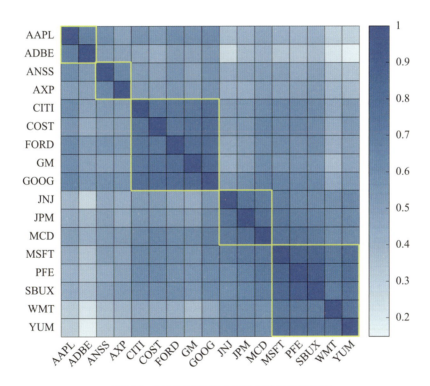

图8.31　根据层次聚类重新排布的相关性矩阵

最关键的一步是根据图8.30所示树形图进行资产权重分配。可以采用自下而上的方法，从最小的簇开始根据方差倒数分配资产权重。而Marcos Lopez de Prado教授采用二分法分配权重，这种方法是自上而下的**递归算法** (recursive algorithm)。

如图8.32所示，根据树形图结果，4个资产的先后顺序为3、2、4、1，按这个次序从中间均分为两簇，3和2为一簇C_{left}，4和1为一簇C_{right}。

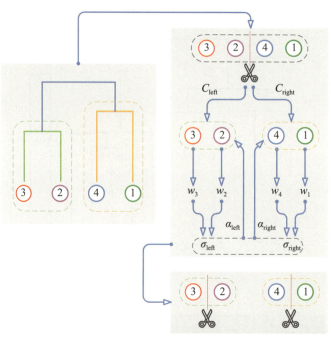

图8.32　二分法分配权重

左侧一簇C_{left}资产权重可通过式8-53计算得到。

$$w_i = \frac{1/\sigma_i^2}{\sum\limits_{k \in C_{\text{left}}} 1/\sigma_k^2} \tag{8-53}$$

对于图8.32所示情况，左侧一簇C_{left}两个资产3和2权重分别为：

$$w_3 = \frac{1/\sigma_3^2}{1/\sigma_2^2 + 1/\sigma_3^2}, \quad w_2 = \frac{1/\sigma_2^2}{1/\sigma_2^2 + 1/\sigma_3^2} \tag{8-54}$$

此时，资产3和资产2的权重之和为1。

$$w_3 + w_2 = 1 \tag{8-55}$$

左侧一簇C_{left}资产权重构成$\boldsymbol{w}_{\text{left}}$列向量；对于图8.32，$\boldsymbol{w}_{\text{left}}$为：

$$\boldsymbol{w}_{\text{left}} = \begin{bmatrix} w_3 \\ w_2 \end{bmatrix} \tag{8-56}$$

同理，右侧一簇C_{right}资产权重通过式8-57计算得到。

$$w_i = \frac{1/\sigma_i^2}{\sum\limits_{k \in C_{\text{right}}} 1/\sigma_k^2} \tag{8-57}$$

右侧一簇C_{right}两个资产4和1权重分别为：

$$w_4 = \frac{1/\sigma_4^2}{1/\sigma_1^2 + 1/\sigma_4^2}, \quad w_1 = \frac{1/\sigma_1^2}{1/\sigma_1^2 + 1/\sigma_4^2} \tag{8-58}$$

同样，资产4和资产1的权重之和为1。

$$w_4 + w_1 = 1 \tag{8-59}$$

右侧一簇C_{right}资产权重构成$\boldsymbol{w}_{\text{right}}$列向量；对于图8.32，$\boldsymbol{w}_{\text{right}}$为：

$$\boldsymbol{w}_{\text{right}} = \begin{bmatrix} w_4 \\ w_1 \end{bmatrix} \tag{8-60}$$

如图8.33所示为根据树形图结果重新排序的方差协方差矩阵。然后根据聚类结果得到$\boldsymbol{\Sigma}_{\text{left}}$和$\boldsymbol{\Sigma}_{\text{right}}$，从而计算出左右两簇的方差。

$$\begin{cases} \sigma_{\text{left}}^2 = \left(\boldsymbol{w}_{\text{left}} \right)^{\text{T}} \boldsymbol{\Sigma}_{\text{left}} \boldsymbol{w}_{\text{left}} \\ \sigma_{\text{right}}^2 = \left(\boldsymbol{w}_{\text{right}} \right)^{\text{T}} \boldsymbol{\Sigma}_{\text{right}} \boldsymbol{w}_{\text{right}} \end{cases} \tag{8-61}$$

根据式8-61计算得到的两个方差，可以进一步计算得到左右两簇分裂因子。

$$\alpha_{\text{left}} = \frac{1/\sigma_{\text{left}}^2}{1/\sigma_{\text{left}}^2 + 1/\sigma_{\text{right}}^2}, \quad \alpha_{\text{right}} = \frac{1/\sigma_{\text{right}}^2}{1/\sigma_{\text{left}}^2 + 1/\sigma_{\text{right}}^2} \tag{8-62}$$

根据分裂因子结果，更新左右两簇资产权重，左侧一簇C_{left}资产权重更新为：

$$w_{i \in C_{\text{left}}} = \frac{1/\sigma_i^2}{\sum\limits_{k \in C_{\text{left}}} 1/\sigma_k^2} \alpha_{\text{left}} = \frac{1/\sigma_i^2}{\sum\limits_{k \in C_{\text{left}}} 1/\sigma_k^2} \frac{1/\sigma_{\text{left}}^2}{1/\sigma_{\text{left}}^2 + 1/\sigma_{\text{right}}^2} \tag{8-63}$$

左侧一簇C_{left}资产权重更新为：

$$w_{j \in C_{\text{right}}} = \frac{1/\sigma_j^2}{\sum\limits_{k \in C_{\text{right}}} 1/\sigma_k^2} \alpha_{\text{right}} = \frac{1/\sigma_j^2}{\sum\limits_{k \in C_{\text{left}}} 1/\sigma_k^2} \frac{1/\sigma_{\text{right}}^2}{1/\sigma_{\text{left}}^2 + 1/\sigma_{\text{right}}^2} \tag{8-64}$$

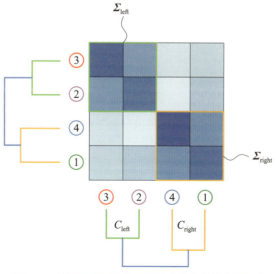

图8.33　根据树形图结果重新排序的方差协方差矩阵

不断重复以上过程直到任意一簇资产数量均为1。特别地，遇到簇内元素为奇数时，可以将居中元素随意分配到左侧簇或右侧簇。比如，MATLAB提供的helperBisectHRP() 函数将居中元素分配到右侧簇。

请读者参考如下MATLAB官方案例绘制类似本节图像。

https://www.mathworks.com/videos/asset-allocation-hierarchical-risk-parity-1577957794663.html
https://www.mathworks.com/help/bioinfo/examples/working-with-the-clustergram-function.html

8.5节将比较层次风险平价和其他投资策略。

8.5 投资策略比较

有了以上理论内容讨论，下面采用第7章的8个风险资产构造并比较以下五种投资组合。

◀ 等权重投资组合 (equal weight portfolio, EWP)；
◀ 方差最小投资组合 (minimum variance portfolio, MVP)；
◀ 风险预算投资组合 (risk budgeting portfolio, RBP)；
◀ 风险平价 (risk parity portfolio, RPP)；
◀ 朴素风险平价 (naive risk parity portfolio, NRPP)；
◀ 层次风险平价 (hierarchical risk parity portfolio, HRPP)。

比较的角度主要有三个：资产权重、风险贡献RC和相对风险贡献RRC。如图8.34所示为8个风险资产的方差协方差矩阵。

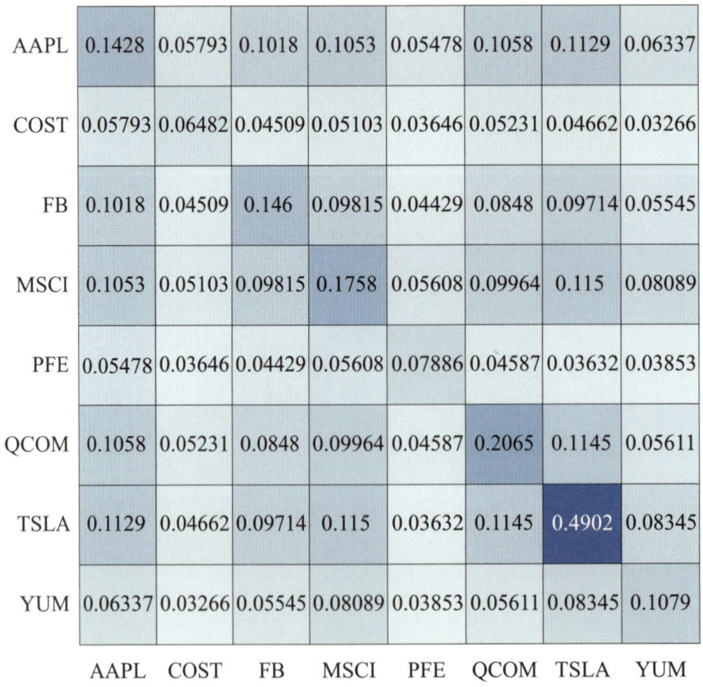

	AAPL	COST	FB	MSCI	PFE	QCOM	TSLA	YUM
AAPL	0.1428	0.05793	0.1018	0.1053	0.05478	0.1058	0.1129	0.06337
COST	0.05793	0.06482	0.04509	0.05103	0.03646	0.05231	0.04662	0.03266
FB	0.1018	0.04509	0.146	0.09815	0.04429	0.0848	0.09714	0.05545
MSCI	0.1053	0.05103	0.09815	0.1758	0.05608	0.09964	0.115	0.08089
PFE	0.05478	0.03646	0.04429	0.05608	0.07886	0.04587	0.03632	0.03853
QCOM	0.1058	0.05231	0.0848	0.09964	0.04587	0.2065	0.1145	0.05611
TSLA	0.1129	0.04662	0.09714	0.115	0.03632	0.1145	0.4902	0.08345
YUM	0.06337	0.03266	0.05545	0.08089	0.03853	0.05611	0.08345	0.1079

图8.34 8个风险资产方差协方差矩阵

方差协方差矩阵是接下来投资组合优化的重要输入参数，但是，为了方便比较8个风险资产的特点，如图8.35和图8.36分别给出8个风险资产相关性矩阵和均方差。

	AAPL	COST	FB	MSCI	PFE	QCOM	TSLA	YUM
AAPL	NaN	0.602	0.7052	0.6644	0.5161	0.616	0.4267	0.5103
COST	0.602	NaN	0.4635	0.4781	0.5099	0.4522	0.2616	0.3904
FB	0.7052	0.4635	NaN	0.6127	0.4128	0.4884	0.3631	0.4417
MSCI	0.6644	0.4781	0.6127	NaN	0.4764	0.5231	0.3919	0.5873
PFE	0.5161	0.5099	0.4128	0.4764	NaN	0.3595	0.1847	0.4176
QCOM	0.616	0.4522	0.4884	0.5231	0.3595	NaN	0.36	0.3758
TSLA	0.4267	0.2616	0.3631	0.3919	0.1847	0.36	NaN	0.3628
YUM	0.5103	0.3904	0.4417	0.5873	0.4176	0.3758	0.3628	NaN

图8.35　8个风险资产相关性矩阵

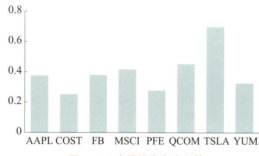

图8.36　8个风险资产均方差

如图8.37所示是最基本的等权重投资组合权重、风险贡献RC和相对风险贡献RRC结果。从图8.37(a) 中可以看出，风险资产权重均为12.5%。整个投资组合的均方差为0.28933。

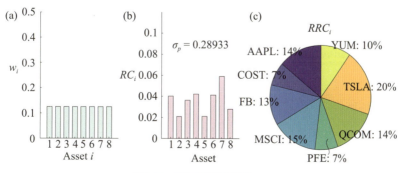

图8.37　等权重投资组合 EWP

以下代码可以绘制图8.34～图8.37。MATLAB中的自定义函数risk_contri() 用来计算风险贡献RC。自定义绘图函数plotbar() 和risk_contri() 可以在本节最后部分代码找到。

```matlab
B5_Ch8_1_A.m

clc; close all; clear all

AssetList = {'AAPL','COST','FB',...
    'MSCI','PFE','QCOM','TSLA','YUM'};

price_assets = hist_stock_data('08092018','08082020',AssetList);

dates_cells = price_assets(1).Date;
dates = datetime(dates_cells, ...
    'InputFormat', 'yyyy-MM-dd');
num_assets = length(AssetList);
num_Bdays_year = 482;
Price_levels = extractfield(price_assets,'AdjClose');
Price_levels = reshape(Price_levels,num_Bdays_year,num_assets);
Returns = price2ret(Price_levels);

RETURN = 252*mean(Returns);
SIGMA = 252*cov(Returns);

try chol(SIGMA)
    disp('Matrix is symmetric positive definite.')
catch ME
    disp('Matrix is not symmetric positive definite')
end

figure
heatmap(AssetList,AssetList,SIGMA);

%% Equal weight portfolio, EWP

weights_0 = ones(1,num_assets)/num_assets;
% equal weights, also initial condition

figure
title_text = 'Equal weight';
RC_EWP = risk_contri(weights_0,SIGMA);

[sigma_p_EWP,return_p_EWP] = plotbar(weights_0,RC_EWP,SIGMA,RETURN,
title_text, AssetList)
```

图8.38中求解最小方差投资组合结果没有采用Portfolio对象，而是用fmincon() 函数。读者可以在本节最后代码找到目标函数min_variance_obj() 的定义。可以发现虽然方差最小投资组合的风险 (收益率均方差) 很小，但是资产分布十分集中。

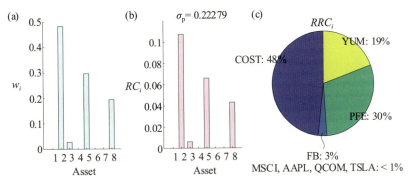

图8.38 方差最小投资组合MVP

配合之前代码，以下代码可以获得图8.38。对优化方法生疏的读者，请参考本丛书第四本优化方法章节内容。

```matlab
B5_Ch8_1_B.m

%% Min variance portfolio, MVP

options = optimoptions(@fmincon,'Display','iter','Algorithm','interior-point');
options.TolFun = 1e-20;

A = []; b = [];

A_eq = ones(1,num_assets);
b_eq = 1;
% linear constraint

LB = zeros(1,num_assets);
UB = ones(1,num_assets);

obj_fcn_min_variance = @(weights2) min_variance_obj(weights2,SIGMA);
% handle of objective function: min variance

[w_min_variance,obj_value_min_var] = fmincon(obj_fcn_min_variance,
weights_0,A,b,A_eq,b_eq,LB,UB,[],options);

figure
title_text = 'Min variance';
RC_MVP = risk_contri(w_min_variance,SIGMA);

[sigma_p_MVP,return_p_MVP] = plotbar(w_min_variance,RC_MVP,SIGMA,RETURN,
title_text, AssetList)
```

求解风险预算投资组合资产权重也是利用fmincon() 函数。设定8个风险资产风险预算，即RRC取值，具体代码如下。如图8.39(b)所示为RRC直方图。

```matlab
budget_b = [0.05,0.05,0.1,0.1,0.15,0.15,0.2,0.2]
```

在本节最后代码中，读者可以找到目标函数risk_budget_obj() 的定义。

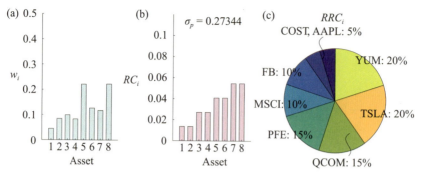

图8.39 风险预算投资组合RBP

配合之前代码，以下代码可以获得图8.39。

```
B5_Ch8_1_C.m
```

```matlab
%% risk budgeting portfolio, RBP

budget_b = [0.05,0.05,0.1,0.1,0.15,0.15,0.2,0.2];
% budget_b = ones(1,num_assets)/num_assets;

obj_fcn_risk_budget = @(x) risk_budget_obj(x,SIGMA,budget_b);
% handle of objective function: risk budget

x_0 = ones(1,num_assets)/num_assets;
% initial condition

A = []; b = [];

A_eq = [];
b_eq = [];
% linear constraint

LB = zeros(1,num_assets);
UB = [];

[w_risk_budget,obj_value_risk_budget] = fmincon(obj_fcn_risk_budget,
x_0,A,b,A_eq,b_eq,LB,UB,[],options);

w_risk_budget = w_risk_budget/sum(w_risk_budget);

figure
title_text = 'Risk budgeting';
RC_RBP = risk_contri(w_risk_budget,SIGMA);

[sigma_p_RBP,return_p_RBP] = plotbar(w_risk_budget,RC_RBP,SIGMA,RETURN,
title_text, AssetList);
```

如图8.40所示为风险平价结果。从图8.40(b) 和 (c) 可以看出，每个风险资产的风险贡献RC和相对风险贡献RRC完全一致。风险平价优化问题也是用fmincon()函数求解。

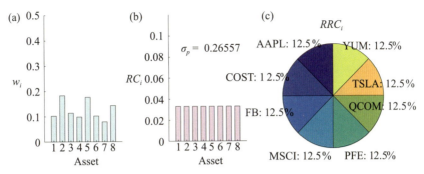

图8.40　风险平价RPP

配合前文代码，以下代码可以完成风险平价优化计算，并绘制图8.40。

```
B5_Ch8_1_D.m

%%  Risk parity portfolio, RPP

obj_fcn_risk_parity = @(weights) risk_parity_obj(weights,SIGMA);
% handle of objective function: risk parity

[w_risk_parity,obj_value_risk_parity] = fmincon(obj_fcn_risk_parity,
weights_0,A,b,A_eq,b_eq,LB,UB,[],options);

figure
title_text = 'Risk parity';
RC_RPP = risk_contri(w_risk_parity,SIGMA);

[sigma_p_RPP,return_p_RPP] = plotbar(w_risk_parity,RC_RPP,SIGMA,RETURN,
title_text, AssetList)
```

朴素风险平价仅仅通过矩阵计算便可以得到风险资产权重，不需要借助优化方法。如图8.41所示是朴素风险平价的结果。

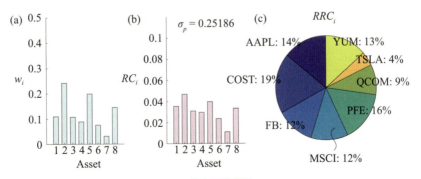

图8.41　朴素风险平价NRPP

配合前文代码，以下代码绘制图8.41。

```
B5_Ch8_1_E.m
```

```
%% naive risk parity portfolio, NRPP
```

```
sigma_vector = diag(SIGMA);
sigma_vector = sigma_vector';
w_naive_risk_parity = 1./sigma_vector/sum(1./sigma_vector);
```

```
figure
title_text = 'Naive risk parity';
RC_NRPP = risk_contri(w_naive_risk_parity,SIGMA);

[sigma_p_NRPP,return_p_NRPP] = plotbar(w_naive_risk_parity,RC_NRPP,SIGMA,
RETURN,title_text, AssetList)
```

层次风险平价资产权重，采用的是MATLAB给出的allocByBisectHRP() 函数求解。如图8.42所示为层次风险平价资产权重。

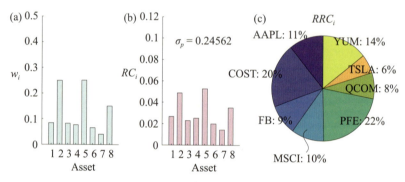

图8.42　层次风险平价HRPP

最后，再用4幅图比较这6种投资策略。如图8.43所示为比较6种策略的年化波动率和年化收益，明显MVP的波动率最小，资产最为集中，但是它的收益率很低。观察图8.44和图8.45，能明显发现风险预算策略很好地控制风险资产分布。如图8.46所示为6种投资策略在Portfolio对象有效前沿上所处的位置，有意思的是层次风险平价结果更靠近有效前沿。请读者注意本节的很多结论仅适用于本节给出的条件，多数结论不能推而广之，要具体情况具体分析。

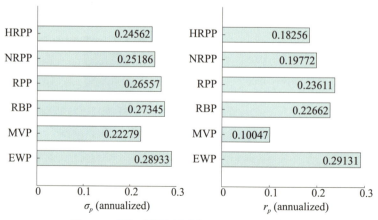

图8.43　比较6种投资策略的年化波动率和年化收益

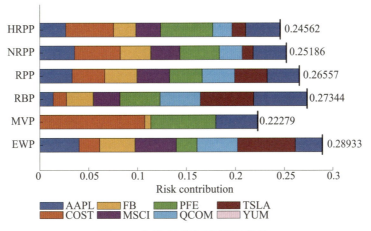

图8.44 比较6种投资策略风险贡献RC

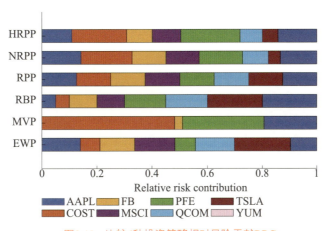

图8.45 比较6种投资策略相对风险贡献RRC

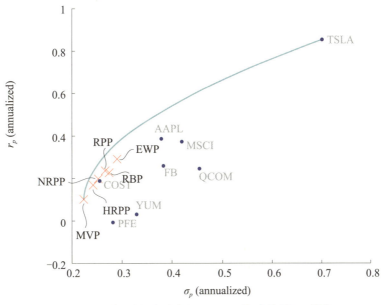

图8.46 比较6种投资策略在Portfolio对象有效前沿上的位置

以下代码可以绘制图8.43～图8.46。

```matlab
%% Compare portfolios

portfolio_names = {'EWP','MVP','RBP','RPP','NRPP','HRPP'};
sigma_p_compare = [sigma_p_EWP;sigma_p_MVP;sigma_p_RBP;sigma_p_RPP;sigma_p_
NRPP;sigma_p_HRPP];
return_p_compare = [return_p_EWP;return_p_MVP;return_p_RBP;return_p_RPP;return_p_
NRPP;sigma_p_HRPP];

figure
subplot(1,2,1)
b = barh(sigma_p_compare,0.6);
set(gca,'yticklabel',portfolio_names)
xlabel('\sigma_p (annualized)'); box off; grid off
xtips1 = b.YData - 0.08;
ytips1 = b.XData;
labels1 = string(b.YData);
text(xtips1,ytips1,labels1,'VerticalAlignment','middle')

subplot(1,2,2)
b = barh(return_p_compare,0.6);
set(gca,'yticklabel',portfolio_names)
xlabel('r_p (annualized)'); box off; grid off
xtips1 = b.YData - 0.08;
ytips1 = b.XData;
labels1 = string(b.YData);
text(xtips1,ytips1,labels1,'VerticalAlignment','middle')

figure

RC_stacked = [RC_EWP'; RC_MVP'; RC_RBP'; RC_RPP'; RC_NRPP'; RC_HRPP'];
barh(RC_stacked,0.6,'stacked')
legend(AssetList)
set(gca,'yticklabel',portfolio_names)
xlabel('Risk contribution')
box off; grid off

figure

RRC_stacked = RC_stacked./sigma_p_compare;
barh(RRC_stacked,0.6,'stacked')
legend(AssetList)
set(gca,'yticklabel',portfolio_names)
xlabel('Relative risk contribution')
box off; grid off
```

```matlab
p = Portfolio('AssetList',AssetList);

p = setDefaultConstraints(p);
% no shorting, 100% investment in risky assets

p = estimateAssetMoments(p,Returns,'missingdata',false);

efficient_frontier_w = estimateFrontier(p, 30);
% Estimate weights

[p_sigma, p_r] = estimatePortMoments(p, efficient_frontier_w);

figure
sigma_i = sqrt(diag(SIGMA));
scatter(sigma_i, RETURN, 6, 'b', 'Filled');
hold on

for k = 1:length(AssetList)
    text(sigma_i(k) + 0.005, RETURN(k), AssetList{k}, 'FontSize', 8);
end

plot(sigma_p_compare,return_p_compare,'rx','MarkerSize',8);

for k = 1:length(portfolio_names)
    text(sigma_p_compare(k) + 0.005, return_p_compare(k), portfolio_names{k},
 'FontSize', 8);
end

plot(sqrt(252)*p_sigma, 252*p_r, 'b-');
xlabel('\sigma_p (annualized)');
ylabel('r_p (annualized)');
grid off; box off;
```

下列代码中的函数为主函数调用的目标函数和自定义函数。

```matlab
%% sub-functions

function obj = risk_parity_obj(weights,SIGMA)

risk_contribution = risk_contri(weights,SIGMA);

[xx,yy] = meshgrid(risk_contribution);

temp = sqrt(abs(xx - yy).^2);
obj = sum(temp(:))./2;

end
```

```matlab
function risk_contribution = risk_contri(weights,SIGMA)

risk_contribution = (weights').*SIGMA*weights'/sqrt(weights*SIGMA*weights');

end

function variance = min_variance_obj(weights,SIGMA)

variance = weights*SIGMA*weights';

end

function cost_fcn = risk_budget_obj(x,SIGMA,budget_b)

cost_fcn = 1/2*x*SIGMA*x' - budget_b*log(x');

end

function [sigma_p,return_p] = plotbar(weights,RC,SIGMA,RETURN,title_text,txt)
subplot(1,3,1)
bar(weights,0.6)
xlabel('Asset'); ylabel('Weight, w_i');
box off; grid off; ylim([0,0.5])
title(title_text)

subplot(1,3,2)
bar(RC,0.6,'r')
sigma_p = sqrt(min_variance_obj(weights,SIGMA));
return_p = weights*RETURN';
title(['\sigma_p = ',num2str(sigma_p)])
xlabel('Asset'); ylabel('Risk contribution, RC_i');
box off; grid off; ylim([0,0.12])

RRC = RC/sigma_p;

subplot(1,3,3)

p = pie(RRC);
pText = findobj(p,'Type','text');
percentValues = get(pText,'String');
combinedtxt = strcat(txt',{': '}, percentValues);

for i = 1:length(percentValues)
    pText(i).String = combinedtxt(i);
end

xlabel('Asset'); title('Relative isk contribution, RRC_i');
```

```
box off; grid off;

end
```

8.6 回顾测试

相信读过本丛书的朋友对**回顾测试** (backtest)，即回测，这个概念并不陌生，本丛书第二本第8章介绍过VaR回测的内容。投资组合回测一般是确定某种优化策略，从历史上某个时间点开始，基于资产历史数据，模拟交易逻辑买入卖出，获得一段时间内投资组合盈亏情况。回测的结果对制定投资策略具有很高的参考价值。

本节将比较本丛书之前讲过的7种投资组合资产配置策略在回测上的表现——**等权重** (equal weight, EWP)、**方差最小** (minimum variance, MVP)、**风险平价** (risk parity, RPP)、**朴素风险平价** (naive risk parity, NRPP)、**层次风险平价** (hierarchical risk parity, HRPP)、有效前沿指定**目标风险** (target risk)、有效前沿指定**目标收益** (target return)。

为了简化回顾测试，假定如下条件

◀ 资产池仅限17种股票，不考虑其他种类资产；
◀ 不允许做空 (no short selling)，即任意资产权重$w_i > 0$；
◀ 资产无限可分，不需要混合整数优化；
◀ 仅考虑资产之和权重为1，不考虑上下界约束、其他线性非线性约束；
◀ 预算约束为100%，即全部资金用于购买股票；
◀ 不考虑流转率约束，不考虑流动性约束；
◀ 不考虑交易费用、税费等其他费用。

下载7只股票4年历史数据。采用250营业日作为回望窗口，收益率为日收益率，也就是采样频率为1天。计算方差协方差矩阵时，不采用EWMA方法。设定每10天 (2周)，**重新平衡** (rebalance)，也就是重新计算并更新资产权重。如图8.47和图8.48比较这7种策略的相对投资组合资产价格和波动率回测情况。

图8.47　相对资产价格水平，回望窗口＝250营业日，无EWMA

如图8.49所示比较的是相对投资组合资产价格回测表现，同时，表8.1总结了7个投资组合统计数据和风险度量，表8.1中收益率为日对数收益率。

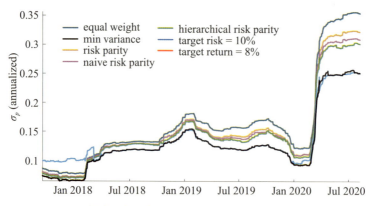

图8.48　投资组合波动率，回望窗口＝250营业日，无EWMA

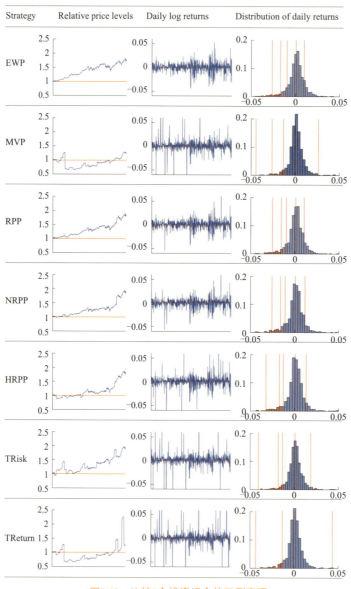

图8.49　比较7个投资组合的回测表现

表8.1　比较7个投资组合统计数据和风险度量

	$E(r_p)$	σ_p	$\max(r_p)$	$\min(r_p)$	95% VaR	95% ES	99% VaR	99% ES
EWP	0.000750	0.0101	0.0535	−0.0442	0.0166	0.0260	0.0316	0.0377
MVP	0.000304	0.0265	0.1477	−0.6084	0.0131	0.0451	0.0335	0.1444
RPP	0.000795	0.0104	0.1038	−0.0546	0.0153	0.0252	0.0309	0.0384
NRPP	0.000848	0.0116	0.1693	−0.0562	0.0158	0.0256	0.0308	0.0399
HRPP	0.000771	0.0133	0.1111	−0.1271	0.0168	0.0321	0.0328	0.0673
TRisk	0.000867	0.0188	0.1478	−0.2297	0.0131	0.0405	0.0377	0.1221
TReturn	0.000295	0.0436	0.6071	−0.6244	0.0131	0.0684	0.0375	0.2572

如图8.50～图8.56所示是每10天重新平衡时，各种投资策略资产权重、风险贡献和相对风险贡献随时间的变化。

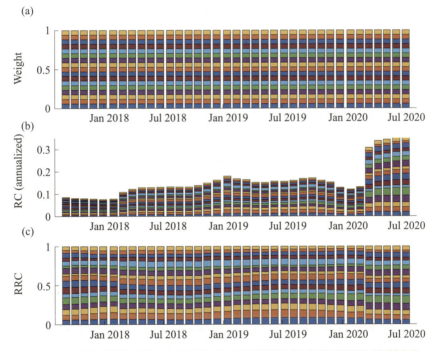

图8.50　等权重投资组合EWP资产权重、风险贡献和相对风险贡献随时间的变化

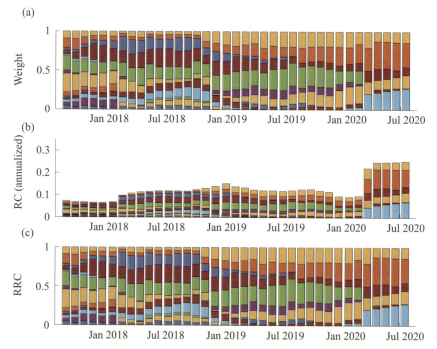

图8.51　方差最小投资组合MVP资产权重、风险贡献和相对风险贡献随时间的变化

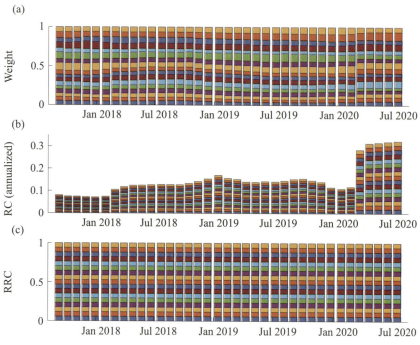

图8.52　风险平价RPP资产权重、风险贡献和相对风险贡献随时间的变化

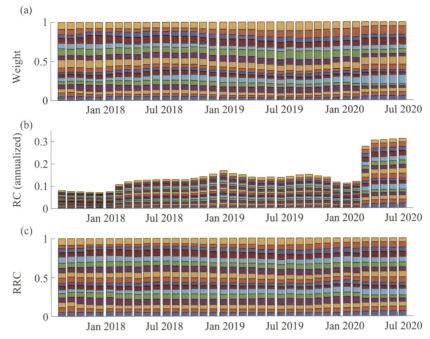

图8.53　朴素风险平价NRPP资产权重、风险贡献和相对风险贡献随时间的变化

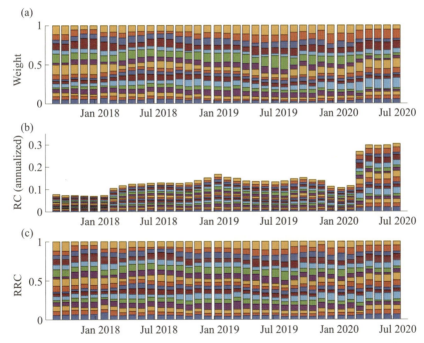

图8.54　层次风险平价HRPP资产权重、风险贡献和相对风险贡献随时间的变化

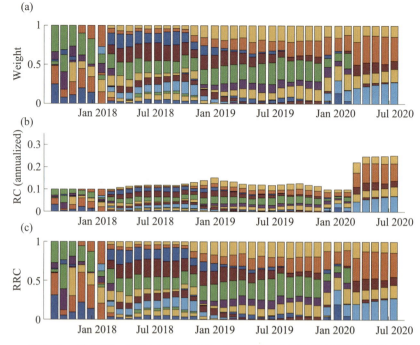

图8.55 目标风险，年化10%资产权重、风险贡献和相对风险贡献随时间的变化

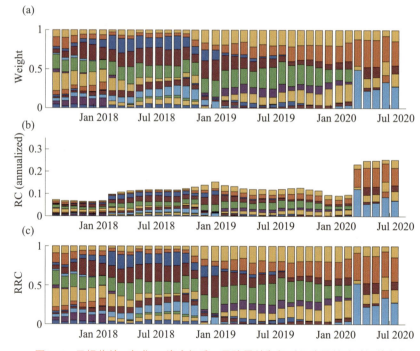

图8.56 目标收益，年化8%资产权重、风险贡献和相对风险贡献随时间的变化

请读者注意，任意一个时间点上方差协方差估算和很多因素有关，比如回望窗口长短、数据采样频率、采样区间是否重叠、是否采用时间平方根法则、是否去均值 (即是否假设收益率均值为0)、是否采用EWMA (即指数加权)、EWMA衰减因子λ大小等都会影响方差协方差矩阵大小。这些内容本丛书第三本第1章和第5章已经深入讲解过，请读者回顾。

当回望窗口宽度减少到125个营业日时，如图8.57和图8.58所示，基于有效前沿的3种策略 (最小方差、指定目标风险和指定目标收益) 跳跃十分明显。当窗口宽度进一步减小到50个营业日时，投资组合价格水平跳动激增，具体如图8.59和图8.60所示。计算方差协方差矩阵时，EWMA，即指数加权移动平均，给回望窗口内越新的数据更高的权重，越久的数据更小的权重。如图8.61和图8.62所示为EWMA衰减因子λ为0.99时，相对资产价格水平和投资组合波动率回归测试结果。有关EWMA衰减因子λ的作用，请参考本丛书第二本第1章和第三本第1章。

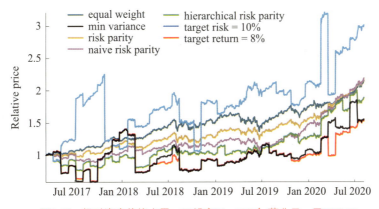

图8.57　相对资产价格水平，回望窗口 = 125个 营业日，无EWMA

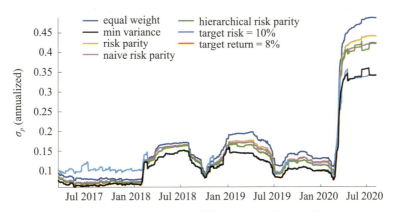

图8.58　投资组合波动率，回望窗口 = 125个 营业日，无EWMA

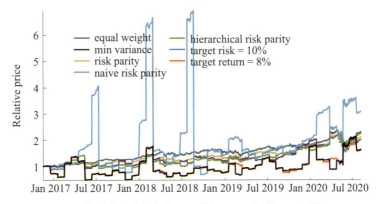

图8.59　相对资产价格水平，回望窗口 = 50个 营业日，无EWMA

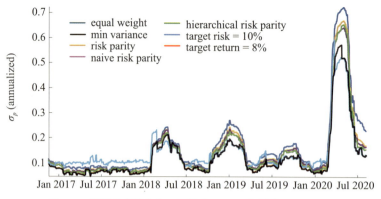

图8.60　投资组合波动率，回望窗口＝50个 营业日，无EWMA

图8.61　相对资产价格水平，回望窗口＝250个营业日，EWMA＝0.99

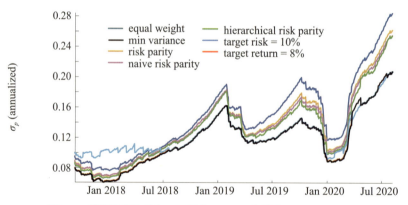

图8.62　投资组合波动率，回望窗口＝250个营业日，EWMA＝0.99

MATLAB官方提供了一个有关选股的讲座，请读者自行学习，链接如下。

https://www.mathworks.com/videos/matlab-for-advanced-portfolio-construction-and-stock-selection-models-120626.html

　　读者可以根据本丛书第二本第8章有关VaR回测代码，结合本丛书第四本书投资组合优化相关章节，以及本章前五节内容，自行编写代码获得本节图像。本丛书第三本第1章给出EWMA方法计算方差协方差矩阵代码。

另外，请读者参考本丛书第四本第10章和本书第7章内容，比较本节几种方法和下列方法。

◀ **切线投资组合** (tangency portfolio, TP)，设定无风险利率水平。
◀ **平均绝对离差最小投资组合** (minimum mean-absolute deviation portfolio, MADP)，设定预期收益或风险。
◀ **预期亏空最小投资组合** (minimum expected shortfall portfolio, ESP)，设定预期收益或风险。

另外，请读者在构造优化目标时，加入收益率成分。第9章，我们将和读者探讨因素投资。

第**9**章

Factor Investment
因素投资

在我这儿，一切都可以变成数学。
With me, everything turns into mathematics.

—— 勒内·笛卡儿 (Rene Descartes)

Core Functions and Syntaxes
本章核心命令代码

- ◀ `bar(X, 0.5)` 绘制条形图，并且定义每条条形的宽度为0.5
- ◀ `corrcoef(A)` 返回 A 的相关系数的矩阵，其中 A 的列表示随机变量，行表示观测值
- ◀ `corrcoef(A,B)` 返回两个随机变量 A 和 B 之间的系数
- ◀ `cov(A,B)` 返回两个随机变量 A 和 B 之间的协方差
- ◀ `diag()` 创建对角矩阵或获取矩阵的对角元素；`diag()` 也可以用来生成方阵，其对角元素为输入向量中的元素
- ◀ `pca()` 原始数据主成分分析。`[coeff,score,latent]=pca(X)` 返回 $n×p$ 数据矩阵 X 主成分系数 `coeff`，也称为载荷。X 行对应于观测值，列对应于变量。系数矩阵是 $p×p$ 矩阵。`coeff` 每列包含一个主成分系数，并且这些列按成分方差降序排列。`score` 中返回主成分分数，在 `latent` 中返回主成分方差。默认情况下，`pca` 将数据中心化，并使用奇异值分解 (SVD) 算法 `quiver(x,y,u,v)` 绘制速度图，在每一个二维点 (x,y) 绘制箭头矢量；矢量方向和幅值由 (u,v) 定义
- ◀ `quadprog()` 二次规划优化函数
- ◀ `readtable(filename)` 通过从文件中读取列向数据来创建表。`readtable` 基于文件的扩展名确定文件格式：`.txt`、`.dat` 或 `.csv`(适用于带分隔符的文本文件)；`.xls`、`.xlsb`、`.xlsm`、`.xlsx`、`.xltm`、`.xltx` 或 `.ods`(适用于电子表格文件)
- ◀ `ret2price()` 将收益率转化为价格
- ◀ `std()` 计算标准差
- ◀ `stem(x,y)` 绘制火柴梗图/针状图

9.1 单因子模型和CAPM市场模型

单因子模型，即用一个因子来表达资产的收益，那么它的通项式为：

$$R_i = \alpha_i + \beta_i F + e_i \tag{9-1}$$

式中：F为因子收益；α_i为截距项；β_i为**载荷** (loading)，也通常称为β系数；i为某个资产的序数；e_i为误差项。

由此，在单因子模型表达下，资产收益的期望值和方差的表达为：

$$\begin{aligned} \mathrm{E}(R_i) &= \alpha_i + \beta_i \mathrm{E}(F) \\ \mathrm{var}(R_i) &= \sigma_{R_i}^2 = \beta_i^2 \mathrm{var}(F) + \mathrm{var}(e_i) \end{aligned} \tag{9-2}$$

需要指出的是，收益R_i通常指资产的**超额收益** (excess rate of return)，即$r_i - r_f$。

单因子模型中的系数β_i，可以通过式9-3推导得到。

$$\begin{aligned} \mathrm{cov}(R_i, F) &= \mathrm{cov}(\alpha_i + \beta_i F + e_i, F) \\ &= \mathrm{cov}(\beta_i F, F) + \mathrm{cov}(e_i, F) \\ &= \beta_i \mathrm{var}(F) = \beta_i \sigma_F^2 \\ \Rightarrow \beta_i &= \frac{\mathrm{cov}(R_i, F)}{\sigma_F^2} = \frac{\rho \sigma_{R_i} \sigma_F}{\sigma_F^2} = \rho \frac{\sigma_{R_i}}{\sigma_F} \end{aligned} \tag{9-3}$$

最常见的单因子模型便是**资本资产定价模型** (Capital Asset Pricing Model，CAPM)。相关内容在本丛书第二本第9章中已经有过介绍。它在投资组合分析和定价领域有着很广泛的应用。在本小节，先简略回顾一下。

在CAPM模型下，某一只股票的**资产超额收益** $r_i - r_f$，可以用**市场超额收益** (market excess rate of return) $r_M - r_f$来表达。

$$r_i - r_f = \alpha_i + \beta_i(r_m - r_f) + e_i \tag{9-4}$$

也可以简写为：

$$R_i = \alpha_i + \beta_i R_M + e_i \tag{9-5}$$

其中，R_i和R_M为：

$$\begin{aligned} R_i &= r_i - r_f \\ R_M &= r_M - r_f \end{aligned} \tag{9-6}$$

CAPM模型解释了一个资产超额收益和市场超额收益呈线性关系，而这个线性关系由β系数决定。基于前面的推导，可以得出系数为：

$$\beta_i = \frac{\mathrm{cov}(R_i, R_M)}{\sigma_M^2} = \rho \frac{\sigma_{R_i}}{\sigma_M} \tag{9-7}$$

CAPM模型的一个重要应用是**证券市场线**（security market line），证券市场线也即为一种定价理论。

$$E(r_i) = r_f + \beta_i \left[E(r_m) - r_f \right] \tag{9-8}$$

如图9.1描绘出证券市场线，横轴为β，纵轴为$E(r_i)$。如果β为1，那么资产的收益预期 $E(r_i)$ 就等于市场的收益预期$E(r_M)$。

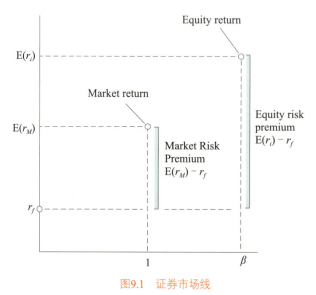

图9.1 证券市场线

证券市场线描述了资产的收益预期和相对市场风险之间的关系。它表达了一个资产的收益预期应该等于**无风险收益**（risk-free return），加上**风险溢出**（risk premium）$r_i - r_f$，即超额收益。在CAPM模型下，这个风险溢出由β所决定，表达为$\beta_i(r_M - r_f)$。

读者需要注意的是证券市场线所描述的是相对市场的风险，并非资产的总风险$\sigma_{R_i}^2$。因为证券市场线并不包括公司自身的风险 $\sigma_{e_i}^2$。这也是很多同学在学习这个概念时常常混淆的地方。

除了在定价上的应用外，因子模型也可以对资产收益的风险进行解释。因此，当应用因子模型的时候，需要理解总风险$\sigma_{R_i}^2$中有多少风险是被因子所解释，又有多少风险是未知的，或者是基于资产自身的**非系统性风险**（idiosyncratic risk，或non-systematic risk）。

回到单因子模型的基本表达为：

$$R_i = \alpha_i + \beta_i F + e_i \tag{9-9}$$

不难看出，因子模型的本质也是一个线性回归的过程来寻找 β_i。可以利用决定系数R^2来理解资产的风险的来源。

通过定义，R^2可以表达为：

$$R^2 = 1 - \frac{\text{var}(e_i)}{\text{var}(R_i)} \tag{9-10}$$

由于var(e_i)往往是未知的，通过推导，能简单利用相关性ρ来计算R^2。

$$R^2 = 1 - \frac{\text{var}(e_i)}{\text{var}(R_i)}$$

$$= \frac{\text{var}(\beta_i F)}{\text{var}(R_i)} = \beta_i^2 \frac{\sigma_F^2}{\sigma_{R_i}^2} = \left(\rho \frac{\sigma_{R_i}}{\sigma_F}\right)^2 \frac{\sigma_F^2}{\sigma_{R_i}^2} \tag{9-11}$$

$$= \rho^2$$

因此，当相关性为±1时 (R^2为100%)，因子可以完全解释标的资产收益的总风险。正负号表示因子收益波动的方向和标的资产收益波动方向完全一致(+)或者完全相反(–)。当相关性为0时 (R^2为0%)，意味着因子的波动和资产的波动各自线性独立，选择的因子不能线性解释资产风险。

表9.1 38支美股市场模型分析

Ticker	Beta	Volatility	Systematic risk(R^2)	Idiosyncratic risk
AAPL	1.39	44%	25%	75%
ADBE	1.51	40%	36%	64%
AIG	1.98	68%	21%	79%
AMZN	1.68	52%	25%	75%
ANSS	1.10	31%	30%	70%
AXP	1.35	30%	49%	51%
BA	1.12	32%	30%	70%
C	1.92	45%	46%	54%
CAT	1.28	32%	39%	61%
COST	0.81	25%	26%	74%
DD	1.41	35%	39%	61%
DIS	1.07	26%	42%	58%
ETN	1.12	27%	42%	58%
F	1.55	47%	27%	73%
FDX	1.04	28%	34%	66%
GE	1.23	29%	43%	57%
HD	1.04	26%	39%	61%
HON	1.21	30%	40%	60%
HPQ	1.41	35%	39%	61%
IBM	1.03	26%	38%	62%
INTC	1.32	36%	34%	66%
JNJ	0.45	17%	16%	84%
JPM	1.45	33%	49%	51%
KO	0.49	20%	14%	86%
MCD	0.60	21%	21%	79%
MMM	0.74	21%	31%	69%
MS	1.77	39%	52%	48%
MSFT	1.14	30%	35%	65%
NKE	0.73	28%	17%	83%
PFE	0.58	21%	19%	81%
PG	0.28	19%	5%	95%
QCOM	1.40	44%	24%	76%
RL	1.23	34%	32%	68%
SBUX	0.99	33%	22%	78%
TIF	1.69	39%	47%	53%
WMT	0.44	21%	11%	89%
XOM	0.63	19%	27%	73%
YUM	0.64	26%	15%	85%

本节，我们用38只美股来做一组CAPM模型分析。分析选取的数据为1998年1月至2020年3月的每月超额收益。从表9.1中，可以发现CAPM对某一些股票的风险具有较高的解释性 (基于表9.1的第四列)，比如微软 (MS)、美国运通 (AXP)、摩根大通 (JPM)。

在利用单因子CAPM分析的基础上，做一组优化分析，计算由这38只美股所组成的**最小风险投资组合** (global minimum variance portfolio)。图9.2和图9.3中比较了传统**马科维茨均值方差投资组合理论** (markowitz mean-variance portfolio theory) 方法来做优化分析和利用CAPM单因子模型来做优化分析。本丛书第二本和第四本对均值方差投资组合理论有详细的介绍。

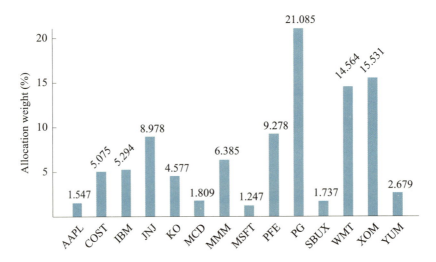

图9.2　GMVP投资组合资产权重，基于传统方法

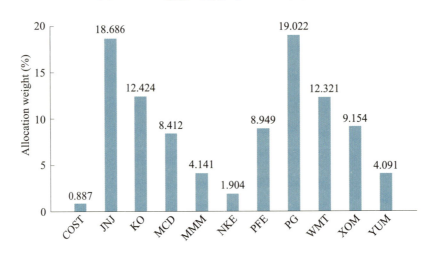

图9.3　GMVP投资组合资产权重，基于因子法

可以看出，它们的结果大体上类似，比如投资组合中有大比重在宝洁公司 (PG)、沃尔玛 (WMT)、埃克森美孚公司 (XOM)和百胜餐饮集团 (YUM)。但是还是有一些细小区别，而这些区别主要来源于CAPM模型舍去了每组个股之间非系统性风险之间的相关性信息。

图9.4～图9.6列出了每对个股的残值相关性。如果因子模型的表达非常完美，那么每个资产的残值应当相互独立。这是理论上因子模型的一个重要假设。

	AAPL	ADBE	AIG	AMZN	ANSS	AXP	BA	C	CAT	COST	DD	DIS	ETN
AAPL	1												
ADBE	0.08	1											
AIG	−0.02	−0.06	1										
AMZN	0.11	0.2	−0.15	1									
ANSS	−0.01	0.16	0.1	−0.08	1								
AXP	−0.15	0	0.24	−0.03	−0.045	1							
BA	−0.22	−0.06	0.2	−0.17	−0.067	0.285	1						
C	−0.18	−0.1	0.39	−0.22	−0.047	0.384	0.211	1					
CAT	−0.13	−0.08	0.08	−0.13	0.107	0.199	0.087	0.127	1				
COST	0.1	−0.06	−0.08	0.09	−0.023	−0.077	−0.131	−0.037	−0.139	1			
DD	−0.17	−0.04	0.12	−0.19	0.03	0.41	0.24	0.316	0.411	−0.075	1		
DIS	−0.08	−0.04	0.03	−0.07	0.025	0.235	0.254	0.15	0.051	0.055	0.168	1	
ETN	−0.04	−0.02	0.09	−0.12	0.131	0.065	0.183	−0.073	0.51	−0.047	0.277	0.096	1
F	−0.12	−0.01	−0.02	−0.06	−0.01	0.319	0.089	0.077	0.209	−0.004	0.323	0.122	0.134
FDX	−0.08	−0.02	−0	0.01	0.011	0.246	0.088	0.167	0.227	0.06	0.216	0.105	0.219
GE	−0.1	−0.02	0.18	−0.13	−0.084	0.161	0.104	0.299	0.026	−0.097	0.155	0.063	−0.074
HD	−0.09	−0.04	−0.04	0.03	0.007	0.044	−0.106	−0.065	−0.091	0.26	−0.046	−0.086	−0.122
HON	−0.19	−0.04	0.09	0.15	−0.017	0.156	0.252	0.027	0.316	−0.101	0.209	0.16	0.41
HPQ	0.16	0.16	−0.17	0.06	0.081	−0.076	−0.079	−0.14	−0.1	−0.046	−0.116	0.107	0.067
IBM	0.13	−0.1	−0.14	0.12	0.03	−0.069	−0.17	−0.063	−0.043	−0.109	−0.127	−0.018	0.006
INTC	0.43	0.15	−0.08	0.24	0.008	−0.063	−0.164	−0.112	−0.035	−7E-04	−0.207	0.089	−0.012
JNJ	−0.12	−0.03	0.04	−0.04	−0.036	0.144	0.064	0.122	0.051	−0.023	0.011	−0.019	−0.04
JPM	−0.14	−0.18	−0.09	−0.07	−0.193	0.226	−0.028	0.451	0.009	0.031	0.132	0.107	−0.184
KO	−0.16	−0.16	0.06	−0.09	−0.084	0.145	0.179	0.099	−7E-04	−0.003	0.036	0.087	−0.025
MCD	−0.11	−0.12	0.05	0.06	−0.021	0.126	0.107	0.024	0.058	0.143	−0.01	0.114	0.005
MMM	−0.1	−0	0.03	−0.14	0.099	0.185	0.207	0.088	0.375	−0.084	0.366	0.081	0.396
MS	−0.01	−0.06	0.21	−0.04	−0.182	−0.001	−0.059	0.113	−0.121	−0.005	−0.136	0.025	−0.122
MSFT	0.16	−0.02	−0.06	0.22	−0.14	−0.142	−0.245	−0.091	−0.179	0.033	−0.195	−0.164	−0.262
NKE	−0.11	−0.04	−0	−0.02	−0.079	0.209	0.111	0.174	0.213	0.129	0.219	0.116	0.026
PFE	−0.21	−0.08	0.08	−0.05	−0.121	0.03	0.034	0.165	0.007	0.035	−0.075	0.079	−0.184
PG	−0.22	−0.02	−0.01	0.01	0.015	0.156	0.071	0.098	0.042	0.048	0.101	−0.085	0.029
QCOM	0.06	0.09	−0.03	0.07	−0.035	−0.034	−0.09	−0.043	−0.014	0.075	0.044	−0.1	−0.045
RL	0.07	−0.06	0.03	−0.14	−0.074	0.036	0.184	0.102	0.186	−0.019	0.094	0.033	0.241
SBUX	−0.03	0.1	−0.04	0.09	−0.023	0.104	0.02	0.067	−0.062	0.134	0.085	0.126	−0.067
TIF	0.12	0.03	0.02	0.2	−0.097	0.08	−0.051	0.031	0.063	0.135	−0.025	0.049	0.098
WMT	−0.12	−0.12	−0.06	0.05	−0.107	0.012	−0.137	0.056	0.017	0.196	−0.006	−0.105	−0.167
XOM	−0.1	−0.1	0.02	−0.16	0.033	0.024	0.255	0.033	0.186	−0.215	0.083	0.022	0.174
YUM	0.01	0	0.04	0.14	−0.034	0.082	0.1	0.001	0.075	0.075	0.094	0.039	0.117

图9.4　残值相关性矩阵热图，第一部分

	F	FDX	GE	HD	HON	HPQ	IBM	INTC	JNJ	JPM	KO	MCD	MMM
F	1												
FDX	0.197	1											
GE	0.057	0.09	1										
HD	0.052	0.093	0.036	1									
HON	0.081	0.066	0.052	−0.082	1								
HPQ	−0.06	−0.074	−0.143	−0.117	−0.033	1							
IBM	−0.071	−0.041	−0.025	0.017	0.051	0.207	1						
INTC	−0.068	−0.108	−0.108	−0.129	0.019	0.272	0.24	1					
JNJ	0.009	0.028	0.091	−0.167	−0.023	−0.201	−0.057	−0.031	1				
JPM	0.114	0.061	0.04	0.086	0.033	−0.114	0.028	−0.045	−0.079	1			
KO	0.166	0.154	−0.024	−0.113	0.08	−0.202	−0.161	−0.176	0.338	0.096	1		
MCD	0.083	−0.051	−0.012	0.102	0.273	−0.155	−0.051	−0.091	0.192	0.12	0.321	1	
MMM	0.052	0.142	0.021	−0.021	0.189	−0.011	−0.011	−0.045	0.188	−0.06	0.1	−0.028	1
MS	−0.092	−0.069	−0.001	0.001	−0.044	−0.017	0.041	−0.034	−0.104	0.33	−0.006	−0.022	−0.118
MSFT	−0.041	−0.074	−0.001	0.008	−0.182	0.049	0.114	0.235	−0.069	0.003	−0.101	−0.05	−0.265
NKE	0.17	0.201	0.088	0.141	0.034	−0.173	0.022	−0.102	0.113	0.121	0.086	0.213	0.144
PFE	−0.007	−0.012	0.058	−0.055	−0.031	−0.175	−0.136	−0.089	0.395	0.132	0.131	0.228	−0.016
PG	0.02	0.072	0.098	−0.069	0.132	−0.137	−0.226	−0.193	0.356	0.053	0.377	0.161	0.153
QCOM	−0.036	−0.051	−0.078	0.134	0.029	0.075	0.053	−0.049	−0.065	−0.044	−0.094	−0.045	0.04
RL	0.093	0.092	0.066	−0.038	0.123	−0.044	−0.07	0.036	−0.109	0.052	0.028	−0.03	0.108
SBUX	0.002	0.238	−0.07	−0.011	−0.084	−0.078	0.046	−0.047	−0.063	0.075	0.074	−0.026	0.015
TIF	−0.036	0.126	0.01	0.101	0.138	0.063	0.012	0.149	−0.168	0.029	−0.103	0.005	−0.036
WMT	0.142	0.167	0.032	0.34	−0.046	−0.189	−0.02	−0.076	0.21	0.13	0.132	0.198	−0.019
XOM	0.041	0.03	0.054	−0.163	0.166	−0.089	0.07	−0.202	0.128	−0.103	0.196	0.168	0.181
YUM	0.114	0.201	0.072	0.032	0.201	−0.164	0.029	−0.117	0.151	−0.07	0.069	0.27	−0.023

图9.5　残值相关性矩阵热图，第二部分

	MS	MSFT	NKE	PFE	PG	QCOM	RL	SBUX	TIF	WMT	XOM	YUM
MS	1											
MSFT	−0.024	1										
NKE	0.036	−0.081	1									
PFE	−0.07	−0.03	0.084	1								
PG	−0.047	−0.192	0.065	0.102	1							
QCOM	0.079	0.067	0.043	−0.169	0.021	1						
RL	0.008	−0.058	0.05	−0.159	0.025	−0.043	1					
SBUX	−0.037	0.062	0.139	0.007	−0.09	−0.067	0.037	1				
TIF	0.115	0.15	0.11	−0.175	−0.073	0.09	0.221	0.058	1			
WMT	0.057	0.122	0.257	0.096	0.11	0.186	−0.058	−0.011	0.051	1		
XOM	−0.087	−0.14	0.011	0.088	0.096	−0.017	0.014	−0.108	−0.143	−0.082	1	
YUM	−0.056	−0.068	0.149	0.085	0.062	−0.034	0.113	0.082	0.043	0.189	0.02	1

图9.6　残值相关性矩阵热图，第三部分

　　如果有残值间相关性过高，说明这些资产的某些系统性风险没有被选择的因子所解释。因此，不能单纯地认为因子模型的残值就一定代表非系统风险。更准确地说，残值代表了没有被模型因子所表达的信息，或者未知信息，它包括了模型的误差。通常，在建立投资组合时，往往理论上认为，由于相互之间非系统性风险并无相关性，非系统性风险会随着资产个数的增加，能够有很大程度地减小。但是，当残值间存在有较大相关性时，同时增加这两个资产并不会减小非系统风险。

　　在上面的例子中，卡特彼勒 (CAT)、伊顿公司 (ETN) 都属于重工业行业，它们之间的残值相关性高达 51%。再比如作为美国金融业界翘楚的摩根大通 (JPM) 和花旗集团 (C)，它们的残值相关性达到45%。除此之外，苹果 (AAPL) 和英特尔 (INTC)，这两个科技界的巨头间的残值相关性也达到了43%。这几对高残值相关性都没有被单因子模型解释出来，因此就有一大部分的风险信息未能被模型解锁。也许加入更多合适的因子，这些信息就能被解读。

　　重要的是，利用因子模型来解释每个资产的风险也是对投资组合管理提供信息降维的过程。本例选取了38只股票，如果要做投资优化设计的话，需要计算38个波动率。但是通过因子模型的表达，只需要计算出因子本身的波动率，从而大大减少计算量。

　　以下代码可以获得图9.1~图9.6、表9.1。

```matlab
B5_Ch9_1.m

clc; close all; clear all

%% Data input
T = readtable('FactorModel_example.xlsx','Sheet','OneFactor');

%% Extract data
Ticker = T.Properties.VariableNames(2:end-1)';
singlename_ExcessRet = T(:,2:end-1).Variables;
Mkt_ExcessRet = T(:,end).Variables;

%% Calculate covariance, singlename volatilty (standard deviation)
singlename_Covariance = cov(singlename_ExcessRet);
singlename_Correlation = corrcoef(singlename_ExcessRet);

% calculate singlename volatility
singlename_std = sqrt(diag(singlename_Covariance))*sqrt(12); % annualized

% calculate MKT volatility
Mkt_std=std(Mkt_ExcessRet)*sqrt(12);

%% calculate beta, R_sqr, Systematic Risk, Idiosyncratic Risk
cross_Cov = ((singlename_ExcessRet'*Mkt_ExcessRet)/(size(Mkt_ExcessRet,1)-1)...
    - mean(singlename_ExcessRet)'*mean(Mkt_ExcessRet))';

beta_array  = (cov(Mkt_ExcessRet)\cross_Cov)';

%% calculate Residual covariance & correlation
ResidualRet = singlename_ExcessRet - Mkt_ExcessRet*beta_array ';
Residual_Covariance = cov(ResidualRet);
Residual_Correlation = corrcoef(ResidualRet);

%% calculate R_sqr, Systematic Risk, Idiosyncratic Risk
rho_array = diag(corr(singlename_ExcessRet,Mkt_ExcessRet*beta_array '));
R_sqr_array = rho_array.^2;
Sys_Risk = R_sqr_array;
Idio_Risk = 1- Sys_Risk;
```

```
%% calculate covariance using one-factor market model
Mkt_model_Covariance = beta_array *cov(Mkt_ExcessRet)*beta_array ' +
diag(diag(Residual_Covariance));
Mkt_model_Correlation = Mkt_model_Covariance./(singlename_std*singlename_std');

%% Traditional way to calculate GMVP
Weight_traditional = quadprog(singlename_Covariance,[],[],[],...
    ones(1,size(singlename_ExcessRet,2)),1,...
    zeros(size(singlename_ExcessRet,2),1),ones(size(singlename_ExcessRet,2),1));

%% One-factor approach to calculate GMVP
Weight_factor = quadprog(Mkt_model_Covariance,[],[],[],...
    ones(1,size(singlename_ExcessRet,2)),1,...
zeros(size(singlename_ExcessRet,2),1),ones(size(singlename_ExcessRet,2),1));

%% GMVP allocation
figure

subplot(2,1,1)
bar(Weight_traditional(Weight_traditional > 0.001)'*100, 'BarWidth', 0.4)
set(gca,'xticklabel',Ticker(Weight_traditional > 0.001));
ylabel('Allocation(%) - traditional approach')
text(1:length(Weight_traditional(Weight_traditional > 0.001)),...
    Weight_traditional(Weight_traditional > 0.001)'*100,...
    num2str(Weight_traditional(Weight_traditional > 0.001)*100, '%0.3f')...
,'vert','bottom','horiz','center');
box off

subplot(2,1,2)
bar(Weight_factor(Weight_factor > 0.001)'*100, 'BarWidth', 0.4)
set(gca,'xticklabel',Ticker(Weight_factor > 0.001));
ylabel('Allocation(%) - factor approach')
text(1:length(Weight_factor(Weight_factor > 0.001)),...
    Weight_factor(Weight_factor > 0.001)'*100,...
    num2str(Weight_factor(Weight_factor > 0.001)*100, '%0.3f')...
,'vert','bottom','horiz','center');
box off
```

9.2 双因子模型

　　单因子的表达常常不足以完全理解资产收益，建模过程中往往会尝试加入更多的因子来解释资产收益的波动。本节重点关注双因子模型的表达。为了便于理解和比较，本节同时列出单因子和双因子模型的表达形式。

单因子模型表达式为:

$$R_i = \alpha_i + \beta_i F + e_i \tag{9-12}$$

双因子模型表达式为:

$$R_i = \alpha_i + \beta_{i,1} F_1 + \beta_{i,2} F_2 + e_i \tag{9-13}$$

单因子模型期望值为:

$$\mathrm{E}(R_i) = \alpha_i + \beta_i \mathrm{E}(F) \tag{9-14}$$

双因子模型期望值为:

$$\mathrm{E}(R_i) = \alpha_i + \beta_{i,1} \mathrm{E}(F_1) + \beta_{i,2} \mathrm{E}(F_2) \tag{9-15}$$

对于双资产i和j,它们的单因子模型表达式为:

$$\begin{cases} R_j = \alpha_j + \beta_j F + e_j \\ R_i = \alpha_i + \beta_i F + e_i \end{cases} \tag{9-16}$$

两者各自的方差为:

$$\begin{cases} \mathrm{var}(R_i) = \sigma_{R_i}^2 = \beta_i^2 \, \mathrm{var}(F) + \mathrm{var}(e_i) \\ \mathrm{var}(R_j) = \sigma_{R_j}^2 = \beta_j^2 \, \mathrm{var}(F) + \mathrm{var}(e_j) \end{cases} \tag{9-17}$$

两者之间协方差为:

$$\mathrm{cov}(R_i, R_j) = \beta_i \beta_j \, \mathrm{var}(F) + \mathrm{cov}(e_i, e_j) = \beta_i \beta_j \sigma_F^2 \tag{9-18}$$

同样对于这两个资产$(i$和$j)$,如果采用双因子模型,则两者表达式为:

$$\begin{cases} R_i = \alpha_i + \beta_{i,1} F_1 + \beta_{i,2} F_2 + e_i \\ R_j = \alpha_j + \beta_{j,1} F_1 + \beta_{j,2} F_2 + e_j \end{cases} \tag{9-19}$$

两者方差为:

$$\begin{cases} \begin{aligned} \mathrm{var}(R_i) &= \beta_{i,1}^2 \, \mathrm{var}(F_1) + \beta_{i,2}^2 \, \mathrm{var}(F_2) + 2\beta_{i,1}\beta_{i,2} \, \mathrm{cov}(F_1, F_2) + \mathrm{var}(e_i) \\ &= \begin{bmatrix} \beta_{i,1} & \beta_{i,2} \end{bmatrix} \begin{bmatrix} \sigma_{F_1}^2 & \rho_{F_1,F_2}\sigma_{F_1}\sigma_{F_2} \\ \rho_{F_1,F_2}\sigma_{F_1}\sigma_{F_2} & \sigma_{F_2}^2 \end{bmatrix} \begin{bmatrix} \beta_{i,1} \\ \beta_{i,2} \end{bmatrix} + \sigma_{e_i}^2 \end{aligned} \\ \begin{aligned} \mathrm{var}(R_j) &= \beta_{j,1}^2 \, \mathrm{var}(F_1) + \beta_{j,2}^2 \, \mathrm{var}(F_2) + 2\beta_{j,1}\beta_{j,2} \, \mathrm{cov}(F_1, F_2) + \mathrm{var}(e_j) \\ &= \begin{bmatrix} \beta_{j,1} & \beta_{j,2} \end{bmatrix} \begin{bmatrix} \sigma_{F_1}^2 & \rho_{F_1,F_2}\sigma_{F_1}\sigma_{F_2} \\ \rho_{F_1,F_2}\sigma_{F_1}\sigma_{F_2} & \sigma_{F_2}^2 \end{bmatrix} \begin{bmatrix} \beta_{j,1} \\ \beta_{j,2} \end{bmatrix} + \sigma_{e_j}^2 \end{aligned} \end{cases} \tag{9-20}$$

两者协方差为：

$$
\begin{aligned}
\operatorname{cov}\left(R_i, R_j\right) &= \beta_{i,1}\beta_{j,1}\operatorname{var}\left(F_1\right) + \beta_{i,1}\beta_{j,2}\operatorname{cov}\left(F_1, F_2\right) + \beta_{i,2}\beta_{j,1}\operatorname{cov}\left(F_1, F_2\right) \\
&\quad + \beta_{i,2}\beta_{j,2}\operatorname{var}\left(F_2\right) + \operatorname{cov}\left(e_i, e_j\right) \\
&= \begin{bmatrix} \beta_{i,1} & \beta_{i,2} \end{bmatrix} \begin{bmatrix} \sigma_{F_1}^2 & \rho_{F_1,F_2}\sigma_{F_1}\sigma_{F_2} \\ \rho_{F_1,F_2}\sigma_{F_1}\sigma_{F_2} & \sigma_{F_2}^2 \end{bmatrix} \begin{bmatrix} \beta_{j,1} \\ \beta_{j,2} \end{bmatrix} + \operatorname{cov}\left(e_i, e_j\right)
\end{aligned}
\tag{9-21}
$$

理论上，残值间的协方差$\operatorname{cov}(e_i, e_j) = 0$。但是通过9.1节的学习了解到，在实际应用中，残值间协方差不会为0。

β系数的计算具体如下。

单因子模型β系数为：

$$
\begin{aligned}
\operatorname{cov}\left(R_i, F\right) &= \operatorname{cov}\left(\alpha_i + \beta_i F + e_i, F\right) \\
&= \operatorname{cov}\left(\beta_i F, F\right) + \operatorname{cov}\left(e_i, F\right) = \beta_i \operatorname{var}\left(F\right) \\
&= \beta_i \sigma_F^2 \\
\Rightarrow \beta_i &= \frac{\operatorname{cov}\left(R_i, F\right)}{\sigma_F^2} = \frac{\rho \sigma_{R_i}\sigma_F}{\sigma_F^2} = \rho \frac{\sigma_{R_i}}{\sigma_F}
\end{aligned}
\tag{9-22}
$$

双因子模型β系数为：

$$
\begin{aligned}
\operatorname{cov}\left(R_i, F_1\right) &= \operatorname{cov}\left(\alpha_i + \beta_{i,1}F_1 + \beta_{i,2}F_2 + e_i, F_1\right) \\
&= \operatorname{cov}\left(\beta_{i,1}F_1, F_1\right) + \operatorname{cov}\left(\beta_{i,2}F_2, F_1\right) \\
&\Rightarrow \beta_{i,1}\operatorname{var}\left(F_1\right) + \beta_{i,2}\operatorname{cov}\left(F_1, F_2\right) = \operatorname{cov}\left(R_i, F_1\right) \\
\operatorname{cov}\left(R_i, F_2\right) &= \operatorname{cov}\left(\alpha_i + \beta_{i1}F_1 + \beta_{i2}F_2 + e_i, F_2\right) \\
&= \operatorname{cov}\left(\beta_{i1}F_1, F_2\right) + \operatorname{cov}\left(\beta_{i2}F_2, F_2\right) \\
&\Rightarrow \beta_{i,1}\operatorname{cov}\left(F_1, F_2\right) + \beta_{i,2}\operatorname{var}\left(F_2\right) = \operatorname{cov}\left(R_i, F_2\right)
\end{aligned}
\tag{9-23}
$$

构造成矩阵形式为：

$$
\begin{aligned}
&\begin{bmatrix} \operatorname{var}\left(F_1\right) & \operatorname{cov}\left(F_1, F_2\right) \\ \operatorname{cov}\left(F_1, F_2\right) & \operatorname{var}\left(F_2\right) \end{bmatrix} \begin{bmatrix} \beta_{i,1} \\ \beta_{i,2} \end{bmatrix} = \begin{bmatrix} \operatorname{cov}\left(R_i, F_1\right) \\ \operatorname{cov}\left(R_i, F_2\right) \end{bmatrix} \\
&\Rightarrow \begin{bmatrix} \beta_{i,1} \\ \beta_{i,2} \end{bmatrix} = \begin{bmatrix} \sigma_{F_1}^2 & \rho_{F_1,F_2}\sigma_{F_1}\sigma_{F_2} \\ \rho_{F_1,F_2}\sigma_{F_1}\sigma_{F_2} & \sigma_{F_2}^2 \end{bmatrix}^{-1} \begin{bmatrix} \operatorname{cov}\left(R_i, F_1\right) \\ \operatorname{cov}\left(R_i, F_2\right) \end{bmatrix}
\end{aligned}
\tag{9-24}
$$

从双因子β系数的表达式中可以发现，如果两个因子之间相互完全独立，即ρ为0时，每个因子的系数β等于各自单因子模型得出的系数，因为两个相互独立的因子解释了完全不同成分的风险。

如果 $\rho_{F_1,F_2} = 0$，则式9-25成立。

$$\begin{bmatrix} \beta_{i,1} \\ \beta_{i,2} \end{bmatrix} = \begin{bmatrix} \sigma_{F_1}^2 & 0 \\ 0 & \sigma_{F_2}^2 \end{bmatrix}^{-1} \begin{bmatrix} \mathrm{cov}(R_i, F_1) \\ \mathrm{cov}(R_i, F_2) \end{bmatrix}$$

$$= \frac{1}{\sigma_{F_1}^2 \sigma_{F_2}^2} \begin{bmatrix} \sigma_{F_2}^2 & 0 \\ 0 & \sigma_{F_1}^2 \end{bmatrix} \begin{bmatrix} \rho_{R_i, F_1} \sigma_{R_i} \sigma_{F_1} \\ \rho_{R_i, F_2} \sigma_{R_i} \sigma_{F_2} \end{bmatrix}$$

$$= \begin{bmatrix} 1/\sigma_{F_1}^2 & 0 \\ 0 & 1/\sigma_{F_2}^2 \end{bmatrix} \begin{bmatrix} \rho_{R_i, F_1} \sigma_{R_i} \sigma_{F_1} \\ \rho_{R_i, F_2} \sigma_{R_i} \sigma_{F_2} \end{bmatrix} \qquad (9\text{-}25)$$

$$= \begin{bmatrix} \dfrac{\rho_{R_i, F_1} \sigma_{R_i}}{\sigma_{F_1}} \\ \dfrac{\rho_{R_i, F_2} \sigma_{R_i}}{\sigma_{F_2}} \end{bmatrix}$$

如果两个因子之间存在较大的相关性 (无论正负)，那么双因子模型得出的 β 系数和各自单因子模型的系数就会出现很大的区别，这说明因子之间解释了许多重合的信息。为了避免这种问题，一方面需要在实际应用中小心选择因子，另外也要考虑用来做数据分析的时间窗口。有时候，会观察到在较长的时间跨度中，两个因子并无明显相关性，但是在一个较短的时间段，它们的波动会出现暂时性的较大关联。这就要求在实际应用中选择合理的时间跨度。

读者也应当注意到，两个因子的相关性 ρ 不可能为1或者-1。如果两个因子之间存在线性关系，那么这个双因子模型实际上为单因子模型。通过上面的介绍和推导，表9.2给出单因子双因子模型表达做一个简略小结。

表9.2　单因子双因子公式小结

	单因子	双因子
表达式	$R_i = \alpha_i + \beta_i F + e_i$	$R_i = \alpha_i + \beta_{i1} F_1 + \beta_{i2} F_2 + e_i$
期望值	$\mathrm{E}(R_i) = \alpha_i + \beta_i \mathrm{E}(F)$	$\mathrm{E}(R_i) = \alpha_i + \beta_{i1} \mathrm{E}(F_1) + \beta_{i2} \mathrm{E}(F_2)$
方差	$\mathrm{var}(R_i) = \beta_i^2 \mathrm{var}(F) + \mathrm{var}(e_i)$	$\mathrm{var}(R_i) = \begin{bmatrix} \beta_{i1} & \beta_{i2} \end{bmatrix} \begin{bmatrix} \sigma_{F_1}^2 & \rho_{F_1 F_2} \sigma_{F_1} \sigma_{F_2} \\ \rho_{F_1 F_2} \sigma_{F_1} \sigma_{F_2} & \sigma_{F_2}^2 \end{bmatrix} \begin{bmatrix} \beta_{i1} \\ \beta_{i2} \end{bmatrix} + \sigma_{e_i}^2$
协方差	$\mathrm{cov}(R_i, R_j) = \beta_i \beta_j \sigma_F^2$	$\mathrm{cov}(R_i, R_j) = \begin{bmatrix} \beta_{i1} & \beta_{i2} \end{bmatrix} \begin{bmatrix} \sigma_{F_1}^2 & \rho_{F_1 F_2} \sigma_{F_1} \sigma_{F_2} \\ \rho_{F_1 F_2} \sigma_{F_1} \sigma_{F_2} & \sigma_{F_2}^2 \end{bmatrix} \begin{bmatrix} \beta_{j1} \\ \beta_{j2} \end{bmatrix} + \mathrm{cov}(e_i, e_j)$
β系数	$\beta_i = \rho \dfrac{\sigma_{R_i}}{\sigma_F}$	$\begin{bmatrix} \beta_{i1} \\ \beta_{i2} \end{bmatrix} = \begin{bmatrix} \sigma_{F_1}^2 & \rho_{F_1 F_2} \sigma_{F_1} \sigma_{F_2} \\ \rho_{F_1 F_2} \sigma_{F_1} \sigma_{F_2} & \sigma_{F_2}^2 \end{bmatrix}^{-1} \begin{bmatrix} \mathrm{cov}(R_i, F_1) \\ \mathrm{cov}(R_i, F_2) \end{bmatrix}$

由于有多个因子的表达，我们想要了解一个资产的风险 (往往指总方差) 是如何被这两个因子所解释。回到资产的方差表达。

单因子模型下资产的方差表达为：

$$\mathrm{var}(R_i) = \sigma_{R_i}^2 = \beta_i^2 \mathrm{var}(F) + \mathrm{var}(e_i) \qquad (9\text{-}26)$$

双因子模型下资产的方差表达为：

$$\mathrm{var}(R_i) = \beta_{i1}^2 \, \mathrm{var}(F_1) + \beta_{i2}^2 \, \mathrm{var}(F_2) + 2\beta_{i1}\beta_{i2} \, \mathrm{cov}(F_1, F_2) + \mathrm{var}(e_i)$$

$$= \begin{bmatrix} \beta_{i1} & \beta_{i2} \end{bmatrix} \begin{bmatrix} \sigma_{F_1}^2 & \rho_{F_1 F_2} \sigma_{F_1} \sigma_{F_2} \\ \rho_{F_1 F_2} \sigma_{F_1} \sigma_{F_2} & \sigma_{F_2}^2 \end{bmatrix} \begin{bmatrix} \beta_{i1} \\ \beta_{i2} \end{bmatrix} + \sigma_{e_i}^2 \tag{9-27}$$

由于各因子间的方差是具有相加性的 (注意波动率是不可相加的)，所以通过方差的分离，就可以理解各个因子的**风险贡献** (risk contribution, RC)。在本章，风险贡献表达成百分比，这样所有因子的风险贡献和非系统性风险贡献之和为100%。

单因子模型的风险贡献一目了然，因子的方差和β系数的平方即为因子的风险贡献，而残值的方差解释了剩余的风险。

因子的风险贡献为：

$$RC_F = \frac{\beta_i^2 \sigma_F^2}{\sigma_{R_i}^2} \tag{9-28}$$

非系统性风险贡献为：

$$RC_{idiosyncratic} = \frac{\sigma_{e_i}^2}{\sigma_{R_i}^2} \tag{9-29}$$

双因子的风险贡献需要考虑因子之间的相关性，因为这是两个因子共同参与解释的部分。也就是说，协方差矩阵中，对角线的上方和下方的共同项需要被分配入各个因子中。

$$\mathrm{var}(R_i) = \begin{bmatrix} \beta_{i,1} & \beta_{i,2} \end{bmatrix} \begin{bmatrix} \sigma_{F_1}^2 & \rho_{F_1, F_2} \sigma_{F_1} \sigma_{F_2} \\ \rho_{F_1 F_2} \sigma_{F_1} \sigma_{F_2} & \sigma_{F_2}^2 \end{bmatrix} \begin{bmatrix} \beta_{i,1} \\ \beta_{i,2} \end{bmatrix} + \sigma_{e_i}^2$$

$$= \underbrace{\beta_{i,1}^2 \sigma_{F_1}^2 + \beta_{i,1}\beta_{i,2}\rho_{F_1,F_2}\sigma_{F_1}\sigma_{F_2}}_{\text{Risk explained by Factor 1}} +$$

$$\underbrace{\beta_{i,2}^2 \sigma_{F_2}^2 + \beta_{i,1}\beta_{i,2}\rho_{F_1,F_2}\sigma_{F_1}\sigma_{F_2}}_{\text{Risk explained by Factor 2}} + \underbrace{\sigma_{e_i}^2}_{\text{Risk explained by idiosyncratic factor}} \tag{9-30}$$

因子F_1的风险贡献为：

$$RC_{F_1} = \frac{\beta_{i,1}^2 \sigma_{F_1}^2 + \beta_{i,1}\beta_{i,2}\rho_{F_1,F_2}\sigma_{F_1}\sigma_{F_2}}{\mathrm{var}(R_i)} \tag{9-31}$$

因子F_2的风险贡献为：

$$RC_{F_2} = \frac{\beta_{i,2}^2 \sigma_{F_2}^2 + \beta_{i,1}\beta_{i,2}\rho_{F_1,F_2}\sigma_{F_1}\sigma_{F_2}}{\mathrm{var}(R_i)} \tag{9-32}$$

非系统性风险贡献为：

$$RC_{idiosyncratic} = \frac{\sigma_{e_i}^2}{\mathrm{var}(R_i)} \tag{9-33}$$

如果因子间相关性为0，因子F_1和因子F_2就没有重合解释的部分。

如果 $\rho_{F_1, F_2} = 0$，因子 F_1 的风险贡献为：

$$\frac{\beta_{i1}^2 \sigma_{F_1}^2}{\sigma_{R_i}^2} \tag{9-34}$$

因子 F_2 的风险贡献为：

$$\frac{\beta_{i2}^2 \sigma_{F_2}^2}{\sigma_{R_i}^2} \tag{9-35}$$

非系统性风险贡献为：

$$\frac{\sigma_{e_i}^2}{\sigma_{R_i}^2} \tag{9-36}$$

9.3 多因子模型

通过 m 个因子来表达某一个资产的收益：

$$R_i = \alpha_i + \beta_{i,1}F_1 + \beta_{i,2}F_2 + \cdots + \beta_{i,m}F_m + e_i \tag{9-37}$$

期望值计算：

$$\mathrm{E}(R_i) = \alpha_i + \beta_{i,1}\mathrm{E}(F_1) + \beta_{i,2}\mathrm{E}(F_2) + \cdots + \beta_{i,m}\mathrm{E}(F_m) \tag{9-38}$$

方差和协方差的计算：

$$
\begin{aligned}
\operatorname{var}(R_i) &= \begin{bmatrix} \beta_{i,1} & \cdots & \beta_{i,m} \end{bmatrix} \begin{bmatrix} \sigma_{F_1}^2 & \cdots & \rho_{F_1,F_m}\sigma_{F_1}\sigma_{F_m} \\ \vdots & \ddots & \vdots \\ \rho_{F_m,F_1}\sigma_{F_m}\sigma_{F_1} & \cdots & \sigma_{F_m}^2 \end{bmatrix} \begin{bmatrix} \beta_{i,1} \\ \vdots \\ \beta_{i,m} \end{bmatrix} + \sigma_{e_i}^2 \\
\operatorname{cov}(R_i, R_j) &= \begin{bmatrix} \beta_{i,1} & \cdots & \beta_{i,m} \end{bmatrix} \begin{bmatrix} \sigma_{F_1}^2 & \cdots & \rho_{F_1,F_m}\sigma_{F_1}\sigma_{F_m} \\ \vdots & \ddots & \vdots \\ \rho_{F_m,F_1}\sigma_{F_m}\sigma_{F_1} & \cdots & \sigma_{F_m}^2 \end{bmatrix} \begin{bmatrix} \beta_{j,1} \\ \vdots \\ \beta_{j,m} \end{bmatrix} + \operatorname{cov}(e_i, e_j)
\end{aligned}
\tag{9-39}
$$

或者：

$$
\begin{aligned}
\operatorname{cov}(R_i, R_j) &= \boldsymbol{\beta}_i^{\mathrm{T}} \boldsymbol{\Sigma}_f \boldsymbol{\beta}_j + \operatorname{cov}(e_i, e_j) \\
\boldsymbol{\Sigma}_f &= \begin{pmatrix} \sigma_{F_1}^2 & \cdots & \rho_{F_1,F_m}\sigma_{F_1}\sigma_{F_m} \\ \vdots & \ddots & \vdots \\ \rho_{F_m,F_1}\sigma_{F_m}\sigma_{F_1} & \cdots & \sigma_{F_m}^2 \end{pmatrix} \\
\boldsymbol{\beta}_i &= \begin{bmatrix} \beta_{i,1} & \cdots & \beta_{i,m} \end{bmatrix}^{\mathrm{T}}
\end{aligned}
\tag{9-40}
$$

用向量矩阵来对多因子模型做表达。假设有N个资产收益，利用m个因子来表达。

$$\begin{bmatrix} R_1 \\ \vdots \\ \vdots \\ R_n \end{bmatrix} = \begin{bmatrix} \alpha_1 \\ \vdots \\ \vdots \\ \alpha_n \end{bmatrix} + \begin{bmatrix} \beta_{1,1} & \cdots & \beta_{1,m} \\ \vdots & \ddots & \vdots \\ \vdots & \ddots & \vdots \\ \beta_{n,1} & \cdots & \beta_{n,m} \end{bmatrix} \begin{bmatrix} F_1 \\ \vdots \\ F_m \end{bmatrix} + \begin{bmatrix} e_1 \\ \vdots \\ \vdots \\ e_n \end{bmatrix}$$

(9-41)

式9-41进一步写作：

$$r = \alpha + Bf + e$$

(9-42)

期望值为：

$$E(r) = a + BE(f)$$

(9-43)

协方差为：

$$cov(r) = \Sigma_r = B\Sigma_f B^T + \sigma_{e_i}^2 I_n$$

$$I_n = \begin{bmatrix} 1 & 0 & \cdots & 0 \\ 0 & 1 & \cdots & 0 \\ \vdots & \vdots & \ddots & \vdots \\ 0 & 0 & \cdots & 1 \end{bmatrix}$$

(9--44)

需要注意的是，在图9.7中，×号仅仅指矩阵间的相乘，并非叉乘。

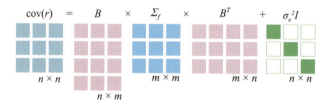

图9.7　cov(r)矩阵计算

荷载β系数矩阵的计算见图9.8：

$$B^T = \Sigma_f^{-1} cov(r, f)$$

(9-45)

其中：

$$cov(r, f) = \begin{bmatrix} cov(R_1, F_1) & \cdots & \cdots & cov(R_n, F_1) \\ \vdots & \cdots & \cdots & \vdots \\ cov(R_1, F_m) & \cdots & \cdots & cov(R_n, F_m) \end{bmatrix}$$

(9-46)

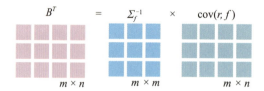

图9.8　β系数矩阵计算

在单因子模型的章节中，讨论过在做资产组合的时候，因子模型实际上是在投资组合的风险表达计算中起到了降维的效果，即对n个资产的逐个风险计算，减少到m个因子计算上（当然，m应当远小于n，否则没有意义）。

表9.3对500个资产n，利用7个因素m来表达，比较一下传统模型和因子模型的计算量。

表9.3　计算量比较例子

	传统模型	因子模型
期望值	$n = 500$	$n + m = 507$
协方差	$\dfrac{n^2 + n}{2} = 125250$	$n \cdot m + \dfrac{m^2 + m}{2} + n$ $= 3500 + 28 + 500 = 4028$
总计算量	125750	4535

虽然在期望值的计算中，因子模型计算量略多。但在协方差的计算中，因子模型计算量大大减小。计算量需要包括协方差矩阵中对角线上的元素和对角线一边的元素。由于m远小于n，因而因子模型的计算量呈近指数级减少。如图9.9描绘出了两种方法对协方差的计算量的比较。如图9.10所示为从资产方差-协方差矩阵计算减少到因子方差-协方差矩阵计算。

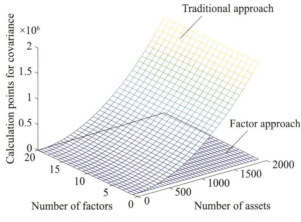

图9.9　两种方法对协方差计算量比较

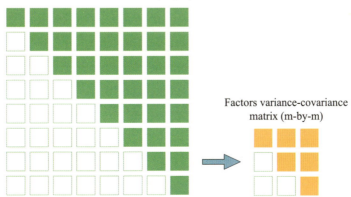

图9.10　从资产方差-协方差矩阵计算减少到因子方差-协方差矩阵计算

9.4 多因子模型投资组合表达

9.3节介绍了多因子模型，本节将利用因子模型来表达由n个资产组成的投资组合表达式。回顾一下几个矩阵的形状：n个风险资产权重$\boldsymbol{w}$为列向量，n个风险资产超额收益期望$\boldsymbol{E}_r$为列向量，风险资产收益的方差-协方差矩阵$\boldsymbol{\Sigma}_r$方阵如图9.11所示。

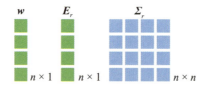

图9.11　权重列向量，资产超额收益期望，资产收益方差-协方差矩阵

现在，需要引入几个新的因子矩阵。定义n个资产被m个因子所表达，因此就有了n行m列的因子β系数矩阵，m个因子的期望$\boldsymbol{E}_f$为列向量，因子的方差-协方差矩阵$\boldsymbol{\Sigma}_f$方阵，如图9.12所示。

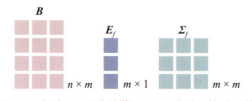

图9.12　β矩阵，因子收益期望，因子收益方差-协方差矩阵

假设这n个资产在投资组合中的权重是$\boldsymbol{w} = [w_1, \dots, w_n]^{\mathrm{T}}$。由此投资组合的收益为：

$$R_P = \boldsymbol{w}^{\mathrm{T}} \boldsymbol{r} \tag{9-47}$$

在这里，需要引入一个**权重因子β向量** (weighted factor β vector)，来表达因子系数和投资权重的乘积，即为$\boldsymbol{w}^{\mathrm{T}}\boldsymbol{B}$，如图9.13所示。

$$
\begin{aligned}
\boldsymbol{B}_{\mathrm{WF}} &= \boldsymbol{w}^{\mathrm{T}}\boldsymbol{B} \\
&= \begin{bmatrix} w_1 & w_2 & \cdots & w_n \end{bmatrix} \begin{bmatrix} \beta_{11} & \cdots & \beta_{1m} \\ \vdots & \ddots & \vdots \\ \vdots & \ddots & \vdots \\ \beta_{n1} & \cdots & \beta_{nm} \end{bmatrix} \\
&= \begin{bmatrix} w_1\beta_{11} + w_2\beta_{21} + \dots + w_n\beta_{n1} \\ w_1\beta_{12} + w_2\beta_{22} + \dots + w_n\beta_{n2} \\ \vdots \\ w_1\beta_{1m} + w_2\beta_{2m} + \dots + w_n\beta_{nm} \end{bmatrix}^{\mathrm{T}}
\end{aligned}
\tag{9-48}
$$

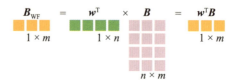

图9.13　权重因子β向量的计算

由此，投资组合的收益期望值通过因子表达为：

$$
\begin{aligned}
\mathrm{E}(R_P) &= \boldsymbol{w}^{\mathrm{T}}\mathrm{E}(\boldsymbol{r}) \\
&= \boldsymbol{w}^{\mathrm{T}}\boldsymbol{\alpha} + \boldsymbol{w}^{\mathrm{T}}\boldsymbol{B} \times \mathrm{E}(\boldsymbol{f}) \\
&= \boldsymbol{w}^{\mathrm{T}}\boldsymbol{\alpha} + \boldsymbol{B}_{\mathrm{WF}} \times \mathrm{E}(\boldsymbol{f})
\end{aligned}
\tag{9-49}
$$

如图9.14和图9.15比较了传统方法和因子方法的期望值矩阵运算过程。

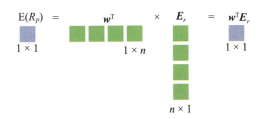

图9.14　投资组合期望收益的传统表达

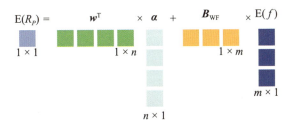

图9.15　投资组合期望收益的因子表达

投资组合的风险或者方差的因子表达为：

$$
\begin{aligned}
\sigma_p^2 &= \mathrm{var}(R_P) = \mathrm{cov}(\boldsymbol{w}^T\boldsymbol{r}) \\
&= \boldsymbol{w}^{\mathrm{T}}\boldsymbol{\Sigma}_r\boldsymbol{w} \\
&= \boldsymbol{w}^{\mathrm{T}}\left(\boldsymbol{B}\boldsymbol{\Sigma}_f\boldsymbol{B}^{\mathrm{T}}\right)\boldsymbol{w} + \boldsymbol{w}^{\mathrm{T}}\left(\sigma_{e_i}^2\boldsymbol{I}_n\right)\boldsymbol{w} \\
&= \left(\boldsymbol{w}^{\mathrm{T}}\boldsymbol{B}\right)\boldsymbol{\Sigma}_f\left(\boldsymbol{B}^{\mathrm{T}}\boldsymbol{w}\right) + \sigma_{e_i}^2\boldsymbol{w}^{\mathrm{T}}\boldsymbol{I}_n\boldsymbol{w} \\
&= \boldsymbol{B}_{\mathrm{WF}}\boldsymbol{\Sigma}_F\boldsymbol{B}_{\mathrm{WF}}^{\mathrm{T}} + \mathrm{error}
\end{aligned}
\tag{9-50}
$$

其中：

$$
\mathrm{error} = (\boldsymbol{w} \cdot \boldsymbol{w})^{\mathrm{T}}(\boldsymbol{\sigma}_e \cdot \boldsymbol{\sigma}_e)
\tag{9-51}
$$

如图9.16和图9.17比较了传统方法和因子方法的方差矩阵运算过程。

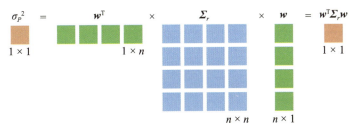

图9.16　投资组合方差的传统表达

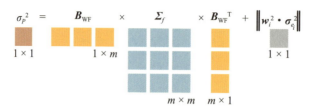

$$\sigma_P^2 = \mathbf{\textit{B}}_{WF} \times \mathbf{\Sigma}_f \times \mathbf{\textit{B}}_{WF}{}^T + \left\| w_i^2 \cdot \sigma_{e_i}^2 \right\|$$

图9.17　投资组合方差的因子表达

9.5　多因子模型的应用

多因子模型在实际应用中非常广泛。一种常见的形式是利用宏观经济指标作为因子，比如Chen, Roll, and Ross (1986) 利用了**通货膨胀率** (inflation)、**工业生产指数** (Industrial Production)、石油价格，等等作为因子来对股票资产的收益进行解释。

另一种常见的多因子模型利用了公司的基本面信息和行业分类的信息来作为因子，比如账面价值、市场规模，等等。大名鼎鼎的BARRA模型就是这类模型的代表。而且BARRA多因子模型在计算 β 的过程中，并非简单地应用**最小二乘法线性回归** (ordinary least square regression)，而是创新地利用**加权最小二乘法** (weighted least square) 的方法，减少了**离群值** (outlier) 对系数计算的影响。在此不做深入讨论，请读者自行收集相关的资料。

这些模型被很广泛地运用于套利定价理论 (arbitrage pricing theory, APT)。它解释了一种在均衡状态下，资产的收益预期由因子来表达的模型。

本节着重讲解Fama-French三因子模型的应用，它是在CAPM模型基础上衍生出的模型。除了CAPM模型已有的唯一市场收益因子 $R_M - R_f$，Fama-French还加入了第二项 $R_S - R_L$，考虑了市场中由市值大小区分的大公司和小公司之间的收益差。这一项也叫SMB (small minus big)。另外还加入了第三项 $R_H - R_L$，考虑了市场上具有较大账面-市值比 (**市净率** (price-book value) 的倒数) 的公司和较小账面-市值比的公司之间的收益差。也可以理解为低市净率公司的收益变化减去高市净率公司的收益变化。这一项在方程式中用HML (high minus low) 表示。

$$R_i - R_f = \alpha_i + \beta_{i1}\left(R_M - R_f\right) + \beta_{i2}SMB + \beta_{i3}HML + e_i \tag{9-52}$$

Fama-French模型的研究数据在网站对公众免费开放。链接为：https://mba.tuck.dartmouth.edu/pages/faculty/ken.french/data_library.html

从这个网站上下载市场因子，SMB因子和HML因子的历史月收益 (monthly return) 数据，将时间区间设置为1998/01/31至2020/03/31，对38只美股做一个Fama-French三因子的分析。如图9.18描绘出Fama-French中三个因子从1998年1月至2020年3月的收益图。

首先来检测因子之间在选择的时间段内没有过高的相关性，因为会导致得出的 β 系数不具有解释性。

图9.18　Fama-French中三个因子从1998年1月至2020年3月的收益图

如表9.4所示，最高的相关性来自市场因子和SMB，27%，这是一个相对比较温和的相关性，所以不会得出过于扭曲的β系数。如表9.5列出了38只美股的通过Fama-French分析得出的三因子β系数以及它们的R^2。

表9.4　Fama-French三因子相关性矩阵 (Jan-1998 to Mar-2020)

Correlation	MKT	SMB	HML
MKT	100%	27%	−5%
SMB	27%	100%	−21%
HML	−5%	−21%	100%

表9.5　38只美股的通过Fama-French分析得出的三因子β系数以及它们的R^2

Ticker	β_{MKT}	β_{SMB}	β_{HML}	Systematic risk	Idiosyncratic risk
AAPL	1.34	0.07	-0.87	30%	70%
ADBE	1.42	0.40	-0.45	39%	61%
AIG	2.14	-0.62	0.99	26%	74%
AMZN	1.72	-0.51	-1.52	36%	64%
ANSS	1.00	0.46	-0.09	33%	67%
AXP	1.43	-0.31	0.60	57%	43%
BA	1.16	-0.03	0.86	39%	61%
C	2.03	-0.28	1.37	59%	41%
CAT	1.33	-0.07	0.77	47%	53%
COST	0.81	-0.09	-0.22	27%	73%
DD	1.44	0.06	1.06	50%	50%
DIS	1.10	-0.07	0.31	44%	56%
ETN	1.07	0.32	0.44	46%	54%
F	1.59	-0.05	0.93	33%	67%
FDX	1.05	-0.02	0.38	36%	64%
GE	1.29	-0.25	0.47	48%	52%
HD	1.03	0.03	0.06	39%	61%
HON	1.30	-0.40	0.40	45%	55%
HPQ	1.28	0.60	-0.26	44%	56%
IBM	1.04	-0.14	-0.23	40%	60%
INTC	1.31	-0.11	-0.67	38%	62%
JNJ	0.55	-0.51	0.08	28%	72%
JPM	1.51	-0.14	0.63	55%	45%
KO	0.57	-0.39	0.13	20%	80%
MCD	0.72	-0.53	0.19	32%	68%
MMM	0.74	0.04	0.33	34%	66%
MS	1.79	-0.12	-0.08	52%	48%
MSFT	1.18	-0.31	-0.72	42%	58%
NKE	0.87	-0.64	0.37	27%	73%
PFE	0.68	-0.49	0.12	27%	73%
PG	0.32	-0.17	0.17	8%	92%
QCOM	1.38	0.00	-0.54	26%	74%
RL	1.15	0.57	0.81	41%	59%
SBUX	0.93	0.35	0.20	23%	77%
TIF	1.66	0.13	-0.01	47%	53%
WMT	0.55	-0.59	-0.14	20%	80%
XOM	0.66	-0.08	0.40	33%	67%
YUM	0.69	-0.22	0.27	17%	83%

可以观察到三因子的β系数中，市场因子的系数都为正，反映了它们大体上跟随市场而涨跌，当然它们相对市场波动程度有所不同。其次细究一下SMB和HML的β系数所揭示的信息。这里列举一下5个公司的SMB和HML的β系数，同时可以在网上查询到它们在2019年年底的**市场价值** (market capitalization) 和市净率。这5家公司分别是：**美国国际集团** (american international group, AIG)、**亚马逊** (amazon, AMZN)、**花旗集团** (citigroup, C)、**拉夫劳伦** (ralph lauren corporation, RL)、**沃尔玛** (walmart, WMT)。如表9.6列出了它们的信息比较。

表9.6　个别美股个股信息比较

Ticker	AIG	AMZN	C	RL	WMT
Mkt cap	$45B	$920B	$169B	$7B	$330B
P/B	0.7	16	0.95	3	4.5
β_{SMB}	−0.62	−0.51	−0.28	0.57	−0.59
β_{HML}	0.99	−1.52	1.37	0.81	−0.14

拉夫劳伦是市值比较小的公司，所以它的SMB系数为正，而另外4家公司的市值体量特别大，因此它们得到的SMB系数为负。

再看HML，即为低市净率公司的收益变化减去高市净率公司的收益变化。可以观察到AIG和Citigroup的市净率比较小，它们的HML将近1或者大于1。而在这5只股票中Amazon的市净率值特别大，因此它的HML的β系数小于0。

在观察完β系数之后，就可以通过各个β来分别计算得到这三个因子的风险贡献，和非系统风险的贡献，见表9.7。

表9.7　38只美股的通过Fama-French分析得出的三因子各自风险贡献，以及非系统性风险贡献

Ticker	Risk Contribution from MKT	Risk Contribution from SMB	Risk Contribution from HML	Risk Contribution from Idiosyncratic
AAPL	24%	0.4%	5.9%	70%
ADBE	34%	3.4%	2.4%	61%
AIG	23%	0.1%	2.7%	74%
AMZN	26%	−1.1%	11.1%	64%
ANSS	28%	5.3%	0.3%	67%
AXP	52%	−0.4%	4.9%	43%
BA	31%	−0.1%	8.4%	61%
C	48%	−0.4%	11.4%	41%
CAT	41%	−0.2%	6.8%	53%
COST	27%	−0.5%	1.3%	73%
DD	40%	0.2%	10.5%	50%
DIS	43%	−0.4%	1.4%	56%
ETN	41%	3.5%	2.3%	54%
F	28%	−0.1%	4.7%	67%
FDX	34%	−0.1%	2.0%	64%
GE	46%	−0.5%	3.1%	52%
HD	39%	0.2%	0.0%	61%
HON	43%	0.0%	2.2%	55%
HPQ	35%	7.1%	1.3%	56%
IBM	39%	−0.8%	1.3%	60%
INTC	34%	−0.6%	5.2%	62%
JNJ	20%	7.1%	0.5%	72%
JPM	51%	−0.5%	4.3%	45%
KO	17%	2.5%	0.7%	80%
MCD	25%	4.9%	1.5%	68%
MMM	31%	0.3%	2.6%	66%
MS	53%	−0.6%	0.1%	48%
MSFT	36%	−1.2%	7.6%	58%
NKE	20%	4.2%	2.7%	73%
PFE	22%	3.8%	0.7%	73%
PG	6%	0.5%	1.1%	92%
QCOM	24%	0.0%	2.3%	74%
RL	30%	5.4%	5.6%	59%
SBUX	20%	2.7%	0.1%	77%
TIF	46%	0.9%	0.0%	53%
WMT	14%	6.3%	0.2%	80%
XOM	28%	−0.2%	5.1%	67%
YUM	16%	0.1%	1.3%	83%

能够看到有些个股的SMB或HML的**风险贡献** (risk contribution) 是负的，也揭示了这些因子的波动对于个股的收益波动有对冲的作用，起到了些许减小总风险的效果。

再进一步分析，假设一个投资组合由这38只股票相等权重组成，读者可以尝试完成风险贡献的计算。如表9.8列出了计算结果。

表9.8　由38只美股组成的等权重投资组合Fama-French三因子风险贡献

	Mkt-RF	SMB	HML	Idiosyncratic Risk
β	1.15	−0.11	0.17	n/a
Risk Contribution	92.2%	−1.2%	0.7%	8.2%

其中一个重要的信息是，通过等权重组成的投资组合会大大地降低非系统风险的风险贡献，达到8%。而38只股票的平均非系统性风险贡献却为63%。等权重组合的总风险 (这里指年化波动率) 为19%，而38只股票的平均风险为32%。因此等权重组合通过减少非系统性风险贡献，从而降低了总风险。

此外，也能够发现SMB和HML的影响变得更小，说明SMB和HML在多只个股的情况下，能够被一定程度上地对冲，当然，也可以通过调整组合的权重来使SMB和HML的β系数为0，这样它们的影响可以完全被消除。当然，理论上可以通过权重的调整来移除SMB或HML的影响，不过实际应用中不会被完全剔除。但是只要把它们的风险贡献维持在足够小的范围，就可以达到目的。

在9.1节中，利用CAPM单因子模型，讨论过最小方差优化设计。类似地，通过Fama-French三因子模型，同样计算最小方差优化，如图9.19所示，读者可以和图9.2比较，看一看两者结果差异。同时可以和图9.3比较，观察加入多个因子产生的结果差异。另外，读者可以自己计算Fama-French三因子模型下残值的相关性矩阵，以做更深入的了解。

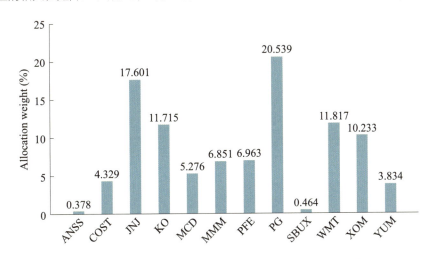

图9.19　GMVP投资组合资产权重，基于Fama-French三因子模型

以下代码可以获得图9.18和图9.19。

```
B5_Ch9_2.m

clc; close all; clear all

%% Data input
T = readtable('FactorModel_example.xlsx','Sheet','MultiFactor');
```

```matlab
%% Extract data
Ticker = T.Properties.VariableNames(2:end-3)';
FactorName = T.Properties.VariableNames(end-2:end)';
singlename_ExcessRet = T(:,2:end-3).Variables;
Factor_Ret = T(:,end-2:end).Variables;


%% Calculate covariance, singlename volatilty (standard deviation)
singlename_Covariance = cov(singlename_ExcessRet);
singlename_Correlation = corrcoef(singlename_ExcessRet);


% calculate singlename volatility
singlename_std = sqrt(diag(singlename_Covariance))*sqrt(12); % annualized

% calculate MKT volatility
Factor_std=std(Factor_Ret)*sqrt(12);


%% calculate beta
cross_Cov = ((singlename_ExcessRet'*Factor_Ret)/(size(Factor_Ret,1)-1)...
    - mean(singlename_ExcessRet)'*mean(Factor_Ret))';

beta_array  = (cov(Factor_Ret)\cross_Cov)';

%% calculate Residual covariance & correlation
ResidualRet = singlename_ExcessRet - Factor_Ret*beta_array ';
Residual_Covariance = cov(ResidualRet);
Residual_Correlation = corrcoef(ResidualRet);


%% calculate R_sqr, Systematic Risk, Idiosyncratic Risk
rho_array = diag(corr(singlename_ExcessRet,Factor_Ret*beta_array '));

R_sqr_array = rho_array.^2;
Sys_Risk = R_sqr_array;
Idio_Risk = 1- Sys_Risk;

%% How Systematic Risk is explained by the factors
RiskContribution = zeros(length(Ticker),length(FactorName)+1);
RiskContribution(:,end) = Idio_Risk;
for k = 1:length(Ticker)
    RiskContribution(k,1:length(FactorName)) = (beta_array (k,:)*cov(Factor_
Ret)).*beta_array (k,:)/(singlename_std(k)/sqrt(12))^2;
end

%% calculate covariance using one-factor market model
Mkt_model_Covariance = beta_array *cov(Factor_Ret)*beta_array ' +
diag(diag(Residual_Covariance));
Mkt_model_Correlation = Mkt_model_Covariance./(singlename_std*singlename_std');
```

```matlab
%% Traditional way to calculate GMVP
Weight_traditional = quadprog(singlename_Covariance,[],[],[],...
    ones(1,size(singlename_ExcessRet,2)),1,...

zeros(size(singlename_ExcessRet,2),1),ones(size(singlename_ExcessRet,2),1));

%% Multi-factor approach to calculate GMVP
Weight_factor = quadprog(Mkt_model_Covariance,[],[],[],...
    ones(1,size(singlename_ExcessRet,2)),1,...

zeros(size(singlename_ExcessRet,2),1),ones(size(singlename_ExcessRet,2),1));

%% GMVP allocation
figure

subplot(2,1,1)
bar(Weight_traditional(Weight_traditional > 0.001)'*100, 'BarWidth', 0.4)
set(gca,'xticklabel',Ticker(Weight_traditional > 0.001));
ylabel('Allocation(%) - traditional approach')
text(1:length(Weight_traditional(Weight_traditional > 0.001)),...
    Weight_traditional(Weight_traditional > 0.001)'*100,...
    num2str(Weight_traditional(Weight_traditional > 0.001)*100, '%0.3f')...
,'vert','bottom','horiz','center');
box off

subplot(2,1,2)
bar(Weight_factor(Weight_factor > 0.001)'*100, 'BarWidth', 0.4)
set(gca,'xticklabel',Ticker(Weight_factor > 0.001));
ylabel('Allocation(%) - factor approach')
text(1:length(Weight_factor(Weight_factor > 0.001)),...
    Weight_factor(Weight_factor > 0.001)'*100,...
    num2str(Weight_factor(Weight_factor > 0.001)*100, '%0.3f')...
,'vert','bottom','horiz','center');
box off
```

在Fama-French三因子模型的基础下，Carhart four-factor model (1997)加入了第四个因素——**动量因子** (momentum factor)，考虑了上一个月中股价上涨公司的股价表现和上一个月中股价下跌公司的收益差距 (long prior month winners and short prior month losers)。在2015年，Fama 和 French在他们原有的三因子基础上又加入了两个因子：**盈利因子** (profitability factor) 和**投资因子** (investment factor)。盈利因子考虑了高利润公司和低利润公司的收益差。而投资因子考虑了高投资投入公司和低投资投入公司的收益表现差。加入更多的因子是为了揭开更多关于非系统性风险的秘密，从而更好地解释投资的风险。

受多因子模型的启发，一种叫**聪明贝塔** (smart beta) 的投资理念应运而生。投资者从纯粹的个股筛选转移到因子投资上。它的基础来源于对每一只股票做出比较全面的因子分析。投资者可以通过个股的组合来达到想要增持的因子，或者减少另一些因子，从而追求更多的超额收益。比较典型的因子有**价值因子** (value factor)、**规模因子** (size factor)、**动量因子** (momentum factor)、**低波动** (low volatility)、**红利** (Dividend)和**质量因子** (quality factor)。本节不做详细解读，读者可以在网上查阅相关资料。

9.6 主成分分析模型

本丛书第三本第7章介绍过**主成分分析** (principal component analysis, PCA) 的方法。主成分分析是将原始多维数据通过矩阵变换，以便起到一个数据降维的效果。因此，也可以被因子模型所用，对投资组合的风险信息进行降维。

在本丛书第三本中，已经详细介绍了具体的数学运算原理，这里就不重复细节。本节的内容更多从投资组合的角度来理解主成分分析方法所要达到的目的。

假设一个投资组合由n个资产组成，它们的投资权重由向量w确定。

$$R_P = w^T r \tag{9-53}$$

那么，投资组合的方差为：

$$\sigma_p^2 = \mathrm{var}\left(R_P\right) = w^T \Sigma_r w \tag{9-54}$$

因此，可以知道在权重组合w_i下投资组合的方差和它与权重组合w_j下投资组合之间的协方差。

$$
\begin{aligned}
\mathrm{var}(R_{P\_i}) &= w_i^T \Sigma_r w_i \\
\mathrm{cov}\left(R_{P\_i}, R_{P\_j}\right) &= w_i^T \Sigma_r w_j
\end{aligned}
\tag{9-55}
$$

除此之外，需要做一个标准化的规定，使得$w^T w = 1$。这样在不同的权重组合下，投资组合的方差是可以具有可比性的。那么主成分分析计算的过程在表9.9中通过条件和目的的形式列出。

表9.9　主成分分析计算过程

	条件	目标
1)	$w_1^T w_1 = 1$	使得投资线性组合$R_{P,1} = w_1^T r$的方差最大
2)	$w_2^T w_2 = 1$ $\mathrm{cov}\left(R_{P,1}, R_{P,2}\right) = 0$	使得投资线性组合$R_{P,2} = w_2^T r$的方差最大
...	...	...
i)	$w_i^T w_i = 1$ $\mathrm{cov}\left(R_{P,j}, R_{P,i}\right) = 0$ $j = 1, \cdots, i-1$	使得投资线性组合$R_{P,i} = w_i^T r$的方差最大

从第1步到第i步得出的权重 (最多到n个组合) 组合，即为从大到小来解释投资组合的方差信息。每一个组合即为一个因子，而且因子之间相关性为0。

再次起用本章反复试验的38只美股为例，来做一组主成分分析。通过MATLAB的代码，可以得到每一个主成分对由这38只股票所组成的方差所解释的成分。

如图9.20所示，第一个主成分解释了总方差信息的36%，之后的主成分解释的部分逐一递减，直到38个主成分一起可以完整地解释原本的所有方差信息。

如图9.21列出了前四个主成分分别包含的38只股票的权重信息。第一主成分的所有股票权重都为正，也可说明它们在第一主成分方向上的投影都为正。在第二、第三、第四主成分上，某些股票的权重为负，也意味着这些股票在这些主成分的投影为负。读者可以参考本丛书第7章7.4节来回顾详细理解。

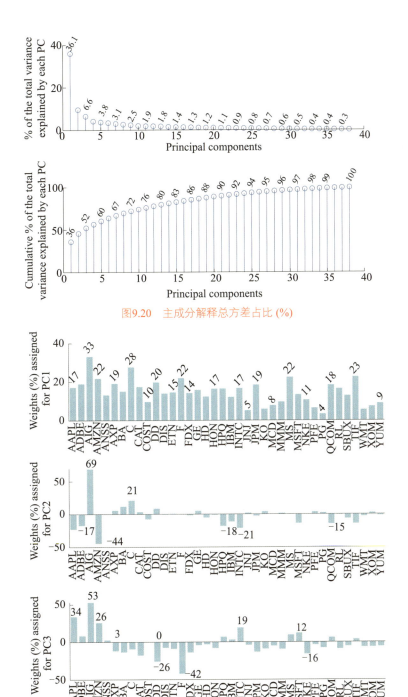

图9.20   主成分解释总方差占比 (%)

图9.21   38只美股在第一主成分到第四主成分中的占比

如图9.22选取了开市客 (COST)、通用电气 (GE)、麦当劳 (MCD)、微软 (MSFT)和沃尔玛 (WMT)，描绘出它们各自的历史超额收益累计图 (从1998年1月开始，假设它们的初始值都为100)。

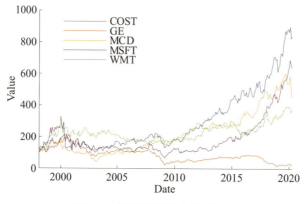

图9.22　个别股票的超额收益累计图

如图9.23～图9.28分别选取由1个主成分、10个主成分和20个主成分为例，开市客 (COST)、通用电气 (GE)、麦当劳 (MCD)、微软 (MSFT)和沃尔玛 (WMT)的收益图, 和最小风险组合的权重图。读者可以翻阅比较一下，当主成分越多时，可以看出个股的超额收益累计图的波动变化更接近图9.22。最小风险投资组合的权重组合也更加接近。也表明主成分越多，分析越接近真实。这也符合我们的预期。

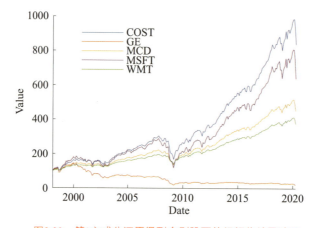

图9.23　第1主成分还原得到个别股票的超额收益累计图

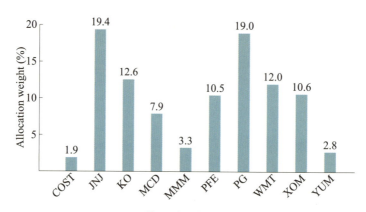

图9.24　第1主成分个股权重分布

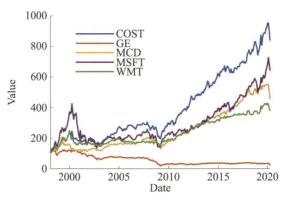

图9.25　前10个主成分还原得到个别股票的超额收益累计图

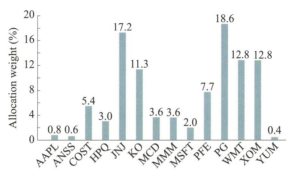

图9.26　前10个主成分个股权重分布

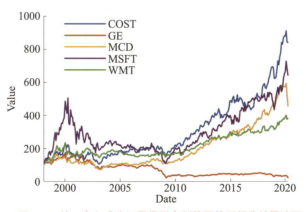

图9.27　前20个主成分还原得到个别股票的超额收益累计图

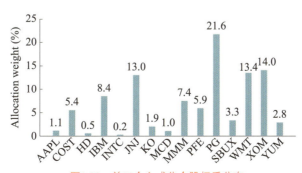

图9.28　前20个主成分个股权重分布

如图9.29描绘了通过传统方法得到的最小风险投资组合，从1998至2020的超额收益累计图。

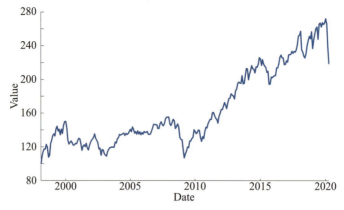

图9.29　最小风险组合的历史超额收益累计图，基于传统方法

如图9.30～图9.32所示三维图展示出从1个主成分到38个主成分所计算出的最小风险组合的超额收益累计图的走势。它们大致还是很接近的，也可以看出用较少个数的主成分，比如5个到6个主成分，已经可以大致表达真实的风险信息。

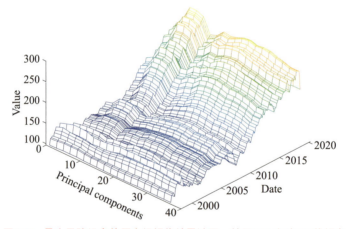

图9.30　最小风险组合的历史超额收益累计图，基于PCA方法 (三维视角图)

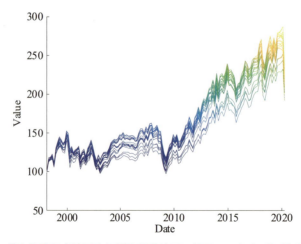

图9.31　最小风险组合的历史超额收益累计图，基于PCA方法 (从时间轴角度观察)

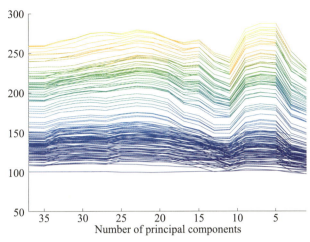

图9.32　最小风险组合的历史超额收益累计图，基于PCA方法 (从主成分个数角度观察)

主成分分析在实际应用中并不十分流行。每一个主成分具备了统计学意义上的解释，但是一个显而易见的弊端是，它缺乏了金融意义上的解释性。另外，因子模型最大的作用是提供了一个降维的过程，即可以将庞杂的投资选项简化到若干因子的选项上，投资者在建立投资组合时只需要关注对因子的**风险暴露** (risk exposure) 上。然而主成分因子的构成来源于同一揽子投资选项组合，却并没有起到降维的目的。但是主成分分析可以帮助理解因子模型中残余项中的相关性解释，发掘因子模型未解释的信息，加以取舍，从而组建更加多元化的组合。

以下代码可以获得图9.20～图9.32。

`B5_Ch9_3.m`

```matlab
clc; close all; clear all

%% Data input
T = readtable('FactorModel_example.xlsx','Sheet','OneFactor');

%% Extract data
Date = T.Date;
Ticker = T.Properties.VariableNames(2:end-1)';
singlename_ExcessRet = T(:,2:end-1).Variables;

%% Calculate covariance
singlename_Covariance = cov(singlename_ExcessRet);

%% Plot selected singlenames' historical value
figure(1)
subplot(2,1,1)
PriceLevel_raw = ret2price(singlename_ExcessRet(:,[10,16,25,28,36]),100);
plot(Date,PriceLevel_raw(2:end,:)); hold off;
xlabel('Date');
ylabel('Value');
title('EQ Excess Return Curve - Raw (selected names)');
legend(Ticker([10,16,25,28,36])),...
```

```matlab
        'Location','bestoutside','Interpreter', 'none');


%% Traditional way to calculate GMVP
Weight_traditional = quadprog(singlename_Covariance,[],[],[],...
    ones(1,size(singlename_ExcessRet,2)),1,...
    zeros(size(singlename_ExcessRet,2),1),...
    ones(size(singlename_ExcessRet,2),1));

%% GMVP by traditional way
subplot(2,1,2)
bar(Weight_traditional(Weight_traditional > 0.001)'*100, 'BarWidth', 0.4)
set(gca,'xticklabel',Ticker(Weight_traditional > 0.001));
title('Allocation(%) - traditional approach')
text(1:length(Weight_traditional(Weight_traditional > 0.001)),...
    Weight_traditional(Weight_traditional > 0.001)'*100,...
    num2str(Weight_traditional(Weight_traditional > 0.001)*100, '%0.1f')...
,'vert','bottom','horiz','center');
box off


%% PCA analysis
[Factor_Loading_F,Factor_Ret_F,latent_F,tsq_F,explained_F,mu_F]...
    = pca(singlename_ExcessRet);
% Factor_Loading
% Factor_Ret: Principal Component scores
% latent: Principal Component variances
% tsquared: T-squared statistic for each observation
% explained: the percentage of the total variance explained by each PC
% mu: the estimated mean of each variable
figure(2)
subplot(2,1,1)
bar(explained_F,0.8)
title('The percentage of the total variance explained by each PC')
text(1:length(explained_F),explained_F,...
    num2str(explained_F, '%0.1f'),'vert','bottom','horiz','center');
box off

subplot(2,1,2)
bar(cumsum(explained_F),0.4)
title('The cumulative % of the total variance explained by PC')
text(1:length(explained_F),cumsum(explained_F),...
    num2str(cumsum(explained_F), '%0.0f'),...
    'vert','bottom','horiz','center');
box off

%% Plot the first four PC's weights
figure(3)
```

```matlab
for i=1:4
    subplot(2,2,i)
    bar(categorical(Ticker),Factor_Loading_F(:,i)*100,0.4)
    title(['Weights (%) assigned for PC ',num2str(i)])
    text(1:size(Factor_Loading_F,1),Factor_Loading_F(:,i)*100,...
        num2str(Factor_Loading_F(:,i)*100, '%0.0f'),...
        'vert','bottom','horiz','center');
    box off
end

%% for 1, 10, 20 number of PCs, conduct GMVP calculation
for m = [1 10 20]
    [Factor_Loading,Factor_Ret,latent,tsq,explained,mu]...
        = pca(singlename_ExcessRet, 'NumComponents', m);

    FactorExplained_Ret = Factor_Ret*Factor_Loading' + mu;
    Residual_Ret = singlename_ExcessRet - FactorExplained_Ret;

    % Plot selected singlenames' historical value by PCA
    figure
    subplot(2,1,1)
    PriceLevel_pca = ret2price(FactorExplained_Ret(:,[10,16,25,28,36]),100);
    plot(Date,PriceLevel_pca(2:end,:)); hold off;
    xlabel('Date');
    ylabel('Value');
    title(['Factor Explained Excess Return Curve with ',...
        num2str(m), ' principal components (selected names)']);
    legend(Ticker([10,16,25,28,36]), 'Location','bestoutside');

    % calculate covariance using PCA model
    PCA_model_cov = Factor_Loading*cov(Factor_Ret)*Factor_Loading'...
        + diag(diag(cov(Residual_Ret)));

    % Factor approach to calculate GMVP
    Weight_factor = quadprog(PCA_model_cov,[],[],[],...
        ones(1,size(singlename_ExcessRet,2)),1,...
        zeros(size(singlename_ExcessRet,2),1),...
        ones(size(singlename_ExcessRet,2),1));

    % GMVP allocation
    subplot(2,1,2)
    bar(Weight_factor(Weight_factor > 0.001)'*100, 'BarWidth', 0.4)
    set(gca,'xticklabel',Ticker(Weight_factor > 0.001));
    title(['Allocation(%) - PCA approach with ', num2str(m),...
        ' principal components'])
    text(1:length(Weight_factor(Weight_factor > 0.001)),...
        Weight_factor(Weight_factor > 0.001)'*100,...
```

```matlab
            num2str(Weight_factor(Weight_factor > 0.001)*100, '%0.1f')...
        ,'vert','bottom','horiz','center');
    box off


end

%% Plot Min Variance Portfolio Excess Return Curve
MinVar_Port_TR_raw = singlename_ExcessRet*Weight_traditional;

figure
MinVar_Port_TR_Curve_raw = ret2price(MinVar_Port_TR_raw,100);
plot(Date,MinVar_Port_TR_Curve_raw(2:end,:)); hold off;
xlabel('Date');
ylabel('Value');
title('Min Variance Portfolio Excess Return Curve');

%% Plot Min Variance Portfolio Excess Return Curve with # of PC from 1 to all
MinVar_Port_TR_PCA = zeros(size(singlename_ExcessRet));

for k = 1:size(MinVar_Port_TR_PCA,2)
    [Factor_Loading,Factor_Ret,latent,tsq,explained,mu]...
        = pca(singlename_ExcessRet, 'NumComponents', k);
    FactorExplained_Ret = Factor_Ret*Factor_Loading' + mu;
    Residual_Ret = singlename_ExcessRet - FactorExplained_Ret;
    PCA_model_cov = Factor_Loading*cov(Factor_Ret)*Factor_Loading'...
        + diag(diag(cov(Residual_Ret)));

    Weight_factor = quadprog(PCA_model_cov,[],[],[],...
        ones(1,size(singlename_ExcessRet,2)),1,...
        zeros(size(singlename_ExcessRet,2),1),...
        ones(size(singlename_ExcessRet,2),1));

    MinVar_Port_TR_PCA(:,k) = singlename_ExcessRet*Weight_factor;
end

MinVar_Port_TR_Curve_PCA = ret2price(MinVar_Port_TR_PCA,100);


figure
subplot(2,2,[1,3])
mesh(1:size(MinVar_Port_TR_PCA,2),Date, MinVar_Port_TR_Curve_PCA(2:end,:)...
    ,'MeshStyle','both'); hold off
xlabel('Number of Principal Components');
ylabel('Date');
title('Min Variance Portfolio Excess Return Curve with # of PC from 1 to all');
grid off
view([0.5,-0.5,0.3])
```

```
subplot(2,2,2)
mesh(1:size(MinVar_Port_TR_PCA,2),Date, MinVar_Port_TR_Curve_PCA(2:end,:)...
    ,'MeshStyle','row'); hold off
xlabel('Number of Principal Components');
ylabel('Date');
grid off
view([0,1,0])

subplot(2,2,4)
mesh(1:size(MinVar_Port_TR_PCA,2),Date, MinVar_Port_TR_Curve_PCA(2:end,:)...
    ,'MeshStyle','column'); hold off
xlabel('Number of Principal Components');
ylabel('Date');
grid off
view([1,0,0])
```

第10章

Machine Learning Ⅰ
机器学习 Ⅰ

本章及下两章将向大家介绍机器学习的一些基本内容，包括常用的监督学习和非监督学习算法，例如贝叶斯分析、高斯判别分析、k临近、支持向量机、决策树、k均值聚类、层次聚类和神经网络等。

> 如果一台计算机能够欺骗人类，让人类相信它也是人类一员；那么，这台计算机值得被称作智能机器。
> *A computer would deserve to be called intelligent if it could deceive a human into believing that it was human.*

—— 艾伦·图灵 (Alan Turing)

Core Functions and Syntaxes
本章核心命令代码

- ◀ categorical(A) 根据数组 A 创建分类数组
- ◀ diag() 创建对角矩阵或获取矩阵的对角元素；diag() 也可以用来生成方阵，其对角元素为输入向量中的元素
- ◀ fitcdiscr() 高斯判别分析函数，可以处理线性判别分析和二次判别分析
- ◀ fitcnb() 朴素贝叶斯分类函数
- ◀ fitdist() 根据输入的采样数据获得对应的概率密度分布
- ◀ gscatter() 绘制分类散点图
- ◀ hist3() 绘制二元频数直方图
- ◀ histogram(A,20,'Normalization','probability') 将数据 A 归一化，归一化方法是 "probability"，然后生成直方图
- ◀ KDTreeSearcher() 构造 kd 树算法实现 k 临近算法
- ◀ knnsearch() 寻找查询点附近 k 个临近点
- ◀ ksdensity() 用 Kernel 方法返回向量或两列矩阵中的样本数据的概率密度估计
- ◀ mvksdensity() 估计多元样本数据的概率密度
- ◀ mvnpdf(X,MEANs,COV_Matrix) 根据 X 指定的多元变量范围，MEANs 指定的多维变量的均值以及协方差矩阵 COV_Matrix，生成多维正态分布数据点
- ◀ nancov() 忽略 NaN 计算方差-协方差矩阵
- ◀ nanmean() 忽略 NaN 计算平均值
- ◀ predict() 根据模型信息计算预测值
- ◀ reordercats() 对分类数组中的类别重新排序
- ◀ tabulate() 展示数据频数表格

10.1 机器学习概述

人工智能 (artificial intelligence, AI) 是一套算法系统，它通过模拟人类智慧，感知环境，经过分析计算，进而可以执行设定的行为动作。机器学习是实现人工智能的一大类方法和技术。机器学习算法的特点是，从样本数据中分析并获得某种规律，再利用这个规律对未知数据进行预测。它是涉及概率、统计、矩阵论、代数学、优化方法、数值方法、算法学等多领域的交叉学科，在金融领域应用极其广泛。

机器学习适合处理的问题有两大特征：①大数据；②黑箱或复杂系统，难以找到**控制方程** (governing equations)。机器学习模型需要经过样本数据训练。根据输出值有无标签，数据可以分为**有标签数据** (labelled data) 和**无标签数据** (unlabelled data)，如图10.1所示。

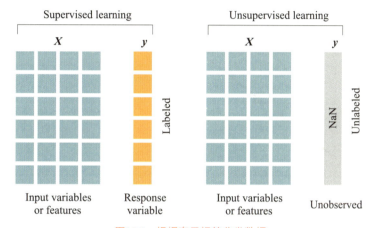

图10.1　根据有无标签分类数据

机器学习可以分为以下三大类。

◂ **有监督学习** (supervised learning)　训练有标签值样本数据并得到模型，通过模型对新样本进行推断。
◂ **无监督学习** (unsupervised learning)　训练没有标签值的数据，并发现样本数据的结构和分布。
◂ **半监督学习** (semi-supervised learning)　结合无监督学习和监督学习。

图10.2所示为机器学习分类。

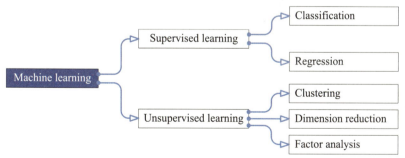

图10.2　机器学习分类

如图10.2所示，本书机器学习部分将集中介绍有监督学习和无监督学习的几种典型问题和解决方法。本丛书之前在不同章节已经介绍过各种**回归分析** (regression analysis)，具体如下。

◂ **线性回归** (linear regression)，第三本第6章，第四本第11章。
◂ **逻辑回归** (logistic regression)，第三本第6章。

◀ **多项式回归** (polynomial regression)，第三本第6章，第四本第11章。

◀ **逐步回归** (stepwise regression)，第三本第6章。

◀ **正交回归** (orthogonal regression)，第四本第11章。

◀ **主元回归** (principal component regression)，第四本第12章。

◀ **偏最小二乘回归** (partial least squares regression)，第四本第12章。

◀ **岭回归** (ridge regression)，本书第1章。

◀ **Lasso回归** (lasso regression)，本书第1章。

本章及接下来的两章，有监督学习部分将讨论**分类** (classification)，无监督学习部分将主要介绍**聚类** (clustering)。另外，**主成分分析** (principal component analysis, PCA) 也是一种重要的无监督学习，对此，本丛书第三本第7章和第四本第12章已有详细讲解。根据获得目标为量化结果或者类别结果，可以将机器学习方法分为四大类，具体如图10.3所示。

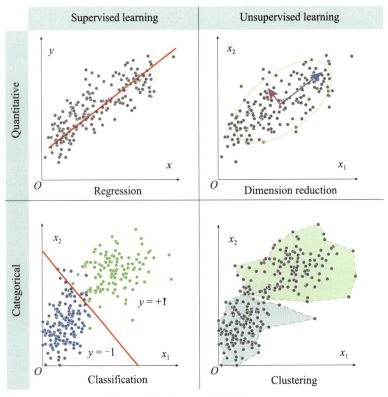

图10.3　根据获得目标分类机器学习

图10.4总结了常见的监督学习方法。本书将介绍如下几种。

◀ **朴素贝叶斯分类** (naive bayes)，其中又细分为一般朴素贝叶斯和高斯朴素贝叶斯两种；

◀ **判别分析** (discriminant analysis)，以线性判别和二次判别为主；

◀ **k临近** (k-nearest neighbors, k-NN)；

◀ **支持向量机** (support vector machine, SVM)，包含硬间隔、软间隔和核技巧三个板块；

◀ **决策树** (decision trees)。

监督学习中还有一类重要的方法叫作**集成学习** (ensemble learning)。"三个臭皮匠，赛过诸葛亮"，这句话形象地诠释了集成学习的核心思路。在集成学习中，"臭皮匠"指的就是**弱学习器** (weak learner)，通过多个弱学习器组合得到一个效果更好的模型。常被归类为弱学习器的分类算法有：k-NN、判别分析和决策树。此外，朴素贝叶斯也偶尔被算作弱学习器。限于篇幅，本书不会涉及集成学习的有关内容。MATLAB有大量有关集成学习函数，读者们在掌握常见监督学习器的基础上可以自行探索。

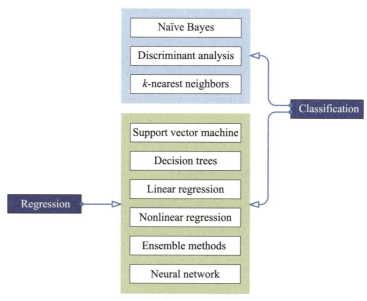

图10.4 监督学习常见方法

图10.5总结了常见的聚类方法。本书将主要介绍以下几种。

◀ **高斯混合模型** (gaussian mixture model)，包括硬聚类、软聚类和参数调节三个板块；
◀ **k均值聚类** (k-means clustering)；
◀ **k中心聚类** (k-medoids clustering)；
◀ **层次聚类** (hierarchical clustering)；
◀ **模糊C均值聚类** (fuzzy C-means clustering)；
◀ **DBSCAN聚类** (density-based spatial clustering of applications with noise)。

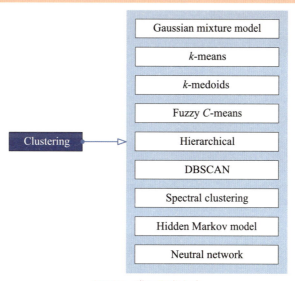

图10.5 常用聚类方法

神经网络 (neural network) 模拟生物大脑神经网络，既可以用在监督学习，又可以用在非监督学习，本书将单独介绍神经网络这一方法。

强化学习 (reinforcement learning) 和**深度学习** (deep learning) 也是机器学习的两个重要分支。

　　强化学习的思想类似于"吃一堑，长一智"，是一个反复试验、反复试错的过程。强化学习通过不断试错，从环境中得到奖惩，自主判别不同状态下哪些动作具有最大的价值并学习，从而发现或逼近能够得到最大奖励的策略。

　　深度学习由多层不同结构的神经网络构成。由于深度学习的层次增多，各层之间和层内之间联系更复杂，深度学习可以处理更加复杂的问题。但是深度学习的直接问题就是对算力的要求更加苛刻，而且依靠更多的样本数据来训练。本丛书暂不涉及强化学习和深度学习这两个话题，MATLAB提供了相应的工具包，读者完成本书机器学习的基本内容后可以继续探索。图10.6所示为机器学习的一般流程。

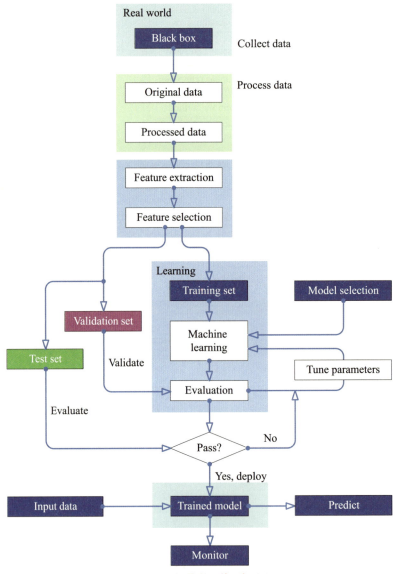

图10.6　机器学习的一般流程

　　欠拟合 (underfitting) 和**过拟合** (overfitting) 是机器学习中常常遇到的两个概念或者说现象。如图10.7(a) 所示，由于特征项过少，模型未能归纳出样本的规律特定，表现为欠拟合。而如图10.7(c) 所示模型试图对每一个数据点进行拟合，产生了过于复杂的模型结果，反而不能得到数据的真实规律，表现为过拟合。如图10.7(b)所示的模型可以在通常意义上更好地拟合数据，对样本规律进行预测。欠拟合通过评估拟合好坏，往往比较容易被察觉。而在过拟合情况下，模型在训练样本数据上的拟合表现通常十分优秀。这时，需要借助额外的验证样本数据进一步测试；如果模型表现变差，则说明存在过拟合。

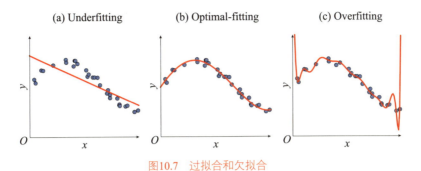

图10.7 过拟合和欠拟合

读者在开始阅读本书机器学习这几章之前，作为预备知识，建议首先完成本丛书以下内容学习：概率统计 (第一本第6～8章，第三本第3章)、矩阵运算 (第三本第1～2章，第四本第1～4章)、数据基础 (第三本第4～7章)、优化方法 (第四本第5～7章) 以及回归分析与优化 (第四本第11～12章)。下面，正式开始本丛书的机器学习之旅。

10.2 朴素贝叶斯分类

首先回顾一下本丛书第一本第7章介绍过的贝叶斯定理。该定理描述的是两个条件概率之间的关系，具体如下：

$$\mathrm{P}(A \mid B) = \frac{\mathrm{P}(B \mid A)\mathrm{P}(A)}{\mathrm{P}(B)} \Rightarrow \mathrm{P}(A \mid B)\mathrm{P}(B) = \mathrm{P}(B \mid A)\mathrm{P}(A) = \mathrm{P}(A \cap B) \tag{10-1}$$

其中，$\mathrm{P}(A \mid B)$ 是指在事件 B 发生的情况下事件 A 发生的概率，即已知 B 发生后 A 的**条件概率** (conditional probability)；而 $\mathrm{P}(B \mid A)$ 则是指在事件 A 发生情况下 B 发生的条件概率。$\mathrm{P}(A)$ 是 A 的**边缘概率** (marginal probability)，不考虑事件 B 是否发生，A 发生的概率；$\mathrm{P}(B)$ 是 B 的边缘概率，不考虑事件 A 是否发生，B 发生的概率。

假设样本数据集合为 $D = \{C_1, C_2, ..., C_m\}$；$D$ 包含了 $C_1, C_2, ..., C_m$ 共 m 个不同的"类"数据。如图10.8所示，对于给定的样本 $\boldsymbol{x}$，基于贝叶斯定理 $\boldsymbol{x}$ 被分为 C_i 类的**后验概率** (posterior probability或posterior)，记作 $p(C_i \mid \boldsymbol{x})$，即

$$p(C_i \mid \boldsymbol{x}) = \frac{\mathrm{P}(C_i)\, p(\boldsymbol{x} \mid C_i)}{p(\boldsymbol{x})} \tag{10-2}$$

$$\Leftrightarrow p(C_i \mid \boldsymbol{x})\, p(\boldsymbol{x}) = \mathrm{P}(C_i)\, p(\boldsymbol{x} \mid C_i) = p(C_i \cap \boldsymbol{x})$$

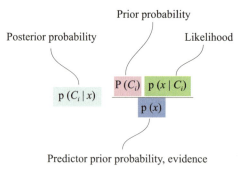

图10.8 贝叶斯原理

其中，$P(C_i)$ 为**先验概率** (prior probability或prior)，对应了样本集合中各类样本的占比，可以通过式10.3计算获得。

$$P(C_i) = \frac{|C_i|}{|D|} \tag{10-3}$$

这里的符号 $|\cdot|$ 是计数运算符，计算**频数** (frequency)；$|C_i|$ 计算D中标签为C_i样本数据的个数，$|D|$为样本总数。

$p(x|C_i)$ 是样本x相对分类C_i的条件概率，也称**似然** (likelihood)。$p(x)$ 是x的概率分布，**预测先验概率** (predictor prior)，也被称作**证据因子** (evidence)，$p(x)$ 的大小与分类无关。

值得注意的是$p(C_i|x)$ 正比于 $p(C_i \cap x)$，后文将使用这一关系。

$$p(C_i|x) \propto p(C_i \cap x) \tag{10-4}$$

后验概率$p(C_i|x)$，相当于**成员值** (membership score)。当样本数据x属于C_i的可能性为100%时，$p(C_i|x)$ 取值为1。对于二分问题 (将样本数据分为两类)，即$m = 2$时，$p(C_1|x)$ 取值为0.7，$p(C_2|x)$ 取值为0.3 (即1-0.7)，相当于样本数据x属于C_1的可能性为70%，x属于C_2的可能性为30%。据此，该数据x更应该被判定为属于C_1类。

上例表明通过比较成员值 (后验概率) 大小，可以判断数据分类，因此对于二分类问题，贝叶斯分类判别函数可以记作：

$$\underset{C_i}{\arg\max}\, p(C_i|x)\ \ i=1,2 \iff \underset{C_i}{\arg\max}\, p(x)p(C_i|x)\ \ i=1,2 \tag{10-5}$$

根据贝叶斯定理，以上判别函数等价于式10-6所示函数：

$$\underset{C_i}{\arg\max}\, p(C_i \cap x)\ \ i=1,2 \tag{10-6}$$

也就是说，对于二分类问题，通过比较$p(C_1|x)$ 和 $p(C_2|x)$，或者$p(C_1 \cap x)$ 和 $p(C_2 \cap x)$ 的大小，便可以确定数据分类。此外，$p(C_1|x) = p(C_2|x)$，即$p(C_1 \cap x) = p(C_2 \cap x)$ 确定的边界便是分类问题**决策边界** (decision boundary)。以上结论可以推广到多类别分类问题。

下面用具体例子来解释如何理解贝叶斯分类。如图10.9所示的样本数据有两个特征：个人收入 (x_1) 和信用评分 (x_2)；样本数据有两个分类：优质贷款 (C_1) 和劣质贷款 (C_2)。根据图10.9中的数据，可以直观判断，当个人收入和信用评分越高，则贷款质量越高，越不容易出现劣质贷款。下面介绍借助贝叶斯分类方法获得判断好坏贷款的决策边界。

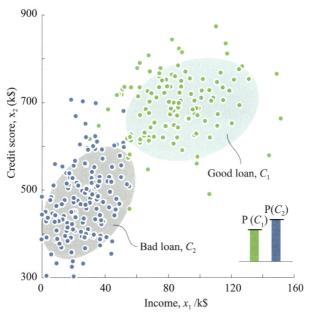

图10.9　根据个人收入和信用评分判断好坏贷款

根据贝叶斯分类法计算公式，首先求解优质贷款和劣质贷款分别对应的先验概率 $P(C_1)$ 和$P(C_2)$，结果如图10.10所示，计算过程为：

$$P(C_1) = \frac{|C_1|}{|D|} = \frac{120}{279} = 0.43$$

$$P(C_2) = \frac{|C_2|}{|D|} = \frac{159}{279} = 0.57$$

(10-7)

再次注意，式10-7中$|\cdot|$为计数运算。

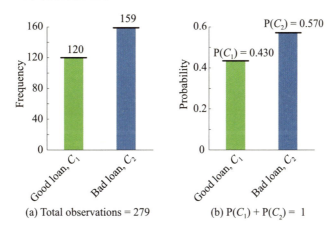

图10.10　好坏贷款频数和先验概率$P(C_1)$ 和$P(C_2)$

朴素贝叶斯分类 (naive bayes classification) 采用**贝叶斯定理** (bayes'theorem) 解决监督学习中的分类问题。这里"朴素"两个字指的是不考虑样本特征之间的相关性，也就是条件独立性。具体体现在估算$p(\boldsymbol{x}\,|\,C_i)$ 和 $p(\boldsymbol{x})$ 概率密度时，假设样本特征独立。也就是 $p(\boldsymbol{x}\,|\,C_i)$ 可以通过式 (10-8) 计算得到。

$$p(\boldsymbol{x} \mid C_i) = \prod_{j=1}^{n} p(x_j \mid C_i) \tag{10-8}$$

其中，n为特征数量，$j = 1, 2, \ldots, n$，即$\boldsymbol{x}$中含有 $\{x_1, x_2, \ldots, x_n\}$ 这些特征。

对于 $m = 2$，且$i = 1, 2$的情况，$p(\boldsymbol{x} \mid C_1)$ 和 $p(\boldsymbol{x} \mid C_2)$ 可以通过式10-9计算获得。

$$\begin{cases} p(\boldsymbol{x} \mid C_1) = p(x_1 \mid C_1) p(x_2 \mid C_1) \\ p(\boldsymbol{x} \mid C_2) = p(x_1 \mid C_2) p(x_2 \mid C_2) \end{cases} \tag{10-9}$$

$p(\boldsymbol{x})$ 可以通过式10-10估算得到。

$$p(\boldsymbol{x}) = \sum_{i=1}^{m} \left[\mathrm{P}(C_i) \prod_{j=1}^{n} p(x_j \mid C_i) \right] \tag{10-10}$$

其中，m为分类类别数量，$i = 1, 2, \ldots, m$。

对于 $n = 2$ 且 $m = 2$ 的情况，$p(\boldsymbol{x})$ 可以通过式10-11计算获得。

$$\begin{aligned} p(\boldsymbol{x}) &= p(\boldsymbol{x} \cap C_1) + p(\boldsymbol{x} \cap C_2) \\ &= \mathrm{P}(C_1) p(\boldsymbol{x} \mid C_1) + \mathrm{P}(C_2) p(\boldsymbol{x} \mid C_2) \\ &= \mathrm{P}(C_1) p(x_1 \mid C_1) p(x_2 \mid C_1) + \mathrm{P}(C_2) p(x_1 \mid C_2) p(x_2 \mid C_2) \end{aligned} \tag{10-11}$$

因此，$p(C_i \mid \boldsymbol{x})$ 可以通过式10-12计算求得。

$$p(C_i \mid \boldsymbol{x}) = \frac{\mathrm{P}(C_i) p(\boldsymbol{x} \mid C_i)}{p(\boldsymbol{x})} = \frac{\mathrm{P}(C_i) \prod_{j=1}^{n} p(x_j \mid C_i)}{\sum_{i=1}^{m} \left[\mathrm{P}(C_i) \prod_{j=1}^{n} p(x_j \mid C_i) \right]} \tag{10-12}$$

对于 $n = 2$ 且 $m = 2$ 的情况，$p(C_1 \mid \boldsymbol{x})$ 和 $p(C_2 \mid \boldsymbol{x})$ 可以通过式10-13计算获得。

$$\begin{cases} p(C_1 \mid \boldsymbol{x}) = \dfrac{\mathrm{P}(C_1) p(x_1 \mid C_1) p(x_2 \mid C_1)}{\mathrm{P}(C_1) p(x_1 \mid C_1) p(x_2 \mid C_1) + \mathrm{P}(C_2) p(x_1 \mid C_2) p(x_2 \mid C_2)} \\[4mm] p(C_2 \mid \boldsymbol{x}) = \dfrac{\mathrm{P}(C_2) p(x_1 \mid C_2) p(x_2 \mid C_2)}{\mathrm{P}(C_1) p(x_1 \mid C_1) p(x_2 \mid C_1) + \mathrm{P}(C_2) p(x_1 \mid C_2) p(x_2 \mid C_2)} \end{cases} \tag{10-13}$$

为了获得正确的$p(\boldsymbol{x})$ 估计，首先要获得四个概率密度函数：$p(x_1 \mid C_1)$、$p(x_1 \mid C_2)$、$p(x_2 \mid C_1)$ 和 $p(x_2 \mid C_2)$。

图10.11 所示为特征x_1相对分类C_1的条件概率 $p(x_1 \mid C_1)$。简单地说，将样本数据中标签为C_1数据投影到特征x_1上，然后采用fitdist() 函数、核分布拟合使用 'kernel' 方法，估算这些数据的分布情况。图10.11中阴影部分的面积为1。同理，将样本数据中标签为C_2的数据投影到特征x_1上，可以得到特征x_1相对分类C_2的条件概率$p(x_1 \mid C_2)$。

如图10.12所示的便是上述过程，以及条件概率 $p(x_1 \mid C_2)$ 的结果。同样，图10.12中$p(x_1 \mid C_2)$阴影部分的面积为1。类似地，可以获得$p(x_2 \mid C_1)$ 和 $p(x_2 \mid C_2)$。

然后用$\mathrm{P}(C_1) p(x_1 \mid C_1) p(x_2 \mid C_1)$ 和 $\mathrm{P}(C_2) p(x_1 \mid C_2) p(x_2 \mid C_2)$ 这两个算式分别估算$p(C_1 \cap \boldsymbol{x})$ 和 $p(C_2 \cap \boldsymbol{x})$ 曲面。图10.13和图10.14分别展示了$p(C_1 \cap \boldsymbol{x})$ 和 $p(C_2 \cap \boldsymbol{x})$ 的估算结果。

然后，将$p(C_1 \cap \boldsymbol{x})$ 和 $p(C_2 \cap \boldsymbol{x})$ 两个曲面合成便得到$p(\boldsymbol{x})$ 曲面，即 $p(C_1 \cap \boldsymbol{x}) + p(C_2 \cap \boldsymbol{x})$，具体如图10.15和图10.17所示。

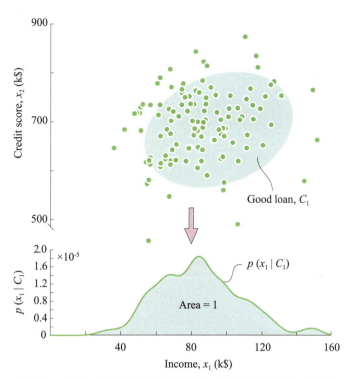

图10.11　特征x_1相对分类C_1的条件概率，核分布拟合获得$p(x_1 \mid C_1)$

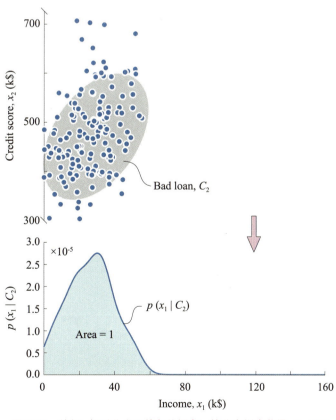

图10.12　特征x_1相对分类C_2的条件概率，核分布拟合获得$p(x_1 \mid C_2)$

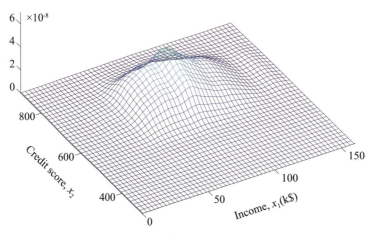

图10.13　估算所得 $p(C_1 \cap x)$ 曲面

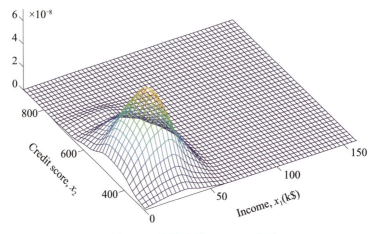

图10.14　估算所得 $p(C_2 \cap x)$ 曲面

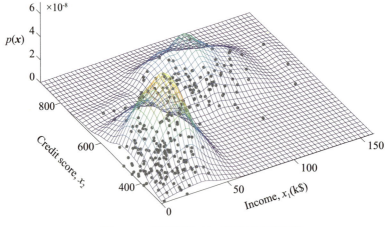

图10.15　正确估算 $p(x)$，朴素贝叶斯分类

如图10.16所示为采用朴素贝叶斯分类假设前提估算得到$p(x)$的流程图。

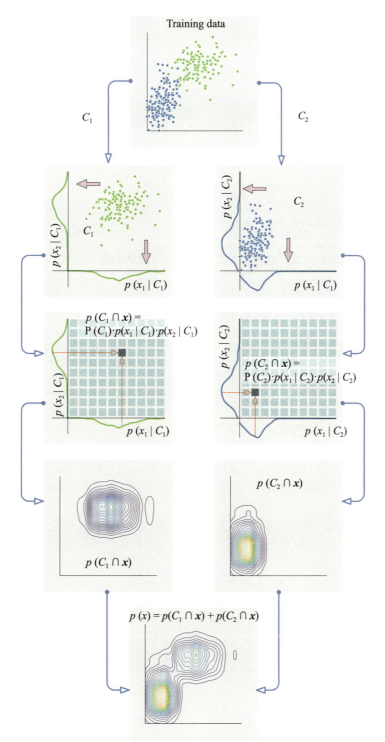

图10.16 朴素贝叶斯分类估算得到$p(\boldsymbol{x})$过程

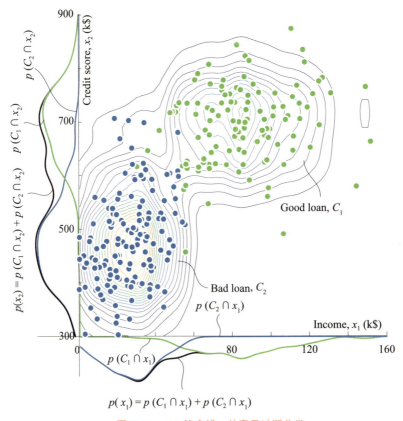

图10.17　$p(x)$ 等高线，朴素贝叶斯分类

有了 $p(C_1 \cap \boldsymbol{x})$ 和 $p(C_2 \cap \boldsymbol{x})$ 曲面，以及 $p(\boldsymbol{x})$ 曲面，就可以计算后验概率曲面 $p(C_1 \mid \boldsymbol{x})$ 和 $p(C_2 \mid \boldsymbol{x})$，也就是成员值曲面。如图10.18和图10.19所示是在朴素贝叶斯分类前提假设条件下，估算得到的两个后验曲面 $p(C_1 \mid \boldsymbol{x})$ 和 $p(C_2 \mid \boldsymbol{x})$。

对于二分类问题，比较这两个成员值曲面高度，找到 $p(C_1 \mid \boldsymbol{x})$ 和 $p(C_2 \mid \boldsymbol{x})$ 交线（或者找到任意曲面0.5高度，$p(C_1 \mid \boldsymbol{x}) = p(C_2 \mid \boldsymbol{x}) = 0.5$）所在处即为决策边界。如图10.20所示则是通过后验概率曲面找到的决策边界，如图10.21所示为决策边界在 $p(C_1 \cap \boldsymbol{x})$ 和 $p(C_2 \cap \boldsymbol{x})$ 曲面等高线上的投影。图10.21中决策边界的位置对应 $p(C_1 \cap \boldsymbol{x}) = p(C_2 \cap \boldsymbol{x})$。

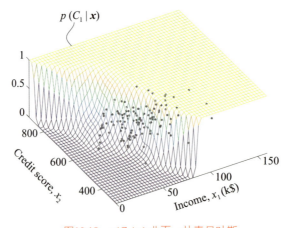

图10.18　$p(C_1 \mid \boldsymbol{x})$ 曲面，朴素贝叶斯

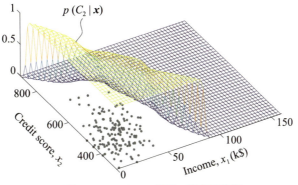

图10.19 $p(C_2 \mid \boldsymbol{x})$ 曲面，朴素贝叶斯

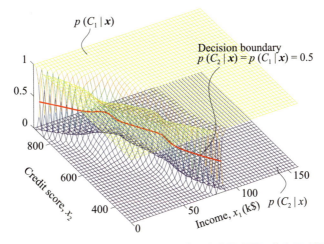

图10.20 $p(C_1 \mid \boldsymbol{x})$ 和 $p(C_2 \mid \boldsymbol{x})$ 曲面交线即为决策边界，朴素贝叶斯

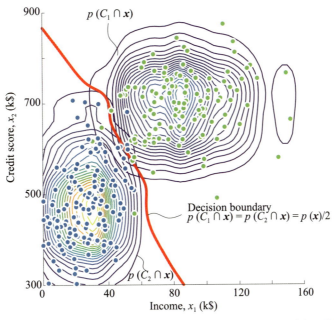

图10.21 $p(C_1 \cap \boldsymbol{x})$ 和 $p(C_2 \cap \boldsymbol{x})$ 曲面等高线及决策边界，朴素贝叶斯

10.3 高斯朴素贝叶斯分类

与朴素贝叶斯分类一致，高斯朴素假设样本之间的相关性为0。以标签为C_1的数据为例，$p(\boldsymbol{x} \mid C_1)$可以通过式10-14计算获得。

$$p(\boldsymbol{x} \mid C_1) = p(x_1 \mid C_1) p(x_2 \mid C_1) \tag{10-14}$$

高斯朴素贝叶斯分类中另外关键一点，假设条件概率服从高斯分布。比如，标签为C_1数据的两个特征x_1和x_2对应的条件概率分布$p(x_1 \mid C_1)$和$p(x_2 \mid C_1)$服从高斯分布，具体为：

$$\begin{cases} p(x_1 \mid C_1) = \dfrac{1}{\sigma_{1\_C_1} \sqrt{2\pi}} \exp\left(-\dfrac{1}{2}\left(\dfrac{x_1 - \mu_{1\_C_1}}{\sigma_{1\_C_1}}\right)^2\right) \\[4mm] p(x_2 \mid C_1) = \dfrac{1}{\sigma_{2\_C_1} \sqrt{2\pi}} \exp\left(-\dfrac{1}{2}\left(\dfrac{x_2 - \mu_{2\_C_1}}{\sigma_{2\_C_1}}\right)^2\right) \end{cases} \tag{10-15}$$

高斯分布参数$\mu_{1\_C_1}$、$\mu_{2\_C_1}$、$\sigma_{1\_C_1}$和$\sigma_{2\_C_1}$可以根据样本数据直接计算得到。

由此，进一步得到$p(\boldsymbol{x} \mid C_1)$概率曲面，具体表达式为：

$$\begin{aligned} p(\boldsymbol{x} \mid C_1) &= p(x_1 \mid C_1) p(x_2 \mid C_1) \\[2mm] &= \dfrac{1}{\sigma_{1\_C_1} \sigma_{2\_C_1} 2\pi} \exp\left(-\dfrac{1}{2}\left(\dfrac{x_1 - \mu_{1\_C_1}}{\sigma_{1\_C_1}}\right)^2 - \dfrac{1}{2}\left(\dfrac{x_2 - \mu_{2\_C_1}}{\sigma_{2\_C_1}}\right)^2\right) \end{aligned} \tag{10-16}$$

式10-16中并未考虑数据特征之间的相关性系数。从可视化的角度而言，这个二元高斯分布PDF密度等高线呈现为正椭圆，即没有旋转。同理，可以估算得到$p(\boldsymbol{x} \mid C_2)$概率曲面。

$p(\boldsymbol{x})$概率曲面可以通过式10-17计算获得。

$$\begin{aligned} p(\boldsymbol{x}) &= \mathrm{P}(C_1) p(\boldsymbol{x} \mid C_1) + \mathrm{P}(C_2) p(\boldsymbol{x} \mid C_2) \\[2mm] &= p(\boldsymbol{x} \cap C_1) + p(\boldsymbol{x} \cap C_2) \end{aligned} \tag{10-17}$$

如图10.22和图10.23所示的就是通过高斯朴素贝叶斯分类假设得到的$p(\boldsymbol{x})$概率曲面。

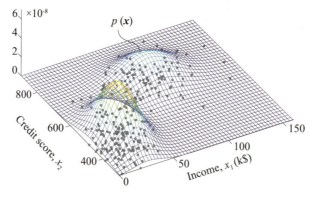

图10.22　估算$p(\boldsymbol{x})$，高斯朴素贝叶斯分类

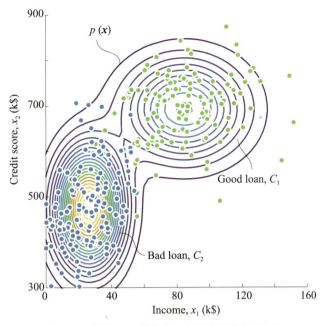

图10.23 估算 $p(\boldsymbol{x})$ 等高线，高斯朴素贝叶斯分类

根据 $p(C_1 \cap \boldsymbol{x})$ 和 $p(C_2 \cap \boldsymbol{x})$ 曲面交线得到高斯朴素贝叶斯分类决策边界。如图10.24所示，$p(C_1 \cap \boldsymbol{x})$ 和 $p(C_2 \cap \boldsymbol{x})$ 等高线均为正椭圆，而决策边界 (红色线) 是一条二次曲线。10.4节将会探讨为什么决策边界是一条二次曲线。

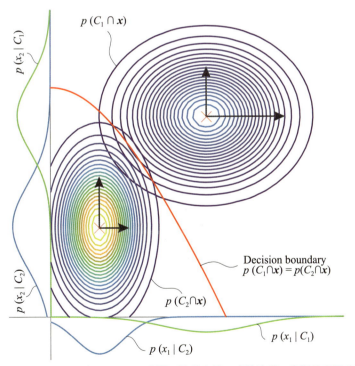

图10.24 $p(C_1 \cap \boldsymbol{x})$ 和 $p(C_2 \cap \boldsymbol{x})$ 曲面二维等高线及决策边界，高斯朴素贝叶斯

如图10.25所示的是高斯朴素贝叶斯分类法中后验概率曲面 $p(C_1 \mid \boldsymbol{x})$、$p(C_2 \mid \boldsymbol{x})$ 及两曲面交线得到的决策边界。

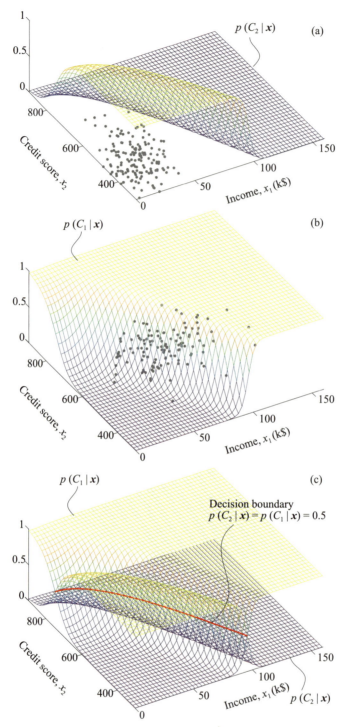

图10.25　$p(C_1 \mid \boldsymbol{x})$、$p(C_2 \mid \boldsymbol{x})$ 和两曲面交线得到的决策边界，高斯朴素贝叶斯

如图10.26总结了高斯朴素贝叶斯分类流程。

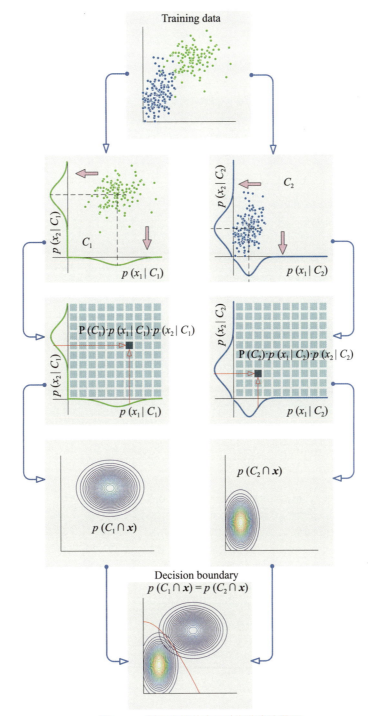

图10.26 采用高斯朴素贝叶斯分类流程图

MATLAB处理朴素贝叶斯分类器的函数为fitcnb()。fitcnb() 函数默认的分类方法为高斯朴素贝叶斯；当'DistributionNames'设置为'kernel'时，fitcnb() 函数采用朴素贝叶斯，核分布拟合为 'kernel' 方法。如下代码可以生成本章所用数据，并提供数据可视化，此外代码采用fitcnb() 函数的两种不同朴素贝叶斯分类法，计算并绘制决策边界。代码最后还提供了后验概率平面的绘制方案。

```
B5_Ch10_1.m

close all; clear all; clc

num = 300;
[X_original,Y_original] = generate_rnd(num);
X = X_original(all( ~ isnan(X_original),2),:);
Y = Y_original(all( ~ isnan(X_original),2),:);
Income = X(:,1);
Rating = X(:,2);

income_range = 0:1000:160000;
rating_range = 300:5:900;

Y_C1 = nan(size(Y));
masks = (Y == 1);
Y_C1(masks) = 1;
X_C1 = X;
X_C1 ( ~ masks,:) = NaN;

Y_C2 ( ~ masks) = -1;
X_C2 = X;
X_C2 (masks,:) = NaN;

i_fig = 1;
figure(i_fig)
i_fig = i_fig + 1;
hold on
plot(X_C1(:,1)/1000,X_C1(:,2),'LineStyle', 'none',...
     'Marker','o','MarkerFaceColor',[146,208,80]/255,...
     'MarkerEdgeColor','w')

plot(X_C2(:,1)/1000,X_C2(:,2),'LineStyle', 'none',...
     'Marker','o','MarkerFaceColor',[0,153,219]/255,...
     'MarkerEdgeColor','w')
ax = gca;
ax.XAxis.Exponent = 0;
hold off
xlabel('Income (k$)'); ylabel('Credit score')
legend({'Good loan, C_1','Bad loan, C_2'},'location','best');

figure(i_fig)
i_fig = i_fig + 1;
P_C1 = nansum(Y_C1)/length(Y);
P_C2 = nansum(-Y_C2)/length(Y);
Prob_C = [P_C1,P_C2];
```

```matlab
Freq_C = [sum(Y==1),sum(Y==-1)];

labels = categorical({'P(C_1)','P(C_2)'});
labels = reordercats(labels,{'P(C_1)','P(C_2)'});

subplot(1,2,1)
bar(labels,Freq_C,0.5)
text([1:length(Freq_C)], Freq_C', num2str(Freq_C','%0.0f'),...
    'HorizontalAlignment','center',...
    'VerticalAlignment','bottom')
box off; ylabel('Frequency')

subplot(1,2,2)
bar(labels,Prob_C,0.5)
text([1:length(Prob_C)], Prob_C', num2str(Prob_C','%0.3f'),...
    'HorizontalAlignment','center',...
    'VerticalAlignment','bottom')
box off; ylabel('Probability')

%% Naive Bayes

% distribution default: normal; Gaussian Naive Bayes
Mdl = fitcnb(X,Y,'ClassNames',[-1,1]);

% Kernel Naive Bayes
% Mdl = fitcnb(X,Y,'ClassNames',[-1,1],'DistributionNames','kernel');
x1range = min(X(:,1)):1000:max(X(:,1));
x2range = min(X(:,2)):5:max(X(:,2));
[x1Grid, x2Grid] = meshgrid(x1range,x2range);
XGrid = [x1Grid(:) x2Grid(:)];
[ ~ ,scores] = predict(Mdl,XGrid);

%% contour plot, for normal distribution only!!!

figure(i_fig)
i_fig = i_fig + 1;
hold all

plot(X_C1(:,1)/1000,X_C1(:,2),'LineStyle', 'none',...
    'Marker','o','MarkerFaceColor',[146,208,80]/255,...
    'MarkerEdgeColor','w')

plot(X_C2(:,1)/1000,X_C2(:,2),'LineStyle', 'none',...
    'Marker','o','MarkerFaceColor',[0,153,219]/255,...
    'MarkerEdgeColor','w')

Params = cell2mat(Mdl.DistributionParameters);
```

```matlab
Mu = Params(2*(1:2)-1,1:2); % Extract the means
Sigma = zeros(2,2,2); % correlation = 0

for j = 1:2
    Sigma(:,:,j) = diag(Params(2*j,:)).^2;
    % Create diagonal covariance matrix

    pdf = reshape(mvnpdf(XGrid,Mu(j,:),Sigma(:,:,j)),size(x1Grid));
    contour(x1Grid/1000,x2Grid,reshape(pdf,size(x1Grid)),25)

    % Draw contours for the multivariate normal distributions
end

title('Naive Bayes Classifier')
xlabel('Petal Length (cm)')
ylabel('Petal Width (cm)')
legend('setosa','versicolor','virginica')
hold off
ax = gca;
ax.XAxis.Exponent = 0;
hold off; axis square
xlabel('Income, x_1 (k$)'); ylabel('Credit score, x_2')
legend({'Good loan, C_1','Bad loan, C_2'},'location','best');
%% Plot decision boundary

figure(i_fig)
i_fig = i_fig + 1;
hold on
plot(X_C1(:,1)/1000,X_C1(:,2),'LineStyle', 'none',...
    'Marker','o','MarkerFaceColor',[146,208,80]/255,...
    'MarkerEdgeColor','w')

plot(X_C2(:,1)/1000,X_C2(:,2),'LineStyle', 'none',...
    'Marker','o','MarkerFaceColor',[0,153,219]/255,...
    'MarkerEdgeColor','w')

contour(x1Grid/1000,x2Grid,reshape(scores(:,2),size(x1Grid)),...
    [0.5 0.5],'r','LineWidth',1.25);

ax = gca;
ax.XAxis.Exponent = 0;
hold off
xlabel('Income, x_1 (k$)'); ylabel('Credit score, x_2')
legend({'Good loan, C_1','Bad loan, C_2'},'location','best');
axis square

%% Plot posterior probability distribution for each class
```

```matlab
figure(i_fig)
i_fig = i_fig + 1;

mesh(x1Grid/1000,x2Grid,reshape(scores(:,1),size(x1Grid)));

ax = gca;
ax.XAxis.Exponent = 0;
xlabel('Income, x_1 (k$)'); ylabel('Credit score, x_2')
view(-30,60); title('Posterior, p(C_1 | x)'); axis tight;

figure(i_fig)
i_fig = i_fig + 1;

mesh(x1Grid/1000,x2Grid,reshape(scores(:,2),size(x1Grid)));

ax = gca;
ax.XAxis.Exponent = 0;
xlabel('Income, x_1 (k$)'); ylabel('Credit score, x_2')
view(-30,60); title('Posterior, p(C_2 | x)'); axis tight;

%% Sample data generator

function [X,Y] = generate_rnd(num)
% num = 100; % test only
rng(1); % For reproducibility
mu1 = [25000 450]; % income, credit score
mu2 = [85000 700];
sigma1 = [15000, 0; 0, 100] *[1 0.3;0.3 1]*[15000, 0; 0, 100];
sigma2 = [20000, 0; 0, 75]*[1 0.2;0.2 1]*[20000, 0; 0, 75];

X = [mvnrnd(mu1,sigma1,ceil(num*0.6));
    mvnrnd(mu2,sigma2,num - ceil(num*0.6))];
mask1 = (or((X(:,2) >= 900),(X(:,2) <= 300)));
X(mask1,:)= nan;
mask2 = (X(:,1) <= 0);
X(mask2,:)= nan;
masks = (X == nan);
mask = or(masks(:,1),masks(:,2));


Y = -ones(num,1);
Y(ceil(num*0.6) + 1:end) = 1; % Labels
Y(mask) = nan;
end
```

10.4 高斯判别分析

高斯判别分析（gaussian discriminant analysis），判断一个未知样本的类别y到底是已知的C_1，C_2，…，还是C_m，m为类别总数量，这个过程可以看作如式10-18所示的一个优化问题。

$$y^* = \underset{y = C_1, \dots, C_m}{\arg\min} \sum_{i=1}^{m} p(C_i \mid \boldsymbol{x}) \cdot c(y \mid C_i) \tag{10-18}$$

对预测的类别y进行优化，计算其在不同判断下对应的目标函数$\sum_{i=1}^{m} p(C_i \mid \boldsymbol{x}) \cdot c(y \mid C_i)$的值，选取目标函数值最小时$y$的类别为最优解$y^*$，当作该未知样本的类别。

其中，$p(C_i \mid \boldsymbol{x})$为样本$\boldsymbol{x}$被判定为$C_i$类的后验概率。惩罚因子$c(y \mid C_i)$的值非0即1，具体的取值规则为：

$$c(y \mid C_i) = \begin{cases} 1, & y \neq C_i \\ 0, & y = C_i \end{cases} \tag{10-19}$$

当预测的类别y不为C_i，即$y \neq C_k$时，$c(y \mid C_i) = 1$；当预测的类别y为C_i，即$y = k$时，$c(y \mid C_i) = 0$。高斯判别分析的目标是最小化错误分类，而贝叶斯分类的目标是最大化正确分类。

根据贝叶斯定理，后验概率$p(C_i \mid \boldsymbol{x})$可以由已知的样本数据通过式10-20计算获得。

$$p(C_i \mid \boldsymbol{x}) = \frac{p(\boldsymbol{x} \mid C_i) P(C_i)}{p(\boldsymbol{x})} \tag{10-20}$$

其中，$P(C_i)$为先验概率。

$p(\boldsymbol{x})$可以通过式10-21计算求得。

$$p(\boldsymbol{x}) = \sum_{i=1}^{n} p(\boldsymbol{x} \mid C_i) P(C_i) \tag{10-21}$$

高斯判别分析之所以称为"高斯"，是因为它假设已知类C_i中数据似然概率分布服从多元高斯分布。$p(\boldsymbol{x} \mid C_i)$具体表达式为：

$$p(\boldsymbol{x} \mid C_i) = \frac{\exp\left(-\frac{1}{2}(\boldsymbol{x} - \boldsymbol{\mu}_i)^{\mathrm{T}} \boldsymbol{\Sigma}_i^{-1}(\boldsymbol{x} - \boldsymbol{\mu}_i)\right)}{\sqrt{(2\pi)^D |\boldsymbol{\Sigma}_i|}} \tag{10-22}$$

式中：D为变量维度数量；$\boldsymbol{x}$为列向量；$\boldsymbol{\mu}_i$为C_i类数据中心位置；$\boldsymbol{\Sigma}_i$为C_i类数据协方差矩阵。

C_i类判别函数为：

$$\begin{aligned} g_i(\boldsymbol{x}) &= \ln\left(p(C_i \cap \boldsymbol{x})\right) \\ &= \ln\left(p(\boldsymbol{x} \mid C_i) \cdot p(C_i)\right) \\ &= -\frac{1}{2}(\boldsymbol{x} - \boldsymbol{\mu}_i)^{\mathrm{T}} \boldsymbol{\Sigma}_i^{-1}(\boldsymbol{x} - \boldsymbol{\mu}_i) - \frac{m}{2}\ln(2\pi) - \frac{1}{2}\ln|\boldsymbol{\Sigma}_i| + \ln p(C_i) \end{aligned} \tag{10-23}$$

为了方便讨论，这里以二元二类分类为例，即$D=2$和$n=2$。

$$\begin{cases} g_1(\boldsymbol{x}) = -\frac{1}{2}(\boldsymbol{x}-\boldsymbol{\mu}_1)^{\mathrm{T}}\boldsymbol{\Sigma}_1^{-1}(\boldsymbol{x}-\boldsymbol{\mu}_1) - \ln(2\pi) - \frac{1}{2}\ln|\boldsymbol{\Sigma}_1| + \ln p(C_1) \\ g_2(\boldsymbol{x}) = -\frac{1}{2}(\boldsymbol{x}-\boldsymbol{\mu}_2)^{\mathrm{T}}\boldsymbol{\Sigma}_2^{-1}(\boldsymbol{x}-\boldsymbol{\mu}_2) - \ln(2\pi) - \frac{1}{2}\ln|\boldsymbol{\Sigma}_2| + \ln p(C_2) \end{cases} \tag{10-24}$$

高斯判别分析的决策边界为式10-25的解。

$$g_1(\boldsymbol{x}) = g_2(\boldsymbol{x}) \tag{10-25}$$

将式10-24中的$g_1(\boldsymbol{x})$和$g_2(\boldsymbol{x})$代入式10-25可整理得到：

$$\frac{1}{2}(\boldsymbol{x}-\boldsymbol{\mu}_1)^{\mathrm{T}}\boldsymbol{\Sigma}_1^{-1}(\boldsymbol{x}-\boldsymbol{\mu}_1) - \frac{1}{2}(\boldsymbol{x}-\boldsymbol{\mu}_2)^{\mathrm{T}}\boldsymbol{\Sigma}_2^{-1}(\boldsymbol{x}-\boldsymbol{\mu}_2) = \ln p(C_1) - \ln p(C_2) \tag{10-26}$$

由该式解得的高斯判别分析的决策边界可为二次函数或者一次函数。函数的具体形式由两个方差-协方差矩阵$\boldsymbol{\Sigma}_1$和$\boldsymbol{\Sigma}_2$的具体值决定。

表10.1根据方差-协方差矩阵特点将高斯判别分析问题进一步分成了6种，如图10.27所示为这6种高斯判别分析边界。

表10.1 根据方差-协方差矩阵特点得到的6种高斯判别分析问题

	$\boldsymbol{\Sigma}_i$	$\boldsymbol{\Sigma}_i$内方差 (对角线元素)	$\boldsymbol{\Sigma}_i$特点	PDF等高线	决策边界
第一类	相同	相同	对角阵	正圆	直线
第二类	相同	不限制	对角阵	正椭圆	直线
第三类	相同	不限制	非对角阵	任意椭圆	直线
第四类	不相同	相同	对角阵	正圆	正圆
第五类	不相同	不限制	对角阵	正椭圆	正圆锥曲线
第六类	不相同	不限制	非对角阵	任意椭圆	圆锥曲线

其中前三种常被称作**线性判别分析** (linear discriminant analysis, LDA)，重要特点是$\boldsymbol{\Sigma}_i$相同。表10.1中后三种常被称作**二次判别分析** (quadratic discriminant analysis, QDA)。值得注意的是，第五类似于10.3节介绍的高斯朴素贝叶斯分类，第六种类似于高斯贝叶斯分类。

此外，非监督学习中的**高斯混合模型** (gaussian mixture model, GMM) 也会使用到本节介绍的$\boldsymbol{\Sigma}_i$特点和决策边界关系。请读者注意两者的联系和区别。

下面，以第一类和第三类高斯判别分析来介绍决策边界特点。对于第一类高斯判别分析，数据特征独立，方差-协方差矩阵为对角阵，即线性相关性系数为0，且每一类数据在每个特征上方差相同，如：

$$\boldsymbol{\Sigma}_1 = \boldsymbol{\Sigma}_2 = \begin{bmatrix} \sigma^2 & 0 \\ 0 & \sigma^2 \end{bmatrix} = \sigma^2 \begin{bmatrix} 1 & 0 \\ 0 & 1 \end{bmatrix} = \sigma^2 \boldsymbol{I} \tag{10-27}$$

方差协方差矩阵的行列式值为：

$$|\boldsymbol{\Sigma}_1| = |\boldsymbol{\Sigma}_2| = \sigma^4 \tag{10-28}$$

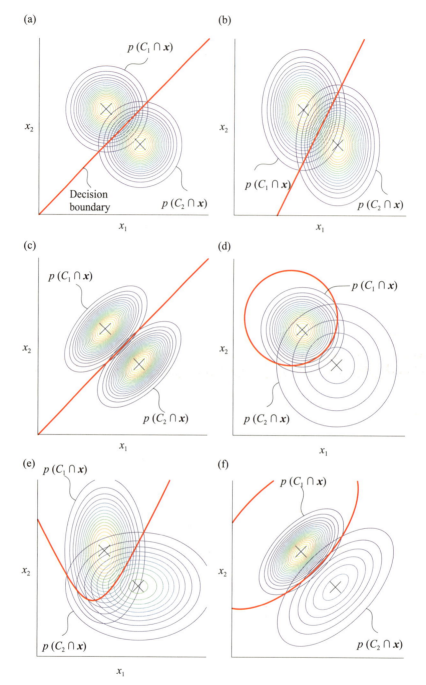

图10.27　6大类判别分析决策边界形状

方差协方差矩阵的逆为:

$$\boldsymbol{\Sigma}_1^{-1} = \boldsymbol{\Sigma}_2^{-1} = \frac{1}{\sigma^2}\begin{bmatrix} 1 & 0 \\ 0 & 1 \end{bmatrix} = \frac{1}{\sigma^2}\boldsymbol{I} \tag{10-29}$$

根据判定原理,边界方程可以通过式10-30推导得到。

$$g_1(\boldsymbol{x}) = g_2(\boldsymbol{x})$$

$$\Rightarrow \frac{1}{2}(\boldsymbol{x}-\boldsymbol{\mu}_1)^{\mathrm{T}}\boldsymbol{\Sigma}_1^{-1}(\boldsymbol{x}-\boldsymbol{\mu}_1) - \frac{1}{2}(\boldsymbol{x}-\boldsymbol{\mu}_2)^{\mathrm{T}}\boldsymbol{\Sigma}_2^{-1}(\boldsymbol{x}-\boldsymbol{\mu}_2) = \ln p(C_1) - \ln p(C_2)$$

$$\Rightarrow (\boldsymbol{x}-\boldsymbol{\mu}_1)^{\mathrm{T}}(\boldsymbol{x}-\boldsymbol{\mu}_1) - (\boldsymbol{x}-\boldsymbol{\mu}_2)^{\mathrm{T}}(\boldsymbol{x}-\boldsymbol{\mu}_2) = 2\sigma^2(\ln p(C_1) - \ln p(C_2))$$

$$\Rightarrow (\boldsymbol{\mu}_2-\boldsymbol{\mu}_1)^{\mathrm{T}}\boldsymbol{x} = \sigma^2(\ln p(C_1) - \ln p(C_2)) + \frac{1}{2}(\boldsymbol{\mu}_2^{\mathrm{T}}\boldsymbol{\mu}_2 - \boldsymbol{\mu}_1^{\mathrm{T}}\boldsymbol{\mu}_1)$$

(10-30)

得到形如式10-31所示的直线方程。

$$\boldsymbol{w}^{\mathrm{T}}\boldsymbol{x} + b = 0 \tag{10-31}$$

直线法向量，梯度向量为：

$$\boldsymbol{w} = (\boldsymbol{\mu}_2 - \boldsymbol{\mu}_1) \tag{10-32}$$

特别的，当$\mathrm{P}(C_1) = \mathrm{P}(C_2)$，(10.31) 所示直线通过如下一点：

$$\frac{1}{2}(\boldsymbol{\mu}_2 + \boldsymbol{\mu}_1) \tag{10-33}$$

举个例子：

$$\boldsymbol{\mu}_1 = \begin{bmatrix} -1 \\ 1 \end{bmatrix}, \quad \boldsymbol{\mu}_2 = \begin{bmatrix} 1 \\ -1 \end{bmatrix}, \quad \mathrm{P}(C_1) = 0.4, \quad \mathrm{P}(C_2) = 0.6, \quad \boldsymbol{\Sigma}_1 = \boldsymbol{\Sigma}_2 = \begin{bmatrix} 1 & 0 \\ 0 & 1 \end{bmatrix} \tag{10-34}$$

如图10.28比较$p(C_1 \cap \boldsymbol{x})$和$p(C_2 \cap \boldsymbol{x})$两个曲面，两个曲面交线便是决策边界 (图10.28中红色线)。

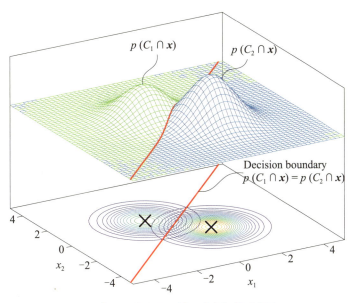

图10.28　$p(C_1 \cap \boldsymbol{x})$ 和$p(C_2 \cap \boldsymbol{x})$ 曲面比较及决策边界；第一类高斯判别分析，$\boldsymbol{\Sigma}_1 = \boldsymbol{\Sigma}_2 = [1\ 0;\ 0\ 1]$，$\mathrm{P}(C_1) = 0.4$，$\mathrm{P}(C_2) = 0.6$

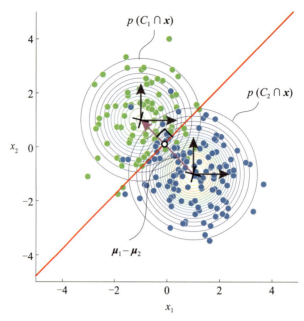

图10.29 $p(C_1 \cap x)$ 和 $p(C_2 \cap x)$ 等高线比较及决策边界；第一类高斯判别分析，$\Sigma_1 = \Sigma_2 = [1\ 0;\ 0\ 1]$，$P(C_1) = 0.4$，$P(C_2) = 0.6$

将 $p(C_1 \cap x)$ 和 $p(C_2 \cap x)$ 两个曲面等高线投影在 x_1-x_2 平面可以得到如图10.29。从图10.29中可以发现很多有意思的细节。比如，$p(C_1 \cap x)$ 和 $p(C_2 \cap x)$ 等高线为正圆；x_1-x_2平面上，决策边界为一条直线，该直线垂直于两类数据中心（μ_1和μ_2）连线。此外，$P(C_1) < P(C_2)$，$p(C_1 \cap x)$ 曲面高度低于 $p(C_2 \cap x)$。

根据上文介绍的方法，可以求解$p(x)$ 曲面。如图10.30所示的是$p(x)$ 曲面形状。以此为基础，容易求得 $p(C_1 \mid x)$ 和 $p(C_2 \mid x)$ 两个后验曲面，具体图形如图10.31所示。$p(C_1 \mid x)$ 和 $p(C_2 \mid x)$ 两个曲面交线也是决策边界。

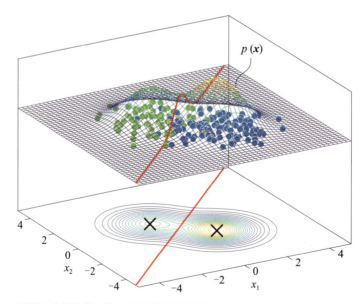

图10.30 $p(x)$ 曲面及决策边界；第一类高斯判别分析，$\Sigma_1 = \Sigma_2 = [1\ 0;\ 0\ 1]$，$P(C_1) = 0.4$，$P(C_2) = 0.6$

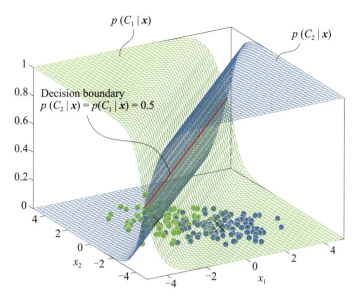

图10.31 $p(C_1 \mid \boldsymbol{x})$ 和 $p(C_2 \mid \boldsymbol{x})$ 曲面比较及决策边界；第一类高斯判别分析，$\boldsymbol{\Sigma}_1 = \boldsymbol{\Sigma}_2 = [1\ 0;\ 0\ 1]$，$P(C_1) = 0.4$，$P(C_2) = 0.6$

第三类高斯判别分析特点是，不同类别数据的方差-协方差矩阵 $\boldsymbol{\Sigma}_1$ 和 $\boldsymbol{\Sigma}_2$ 仍然相同。$\boldsymbol{\Sigma}_1$ 和 $\boldsymbol{\Sigma}_2$ 为**非对角阵** (non-diagonal matrix)，即数据特征不独立，线性相关性系数不为0。此外，$\boldsymbol{\Sigma}_1$ 和 $\boldsymbol{\Sigma}_2$ 对角线元素不做限制，可以相同也可以不同，即任意类数据在每个特征上方差不限制。

举个例子：

$$\boldsymbol{\mu}_1 = \begin{bmatrix} -1 \\ 1 \end{bmatrix}, \quad \boldsymbol{\mu}_2 = \begin{bmatrix} 1 \\ -1 \end{bmatrix}, \quad P(C_1) = 0.5, \quad P(C_2) = 0.5, \quad \boldsymbol{\Sigma}_1 = \boldsymbol{\Sigma}_2 = \begin{bmatrix} 1 & 0.6 \\ 0.6 & 1 \end{bmatrix} \tag{10-35}$$

如图10.32比较了 $p(C_1 \cap \boldsymbol{x})$ 和 $p(C_2 \cap \boldsymbol{x})$，根据 $\boldsymbol{\Sigma}_1 = \boldsymbol{\Sigma}_2$ 这个条件，可以判定决策边界为一次式，即在 x_1-x_2 平面中为直线，如图10.32中的红色线。$P(C_1) = P(C_2)$，$p(C_1 \cap \boldsymbol{x})$ 曲面和 $p(C_2 \cap \boldsymbol{x})$ 高度相等。

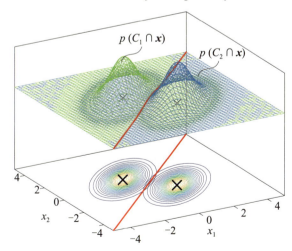

图10.32 $p(C_1 \cap \boldsymbol{x})$ 和 $p(C_2 \cap \boldsymbol{x})$ 曲面比较及决策边界；第三类高斯判别分析，$\boldsymbol{\Sigma}_1 = \boldsymbol{\Sigma}_2 = [1\ 0.6;\ 0.6\ 1]$，$P(C_1) = 0.5$，$P(C_2) = 0.5$

观察图10.33可以发现，$p(C_1 \cap \boldsymbol{x})$ 和 $p(C_2 \cap \boldsymbol{x})$ 等高线为旋转椭圆。如图10.34所示为通过 $p(C_1 \cap \boldsymbol{x})$ 和 $p(C_2 \cap \boldsymbol{x})$ 得到的 $p(\boldsymbol{x})$ 曲面。如图10.35所示为 $p(C_1 \mid \boldsymbol{x})$ 和 $p(C_2 \mid \boldsymbol{x})$ 两个后验曲面。

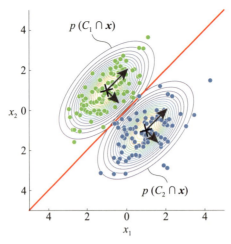

图10.33　$p(C_1 \cap \boldsymbol{x})$ 和$p(C_2 \cap \boldsymbol{x})$ 等高线比较及决策边界；第三类高斯判别分析，$\boldsymbol{\Sigma}_1 = \boldsymbol{\Sigma}_2 = [1\ 0.6;\ 0.6\ 1]$，$P(C_1) = 0.5$，$P(C_2) = 0.5$

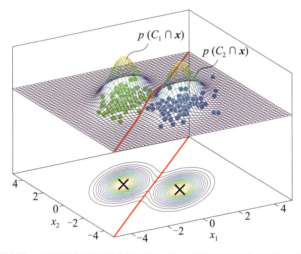

图10.34　决策边界；第三类高斯判别分析，$\boldsymbol{\Sigma}_1 = \boldsymbol{\Sigma}_2 = [1\ 0.6;\ 0.6\ 1]$，$P(C_1) = 0.5$，$P(C_2) = 0.5$

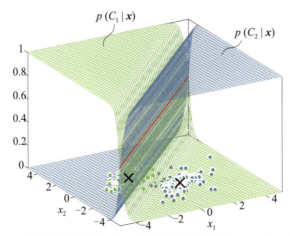

图10.35　$p(C_1 \mid \boldsymbol{x})$ 和$p(C_2 \mid \boldsymbol{x})$ 曲面比较及决策边界；第三类高斯判别分析，$\boldsymbol{\Sigma}_1 = \boldsymbol{\Sigma}_2 = [1\ 0.6;\ 0.6\ 1]$，$P(C_1) = 0.5$，$P(C_2) = 0.5$

有了以上铺垫，下面将通过线性判别分析和二次判别分析讨论高斯判别分析的具体应用。

10.5 线性判别与二次判别

线性判别分析 (linear discriminant analysis, LDA) 与**主成分分析** (principal component analysis, PCA) 十分相似。LDA的思想是通过正交投影，最小化同类样本差异，并且让不同类别样本距离最远。

如图10.36所示，如果采用高斯分布估计，刻画标签为C_1和C_2数据有四个参数：C_1和C_2数据中心位置$\boldsymbol{\mu}_1$和$\boldsymbol{\mu}_2$两个列向量；描述分布的方差-协方差矩阵$\boldsymbol{\Sigma}_1$和$\boldsymbol{\Sigma}_2$。本丛书第四本数学部分介绍了相关的投影内容，$\boldsymbol{\mu}_1$和$\boldsymbol{\mu}_2$两个列向量向图10.36所示的$\boldsymbol{w}$向量方向投影，得到：

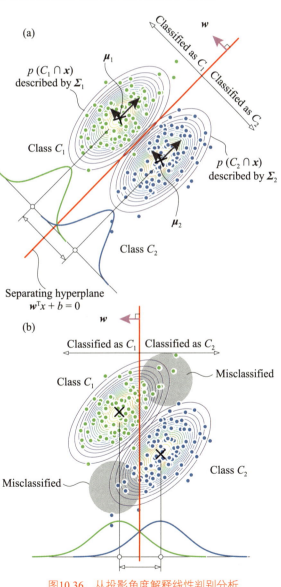

图10.36 从投影角度解释线性判别分析

$$\mu_{1\_w} = w^T \mu_1, \quad \mu_{2\_w} = w^T \mu_2 \tag{10-36}$$

Σ_1 和 Σ_2 向 w 向量方向投影，得到：

$$\sigma_{1\_w}^2 = w^T \Sigma_1 w, \quad \sigma_{2\_w}^2 = w^T \Sigma_2 w \tag{10-37}$$

从投影角度分析，线性判别分析的目标函数为：

$$\arg\max_w \frac{\left(\mu_{1\_w} - \mu_{2\_w}\right)^2}{\sigma_{1\_w}^2 + \sigma_{2\_w}^2} \implies \arg\max_w \frac{w^T \left(\mu_1 - \mu_2\right)\left(\mu_1 - \mu_2\right)^T w}{w^T \left(\Sigma_1 + \Sigma_2\right) w} \tag{10-38}$$

其中，分子描述的是异类投影点的距离，分母描述的是同类投影点的聚集程度。

MATLAB处理高斯判别分析的函数为fitcdiscr()。当判别类型 'DiscrimType' 设为 'diaglinear' 时，fitcdiscr() 所有类别有相同对角方差-协方差矩阵，对应10.4节介绍的第二种高斯判别分析。采用第9章数据，以下代码可以对数据进行线性判别分析，并输出决策边界。

```
% same diagonal covariance; boundary: linear
Mdl = fitcdiscr(X,Y,'ClassNames',[-1,1],'DiscrimType','diaglinear');


b = Mdl.Coeffs(2,1).Const;
w = Mdl.Coeffs(2,1).Linear;
mu1 = Mdl.Mu(1,:);
mu2 = Mdl.Mu(2,:);
% [x1, x2]w + b = 0; % decision boundary
f = @(x1,x2)b + w(1)*x1*1000 + w(2)*x2;
% function of linear decision boundary
```

求得决策边界直线表达式为：

$$w^T x + b = 0 \tag{10-39}$$

其中：

$$w = \begin{bmatrix} 0.00017291 \\ 0.03570722 \end{bmatrix}, \quad b = -30.7643 \tag{10-40}$$

如图10.37所示为样本数据点以及决策边界。

当判别类型 'DiscrimType' 设为 'linear' 时，fitcdiscr() 函数所有类别有相同方差-协方差矩阵，对应10.4节介绍的第三种高斯判别分析。以下代码可以对数据进行线性判别分析，并输出决策边界。

```
% same non-diagonal covariance; boundary: linear
Mdl = fitcdiscr(X,Y,'ClassNames',[-1,1],'DiscrimType','linear');


b = Mdl.Coeffs(2,1).Const;
w = Mdl.Coeffs(2,1).Linear;
mu1 = Mdl.Mu(1,:);
mu2 = Mdl.Mu(2,:);
% [x1, x2]w + b = 0; % decision boundary
f = @(x1,x2)b + w(1)*x1*1000 + w(2)*x2;
% function of linear decision boundary
```

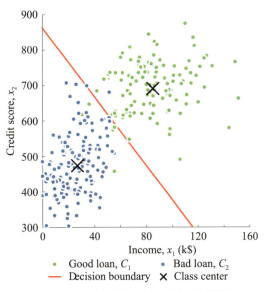

求得决策边界直线表达式为：

$$\boldsymbol{w}^{\mathrm{T}}\boldsymbol{x} + b = 0 \tag{10-41}$$

其中：

$$\boldsymbol{w} = \begin{bmatrix} 0.0001437 \\ 0.0271414 \end{bmatrix}, \quad b = -24.1340 \tag{10-42}$$

如图10.38给出了对应以上结果的线性决策边界。此外，'DiscrimType' 设为 'diaglinear' 时，还可以通过引入对角矩阵 $r \cdot \mathrm{diag}(\boldsymbol{\Sigma})$ 作为正则项，并得到一个新的方差-协方差矩阵。

$$\boldsymbol{\Sigma}_r = (1-r)\boldsymbol{\Sigma} + r \cdot \mathrm{diag}(\boldsymbol{\Sigma}) \tag{10-43}$$

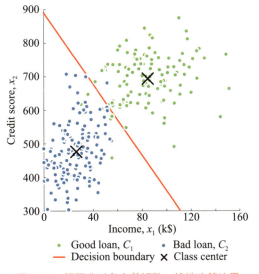

高斯判别分析中，描述异类协方差矩阵不同时，得到的决策边界为二次曲线，因此这类判别也称作**二次判别分析** (quadratic discriminant analysis, QDA)。MATLAB的fitcdiscr() 函数也可以处理二次判别分析。

当判别类型 'DiscrimType' 设为 'diagquadratic' 时，fitcdiscr() 函数所有类别有不同对角方差-协方差矩阵。这种情况下，二次判别分析为第五种高斯判别分析，等同于已介绍的高斯朴素贝叶斯分类。继续采用之前的数据，如下代码可以进行二次判别分析运算，并获得决策边界二次解析式。

```matlab
% varying diagonal covariance; boundary: quadratic, no x1x2 term
Mdl = fitcdiscr(X,Y,'ClassNames',[-1,1],'DiscrimType','diagquadratic');

b = Mdl.Coeffs(1,2).Const;
w = Mdl.Coeffs(1,2).Linear;
Q = Mdl.Coeffs(1,2).Quadratic;
mu1 = Mdl.Mu(1,:);
mu2 = Mdl.Mu(2,:);
% [x1^2, x2^2]q + [x1, x2]w + b = 0; % decision boundary
f = @(x1,x2)b + w(1)*x1*1000 + w(2)*x2 + Q(1)*x1^2*1000^2 + Q(2)*x2^2;
% function of quadratic decision boundary
```

决策边界解析式的具体形式为：

$$x^{\mathrm{T}}Qx + w^{\mathrm{T}}x + b = 0 \tag{10-44}$$

其中，令Q、w和b分别为：

$$Q = 10^{-4}\begin{bmatrix} -0.00002004 & 0 \\ 0 & 0.24929 \end{bmatrix}, \quad w = \begin{bmatrix} 0.00000043026 \\ -0.0664034649 \end{bmatrix}, \quad b = 35.7660 \tag{10-45}$$

如图10.39所示为当判别类型 'DiscrimType' 设为 'diagquadratic' 时，得到的决策边界。Q为对角阵，因此判定该边界为正圆锥曲线，没有任何旋转。

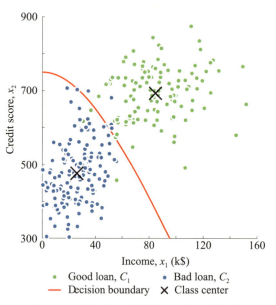

图10.39　不同对角方差矩阵，二次决策边界

当判别类型 'DiscrimType' 设为 'quadratic' 时，fitcdiscr() 函数所有类别方差-协方差矩阵不做任何限制。这种情况下，二次判别分析为第六种高斯判别分析，即等同于高斯贝叶斯分类。采用如下代码可以得到决策边界解析式。

```
% varying non-diagonal covariance; boundary: quadratic
Mdl = fitcdiscr(X,Y,'ClassNames',[-1,1],'DiscrimType','quadratic');


b = Mdl.Coeffs(1,2).Const
w = Mdl.Coeffs(1,2).Linear
Q = Mdl.Coeffs(1,2).Quadratic
mu1 = Mdl.Mu(1,:);
mu2 = Mdl.Mu(2,:);
% [x1^2, x2^2]q + [x1, x2]w + b = 0; % decision boundary
f = @(x1,x2)b + w(1)*x1*1000 + w(2)*x2 + ...
    q(1,1)*x1^2*1000^2 + (Q(2,1) + Q(1,2))*x1.*x2*1000 + Q(2,2)*x2^2;
% function of quadratic of quadratic decision boundary
```

决策边界解析式的具体形式为：

$$\boldsymbol{x}^{\mathrm{T}}\boldsymbol{Q}\boldsymbol{x} + \boldsymbol{w}^{\mathrm{T}}\boldsymbol{x} + b = 0 \tag{10-46}$$

其中，令 $\boldsymbol{Q}$、$\boldsymbol{w}$ 和 b 分别为：

$$\boldsymbol{Q} = 10^{-4}\begin{bmatrix} -0.00002358 & 0.00117195 \\ 0.00117195 & 0.19329589 \end{bmatrix}, \quad \boldsymbol{w} = \begin{bmatrix} -0.00006952 \\ -0.06166836 \end{bmatrix}, \quad b = 32.69478 \tag{10-47}$$

从图10.40中可以发现决策边界并非正圆锥曲线，这是因为求解得到的 $\boldsymbol{Q}$ 为非对角阵。

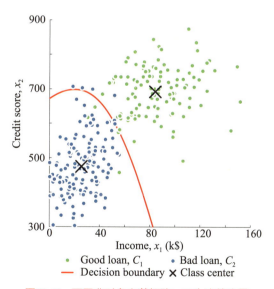

图10.40　不同非对角方差矩阵，二次决策边界

代码如下：

```
B5_Ch10_2.m
```

```
close all; clear all; clc
```

```matlab
num = 300;
[X_original,Y_original] = generate_rnd(num);
X = X_original(all( ~ isnan(X_original),2),:);
Y = Y_original(all( ~ isnan(X_original),2),:);
Income = X(:,1);
Rating = X(:,2);


income_range = 0:1000:160000;
rating_range = 300:5:900;


Y_C1 = nan(size(Y));
masks = (Y == 1);
Y_C1(masks) = 1;
X_C1 = X;
X_C1 ( ~ masks,:) = NaN;

Y_C2( ~ masks) = -1;
X_C2 = X;
X_C2 (masks,:) = NaN;

i_fig = 1;
figure(i_fig)
i_fig = i_fig + 1;
hold on
plot(X_C1(:,1)/1000,X_C1(:,2),'LineStyle', 'none',...
    'Marker','o','MarkerFaceColor',[146,208,80]/255,...
    'MarkerEdgeColor','w')

plot(X_C2(:,1)/1000,X_C2(:,2),'LineStyle', 'none',...
    'Marker','o','MarkerFaceColor',[0,153,219]/255,...
    'MarkerEdgeColor','w')
ax = gca;
ax.XAxis.Exponent = 0;
hold off; axis square
xlabel('Income (k$)'); ylabel('Credit score')
legend({'Good loan, C_1','Bad loan, C_2'},'location','best');


figure(i_fig)
i_fig = i_fig + 1;
P_C1 = nansum(Y_C1)/length(Y);
P_C2 = nansum(-Y_C2)/length(Y);
Prob_C = [P_C1,P_C2];
Freq_C = [sum(Y==1),sum(Y==-1)];
labels = categorical({'P(C_1)','P(C_2)'});
```

```matlab
labels = reordercats(labels,{'P(C_1)','P(C_2)'});

subplot(1,2,1)
bar(labels,Freq_C,0.5)
text([1:length(Freq_C)], Freq_C', num2str(Freq_C','%0.0f'),...
    'HorizontalAlignment','center',...
    'VerticalAlignment','bottom')
box off; ylabel('Frequency')

subplot(1,2,2)
bar(labels,Prob_C,0.5)
text([1:length(Prob_C)], Prob_C', num2str(Prob_C','%0.3f'),...
    'HorizontalAlignment','center',...
    'VerticalAlignment','bottom')
box off; ylabel('Probability')

%% Discriminant Analysis

% same diagonal covariance; boundary: linear
Mdl = fitcdiscr(X,Y,'ClassNames',[-1,1],'DiscrimType','diaglinear');

b = Mdl.Coeffs(2,1).Const;
w = Mdl.Coeffs(2,1).Linear;
mu1 = Mdl.Mu(1,:);
mu2 = Mdl.Mu(2,:);
% [x1, x2]w + b = 0; % decision boundary
f = @(x1,x2)b + w(1)*x1*1000 + w(2)*x2;
% function of linear decision boundary

% same non-diagonal covariance; boundary: linear
Mdl = fitcdiscr(X,Y,'ClassNames',[-1,1],'DiscrimType','linear');
b = Mdl.Coeffs(2,1).Const;
w = Mdl.Coeffs(2,1).Linear;
mu1 = Mdl.Mu(1,:);
mu2 = Mdl.Mu(2,:);
% [x1, x2]w + b = 0; % decision boundary
f = @(x1,x2)b + w(1)*x1*1000 + w(2)*x2;
% function of linear decision boundary

% varying diagonal covariance; boundary: quadratic, no x1x2 term
Mdl = fitcdiscr(X,Y,'ClassNames',[-1,1],'DiscrimType','diagquadratic');
b = Mdl.Coeffs(1,2).Const;
w = Mdl.Coeffs(1,2).Linear;
Q = Mdl.Coeffs(1,2).Quadratic;
mu1 = Mdl.Mu(1,:);
mu2 = Mdl.Mu(2,:);
% [x1^2, x2^2]q + [x1, x2]w + b = 0; % decision boundary
```

```matlab
f = @(x1,x2)b + w(1)*x1*1000 + w(2)*x2 + Q(1)*x1^2*1000^2 + Q(2)*x2^2;
% function of quadratic decision boundary


% varying non-diagonal covariance; boundary: quadratic
Mdl = fitcdiscr(X,Y,'ClassNames',[-1,1],'DiscrimType','quadratic');
b = Mdl.Coeffs(1,2).Const
w = Mdl.Coeffs(1,2).Linear
Q = Mdl.Coeffs(1,2).Quadratic
mu1 = Mdl.Mu(1,:);
mu2 = Mdl.Mu(2,:);
% [x1^2, x2^2]q + [x1, x2]w + b = 0; % decision boundary
f = @(x1,x2)b + w(1)*x1*1000 + w(2)*x2 + ...
    q(1,1)*x1^2*1000^2 + (Q(2,1) + Q(1,2))*x1.*x2*1000 + Q(2,2)*x2^2;
% function of quadratic of quadratic decision boundary

figure(i_fig)
i_fig = i_fig + 1;
hold on


h2 = fimplicit(f,[0 160 300 900]);
h2.Color = 'r';
h2.LineWidth = 1.5;
plot(X_C1(:,1)/1000,X_C1(:,2),'LineStyle', 'none',...
    'Marker','o','MarkerFaceColor',[146,208,80]/255,...
    'MarkerEdgeColor','w')

plot(X_C2(:,1)/1000,X_C2(:,2),'LineStyle', 'none',...
    'Marker','o','MarkerFaceColor',[0,153,219]/255,...
    'MarkerEdgeColor','w')

plot(mu1(1,1)/1000,mu1(1,2),'xk','MarkerSize',12')
plot(mu2(1,1)/1000,mu2(1,2),'xk','MarkerSize',12')

ax = gca;
ax.XAxis.Exponent = 0;
hold off; axis square
xlabel('Income, x1 (k$)'); ylabel('Credit score, x2')
legend({'Decision boundary','Good loan, C_1','Bad loan, C_2'},'location','best');

%% contour plot, for normal distribution only
x1range = min(X(:,1)):1000:max(X(:,1));
x2range = min(X(:,2)):5:max(X(:,2));
[x1Grid, x2Grid] = meshgrid(x1range,x2range);
XGrid = [x1Grid(:) x2Grid(:)];
[ ~ ,scores] = predict(Mdl,XGrid);
```

```
% Plot decision boundary using contour()

figure(i_fig)
i_fig = i_fig + 1;
% gscatter(xx1(:), xx2(:), predictedspecies,'rgb');
hold on
contour(x1Grid/1000,x2Grid,reshape(scores(:,2),size(x1Grid)),[0.5
0.5],'r','LineWidth',1.25);

plot(X_C1(:,1)/1000,X_C1(:,2),'LineStyle', 'none',...
    'Marker','o','MarkerFaceColor',[146,208,80]/255,...
    'MarkerEdgeColor','w')

plot(X_C2(:,1)/1000,X_C2(:,2),'LineStyle', 'none',...
    'Marker','o','MarkerFaceColor',[0,153,219]/255,...
    'MarkerEdgeColor','w')

ax = gca; ax.XAxis.Exponent = 0; hold off
xlabel('Income, x_1 (k$)'); ylabel('Credit score, x_2')
legend({'Decision boundary','Good loan, C_1','Bad loan, C_2'},'location','best');
axis square; ylim([300,900]); xlim([0,160]);

%% Generate random data

function [X,Y] = generate_rnd(num)
% num = 100; % test only
rng(1); % For reproducibility
mu1 = [25000 450]; % income, credit score
mu2 = [85000 700];
sigma1 = [15000, 0; 0, 100] *[1 0.3;0.3 1]*[15000, 0; 0, 100];
sigma2 = [20000, 0; 0, 75]*[1 0.2;0.2 1]*[20000, 0; 0, 75];

X = [mvnrnd(mu1,sigma1,ceil(num*0.6));
    mvnrnd(mu2,sigma2,num - ceil(num*0.6))];
mask1 = (or((X(:,2) >= 900),(X(:,2) <= 300)));
X(mask1,:)= nan;
mask2 = (X(:,1) <= 0);
X(mask2,:)= nan;
masks = (X == nan);
mask = or(masks(:,1),masks(:,2));

Y = -ones(num,1);
Y(ceil(num*0.6) + 1:end) = 1; % Labels
Y(mask) = nan;
end
```

10.6 k临近算法

k临近算法 (k-nearest neighbors, k-NN) 的思想很简单——"近朱者赤，近墨者黑"。如果给定测试样本X，以及某个待分类样本z，即所谓的**查询点** (query point)，k临近算法流程如下。

第一步，计算测试样本X和待分类样本z的距离；

第二步，找出X中到查询点z距离最近的k个样本，即所谓的k个最临近样本，并且这k个样本拥有自己的分类；

第三步，对该k个临近样本进行加权投票，得到票数最多的种类即为查询点z的分类。

上述过程中，临近点数量k到查询点z的距离，各个临近点投票时的权重，都需要进行设定和计算。

临近点的数量k直接影响z的分类结果。如图10.41所示为采用MATLAB函数knnsearch() 寻找k临近点。如图10.41(a) 所示，当 $k = 3$时，即寻找距离查询点z最近的3个临近点，2个临近点为绿色 ●，1个临近点为蓝色 ●。因此在当前条件下，查询点z的分类结果为绿色 ●。

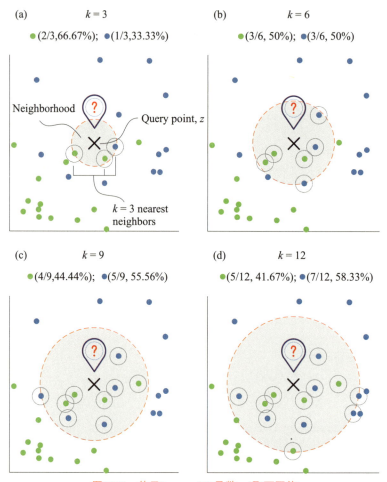

图10.41 使用knnsearch() 函数，k取不同值

如图10.41(b) 所示，当 $k = 6$时，查询点z的6个最近临近点中绿色 ● 和蓝色 ● 各占50%。这种

平局情况判断分类，MATLAB通过三种方式破局。第一，采用k个临近点中序号最小的样本标签；第二，采用最靠近z的样本标签；第三，随机产生标签。

如图10.41(c)和(d)所示。当$k = 9$或$k = 12$时，发现查询点z附近蓝色 反而更多，因此根据规则，查询点z的分类结果为蓝色 ●。

以下代码可以获得图10.41。

```matlab
B5_Ch10_3.m

close all; clear all; clc

% Generate training data set
num = 100; % half of the data size in dataset
[X,Y] = linear_div_rnd(num);
% [X,Y] = circular_rnd(num);
% [X,Y] = crescent_rnd(num);
% [X,Y] = quadrant_rnd(num);

i_fig = 1;
figure(i_fig)
i_fig = i_fig + 1;
hold on
colors = [146,208,80;0,153,219;]/255;
h = gscatter(X(:,1),X(:,2),Y,colors,'.');
hold off; axis square
xlabel('x_1'); ylabel('x_2')
query_point = [0 0];
line(query_point(1),query_point(2),'marker','x','color','k',...
    'markersize',10,'linewidth',2)
legend off
%% k-nearest neighbors

% same diagonal covariance; boundary: linear
num_NNs = 3:3:12;

figure(i_fig)
i_fig = i_fig + 1;


for i = 1:length(num_NNs)
    subplot(2,2,i)
    Mdl = KDTreeSearcher(X);
    [loc_query_NN,d] = knnsearch(Mdl,query_point,'k',num_NNs(i));

line(X(loc_query_NN,1),X(loc_query_NN,2),'color',[.5 .5 .5],'marker','o',...
        'linestyle','none','markersize',8)
    freq_y = tabulate(Y(loc_query_NN(1,:)))

    hold on
```

```
line(query_point(1),query_point(2),'marker','x','color','k',...
    'markersize',10,'linewidth',2)
h = gscatter(X(:,1),X(:,2),Y,colors,'.');

h1 = h(1); h1.MarkerSize = 8;
h2 = h(2); h2.MarkerSize = 8;
ctr = query_point - d(end);
diameter = 2*d(end);
% Draw a circle around the nearest neighbors.
h = rectangle('position',[ctr,diameter,diameter],...
    'curvature',[1 1]);
h.LineStyle = ':';
h.EdgeColor = 'r';
xlim([-0.75,0.75]); xticks([-0.5:0:0.5])
ylim([-0.75,0.75]); yticks([-0.5:0:0.5])
hold off; axis square
title_text = {['k = ',num2str(num_NNs(i))],...
    ['-1 = ',num2str(freq_y(1,3)),' %'],...
    ['+1 = ',num2str(freq_y(2,3)),' %']};

legend off; title(title_text)

end
```

如图10.41所示的例子中，函数knnsearch() 采用的是**欧氏距离** (euclidean distance)，某个测试样本点行向量x_i距离查询点z欧氏距离为：

$$d_i = \sqrt{(x_i - z)(x_i - z)^{\mathrm{T}}} \tag{10-48}$$

大家应该还记得，本丛书第三本介绍了一种重要的统计距离，**马氏距离** (mahalanobis distance)。马氏距离将测试样本X协方差矩阵Σ纳入计算：

$$d_i = \sqrt{(x_i - z)\,\Sigma^{-1}\,(x_i - z)^{\mathrm{T}}} \tag{10-49}$$

类似马氏距离，**标准化欧氏距离** (standardized euclidean distance) 也考虑数据的统计学特点。

$$d_i = \sqrt{(x_i - z)\,V^{-1}\,(x_i - z)^{\mathrm{T}}} \tag{10-50}$$

其中，V为协方差矩阵Σ对角线元素构造的对角阵。相当于对每个维度用X数据的相应维度的标准差进行缩放计算。

下面再介绍几种常用距离计算方法。**曼哈顿距离** (manhattan distance)，也叫作**城市街区距离** (city block distance)，计算式为：

$$d_i = \sum_{j=1}^{n} \left| x_{i,j} - z_j \right| \tag{10-51}$$

闵氏距离 (minkowski distance) 类似p-norm，计算式为：

$$d_i = \left(\sum_{j=1}^{n} \left| \boldsymbol{x}_{i,j} - \boldsymbol{z}_j \right|^p \right)^{1/p} \tag{10-52}$$

特别的，$p = 1$时，闵氏距离为曼哈顿距离；$p = 1$时，闵氏距离为欧氏距离；$p \to \infty$ 时，闵氏距离便为**切比雪夫距离** (chebychev distance)，具体为：

$$d_i = \max_j \left\{ \left| \boldsymbol{x}_{i,j} - \boldsymbol{z}_j \right| \right\} \tag{10-53}$$

MATLAB的fitcknn() 函数有三种加权方法。第一种为等权重，与距离无关。第二种，每个点的权重为其距离的倒数，也就是距离查询点越远的样本点权重越小。第三种，每个点的权重为距离平方的倒数，这种权重会随着距离的增大更快地减小。

更多有关距离的定义，以及更多有关fitcknn() 和knnsearch() 两个函数的技术细节，请参考如下链接。

https://www.mathworks.com/help/stats/classification-using-nearest-neighbors.html

下面采用fitcknn() 函数对两组数据进行分类。其中，第 I 组样本数据线性可分，而第 II 组样本数据类别呈环形。如图10.42所示，$k = 1, 3, 5, 7$时， fitcknn() 函数对第I组数据进行了分类。在同样的情况下，即$k = 1, 3, 5, 7$时， fitcknn() 函数对第 II 组数据进行了分类，如图10.43所示。

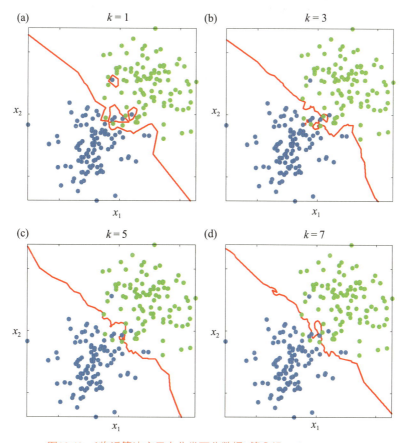

图10.42　k临近算法应用在分类可分数据 (第 I 组)，$k = 1, 3, 5, 7$

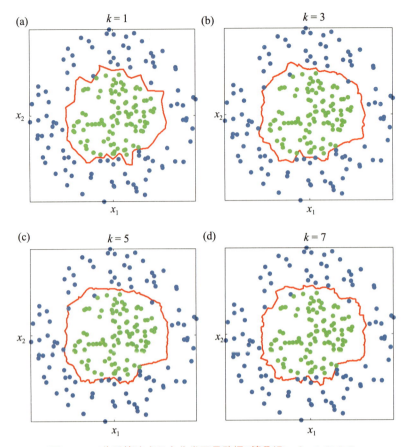

图10.43   *k*临近算法应用在分类双月数据 (第 Ⅱ 组)，*k* = 1, 3, 5, 7

以下代码可以获得图10.42和图10.43。

```
B5_Ch10_4.m

close all; clear all; clc

% Generate training data set
num = 100; % half of the data size in dataset
[X,Y] = linear_div_rnd(num);
% [X,Y] = circular_rnd(num);
% [X,Y] = crescent_rnd(num);
% [X,Y] = quadrant_rnd(num);

i_fig = 1;
figure(i_fig)
i_fig = i_fig + 1;
hold on
colors = [0,153,219; 146,208,80;]/255; % -1, 1
h = gscatter(X(:,1),X(:,2),Y,colors,'.');
xlabel('Sepal length'); ylabel('Sepal width');
hold off; axis square
```

```matlab
xlabel('x_1'); ylabel('x_2')
legend off; xticks([-2,0,2]); yticks([-2,0,2]);
%% k-nearest neighbors

% same diagonal covariance; boundary: linear
num_NNs = 1:2:7;
x1range = min(X(:,1)):0.01:max(X(:,1));
x2range = min(X(:,2)):0.01:max(X(:,2));
[x1Grid, x2Grid] = meshgrid(x1range,x2range);
XGrid = [x1Grid(:) x2Grid(:)];

figure(i_fig)
i_fig = i_fig + 1;


for i = 1:length(num_NNs)
    subplot(2,2,i)
    Mdl = fitcknn(X,Y,'NumNeighbors',num_NNs(i));
%     Mdl = fitcknn(X,Y,'NumNeighbors',num_NNs(i),'DistanceWeight','inverse');

    % 'DistanceWeight' — Distance weighting function
    % Options: 'equal' (default) | 'inverse' | 'squaredinverse'
    %
    % 'Distance' — Distance metric
    % Options: 'cityblock' | 'chebychev' | 'correlation' | 'cosine' |
    % 'euclidean' ...

    predictedspecies = predict(Mdl,XGrid);

contour(x1Grid,x2Grid,reshape(predictedspecies,size(x1Grid)),[0 0],'r',...
'LineWidth',1.25);
    hold on
    h = gscatter(X(:,1),X(:,2),Y,colors,'.');
    h1 = h(1); h1.MarkerSize = 8;
    h2 = h(2); h2.MarkerSize = 8;
    xlim([min(X(:,1)),max(X(:,1))])
    ylim([min(X(:,2)),max(X(:,2))])
    hold off; axis square; legend off
    title(['k = ',num2str(num_NNs(i))])
    legend off; xticks([-2,0,2]); yticks([-2,0,2]);
    xlabel('x_1'); ylabel('x_2')
end
```

第11章

Machine Learning Ⅱ
机器学习 Ⅱ

继续第10章的内容，本章将介绍另外两种监督学习算法——支持向量机和决策树；接着，会讲解两种常用的分类器性能度量。本章最后介绍一种非监督学习方法——高斯混合模型。

我能想见不远未来，人类和机器的关系，正如宠物狗和人类的关系；我站在机器一边。
I visualize a time when we will be to robots what dogs are to humans, and I'm rooting for the machines.

—— 克劳德·香农 (Claude Shannon)

Core Functions and Syntaxes
本章核心命令代码

- `arrayfun(func,A)` 将函数 func() 应用于A的元素，一次一个元素。然后 `arrayfun` 将 `func` 的输出串联成输出数组B，因此，对于A的第 i 个元素来说，B(i) = func(A(i))
- `bsxfun(fun,A,B)` 对数组A和B应用函数句柄 fun 进行运算。比如如下代码完成两步运算：第一步，从矩阵A的对应列元素中减去列均值；第二步，按标准差进行归一化。C = bsxfun(@minus,A, mean(A)); D = bsxfun(@rdivide,C,std(A))
- `cat(dim,A1,A2,…,An)` 沿维度 dim 串联A1, A2, ..., An
- `categorical(A)` 根据数组A创建分类数组
- `cdf('name',x,A)` 基于x中的值计算并返回由 'name' 和分布参数A指定的单参数分布族的累积分布函数
- `cluster(gm,X)` 将样本数据X中数据分为 k 簇，gm 为高斯混合模型
- `feval(f_x,x_p,y_p)` 根据函数 f_x 的输入 x_p 和 y_p 计算函数值
- `fitcsvm()` 支持向量机分类函数
- `fitctree()` 决策树分类函数
- `fitgmdist(X,k)` 返回样本数据X的 k 个成分的高斯混合模型
- `fmesh(f)` 在 x 和 y 的默认区间 [-5 5] 为表达式 z = f(x,y) 创建网格图
- `gmdistribution(mu,sigma,p)` 根据mu、sigma 和p创建高斯混合模型；mu 为高斯分布均值，sigma 为方差协方差矩阵，p为每个GMM所占比例
- `gscatter(x,y,g)` 根据g分组创建 x 和 y 的散点图
- `mvnpdf(X,MEANs,COV_Matrix)` 根据X指定的多元变量范围，MEANs 指定的多维变量的均值以及协方差矩阵 COV_Matrix，生成多维正态分布数据点
- `mvnrnd(AVEs,COV_Mtx,num_sims)` 用于产生多元随机数，其中AVEs给定多元正态分布的期望值向量，COV_Mtx给定协方差矩阵，num_sims给定随机数的个数

◀ NaN(sz1,...,szN) 返回由 NaN 值组成的 sz1×...×szN 数组，其中 sz1,...,szN 指示每个维度的大小。例如：NaN(3,4) 返回一个 3×4 的矩阵

◀ num2str(num) 将数字 num 转化为字符串格式

◀ pdf('name',x,A) 返回由 'name' 和分布参数 A 指定的单参数分布族的概率密度函数

◀ posterior(gm,X) 返回样本数据 X 中每个样本值的后验概率，gm 为高斯混合模型

◀ predict() 根据模型信息计算预测值

◀ properties() 显示对象属性

◀ random(GMM,num_data) 根据 GMM 模型返回 num_data 数量的随机数

◀ reshape(A,sz) 使用大小向量 sz 重构 A 以定义 size(B)。例如，reshape(A,[2,3]) 将 A 重构为一个 2×3 矩阵

◀ view() 提供决策树的可视化方案

11.1 支持向量机

支持向量机 (support vector machine, SVM) 最常用于分类问题，也可以用于回归分析。本节和11.2节主要从三个角度来介绍SVM在分类问题中的应用。

◀ 线性可分，采用**硬间隔** (hard margin)；
◀ 线性不可分，采用**软间隔** (soft margin)；
◀ 非线性，采用核技巧。

如图11.1所示，**线性可分数据** (linearly separable data) 指的是用一根直线 (即图11.1中红色直线)，将图中绿色和蓝色数据点分割开来。那么问题来了，这根红色线的位置到底在哪合适呢？这就是SVM要解决的问题。

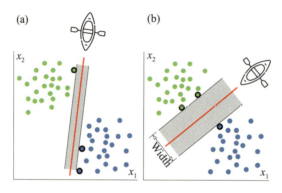

图11.1　线性可分数据

举个形象一点的例子，图11.1中绿色点和蓝色点都是礁石，给定它们在平面上的位置，绿色礁石群和蓝色礁石群之间有一条水道。一艘皮筏艇，以直线方向穿越这条水道，并且保证船身不撞击礁石，让大家求解皮筏艇船身的最大宽度是多少，以及确定水道位置。很明显图11.1(b) 所示的航行轨迹要远好于图11.1(a)，因为图11.1(b) 水道 (灰色阴影) 宽度明显更宽。

下面套用机器学习术语，再次介绍SVM原理。在多维特征空间中，给定如下训练样本集合：

$$\{(\boldsymbol{x}_1, y_1), (\boldsymbol{x}_2, y_2), (\boldsymbol{x}_3, y_3), ..., (\boldsymbol{x}_n, y_n)\}, y_i \in \{-1, +1\} \tag{11-1}$$

集合中有 n 个样本点用来训练。SVM的基本思想就是找到多维特征空间上距离两类样本数据 (标签为 -1 和 $+1$) 最远的一个**超平面** (hyperplane)，也常被称作决策边界。从另外一个角度，SVM的优化目标就是**间隔** (margin)，$2h$ 最大化 ($h > 0$)。恰好位于这个间隔边界上的数据点就是所谓的**支持向量** (support vector)，如图11.2所示的黑框点。超平面 $f(\boldsymbol{x})$ 的定义为：

$$f(\boldsymbol{x}) = \boldsymbol{w}^{\mathrm{T}}\boldsymbol{x} + b = \boldsymbol{x}^{\mathrm{T}}\boldsymbol{w} + b = 0 \tag{11-2}$$

式中：$\boldsymbol{w}$ 为列向量。

回顾本丛书第四本梯度向量和直线法向量的内容，$\boldsymbol{w}$ 是这个超平面的法向量，即梯度向量。而超平面外任意一点 Q (Q 到原点的向量为 $\boldsymbol{x}_Q$) 到超平面距离可以通过式11-3求得。

$$d = \frac{\left|\boldsymbol{w}^{\mathrm{T}}\boldsymbol{x}_Q + b\right|}{\|\boldsymbol{w}\|} \tag{11-3}$$

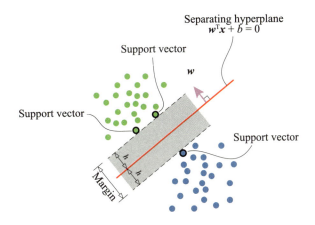

图11.2 多维空间SVM原理

利用本丛书第四本介绍的投影法，直线外一点到直线的距离d [如图11.3(a)所示]及平面外一点到平面的距离d [如图11.3(b)所示]，都可以通过向量内积来求解。

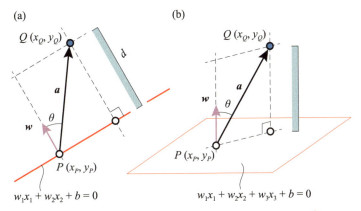

图11.3 直线外一点到直线距离，和平面外一点到平面距离

推而广之，超平面外一点到超平面的距离d可以通过式11-4求得。

$$d = \|\boldsymbol{a}\|\cos(\theta) = \|\boldsymbol{a}\|\frac{\boldsymbol{a}\cdot\boldsymbol{w}}{\|\boldsymbol{a}\|\|\boldsymbol{w}\|} = \frac{\boldsymbol{a}^{\mathrm{T}}\boldsymbol{w}}{\|\boldsymbol{w}\|} = \frac{\boldsymbol{w}^{\mathrm{T}}\boldsymbol{a}}{\|\boldsymbol{w}\|} \tag{11-4}$$

其中，列向量$\boldsymbol{a}$为起点P终点Q的向量。P点在超平面上，P到原点的向量为$\boldsymbol{x}_P$，因此式11-5同样成立。

$$\boldsymbol{w}^{\mathrm{T}}\boldsymbol{x}_P + b = 0 \quad \Rightarrow \quad b = -\boldsymbol{w}^{\mathrm{T}}\boldsymbol{x}_P \tag{11-5}$$

向量$\boldsymbol{a}$可以由$\boldsymbol{x}_P$向量和$\boldsymbol{x}_Q$向量构造。

$$\boldsymbol{a} = \boldsymbol{x}_Q - \boldsymbol{x}_P \quad \Rightarrow \quad \boldsymbol{w}^{\mathrm{T}}\boldsymbol{a} = \boldsymbol{w}^{\mathrm{T}}\left(\boldsymbol{x}_Q - \boldsymbol{x}_P\right) = \boldsymbol{w}^{\mathrm{T}}\boldsymbol{x}_Q + b \tag{11-6}$$

不考虑正负号，超平面外一点到超平面距离为：

$$d = \|\boldsymbol{a}\|\cos(\theta) = \frac{\left|\boldsymbol{w}^{\mathrm{T}}\boldsymbol{a}\right|}{\|\boldsymbol{w}\|} = \frac{\left|\boldsymbol{w}^{\mathrm{T}}\boldsymbol{x}_Q + b\right|}{\|\boldsymbol{w}\|} \tag{11-7}$$

即，$d > 0$时，点在超平面上方；$d < 0$时，点在超平面下方。

若考虑正负号，超平面外一点到超平面距离为：

$$d = \|\boldsymbol{a}\|\cos(\theta) = \frac{\boldsymbol{w}^\mathrm{T}\boldsymbol{a}}{\|\boldsymbol{w}\|} = \frac{\boldsymbol{w}^\mathrm{T}\boldsymbol{x}_Q + b}{\|\boldsymbol{w}\|} \tag{11-8}$$

如图11.4所示，如果超平面可以将线性可分样本点正确分类，则位于超平面H上方点距离H大于或等于h，标记样本点$y_i = +1$；位于超平面H下方点距离H小于或等于$-h$，标记样本点$y_i = -1$。令：

$$\begin{cases} \dfrac{\boldsymbol{w}^\mathrm{T}\boldsymbol{x}_i + b}{\|\boldsymbol{w}\|} \geqslant +h, \quad y_i = +1 \\[2mm] \dfrac{\boldsymbol{w}^\mathrm{T}\boldsymbol{x}_i + b}{\|\boldsymbol{w}\|} \leqslant -h, \quad y_i = -1 \end{cases} \tag{11-9}$$

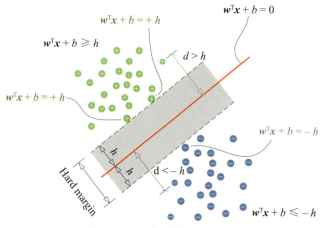

图11.4 SVM分类数据，$\|\boldsymbol{w}\| = 1$

整理式11-9得到：

$$\begin{cases} \dfrac{\boldsymbol{w}^\mathrm{T}\boldsymbol{x}_i + b}{\|\boldsymbol{w}\|h} \geqslant +1, \quad y_i = +1 \\[2mm] \dfrac{\boldsymbol{w}^\mathrm{T}\boldsymbol{x}_i + b}{\|\boldsymbol{w}\|h} \leqslant -1, \quad y_i = -1 \end{cases} \tag{11-10}$$

进一步合并式11-10又可以得到：

$$y_i \frac{\boldsymbol{w}^\mathrm{T}\boldsymbol{x}_i + b}{\|\boldsymbol{w}\|h} \geqslant 1 \tag{11-11}$$

这个间隔，即决策边界，将样本数据完全分成两类，这就是SVM分类数据理论基础。并且，该类SVM问题也被称作硬间隔SVM问题。图11.4中，间隔边界上的支持向量使得式11-12成立。

$$y_i \frac{\boldsymbol{w}^\mathrm{T}\boldsymbol{x}_i + b}{\|\boldsymbol{w}\|h} = 1 \quad \Leftrightarrow \quad \|\boldsymbol{w}\|h = y_i\left(\boldsymbol{w}^\mathrm{T}\boldsymbol{x}_i + b\right) \tag{11-12}$$

如图11.5所示，为简化运算，一般采用如下间隔边界函数。

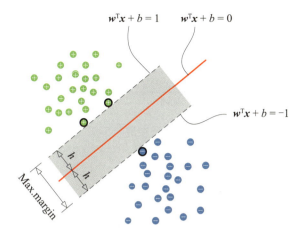

图11.5　简化后的SVM线性可分问题，$\|\boldsymbol{w}\| = 1$

$$\begin{cases} \boldsymbol{w}^{\mathrm{T}}\boldsymbol{x}_i + b \geqslant +1, & y_i = +1 \\ \boldsymbol{w}^{\mathrm{T}}\boldsymbol{x}_i + b \leqslant -1, & y_i = -1 \end{cases} \tag{11-13}$$

对于支持向量，式11-14成立。

$$y_i\left(\boldsymbol{w}^{\mathrm{T}}\boldsymbol{x}_i + b\right) = 1 \quad \Rightarrow \quad \|\boldsymbol{w}\|h = 1 \quad \Rightarrow \quad h = \frac{1}{\|\boldsymbol{w}\|} \tag{11-14}$$

由此得到间隔宽度$2h$：

$$2h = \frac{2}{\|\boldsymbol{w}\|} \tag{11-15}$$

下面用向量投影思路推导间隔宽度。如图11.6所示，A和B分别位于间隔上下边界。原点O到点A的向量为$\boldsymbol{x}_A$，原点O到点B的向量为$\boldsymbol{x}_B$。$\boldsymbol{x}_A$是A点的坐标，$\boldsymbol{x}_B$便是B点的坐标。因此，式11-16成立。

$$\begin{cases} \boldsymbol{w}^{\mathrm{T}}\boldsymbol{x}_A + b = 1 \\ \boldsymbol{w}^{\mathrm{T}}\boldsymbol{x}_B + b = -1 \end{cases} \Rightarrow \begin{cases} \boldsymbol{w}^{\mathrm{T}}\boldsymbol{x}_A = 1 - b \\ \boldsymbol{w}^{\mathrm{T}}\boldsymbol{x}_B = -1 - b \end{cases} \tag{11-16}$$

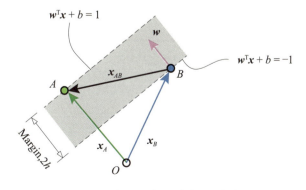

图11.6　利用向量投影计算间隔宽度

向量$\boldsymbol{x}_{AB}$起点为B，终点为A。

$$\boldsymbol{x}_{AB} = \boldsymbol{x}_A - \boldsymbol{x}_B \tag{11-17}$$

根据向量投影原理，间隔宽度为向量$\boldsymbol{x}_{AB}$在$\boldsymbol{w}$上的投影。

$$\frac{\boldsymbol{x}_{AB} \cdot \boldsymbol{w}}{\|\boldsymbol{w}\|} = \frac{\boldsymbol{w}^{\mathrm{T}} \boldsymbol{x}_{AB}}{\|\boldsymbol{w}\|} = \frac{\boldsymbol{w}^{\mathrm{T}} (\boldsymbol{x}_A - \boldsymbol{x}_B)}{\|\boldsymbol{w}\|} = \frac{1 - b - (-1 - b)}{\|\boldsymbol{w}\|} = \frac{2}{\|\boldsymbol{w}\|} \tag{11-18}$$

根据上述内容，从优化问题角度，SVM方法为在满足不等式约束条件下，最大化间隔宽度$2h$；构造优化问题，优化变量$\boldsymbol{w}$和b，最大化$2h$。

$$\underset{\boldsymbol{w}, b}{\arg\max} \quad \frac{2}{\|\boldsymbol{w}\|}$$
$$\text{subject to} \quad y_i \left(\boldsymbol{w}^{\mathrm{T}} \boldsymbol{x}_i + b \right) \geqslant 1 \tag{11-19}$$

这个最大化问题等价于式11-20所示的最小化问题。

$$\underset{\boldsymbol{w}, b}{\arg\min} \quad \frac{\|\boldsymbol{w}\|^2}{2} = \frac{\boldsymbol{w}^{\mathrm{T}} \boldsymbol{w}}{2}$$
$$\text{subject to} \quad y_i \left(\boldsymbol{w}^{\mathrm{T}} \boldsymbol{x}_i + b \right) \geqslant 1, \quad i = 1, 2, 3, \dots, n \tag{11-20}$$

根据本丛书第四本介绍的拉格朗日乘子法，构造拉格朗日函数$L(\boldsymbol{w}, b, \boldsymbol{\alpha})$。

$$L(\boldsymbol{w}, b, \boldsymbol{\alpha}) = \frac{\boldsymbol{w}^{\mathrm{T}} \boldsymbol{w}}{2} + \sum_{i=1}^{n} \alpha_i \left(1 - y_i \left(\boldsymbol{w}^{\mathrm{T}} \boldsymbol{x}_i + b \right) \right) \tag{11-21}$$

为了配合MATLAB对应SVM函数，式11-21采用$\boldsymbol{\alpha}$，$\boldsymbol{\alpha} = [\alpha_1; \alpha_2; \alpha_3; \dots; \alpha_n]$，作为拉格朗日乘子，$\alpha_i \geqslant 0$，注意，本丛书第四本采用$\lambda$作为拉格朗日乘子。这样含不等式约束优化问题，转化为一个无约束优化问题。

$L(\boldsymbol{w}, b, \boldsymbol{\alpha})$对$\boldsymbol{w}$和$b$偏导为0，得到：

$$\begin{cases} \dfrac{\partial L(\boldsymbol{w}, b, \boldsymbol{\alpha})}{\partial \boldsymbol{w}} = \boldsymbol{w} - \displaystyle\sum_{i=1}^{n} \alpha_i y_i \boldsymbol{x}_i = 0 \\[2mm] \dfrac{\partial L(\boldsymbol{w}, b, \boldsymbol{\alpha})}{\partial b} = \displaystyle\sum_{i=1}^{n} \alpha_i y_i = 0 \end{cases} \tag{11-22}$$

整理式11-23可以得到：

$$\begin{cases} \boldsymbol{w} = \displaystyle\sum_{i=1}^{n} \alpha_i y_i \boldsymbol{x}_i \\[2mm] \displaystyle\sum_{i=1}^{n} \alpha_i y_i = 0 \end{cases} \tag{11-23}$$

将$L(\boldsymbol{w}, b, \boldsymbol{\alpha})$带入式11-22，消去式中$\boldsymbol{w}$和$b$得：

$$
\begin{aligned}
L(\boldsymbol{w}, b, \boldsymbol{\alpha}) &= \frac{\boldsymbol{w}^{\mathrm{T}} \boldsymbol{w}}{2} + \sum_{i=1}^{n} \alpha_i \left(1 - y_i \left(\boldsymbol{w}^{\mathrm{T}} \boldsymbol{x}_i + b\right)\right) \\
&= \frac{\left(\sum_{i=1}^{n} \alpha_i y_i \boldsymbol{x}_i\right)^{\mathrm{T}} \left(\sum_{j=1}^{n} \alpha_j y_j \boldsymbol{x}_j\right)}{2} + \sum_{i=1}^{n} \alpha_i \left(1 - y_i \left(\sum_{j=1}^{n} \alpha_j y_j \boldsymbol{x}_j\right)^{\mathrm{T}} \boldsymbol{x}_i - y_i b\right) \\
&= \frac{\sum_{j=1}^{n} \sum_{i=1}^{n} \alpha_i \alpha_j y_i y_j \boldsymbol{x}_i^{\mathrm{T}} \boldsymbol{x}_j}{2} - \sum_{j=1}^{n} \sum_{i=1}^{n} \alpha_i \alpha_j y_i y_j \boldsymbol{x}_i^{\mathrm{T}} \boldsymbol{x}_j + \sum_{i=1}^{n} \alpha_i - b \sum_{i=1}^{n} \alpha_i y_i \\
&= \sum_{i=1}^{n} \alpha_i - \frac{\sum_{j=1}^{n} \sum_{i=1}^{n} \alpha_i \alpha_j y_i y_j \boldsymbol{x}_i^{\mathrm{T}} \boldsymbol{x}_j}{2}
\end{aligned}
\tag{11-24}
$$

这样便将原优化问题转化成一个以$\boldsymbol{\alpha}$作为变量的优化问题，这个新的优化问题叫作拉格朗日对偶问题，也称**对偶问题** (duality)。

这个对偶问题可以记作：

$$
\begin{aligned}
&\underset{\boldsymbol{\alpha}}{\arg\min} \quad \sum_{i=1}^{n} \alpha_i - \frac{\sum_{j=1}^{n} \sum_{i=1}^{n} \alpha_i \alpha_j y_i y_j \boldsymbol{x}_i^{\mathrm{T}} \boldsymbol{x}_j}{2} \\
&\text{subject to} \quad \begin{cases} \sum_{i=1}^{n} \alpha_i y_i = 0 \\ \alpha_i \geq 0, \quad i, j = 1, 2, 3, \ldots, n \end{cases}
\end{aligned}
\tag{11-25}
$$

注意，式11-25中$\boldsymbol{x}_i^{\mathrm{T}} \boldsymbol{x}_j$一项，在11.2节的核技巧部分还会涉及。

经过优化得到的超平面叫作最佳超平面$f(\boldsymbol{x}) = 0$。而具体形式可以整理为：

$$
f(\boldsymbol{x}) = \boldsymbol{w}^{\mathrm{T}} \boldsymbol{x} + b = \left(\sum_{i=1}^{n} \alpha_i y_i \boldsymbol{x}_i\right)^{\mathrm{T}} \boldsymbol{x} + b = \sum_{i=1}^{n} \alpha_i y_i \boldsymbol{x}_i^{\mathrm{T}} \boldsymbol{x} + b = 0
\tag{11-26}
$$

分类决策函数$d(\boldsymbol{x})$则可以表达为：

$$
d(\boldsymbol{x}) = \text{sign}\left(\boldsymbol{w}^{\mathrm{T}} \boldsymbol{x} + b\right) = \text{sign}\left(\sum_{i=1}^{n} \alpha_i y_i \boldsymbol{x}_i^{\mathrm{T}} \boldsymbol{x} + b\right)
\tag{11-27}
$$

其中，sign() 为**符号函数** (sign function)。最佳超平面将数据分为两个类，而最佳超平面距离两个类之间间隔最大。到这里，就结束了SVM硬间隔问题的讨论，11.2节开始讨论SVM的软间隔问题与核技巧。

11.2 软间隔与核技巧

SVM软间隔问题关注的是**不可分数据** (non-separable data)。简单地说，软间隔指的是不能像硬间隔问题那样，用一条直线就能将样本集合数据彻底分开。如图11.7所示，数据分类呈现出"你中有我，我中有你"的现象。而软间隔SVM方法就是牺牲所有点都必须被正确分类的前提，来换取更宽的分类间隔。

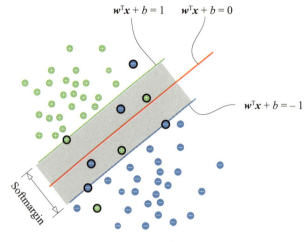

图11.7　SVM软间隔

常见情况，软间隔采用**松弛变量** (slack variable) ξ和**惩罚因子** (penalty parameter) C来解决线性不可分问题。如图11.8所示的就是软间隔两侧越界数据的松弛变量。从这张图可以看出，当$\xi > 0$，目的就是模糊间隔的界限。当$\xi = 0$，数据位于软间隔边界上；当$\xi > 0$，数据位于软间隔范围之内；甚至当ξ取更大值，比如$\xi > 2$，数据可以被错误地分割到对方区域。式11-28所示不等式表达上述思路。

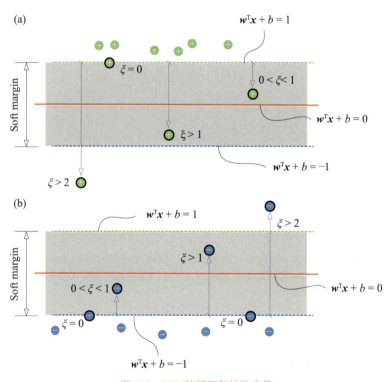

图11.8　SVM软间隔和松弛变量

$$y_i\left(\boldsymbol{w}^{\mathrm{T}}\boldsymbol{x}_i + b\right) \geqslant 1 - \xi_i \tag{11-28}$$

根据以上分析，可以构造如下软间隔SVM优化问题。

$$
\arg\max_{\boldsymbol{w},b} \frac{2}{\|\boldsymbol{w}\|}
$$
$$
\text{subject to } y_i\left(\boldsymbol{w}^{\mathrm{T}}\boldsymbol{x}_i + b\right) \geq 1 - \xi_i
$$

(11-29)

式11-29所示最大化优化问题，等价于式11-30所示最小化问题。

$$
\arg\min_{\boldsymbol{w},b} \frac{\boldsymbol{w}^{\mathrm{T}}\boldsymbol{w}}{2} + C\sum_{i=1}^{n}\xi_i
$$
$$
\text{subject to } \begin{cases} y_i\left(\boldsymbol{w}^{\mathrm{T}}\boldsymbol{x}_i + b\right) \geq 1 - \xi_i, & i = 1,2,3,\cdots,n \\ \xi_i \geq 0 \end{cases}
$$

(11-30)

C这个惩罚因子，是一个人为设定的参数，它用来调整松弛变量惩罚项的重要性。C较大时，说明优化问题更在意分类的准确性，也就是间隔窄一些，分类错误少一些；C取值较小时，间隔更宽一些，分类错误多一点。

第二种构造软间隔SVM优化问题的方法是，采用2-范数 (L2) 来构造松弛变量惩罚项，具体为：

$$
\arg\min_{\boldsymbol{w},b} \frac{\boldsymbol{w}^{\mathrm{T}}\boldsymbol{w}}{2} + C\sum_{i=1}^{n}\xi_i^2
$$
$$
\text{subject to } \begin{cases} y_i\left(\boldsymbol{w}^{\mathrm{T}}\boldsymbol{x}_i + b\right) \geq 1 - \xi_i, & i = 1,2,3,\cdots,n \\ \xi_i \geq 0 \end{cases}
$$

(11-31)

有兴趣的读者可以自行构造以上优化问题的拉格朗日函数。

接下来，介绍SVM的**核技巧** (kernel trick)。核技巧将数据映射到高维空间中，让数据在这个高维空间中线性可分。如图11.9所示，原数据两个类别存在嵌套关系，线性不可分，哪怕用软间隔也没有办法用一条直线将数据分成两类。但是，将原来二维数据投射到了一个三维平面上之后，就可以用一个平面将数据轻易分类。图11.9中核曲面和**线性决策平面** (linear decision hyperplane) 两者的交线就是分割两类数据的边界。这个投射规则便是**核函数** (kernel function)。

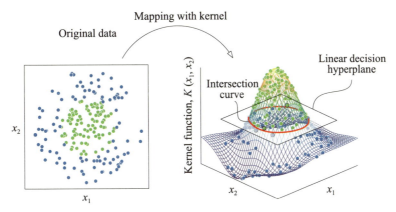

图11.9　SVM核技巧

如果图11.9还是不容易理解的话，大家看一下图11.10。图11.10中，核曲面、线性决策平面及两者交线 (红色曲线)，均投影在x_1-x_2平面上。MATLAB采用的线性决策平面一般都平行于x_1-x_2平面，这样这条红色交线实际上就是核曲面的一条等高线。

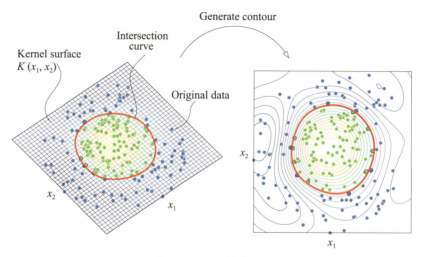

图11.10　SVM核技巧

x经过映射后得到的向量为$\varphi(x)$。用$\varphi(x)$表达的决策超平面为：

$$f(x) = w^{\mathrm{T}}\phi(x) + b = 0 \tag{11-32}$$

类似地，可以构建优化问题为：

$$\operatorname*{arg\,min}_{w,b} \frac{w^{\mathrm{T}}w}{2}$$
$$\text{subject to } y_i\left(w^{\mathrm{T}}\phi(x_i)+b\right) \geqslant 1, \quad i = 1,2,3,\dots,n \tag{11-33}$$

同样地，构造拉格朗日函数$L(w, b, \alpha)$：

$$L(w,b,\alpha) = \frac{w^{\mathrm{T}}w}{2} + \sum_{i=1}^{n}\alpha_i\left(1 - y_i\left(w^{\mathrm{T}}\phi(x_i)+b\right)\right) \tag{11-34}$$

$L(w, b, \alpha)$对w和b偏导为0，得到：

$$\begin{cases} \dfrac{\partial L(w,b,\alpha)}{\partial w} = w - \sum_{i=1}^{n}\alpha_i y_i \phi(x_i) = 0 \\[2mm] \dfrac{\partial L(w,b,\alpha)}{\partial b} = \sum_{i=1}^{n}\alpha_i y_i = 0 \end{cases} \tag{11-35}$$

整理式11-35可以得到：

$$\begin{cases} w = \sum_{i=1}^{n}\alpha_i y_i \phi(x_i) \\[2mm] \sum_{i=1}^{n}\alpha_i y_i = 0 \end{cases} \tag{11-36}$$

和本章11.1节一样，将$L(w, b, \alpha)$代入式11-35，消去式中w和b。得：

$$L(\boldsymbol{w},b,\boldsymbol{\alpha}) = \frac{\boldsymbol{w}^{\mathrm{T}}\boldsymbol{w}}{2} + \sum_{i=1}^{n}\alpha_i\left(1 - y_i\left(\boldsymbol{w}^{\mathrm{T}}\phi(\boldsymbol{x}_i)+b\right)\right)$$

$$= \sum_{i=1}^{n}\alpha_i - \frac{\displaystyle\sum_{j=1}^{n}\sum_{i=1}^{n}\alpha_i\alpha_j y_i y_j \phi(\boldsymbol{x}_i)^{\mathrm{T}}\phi(\boldsymbol{x}_j)}{2} \tag{11-37}$$

同样可以得到以上优化问题的对偶问题。

$$\arg\min_{\boldsymbol{\alpha}}\quad \sum_{i=1}^{n}\alpha_i - \frac{\displaystyle\sum_{j=1}^{n}\sum_{i=1}^{n}\alpha_i\alpha_j y_i y_j \phi(\boldsymbol{x}_i)^{\mathrm{T}}\phi(\boldsymbol{x}_j)}{2}$$

$$\text{subject to}\quad \begin{cases}\displaystyle\sum_{i=1}^{n}\alpha_i y_i = 0\\ \alpha_i \geqslant 0, \quad i,j = 1,2,3,\dots,n\end{cases} \tag{11-38}$$

整理得到决策超平面为:

$$f(\boldsymbol{x}) = \boldsymbol{w}^{\mathrm{T}}\phi(\boldsymbol{x}) + b = \underbrace{\left(\sum_{i=1}^{n}\alpha_i y_i \phi(\boldsymbol{x}_i)\right)^{\mathrm{T}}}_{\text{Coefficient}}\phi(\boldsymbol{x}) + b$$

$$= \underbrace{\sum_{i=1}^{n}\alpha_i y_i \phi(\boldsymbol{x}_i)^{\mathrm{T}}}_{\text{Coefficient}}\phi(\boldsymbol{x}) + b = 0 \tag{11-39}$$

将$\phi(\boldsymbol{x})$乘到等号Σ里,可以得到:

$$f(\boldsymbol{x}) = \sum_{i=1}^{n}\left(\alpha_i y_i \phi(\boldsymbol{x}_i)^{\mathrm{T}}\phi(\boldsymbol{x})\right) + b$$

$$= \sum_{i=1}^{n}\left(\alpha_i y_i \kappa(\boldsymbol{x}_i,\boldsymbol{x})\right) + b \tag{11-40}$$

其中,$\kappa(\boldsymbol{x}_i,\boldsymbol{x})$被称作**核函数** (kernel function),即:

$$\kappa(\boldsymbol{x}_i,\boldsymbol{x}) = \phi(\boldsymbol{x}_i)^{\mathrm{T}}\phi(\boldsymbol{x}) \tag{11-41}$$

MATLAB中用来调用SVM分类器的函数为fitcsvm()。fitcsvm() 函数的输入主要为给定训练样本数据、核函数类型及几个常用的条件。训练样本数据包括,预测变量数据的矩阵$\boldsymbol{X}$和类标签数组。预测变量数据$\boldsymbol{X}$每行是一个观测值,每列是一个预测变量,即一个特征;类标签数组每行对应$\boldsymbol{X}$中对应行的值。$\boldsymbol{Y}$可以是数据、字符、逻辑值等。

成功训练SVM关键是要根据数据模式选择合适的核函数。在MATLAB中,有以下三种核函数可供用户选用。

◀ 线性核函数,多维空间中为超平面;
◀ 多项式函数,超多项式曲面 (比如,超二次曲面);
◀ 高斯核函数,也称**径向基核函数**、**RBF函数** (radial basis function kernel, RBF kernel)。

表11.1给出了这三种核函数的表达式。下面结合具有一定特点的随机数据来介绍如何在SVM使用这几种核函数。

表11.1　三种常用核函数

核函数	核函数表达式	决策边界
线性核函数	$\kappa\left(\boldsymbol{x}_i, \boldsymbol{x}\right) = \boldsymbol{x}_i^{\mathrm{T}} \boldsymbol{x}$	$f(\boldsymbol{x}) = \sum_{i=1}^{n}\left(\alpha_i y_i \boldsymbol{x}_i^{\mathrm{T}} \boldsymbol{x}\right) + b = 0$
多项式核函数	$\kappa\left(\boldsymbol{x}_i, \boldsymbol{x}\right) = \left(\boldsymbol{x}_i^{\mathrm{T}} \boldsymbol{x} + 1\right)^p$ (p为多项式次数)	$f(\boldsymbol{x}) = \sum_{i=1}^{n}\left(\alpha_i y_i \left(\boldsymbol{x}_i^{\mathrm{T}} \boldsymbol{x} + 1\right)^p\right) + b = 0$
高斯核函数	$\kappa\left(\boldsymbol{x}_i, \boldsymbol{x}\right) = \exp\left(-\dfrac{\|\boldsymbol{x}_i - \boldsymbol{x}\|^2}{2\sigma^2}\right)$	$f(\boldsymbol{x}) = \sum_{i=1}^{n}\left(\alpha_i y_i \exp\left(-\dfrac{\|\boldsymbol{x}_i - \boldsymbol{x}\|^2}{2\sigma^2}\right)\right) + b = 0$

　　fitcsvm()函数支持序列最小优化 (sequential minimal optimization, SMO)、迭代单点数据算法 (iterative single data algorithm, ISDA)和 L1 软边距最小化 (二次规划目标函数最小化) 三种算法。fitcsvm() 函数返回训练的SVM分类器，然后可以使用predict() 函数对新数据进行分类。fitcsvm() 函数目前支持线性、多项式和高斯三种核函数。fitcsvm() 函数也支持自定义核函数。

　　下面选取不同核函数，利用fitcsvm() 函数和predict() 函数对图11.11所示的四组数据进行分类。图11.11所示的是本节使用的四组随机数据：第Ⅰ组，线性可分；第Ⅱ组，圆环；第Ⅲ组，双月；第Ⅳ组，四象限。这四组数据将在本书反复使用，本书配套代码中，提供有生成这四组随机数据的代码。

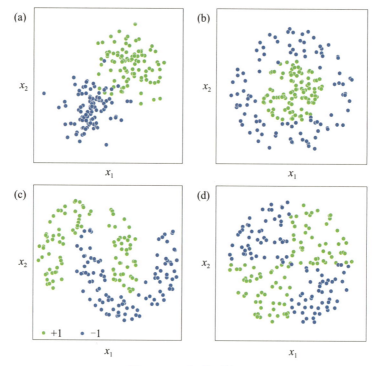

图11.11　四类随机数据

　　图11.12～图11.14是利用三种核函数 (线性、多项式和高斯) 分别对图11.11 (a) 第Ⅰ组数据进行SVM分类。如图11.12所示结果为线性核函数SVM分类结果。如图11.12(a) 所示，红色线为决策边界，黑框数据点为支持向量。如图11.12(b) 所示，实际上SVM线性分类也采用核函数，只不过这个核函数是线性函数。因此，核函数为一平面，多维空间中为一超平面。观察如图11.12(c) 和 (d)，明显发现决策边界为一条直线，对应线性核函数平面一条等高线。当采用多项式核函数，对图11.11(a) 第Ⅰ组数据进行SVM分类时，可以发现决策边界不再是一条直线。这是因为核函数为多项式曲面，能够明显

看到三次曲面的特点，如图11.13(b) 所示。同样可以发现，红色决策边界为多项式曲面和决策平面相交的交线。相比多项式曲面，如图11.14所示的高斯核函数曲面更加复杂，可以处理更复杂的数据模式，而图11.12所示的线性核函数只能有效处理简单的分类问题。

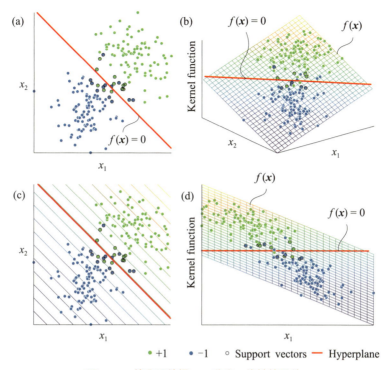

图11.12　第Ⅰ组数据SVM分类，线性核函数

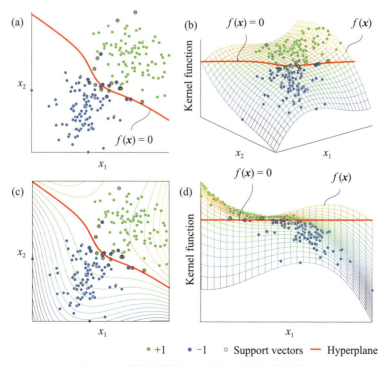

图11.13　第Ⅰ组数据SVM分类，多项式核函数

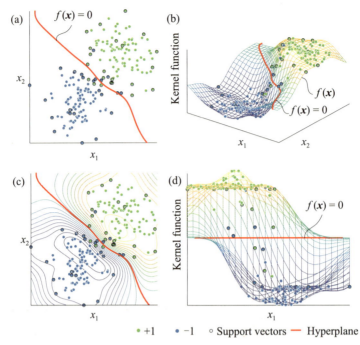

图11.14　第Ⅰ组数据SVM分类，高斯核函数

　　如图11.11(b)所示的第Ⅱ组数据模式比较复杂，两类数据呈现嵌套关系。对于这种分类模式，线性核函数就难以胜任了。也就是说，找不到一条直线能将图11.11 (b)所示的第Ⅱ组数据有效分类，会造成**欠拟合** (underfitting)。多项式核函数和高斯核函数复杂的曲面构造就可以解决类似的分类问题。如图11.15和图11.16所示为多项式核函数和高斯核函数SVM分类图11.11(b) 所示的第Ⅱ组数据。如图11.15(b) 和 (d) 所示，对于第2组数据的特征，多项式核函数更像是二次曲面，并且展示出凹函数的特点。而图11.16所示的高斯核函数，展现出二元正态分布曲面的一些重要特征。

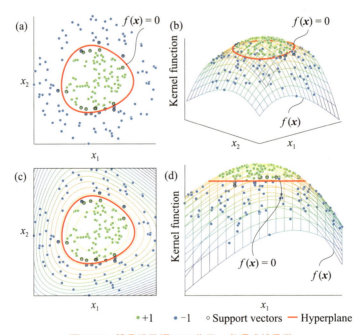

图11.15　第Ⅱ组数据SVM分类，多项式核函数

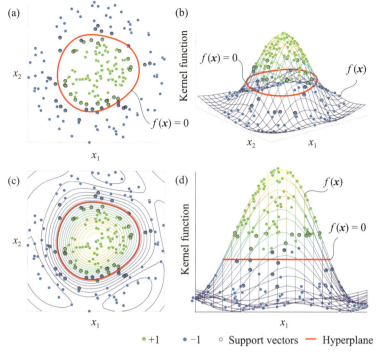

+1   −1   ∘ Support vectors   — Hyperplane

图11.16　第 Ⅱ 组数据SVM分类，高斯核函数

　　如图11.11(c)所示的第 Ⅲ 组数据模式更加复杂，两类数据似两个新月咬合在一起。如图11.17和图11.18所示为利用多项式核函数和高斯核函数，SVM分类器都有效地对第 Ⅲ 组数据进行分类。观察图11.17(b) 和 (d) 可以明显发现，多项式曲面呈现三次曲面特征。而图11.18(b) 和 (d) 中高斯曲面则十分复杂。

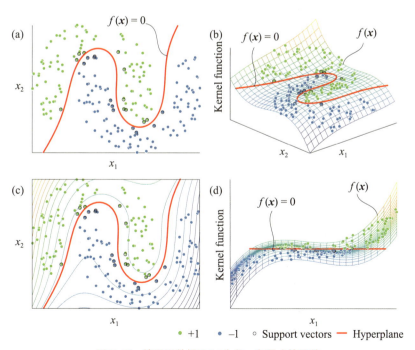

+1   −1   ∘ Support vectors   — Hyperplane

图11.17　第 Ⅲ 组数据SVM分类，多项式核函数

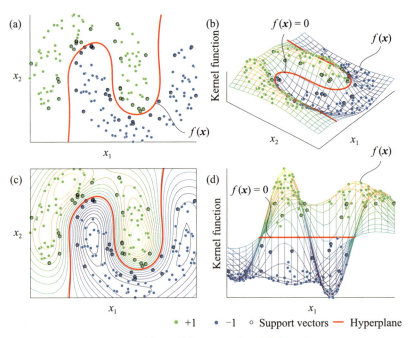

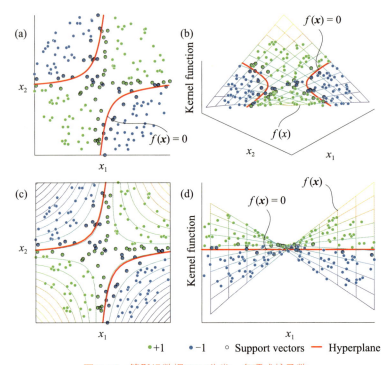

图11.18　第Ⅲ组数据SVM分类，高斯核函数

如图11.11(d)所示的第Ⅳ组数据模式十分有趣，在x_1-x_2平面中，数据随机分布在圆盘之内。第一象限和第三象限数据标记为+1，第二象限和第四象限标记为−1。采用多项式核函数SVM分类的结果，如图11.19所示。有趣的是，图11.19所示的多项式核函数曲面就是本丛书第四本反复提及的马鞍面。如图11.20所示的高斯曲面则峰谷交替出现。另外，这一部分代码中还给出使用自定义sigmoid()核函数SVM分类相关程序，请读者自行研究。

图11.19　第Ⅳ组数据SVM分类，多项式核函数

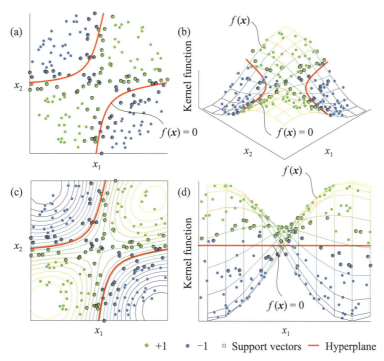

图11.20　第Ⅳ组数据SVM分类，高斯核函数

MATLAB中文网站还提供有专门介绍SVM的文章，读者可以进一步阅读学习。尤其值得注意的是其中有关自定义核函数的内容。链接如下。

https://ww2.mathworks.cn/help/stats/support-vector-machines-for-binary-classification.html

以下代码可以绘制图11.7～图11.20。

```
B5_Ch11_1.m

close all; clear all; clc

% Generate training data set
num = 100; % half of the data size in dataset
% [X,Y] = linear_div_rnd(num);
% [X,Y] = circular_rnd(num);
% [X,Y] = crescent_rnd(num);
[X,Y] = quadrant_rnd(num);


Y_plus = nan(size(Y));
masks = (Y == 1);
Y_plus(masks) = 1;
X_plus = X;
X_plus ( ~ masks,:) = NaN;

Y_minus ( ~ masks) = -1;
X_minus = X;
X_minus (masks,:) = NaN;
```

```matlab
figure(1)
hold on
plot(X_plus(:,1),X_plus(:,2),'LineStyle', 'none',...
    'Marker','o','MarkerFaceColor',[146,208,80]/255,...
    'MarkerEdgeColor','w')

plot(X_minus(:,1),X_minus(:,2),'LineStyle', 'none',...
    'Marker','o','MarkerFaceColor',[0,153,219]/255,...
    'MarkerEdgeColor','w')

axis equal; hold off
xlabel('x_1'); ylabel('x_2')
legend({'+1','-1'});
% set(gca,'xtick',[]); set(gca,'xticklabel',[])
% set(gca,'ytick',[]); set(gca,'yticklabel',[])


%% Choose one SVM kernel function
% linear:
% cl = fitcsvm(X,Y,'KernelFunction','linear',...
%     'BoxConstraint',1,'ClassNames',[-1,1]);

% polynomial:
% cl = fitcsvm(X,Y,'KernelFunction','polynomial',...
%     'BoxConstraint',1,'ClassNames',[-1,1]);

% Gaussian
% cl = fitcsvm(X,Y,'KernelFunction','rbf',...
%     'BoxConstraint',1,'ClassNames',[-1,1]);

% Sigmoid, self-defined
% cl = fitcsvm(X,Y,'KernelFunction','sigmoid2',...
%     'Standardize',true);

% Predict scores over the grid
step_size = 0.02;
[x1Grid,x2Grid] = meshgrid(min(X(:,1)):step_size:max(X(:,1)),...
    min(X(:,2)):step_size:max(X(:,2)));
xGrid = [x1Grid(:),x2Grid(:)];
[ ~ ,scores] = predict(cl,xGrid);

%% Plot the data and the decision boundary

figure(2)
hold on
plot(X_plus(:,1),X_plus(:,2),'LineStyle', 'none',...
```

```matlab
    'Marker','o','MarkerFaceColor',[146,208,80]/255,...
    'MarkerEdgeColor','w')
plot(X_minus(:,1),X_minus(:,2),'LineStyle', 'none',...
    'Marker','o','MarkerFaceColor',[0,153,219]/255,...
    'MarkerEdgeColor','w')
plot(X(cl.IsSupportVector,1),X(cl.IsSupportVector,2),'ko')
contour(x1Grid,x2Grid,reshape(scores(:,2),size(x1Grid)),[0 0],'r','LineWidth',
1.25);
% xlabel('x_1'); ylabel('x_2')

legend({'+1','-1','Support Vectors','Hyperplane'});
axis equal; hold off
set(gca,'xtick',[]); set(gca,'xticklabel',[])
set(gca,'ytick',[]); set(gca,'yticklabel',[])

%% Demonstrate kernel function

step_size = 0.1;
[x1Grid,x2Grid] = meshgrid(min(X(:,1)):step_size:max(X(:,1)),...
    min(X(:,2)):step_size:max(X(:,2)));
xGrid = [x1Grid(:),x2Grid(:)];
[ ~ ,scores] = predict(cl,xGrid);
[ ~ ,scores_X] = predict(cl,X);
kernel_y = scores_X(:,2);
kernel_y_plus = kernel_y;
kernel_y_plus ( ~ masks,:) = NaN;
kernel_y_minus = kernel_y;
kernel_y_minus (masks,:) = NaN;
kernel_Grid = reshape(scores(:,2),size(x1Grid));


figure(3)
mesh(x1Grid(1:2:end,1:2:end),x2Grid(1:2:end,1:2:end),...
    kernel_Grid(1:2:end,1:2:end),'FaceAlpha',0); hold on

plot3(X_plus(:,1),X_plus(:,2),kernel_y_plus,...
    'LineStyle', 'none',...
    'Marker','o','MarkerFaceColor',[146,208,80]/255,...
    'MarkerEdgeColor','w')
plot3(X_minus(:,1),X_minus(:,2),kernel_y_minus,...
    'LineStyle', 'none',...
    'Marker','o','MarkerFaceColor',[0,153,219]/255,...
    'MarkerEdgeColor','w')
plot3(X(cl.IsSupportVector,1),X(cl.IsSupportVector,2),kernel_y(cl.
IsSupportVector),'ko')

contour3(x1Grid,x2Grid,reshape(scores(:,2),size(x1Grid)),[0
0],'r','LineWidth',1.25);
```

```
grid off
% set(gca,'xtick',[]); set(gca,'xticklabel',[])
% set(gca,'ytick',[]); set(gca,'yticklabel',[])
% set(gca,'ztick',[]); set(gca,'zticklabel',[])
xlabel('x_1'); ylabel('x_2'); zlabel('Kernel')
xlim([min(x1Grid(:)),max(x1Grid(:))])
ylim([min(x2Grid(:)),max(x2Grid(:))])
zlim([min(kernel_Grid(:)),max(kernel_Grid(:))])
view(-45,30)
% view([0,0,1])
% view([0,1,0])

figure(4)
contour(x1Grid,x2Grid,reshape(scores(:,2),size(x1Grid)),20); hold on

plot(X_plus(:,1),X_plus(:,2),'LineStyle', 'none',...
    'Marker','o','MarkerFaceColor',[146,208,80]/255,...
    'MarkerEdgeColor','w')
plot(X_minus(:,1),X_minus(:,2),'LineStyle', 'none',...
    'Marker','o','MarkerFaceColor',[0,153,219]/255,...
    'MarkerEdgeColor','w')
plot(X(cl.IsSupportVector,1),X(cl.IsSupportVector,2),'ko')
contour(x1Grid,x2Grid,reshape(scores(:,2),size(x1Grid)),[0
0],'r','LineWidth',1.25);
axis equal; hold off
xlabel('x_1'); ylabel('x_2');
axis equal
xlim([min(x1Grid(:)),max(x1Grid(:))])
ylim([min(x2Grid(:)),max(x2Grid(:))])
% set(gca,'xtick',[]); set(gca,'xticklabel',[])
% set(gca,'ytick',[]); set(gca,'yticklabel',[])
```

11.3 决策树

决策树 (decision tree) 是另一个十分常用的分类方法。决策树树形结构主要由**节点** (node) 和**子树** (branch) 构成。节点又分为**根节点** (root node)、**内部节点** (internal node) 和**叶节点** (leaf node)，如图 11.21所示。每一个根节点和内部节点一般都是二叉树，向下构造**左子树** (left branch) 和**右子树** (right branch)，构造子树的过程也是将节点数据划分为两个子集的过程。

以包含两个特征的样本点$x = (x_1, x_2)$的分类过程为例。如图11.22所示为决策树的第一步划分，首先判断第一个特征x_1。当样本数据中$x_1 \geqslant a$时，x被划分到右子树；而当样本数据$x_1 < a$时，x被划分到左子树。经过第一步二叉树划分，原始数据被划分为A和B两个区域。

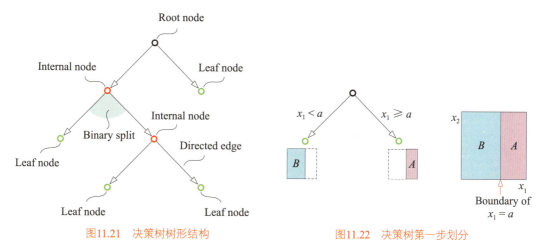

图11.21　决策树树形结构　　　　　　　　　　　图11.22　决策树第一步划分

接下来，图11.23展示了决策树的第二步划分，为图11.22所示左子树内部点衍生出一个新的二叉树，对第二个特征x_2进行判断。当样本数据中$x_2 \geqslant b$时，x被划分到右子树，而当样本数据中$x_2 < b$时，x被划分到左子树。经过第二步二叉树划分，原本的B数据区域被划分为C和D两个部分。

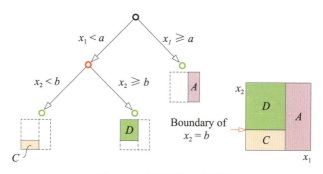

图11.23　决策树第二步划分

如图11.24所示为决策树的第三步划分，为图11.23右子树内部节点衍生出又一个新的二叉树。此时，再回到第一个特征x_1来进行判断。当样本数据中$x_1 \geqslant c$时，x被划分到右子树；样本数据中$x_1 < c$，x被划分到左子树。经过第三步二叉树划分，原本的D数据区域被划分为E和F两个区域。

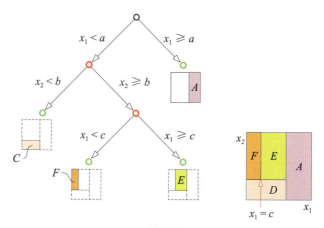

图11.24　决策树第三步划分

那么问题来了，如何在决策树的每一步中选择哪个特征进行判断，例如是x_1或者x_2，并且找到最佳位置划分呢？为了量化这一问题，这里先介绍如下几个概念：**信息熵** (information entropy)、**信息增**

益 (information gain) 和**基尼系数** (gini index)。

样本数据集合D的信息熵定义为：

$$\text{Ent}(D) = -\sum_{i=1}^{n} p_i \log_2 p_i \qquad (11\text{-}42)$$

其中，p_i为D中第k类样本所占比例。需要特别注意的是，当$p_i = 0$时，数学上"$\log_2 0$"无意义，这里强制令$0 \times \log_2 0 = 0$。

举个例子，当样本数据集合D只有两类，即$i = 1, 2$：

$$p_1 = p, \quad p_2 = 1 - p \qquad (11\text{-}43)$$

这种情况下，D的信息熵$\text{Ent}(D)$为：

$$\begin{aligned} \text{Ent}(D) &= -\sum_{i=1}^{2} p_i \log_2 p_i = -p_1 \log_2 p_1 - p_2 \log_2 p_2 \\ &= -p \log_2 p - (1-p) \log_2 (1-p) \end{aligned} \qquad (11\text{-}44)$$

如图11.25(a) 所示，从信息熵$\text{Ent}(D)$ 随 p的变化可以看出，当样本只属于某一类时 ($p = 0$ 或 $p = 1$)，数据纯度最高，信息熵 $\text{Ent}(D)$ 最小；当样本可能属于任一类时 ($p = 0.5$)，数据纯度最低，信息熵 $\text{Ent}(D)$ 最大。

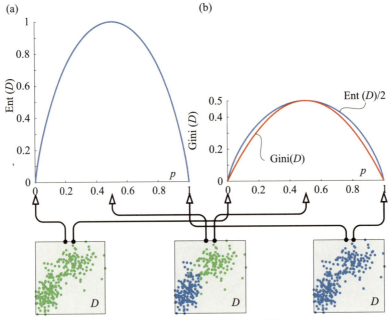

图11.25　比较信息熵和Gini系数

样本数据集合D分为n类，即$D = \{C_1, C_2, C_3, \ldots, C_n\}$。$|C_i|$ 计算属于 C_i类样本数量，因此可以得到式11-45。

$$\sum_{i=1}^{n} |C_i| = |D| \qquad (11\text{-}45)$$

计算属于C_i类样本概率：

$$p_i = \frac{|C_i|}{|D|} \tag{11-46}$$

计算样本数据集合D的信息熵：

$$\text{Ent}(D) = -\sum_{i=1}^{n} p_i \log_2 p_i = -\sum_{i=1}^{n} \left\{ \frac{|C_i|}{|D|} \log_2 \left(\frac{|C_i|}{|D|} \right) \right\} \tag{11-47}$$

假设存在某个特征a，可以将D划分为m个子集，即：

$$D = \{D_1, D_2, ..., D_m\} \tag{11-48}$$

而子集D_k ($k = 1, 2, ..., m$) 中属于C_i类样本集合为$D_{k,i}$。

$$D_{k,i} = D_k \cap C_i \tag{11-49}$$

子集D_k的信息熵为：

$$\text{Ent}(D_k) = -\sum_{i=1}^{n} \left\{ \frac{|D_{k,i}|}{|D_k|} \log_2 \left(\frac{|D_{k,i}|}{|D_k|} \right) \right\} \tag{11-50}$$

这样，经过特征a划分后的集合D的信息熵为：

$$\text{Ent}(D|a) = -\sum_{k=1}^{m} \left\{ \frac{|D_k|}{|D|} \sum_{i=1}^{n} \left\{ \frac{|D_{k,i}|}{|D_k|} \log_2 \left(\frac{|D_{k,i}|}{|D_k|} \right) \right\} \right\} \tag{11-51}$$

经过特征a划分后的集合D的信息熵减小。

根据信息熵，可以进一步计算所谓的**信息增益** (information gain)，即：

$$\text{Gain}(D, a) = \text{Ent}(D) - \text{Ent}(D|a) \tag{11-52}$$

划分的最佳位置可使得信息增益的值最大化。

类似信息熵，**基尼系数** (gini index) 也可以用来表征样本数据集合D的纯度。注意，这个基尼系数不同于衡量国家或地区收入差距的基尼系数。基尼系数$\text{Gini}(D)$ 定义为：

$$\text{Gini}(D) = \sum_{i=1}^{n} p_i (1 - p_i) = \sum_{i=1}^{n} p_i - \sum_{i=1}^{n} p_i^2 = 1 - \sum_{i=1}^{n} p_i^2 \tag{11-53}$$

使用上文例子，当样本数据集合D只有两类，即$i = 1, 2$。这种情况下，$p_1 = p$，$p_2 = 1 - p$。D的信息熵$\text{Gini}(D)$ 为：

$$\begin{aligned} \text{Ent}(D) &= 1 - \sum_{i=1}^{n} p_i^2 = 1 - p_1^2 - p_2^2 \\ &= 1 - p^2 - (1 - p)^2 = -2p^2 + 2p \end{aligned} \tag{11-54}$$

如图11.25(b) 所示，$\text{Gini}(D)$ 越大，样本数据纯度越低，$\text{Gini}(D)$ 最大点对应图中$p = 0.5$。

在MATLAB中，实现决策树分类可使用函数fitctree()。下面采用fitctree() 函数对上两章使用的好坏贷款数据进行分类。如图11.26～图11.29分别展示了整个分类过程中各步的具体划分。

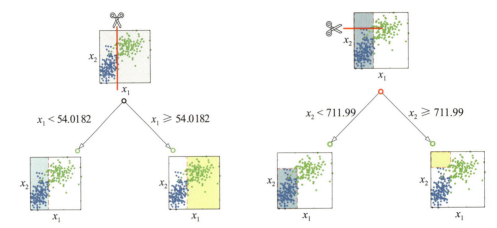

图11.26　好坏贷款数据分类，决策树第一步划分　　　图11.27　好坏贷款数据分类，决策树第二步划分

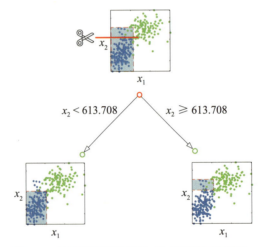

图11.28　好坏贷款数据分类，决策树第三步划分

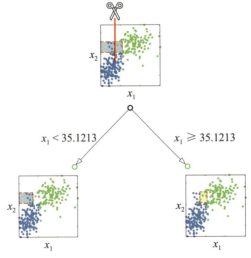

图11.29　好坏贷款数据分类，决策树第四步划分

如图11.30将图11.26～图11.29集中在一起，展示了整个决策树。如图11.31所示为决策树分类得到的决策边界。

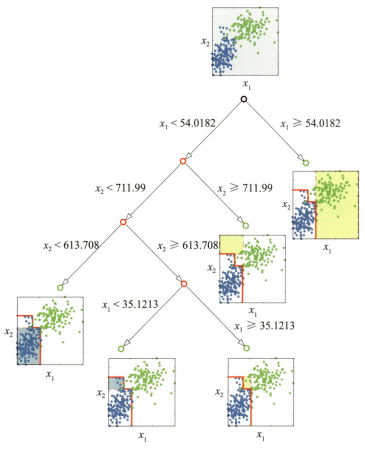

图11.30　好坏贷款数据分类，整个决策树

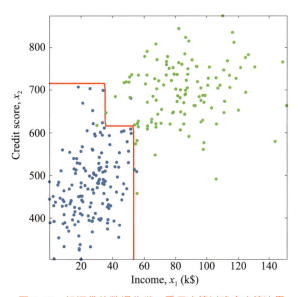

图11.31　好坏贷款数据分类，采用决策树确定决策边界

以下代码可以获得图11.31。

```
B5_Ch11_2.m

close all; clear all; clc

num = 300;
[X_original,Y_original] = generate_rnd(num);
X = X_original(all( ~ isnan(X_original),2),:);
Y = Y_original(all( ~ isnan(X_original),2),:);
X(:,1) = X(:,1)/1000;

i_fig = 1;
figure(i_fig)
i_fig = i_fig + 1;
hold on
colors = [0,153,219; 146,208,80;]/255; % labels: -1, 1
h = gscatter(X(:,1),X(:,2),Y,colors,'.');
xlabel('Sepal length'); ylabel('Sepal width');
hold off; axis square; legend off
xlabel('Income, x_1 (k$)'); ylabel('Credit score, x_2')
xlim([min(X(:,1)),max(X(:,1))]); ylim([min(X(:,2)),max(X(:,2))])

%% Decision tree

x1range = min(X(:,1)):1:max(X(:,1));
x2range = min(X(:,2)):25:max(X(:,2));
[x1Grid, x2Grid] = meshgrid(x1range,x2range);
XGrid = [x1Grid(:) x2Grid(:)];

MdlDefault = fitctree(X,Y);

view(MdlDefault)
view(MdlDefault,'mode','graph')

predictedspecies = predict(MdlDefault,XGrid);

figure(i_fig)
i_fig = i_fig + 1;
contour(x1Grid,x2Grid,reshape(predictedspecies,size(x1Grid)),[0
0],'r','LineWidth',1.25);
hold on
h = gscatter(X(:,1),X(:,2),Y,colors,'.');
h1 = h(1); h1.MarkerSize = 8;
h2 = h(2); h2.MarkerSize = 8;
xlim([min(X(:,1)),max(X(:,1))])
ylim([min(X(:,2)),max(X(:,2))])
hold off; axis square; legend off
```

```
legend off;
hold off; axis square
xlabel('Income, x_1 (k$)'); ylabel('Credit score, x_2')
legend off;

function [X,Y] = generate_rnd(num)
% num = 100; % test only
rng(1); % For reproducibility
mu1 = [25000 450]; % income, credit score
mu2 = [85000 700];
sigma1 = [15000, 0; 0, 100] *[1 0.3;0.3 1]*[15000, 0; 0, 100];
sigma2 = [20000, 0; 0, 75]*[1 0.2;0.2 1]*[20000, 0; 0, 75];

X = [mvnrnd(mu1,sigma1,ceil(num*0.6));
    mvnrnd(mu2,sigma2,num - ceil(num*0.6))];
mask1 = (or((X(:,2) >= 900),(X(:,2) <= 300)));
X(mask1,:)= nan;
mask2 = (X(:,1) <= 0);
X(mask2,:)= nan;
masks = (X == nan);
mask = or(masks(:,1),masks(:,2));

Y = -ones(num,1);
Y(ceil(num*0.6) + 1:end) = 1; % Labels
Y(mask) = nan;
end
```

11.4 性能度量

截至目前，本书已经介绍了几种监督学习方法：朴素贝叶斯、高斯朴素贝叶斯、高斯判别分析、线性判别、二次判别、k临近、支持向量机 (软间隔和核技巧) 和决策树。对于某一分类问题，大家可以采用上述任意一种监督学习方法，并得到不同的决策边界。那么问题来了，如何判断哪种方法更适合特定的问题？本节将介绍评判监督学习方法性能的两种重要的度量：**混淆矩阵** (confusion matrix) 和 ROC曲线。

如图11.32所示，对于二分类问题，可以比较**预测类别** (predicted class) 和**真实类别** (actual class)，得到四种情形：

◀ **真正**TP (true positive)，图11.32左上角。
◀ **假反**FN (false negative)，图11.32右上角。
◀ **假正**FP (false positive)，图11.32左下角。
◀ **真反**TN (true negative)，图11.32右下角。

上述四种情况对应的数据量之和为样本数量。

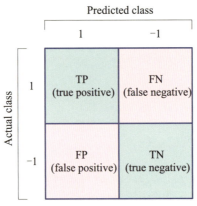

图11.32　混淆矩阵

旧版本MATLAB可以采用confusionmat() 函数绘制混淆矩阵；而MATLAB 2018b版本及以后版本可以使用confusionchart() 函数绘制混淆矩阵，并得到各种比率。如图11.33所示为二分类混淆矩阵和8个比率。此外，confusionchart() 函数还可以绘制多分类问题混淆矩阵。

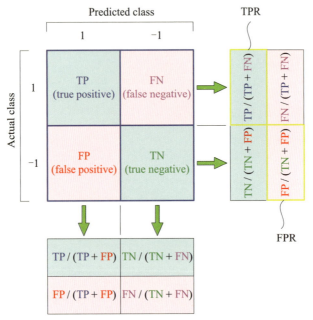

图11.33　混淆矩阵及8个比率

ROC曲线的全称是**受试者通过特征** (receiver operating characteristic) 曲线。两个ROC曲线用到的比率为**真正比率**TPR (true positive rate) 和**假正比率**FPR (false positive rate)，具体定义为：

$$\text{TPR} = \frac{\text{TP}}{\text{TP} + \text{FN}}, \quad \text{FPR} = \frac{\text{FP}}{\text{TN} + \text{FP}} \tag{11-55}$$

ROC曲线的横轴为假正比率FPR，纵轴为真正比率TPR。MATLAB用于绘制ROC曲线的函数为perfcurve()，该函数的输入为数据真实标签向量和成员值 (后验概率) 向量。成员值向量可以用resubPredict() 函数获得。

如图11.34所示为样本数据真实分类、预测分类、成员值、阈值关系。对于二分类问题，通过分类器可以得到每一样本划分为1的成员值，将所有样本根据该成员值从大到小排序，得到图11.34所示蓝色曲线。而图11.34标签为1的样本数据的真实成员值为1；标签为−1的数据真实成员值为0。

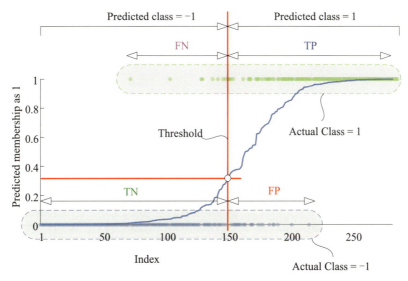

图11.34　样本数据真实分类、预测分类、成员值、阈值关系

以某一特定阈值作为分界 (如图11.34所示红色线)，可以得到真正TP、假反FN、假正FP和真反TN四类数据。逐次选取不同阈值可以获得ROC曲线的每一个点。

为了更容易理解如何获得ROC曲线，采用如图11.35所示*A*、*B*、*C*、*D*、*E*五点。如图11.36所示为计算*A*、*B*、*C*、*D*、*E*五点TPR和FPR值所需数据。如前文所述，ROC曲线的横轴为FPR值，纵轴为TPR值。如图11.37所示为ROC曲线及*A*、*B*、*C*、*D*、*E*五点位置。如图11.37中阴影面常被称作AUC (area under ROC curve)，AUC常用来比较分类器性能。AUC越大说明分类器对样本数据的分类效果越好。如图11.38所示为三种分类情况及对应的ROC曲线和AUC值。如图11.38 (a) 所示阈值 (红色线) 将两类数据完美分类；对应的ROC曲线为折线，AUC值为1。如图11.38(c) 所示为另外一种极端情况，即红色线将所有数据分类错误；对应的ROC曲线紧贴坐标轴，AUC值为0。

如图11.39所示为比较朴素贝叶斯、高斯判别分析、决策树和*k*临近四种分类算法得到的不同决策边界，如图11.40所示比较的是用confusionchart() 函数绘制混淆矩阵，如图11.41所示为比较四种分类算法的ROC曲线，如图11.42所示为比较四种分类算法的AUC值。

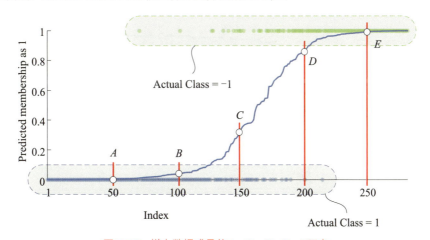

图11.35　样本数据成员值*A*、*B*、*C*、*D*、*E*五点

Index	Predicted membership	Actual label	FN	TP	TPR	TN	FP	FPR	
1	0.0000	-1	0	120	1.0000	1	164	0.9939	
2	0.0001	-1	0	120	1.0000	2	163	0.9879	
3	0.0001	-1	0	120	1.0000	3	162	0.9818	
...	...	...	...	...	...	...	...	...	
49	0.0039	-1	0	120	1.0000	49	116	0.7030	
50	0.0040	-1	0	120	1.0000	50	115	0.6970	A
51	0.0040	-1	0	120	1.0000	51	114	0.6909	
...	...	...	...	...	...	...	...	...	
99	0.0357	-1	1	119	0.9917	98	67	0.4061	
100	0.0363	-1	1	119	0.9917	99	66	0.4000	B
101	0.0366	-1	1	119	0.9917	100	65	0.3939	
...	...	...	...	...	...	...	...	...	
149	0.2765	-1	8	112	0.9333	141	24	0.1455	
150	0.2873	-1	8	112	0.9333	142	23	0.1394	C
151	0.3009	-1	9	111	0.9250	142	23	0.1394	
...	...	...	...	...	...	...	...	...	
199	0.8434	1	36	84	0.7000	163	2	0.0121	
200	0.8468	1	37	83	0.6917	163	2	0.0121	D
201	0.8517	1	38	82	0.6833	163	2	0.0121	
...	...	...	...	...	...	...	...	...	
249	0.9898	1	84	36	0.3000	165	0	0.0000	
250	0.9901	1	85	35	0.2917	165	0	0.0000	E
251	0.9902	1	86	34	0.2833	165	0	0.0000	
...	...	...	...	...	...	...	...	...	

图11.36 计算A、B、C、D、E五点TPR和FPR值

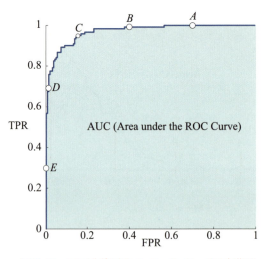

图11.37 ROC曲线以及A、B、C、D、E五点位置

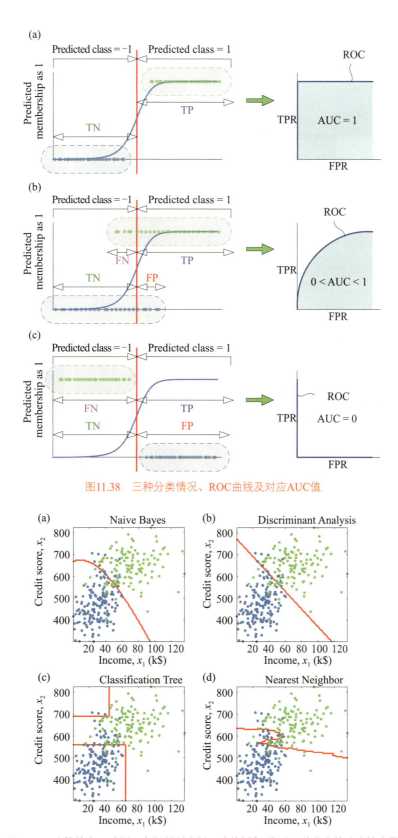

图11.38 三种分类情况、ROC曲线及对应AUC值

图11.39 比较朴素贝叶斯、高斯判别分析、决策树和k临近四种分类算法决策边界

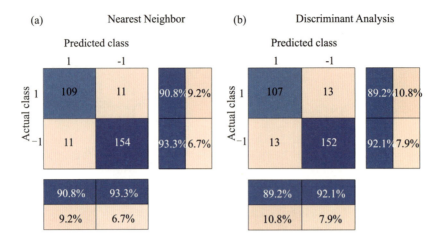

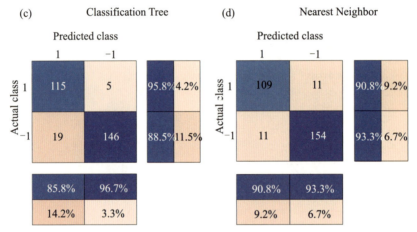

图11.40　比较朴素贝叶斯、高斯判别分析、决策树和k临近四种分类算法混淆矩阵

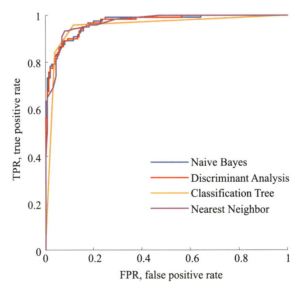

图11.41　比较朴素贝叶斯、高斯判别分析、决策树和k临近四种分类算法ROC曲线

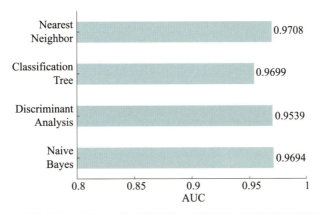

图11.42 比较朴素贝叶斯、高斯判别分析、决策树和k临近四种分类算法AUC值

以下代码可以绘制图11.39～图11.42。

B5_Ch11_3.m

```matlab
close all; clear all; clc

num = 300;
[X_original,Y_original] = generate_rnd(num);
X = X_original(all( ~ isnan(X_original),2),:);
Y = Y_original(all( ~ isnan(X_original),2),:);
X(:,1) = X(:,1)/1000;

i_fig = 1;
figure(i_fig)
i_fig = i_fig + 1;
hold on
colors = [0,153,219; 146,208,80;]/255; % labels: -1, 1
h = gscatter(X(:,1),X(:,2),Y,colors,'.');
xlabel('Sepal length'); ylabel('Sepal width');
hold off; axis square; legend off;
xlabel('Income, x_1 (k$)'); ylabel('Credit score, x_2')
xlim([min(X(:,1)),max(X(:,1))]); ylim([min(X(:,2)),max(X(:,2))])

%% Types of classifiers

x1range = min(X(:,1)):1:max(X(:,1));
x2range = min(X(:,2)):5:max(X(:,2));
[x1Grid, x2Grid] = meshgrid(x1range,x2range);
XGrid = [x1Grid(:) x2Grid(:)];

classifier_name = {'Naive Bayes','Discriminant Analysis',...
    'Classification Tree','Nearest Neighbor'};

% Train a naive Bayes model.
classifier{1} = fitcnb(X,Y);
```

```matlab
% Default: Gaussian

% Train a discriminant analysis classifier.
classifier{2} = fitcdiscr(X,Y);
% Default: linear

% Train a classification decision tree.
classifier{3} = fitctree(X,Y,'MaxNumSplits',5);

% Train a k-nearest neighbor classifier.
classifier{4} = fitcknn(X,Y,'NumNeighbors',20);

figure(i_fig)
i_fig = i_fig + 1;

for i = 1:numel(classifier)

    predictedspecies = predict(classifier{i},XGrid);
    subplot(2,2,i)
contour(x1Grid,x2Grid,reshape(predictedspecies,size(x1Grid)),[0
U],'r','LineWidth',1.25);
    hold on
    h = gscatter(X(:,1),X(:,2),Y,colors,'.');
    h1 = h(1); h1.MarkerSize = 8;
    h2 = h(2); h2.MarkerSize = 8;
    xlim([min(X(:,1)),max(X(:,1))])
    ylim([min(X(:,2)),max(X(:,2))])
    hold off; axis square; legend off
    legend off;
    hold off; axis square
    xlabel('Income, x_1 (k$)'); ylabel('Credit score, x_2')
    legend off;

    title(classifier_name{i})

end

%% Confusion Matrix Charts

for i = 1:numel(classifier)
    figure(i_fig)
    i_fig = i_fig + 1;

    predictedY = resubPredict(classifier{i});
    cm = confusionchart(Y,predictedY);
    cm.RowSummary = 'row-normalized';
    cm.ColumnSummary = 'column-normalized';
```

```matlab
    sortClasses(cm,[1,-1])
    title(classifier_name{i})

end

%% ROC curves

AUCs = ones(numel(classifier),1);

for i = 1:numel(classifier)

    [ ~ ,scores1] = resubPredict(classifier{i});
    classifier{i}.ClassNames

    [x1,y1, ~ ,auc1] = perfcurve(Y,scores1(:,2),1);
    ROC_x{i}= x1;
    ROC_y{i}= y1;
    SCORES{i}= scores1;

    AUCs(i) = auc1;

end

figure(i_fig)
i_fig = i_fig + 1;
hold on
for i = 1:numel(classifier)

    plot(ROC_x{i},ROC_y{i});

end

legend(classifier_name)
xlabel('FPR, false positive rate');
ylabel('TPR, true positive rate');

figure(i_fig)
i_fig = i_fig + 1;

labels = categorical(classifier_name);
labels = reordercats(labels,classifier_name);

barh(labels,AUCs,0.5)
xlim([0.8,1])
box off; grid off
xlabel('AUC')
```

11.5节开始介绍非监督学习常用方法,第12章最后三节会介绍神经网络。

11.5 高斯混合模型

本节开始，将介绍几种常见的非监督学习方法。首先介绍高斯混合模型，**高斯混合模型** (gaussian mixture model, GMM) 用多个高斯密度函数来量化样本数据分布。高斯混合模型和第10章介绍的贝叶斯分类以及高斯判别分析联系紧密。

想必本丛书的读者对一元高斯分布的概率密度函数$p(x)$已经再熟悉不过。

$$p(x) = \frac{1}{\sigma\sqrt{2\pi}} \exp\left(-\frac{1}{2}\left(\frac{x-\mu}{\sigma}\right)^2\right) \tag{11-56}$$

假设一个一元随机数x的采样数据分布如图11.43(a) 所示，如图11.43(b) 所示的单一高斯概率分布已经不能准确描述该数据的分布情况。那么，即便将两个高斯分布叠加起来也不能很好地进行描述，如图11.43(c)所示。当采用三个高斯分布叠加时，才能比较准确地刻画出原来的分布，如图11.43(d)所示。利用贝叶斯定理，叠加起来的概率密度函数$p(x)$可以表示成式11-57。

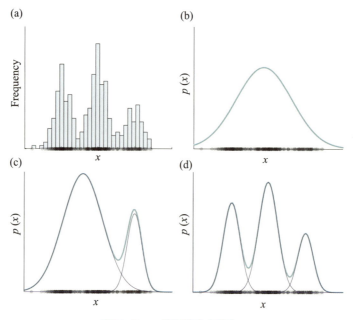

图11.43　一元高斯分布混合

$$\begin{aligned}
p(x) &= P(C_1)p(x|C_1) + P(C_2)p(x|C_2) + P(C_3)p(x|C_3) \\
&= \alpha_1 N(x,\mu_1,\sigma_1) + \alpha_2 N(x,\mu_2,\sigma_2) + \alpha_3 N(x,\mu_3,\sigma_3) \\
&= \alpha_1 \frac{\exp\left(-\frac{1}{2}\left(\frac{x-\mu_1}{\sigma_1}\right)^2\right)}{\sigma_1\sqrt{2\pi}} + \alpha_2 \frac{\exp\left(-\frac{1}{2}\left(\frac{x-\mu_2}{\sigma_2}\right)^2\right)}{\sigma_2\sqrt{2\pi}} + \alpha_3 \frac{\exp\left(-\frac{1}{2}\left(\frac{x-\mu_3}{\sigma_3}\right)^2\right)}{\sigma_3\sqrt{2\pi}}
\end{aligned} \tag{11-57}$$

其中，μ_1、μ_2和μ_3，分别为单个高斯分布的期望值，决定了三个分布的位置，如图11.44所示；而σ_1、σ_2和σ_3则为各自的标准差，刻画了三个高斯分布的离散程度。系数α_1、α_2和α_3给出三个正态分布对

$p(x)$ 的贡献，可看作它们的权重。令：

$$\theta = \{\alpha_1, \alpha_2, \alpha_3, \mu_1, \mu_2, \mu_3, \sigma_1, \sigma_2, \sigma_3\} \tag{11-58}$$

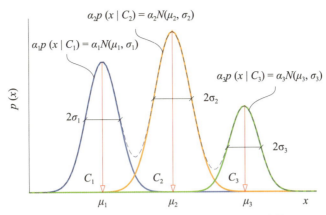

图11.44　三个一元高斯分布叠加得到高斯混合模型

三个一元高斯分布叠加产生的高斯混合分布记作 $p(x, \theta)$。

$$p(x, \theta) = P(C_1, \theta) p(x|C_1, \theta) + P(C_1, \theta) p(x|C_2, \theta) + P(C_1, \theta) p(x|C_2, \theta) \tag{11-59}$$

多元高斯混合模型采用同样的思路。首先式11-60所示的多元高斯分布概率函数 $p(x)$ 开始。

$$p(x) = \frac{\exp\left(-\dfrac{1}{2}(x - \mu)^{\mathrm{T}} \Sigma^{-1} (x - \mu)\right)}{\sqrt{(2\pi)^d |\Sigma|}} \tag{11-60}$$

式中：d 为多元高斯分布变量维数；μ 为期望值列向量 (即数据质心)，描述正态分布的空间位置；Σ 为方差-协方差矩阵，刻画正态分布离散程度和相关性。

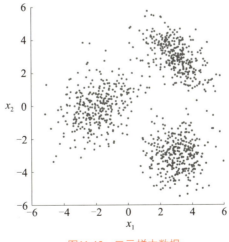

图11.45　二元样本数据

如图11.46所示，采用三个高斯分布就可以比较准确地描述数据分布情况；每个单一的高斯分布就可以分别描述一簇数据。

$$p(\boldsymbol{x},\boldsymbol{\theta}) = P(C_1,\boldsymbol{\theta})\,p(x|C_1,\boldsymbol{\theta}) + P(C_1,\boldsymbol{\theta})\,p(x|C_2,\boldsymbol{\theta}) + P(C_1,\boldsymbol{\theta})\,p(x|C_2,\boldsymbol{\theta})$$
$$= \alpha_1 N(\boldsymbol{x},\boldsymbol{\mu}_1,\boldsymbol{\Sigma}_1) + \alpha_2 N(\boldsymbol{x},\boldsymbol{\mu}_2,\boldsymbol{\Sigma}_2) + \alpha_3 N(\boldsymbol{x},\boldsymbol{\mu}_3,\boldsymbol{\Sigma}_3)$$

(11-61)

定义参数 $\boldsymbol{\theta}$ 为：

$$\boldsymbol{\theta} = \{\alpha_1,\alpha_2,\alpha_3,\boldsymbol{\mu}_1,\boldsymbol{\mu}_2,\boldsymbol{\mu}_3,\boldsymbol{\Sigma}_1,\boldsymbol{\Sigma}_2,\boldsymbol{\Sigma}_3\}$$

(11-62)

GMM问题需要采用优化方法来求解，$\boldsymbol{\theta}$ 便是优化变量。对其求解一般采用**最大期望算法**(expectation maximization, EM)。限于篇幅，本书对具体的EM算法不做展开讲解。

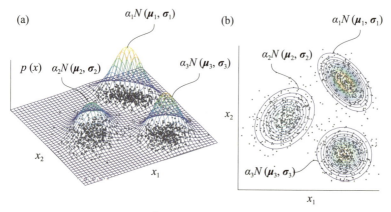

图11.46　三个二元高斯分布叠加描述散点数据

在MATLAB中，使用gmdistribution() 函数配合random() 函数即可生成图11.45所示样本数据。gmdistribution(mu,sigma,alphas) 函数的输入为 $\boldsymbol{\theta}$ 对应参数，构造GMM对象。pdf() 函数和 cdf() 函数可以产生GMM对象的PDF和CDF。如图11.47所示为PDF和CDF曲面形状。

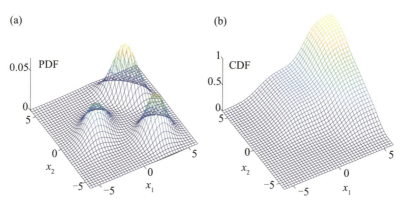

图11.47　GMM模型PDF曲面和CDF曲面

根据贝叶斯定理，可以计算后验概率。

$$p(C_j|\boldsymbol{x},\boldsymbol{\theta}) = \frac{P(C_j,\boldsymbol{\theta})\,p(\boldsymbol{x}|C_j,\boldsymbol{\theta})}{p(\boldsymbol{x},\boldsymbol{\theta})}$$
$$= \frac{P(C_j,\boldsymbol{\theta})\,p(\boldsymbol{x}|C_j,\boldsymbol{\theta})}{\sum_{i=1}^{K} P(C_i,\boldsymbol{\theta})\,p(\boldsymbol{x}|C_i,\boldsymbol{\theta})}$$

(11-63)

数据聚类为C_1、C_2和C_3三类，后验概率$p(C_1 \mid \boldsymbol{x}, \boldsymbol{\theta})$、$p(C_2 \mid \boldsymbol{x}, \boldsymbol{\theta})$ 和 $p(C_3 \mid \boldsymbol{x}, \boldsymbol{\theta})$ 可以通过式11-64获得。

$$
\begin{cases}
p(C_1 \mid \boldsymbol{x}, \boldsymbol{\theta}) = \dfrac{\mathrm{P}(C_1, \boldsymbol{\theta})\, p(\boldsymbol{x} \mid C_1, \boldsymbol{\theta})}{p(\boldsymbol{x}, \boldsymbol{\theta})} \\[3mm]
p(C_2 \mid \boldsymbol{x}, \boldsymbol{\theta}) = \dfrac{\mathrm{P}(C_2, \boldsymbol{\theta})\, p(\boldsymbol{x} \mid C_2, \boldsymbol{\theta})}{p(\boldsymbol{x}, \boldsymbol{\theta})} \\[3mm]
p(C_3 \mid \boldsymbol{x}, \boldsymbol{\theta}) = \dfrac{\mathrm{P}(C_3, \boldsymbol{\theta})\, p(\boldsymbol{x} \mid C_3, \boldsymbol{\theta})}{p(\boldsymbol{x}, \boldsymbol{\theta})}
\end{cases}
\tag{11-64}
$$

其中：

$$
p(\boldsymbol{x}, \boldsymbol{\theta}) = \mathrm{P}(C_1, \boldsymbol{\theta})\, p(\boldsymbol{x} \mid C_1, \boldsymbol{\theta}) + \mathrm{P}(C_1, \boldsymbol{\theta})\, p(\boldsymbol{x} \mid C_2, \boldsymbol{\theta}) + \mathrm{P}(C_3, \boldsymbol{\theta})\, p(\boldsymbol{x} \mid C_3, \boldsymbol{\theta})
\tag{11-65}
$$

输入已知GMM模型，posterior() 函数可以获得后验概率具体数值。如图11.48所示为图11.45中数据在GMM模型下的各类的后验概率值。图11.48中样本点标记颜色对应后验概率值。通过posterior()函数，还可以获得整个平面的后验概率值,绘制得到如图11.49所示的后验概率$p(C_1 \mid \boldsymbol{x}, \boldsymbol{\theta})$、$p(C_2 \mid \boldsymbol{x}, \boldsymbol{\theta})$ 和 $p(C_3 \mid \boldsymbol{x}, \boldsymbol{\theta})$ 三曲面。

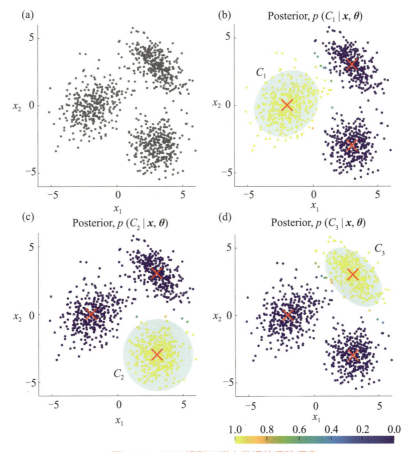

图11.48　GMM模型下样本数据的后验概率

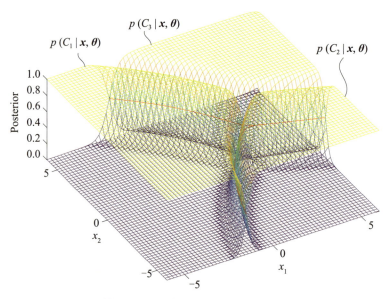

图11.49 GMM模型下后验概率曲面$p(C_1|\boldsymbol{x},\boldsymbol{\theta})$、$p(C_2|\boldsymbol{x},\boldsymbol{\theta})$ 和 $p(C_3|\boldsymbol{x},\boldsymbol{\theta})$

输入GMM，cluster() 函数可以获得图11.45中的样本数据聚类结果，具体如图11.50所示的红、绿、蓝三簇数据。同样，利用cluster() 函数可以获得如图11.51所示的聚类边界。

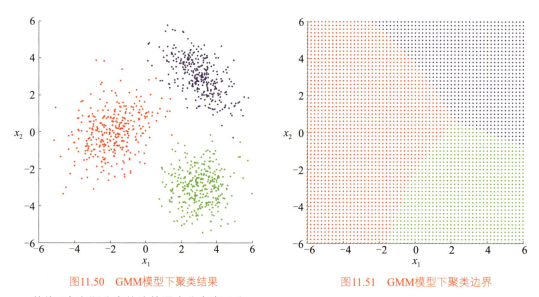

图11.50 GMM模型下聚类结果   图11.51 GMM模型下聚类边界

若将K个高斯分布构造的混合分布表示为：

$$p(\boldsymbol{x},\boldsymbol{\theta}) = \sum_{i=1}^{K} \mathrm{P}(C_i,\boldsymbol{\theta})\, p(x|C_i,\boldsymbol{\theta})$$
$$= \sum_{i=1}^{K} \alpha_i N(\boldsymbol{\mu}_i, \boldsymbol{\Sigma}_i) \tag{11-66}$$

其中，第i个高斯分布参数有两个，分别是均值向量$\boldsymbol{\mu}_i$和协方差矩阵$\boldsymbol{\Sigma}_i$；α_i为混合系数，是混合成分的后验概率，$\alpha_i > 0$；参数$\boldsymbol{\theta}$为：

$$\boldsymbol{\theta} = \{\alpha_i, \boldsymbol{\mu}_i, \boldsymbol{\Sigma}_i\} \quad i = 1, 2, \ldots, K \tag{11-67}$$

特别的，这里K个混合系数之和为1。

$$\sum_{i=1}^{K} \alpha_i = 1 \tag{11-68}$$

给定无标记样本数据，可以采用高斯混合模型对数据进行聚类，类似贝叶斯分类，后验概率可以判定聚类决策边界。因此高斯混合模型聚类这个优化问题，便是找到满足条件的参数θ。

以下代码可以获得图11.45～图11.51。

```matlab
B5_Ch11_4.m

clear all; close all; clc
rng('default') % For reproducibility
syms x1 x2

N = 1500;
% X = [mvnrnd([-2 0],[1.5,0.5;0.5,1.5],N/3); ...
%     mvnrnd([3 -3],[1,0;0,1],N/3); ...
%     mvnrnd([3 3],[1,-0.6;-0.6,1],N/3)];

mu = [-2, 0; 3 -3; 3 3];
% three mean values

sigma = cat(3,[1.5,0.5;0.5,1.5],[1,0;0,1],[1,-0.6;-0.6,1]);
% three covariance matrices

alpha = [1/3, 1/3, 1/3];
% mixing proportions
fig_i = 1;

GMM = gmdistribution(mu,sigma,alpha);
properties(GMM)

%% simulate random numbers
num_data = 1000;
X_data = random(GMM,num_data);

figure(fig_i)
fig_i = fig_i + 1;

h1 = scatter(X_data(:,1),X_data(:,2),40,'.');
h1.MarkerEdgeColor = [0.4,0.4,0.4];
xlabel('x1');ylabel('x2');
axis square; grid off; box off
xlim([-6,6]);ylim([-6,6]);
%% plot the contour of GMM PDF

gmPDF = @(x,y)reshape(pdf(GMM,[x(:) y(:)]),size(x));
```

```matlab
figure(fig_i)
fig_i = fig_i + 1;

subplot(1,2,1)
h_mesh = fmesh(gmPDF,[-6 6]);
h_mesh.FaceAlpha = 0;
xlabel('x1');ylabel('x2');
grid off; box off
xlim([-6,6]);ylim([-6,6]);view(-30,60)

% plot the contour of GMM CDF
subplot(1,2,2)
gmCDF = @(x,y)reshape(cdf(GMM,[x(:) y(:)]),size(x));

h_mesh = fmesh(gmCDF,[-6 6]);
h_mesh.FaceAlpha = 0;
xlabel('x1');ylabel('x2');
grid off; box off
xlim([-6,6]);ylim([-6,6]);view(-30,60)

%% Choices of different numbers of clusters

options = statset('MaxIter',1000);

for j = 1:3
    GMModels{j} = fitgmdist(X_data,j,'Options',options);
    fprintf('\n GM Mean for %i Component(s)\n',j)
    Mu = GMModels{j}.mu
end

[X1, X2] = meshgrid(-6:.2:6,-6:.2:6);

for j = 1:3
    figure(fig_i)
    fig_i = fig_i + 1;
    h1 = scatter3(X_data(:,1),X_data(:,2),0*X_data(:,2),40,'.');
    h1.MarkerEdgeColor = [0.4,0.4,0.4];

    hold on

    gmPDF = @(x1,x2)arrayfun(@(x1,x2)pdf(GMModels{j},[x1(:) x2(:)]),x1,x2);
    F  = feval(gmPDF,X1,X2);

    h = mesh(X1,X2,F);

    h.FaceAlpha = 0;
```

```matlab
    title(sprintf('GM Model - %i Component(s)',j));
    xlabel('x1'); ylabel('x2');
    axis tight; grid off; box off
    view(-30,60); xlim([-6,6]);ylim([-6,6]);


    figure(fig_i)
    fig_i = fig_i + 1;
    h1 = scatter(X_data(:,1),X_data(:,2),40,'.');
    h1.MarkerEdgeColor = [0.4,0.4,0.4];
    h = gca;
    hold on
    gmPDF = @(x1,x2)arrayfun(@(x1,x2)pdf(GMModels{j},[x1(:) x2(:)]),x1,x2);
    % f = matlabFunction(gmPDF);
    F   = feval(gmPDF,X1,X2);
    h = contour(X1,X2,F,15);


    title(sprintf('GMM - %i component(s)',j));
    xlabel('x1'); ylabel('x2');
    axis square; grid off; box off
    xlim([-6,6]);ylim([-6,6]);


end


%% Compute the posterior probabilities of three components.


posterior_C = posterior(GMM,X_data);
% P(i,j) is the posterior probability of the jth
% Gaussian mixture component given observation i.


figure(fig_i)
fig_i = fig_i + 1;


subplot(2,2,1)


h1 = scatter(X_data(:,1),X_data(:,2),20,'.');
h1.MarkerEdgeColor = [0.4,0.4,0.4];
xlabel('x1');ylabel('x2');
axis square; grid off; box off
xlim([-6,6]);ylim([-6,6]);


for i = 1:3
    subplot(2,2,i+1)
    scatter(X_data(:,1),X_data(:,2),20,posterior_C(:,i),'.')
    hold on
    plot(mu(:,1),mu(:,2),'xr','MarkerSize',12,'LineWidth',2)
    colorbar
    title(['Posterior, p(C_',num2str(i),' | x)'])
    xlabel('x1');ylabel('x2');
```

```matlab
    axis square; grid off; box off
    xlim([-6,6]);ylim([-6,6]);
end

%% plot posterior grid
XX1 = X1(:);
XX2 = X2(:);
posterior_Grid = posterior(GMM,[XX1,XX2]);
posterior_Grid_C1 = reshape(posterior_Grid(:,1),size(X1));
posterior_Grid_C2 = reshape(posterior_Grid(:,2),size(X1));
posterior_Grid_C3 = reshape(posterior_Grid(:,3),size(X1));

figure(fig_i)
fig_i = fig_i + 1;
hold all
h = mesh(X1,X2,posterior_Grid_C1);
h.FaceAlpha = 0;
h = mesh(X1,X2,posterior_Grid_C2);
h.FaceAlpha = 0;
h = mesh(X1,X2,posterior_Grid_C3);
h.FaceAlpha = 0;

contour3(X1,X2,posterior_Grid_C1,[0.5,0.5],'r','LineWidth',1);
contour3(X1,X2,posterior_Grid_C2,[0.5,0.5],'r','LineWidth',1);
contour3(X1,X2,posterior_Grid_C3,[0.5,0.5],'r','LineWidth',1);
xlabel('x1');ylabel('x2');
grid off; box off
xlim([-6,6]);ylim([-6,6]);view(-30,60)
xticks([-5,0,5]);yticks([-5,0,5]);
%% partition the data into three clusters

idx = cluster(GMM,X_data);

figure(fig_i)
fig_i = fig_i + 1;
gscatter(X_data(:,1),X_data(:,2),idx);
xlabel('x1');ylabel('x2');
axis square; grid off; box off
xlim([-6,6]);ylim([-6,6]);

idx = cluster(GMM,[XX1,XX2]);

figure(fig_i)
fig_i = fig_i + 1;
gscatter(XX1,XX2,idx);
xlabel('x1');ylabel('x2');
axis square; grid off; box off
xlim([-6,6]);ylim([-6,6]);
```

11.6 软聚类

本节，我们将介绍一对重要的概念：**硬聚类** (hard clustering) 和**软聚类** (soft clustering)。本册贝叶斯部分提到，后验概率相当于**成员值** (membership score)。硬聚类相当于，后验概率0.5为分界线，当 $p(C_1 \mid x) = 0.5$ 对应着决策边界；当 $p(C_1 \mid x) > 0.5$，x 被聚类到 C_1 簇；当 $p(C_1 \mid x) < 0.5$，x 被聚类到 C_2 簇，如图11.52所示。而对于软聚类，当 x 的后验概率在一段阈值内，比如 [0.4, 0.6]，x 为两簇 (C_1 和 C_2) 共享；也就是如果样本数据的成员值在 [0.4, 0.6] 区间内，数据没有明确的分类。因此对于软聚类，决策边界不再是一条或几条线，而变成了有宽度的 "带"。

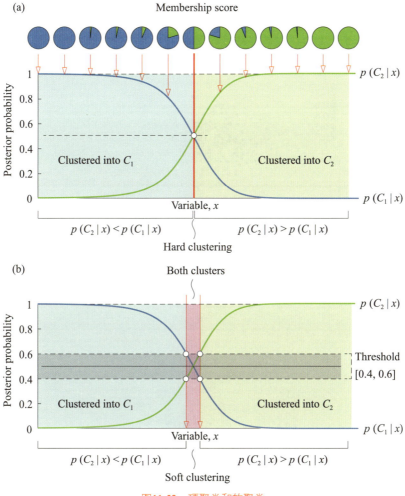

图11.52 硬聚类和软聚类

对图11.53数据进行GMM软聚类。首先计算在GMM模型下样本数据的后验概率 $p(C_1 \mid x)$ 和 $p(C_2 \mid x)$。如图11.54和图11.55分别展示 $p(C_1 \mid x)$ 和 $p(C_2 \mid x)$ 两个曲面，以及样本数据在曲面上的投影。设定软聚类阈值为 [0.4, 0.6]，也就是成员值在这个阈值区间的数据为两簇 (C_1 和 C_2) 共享。图11.54和图11.55上三条红线分别对应后验概率为0.4、0.5和0.6三种情况。图11.56所示散点颜色对应 $p(C_1 \mid x)$ 和 $p(C_2 \mid x)$ 取值。根据后验概率排序，可以得到图11.57。从图11.57上找到后验概率在 [0.4, 0.6] 区间内数据的序号，标记在图11.58。

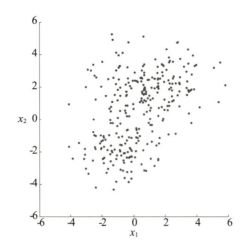

图11.53　待聚类二维样本数据

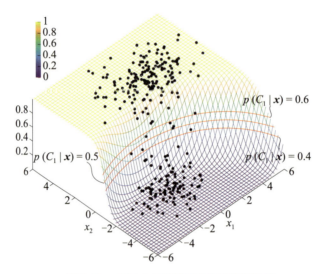

图11.54　$p(C_1 \mid \boldsymbol{x})$ 后验概率曲面和数据投影

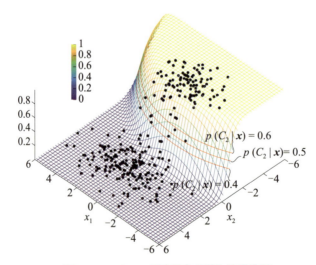

图11.55　$p(C_2 \mid \boldsymbol{x})$ 后验概率曲面和数据投影

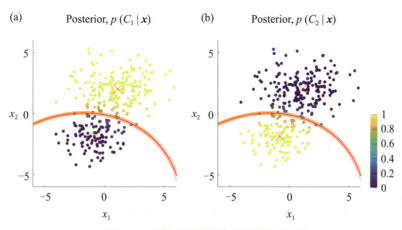

图11.56 样本点后验概率值及软聚类边界

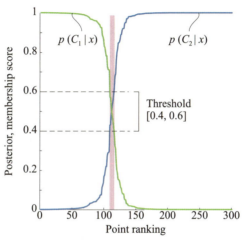

图11.57 数据后验概率排序结果

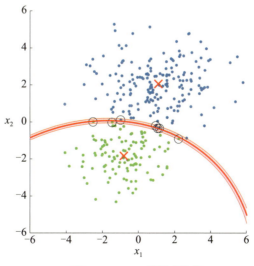

图11.58 GMM软聚类结果

请读者根据11.5节代码自行编写代码绘制本节图像。

11.7 GMM参数调试

通过监督学习部分高斯判别分析学习，我们知道根据不同类别方差-协方差矩阵特点可以将高斯判别分析分成不同类别。类似的，高斯混合模型fitgmdist()函数输入变量可以设置'CovarianceType'为对角矩阵'diagonal'，或非对角矩阵'full'。'SharedCovariance'可以设置为相同true，即不同聚类方差协方差-矩阵相同；'SharedCovariance'也可以设置为不同 false，即不同聚类方差-协方差矩阵不同。如表11.2总结了，参数两两组合可以获得4种参数设置。

表11.2　根据方差-协方差矩阵特点将高斯混合模型分为4类

参数设置	Σ_i	Σ_i特点	PDF等高线	决策边界
'CovarianceType','diagonal', 'SharedCovariance',true	相同	对角阵	正椭圆	直线
'CovarianceType','full', 'SharedCovariance',true	相同	非对角阵	任意椭圆	直线
'CovarianceType','diagonal', 'SharedCovariance',false	不相同	对角阵	正椭圆	正圆锥曲线
'CovarianceType','full', 'SharedCovariance',false	不相同	非对角阵	任意椭圆	圆锥曲线

如图11.59所示为表11.1四种方差-协方差矩阵对应的聚类边界。如图11.59 (a) 和 (c) 所示，当不同高斯混合模型聚类采用相同方差-协方差矩阵时，聚类边界为直线。如图11.59 (b) 和 (d) 所示，方差-协方差矩阵不同时，聚类边界为圆锥曲线。

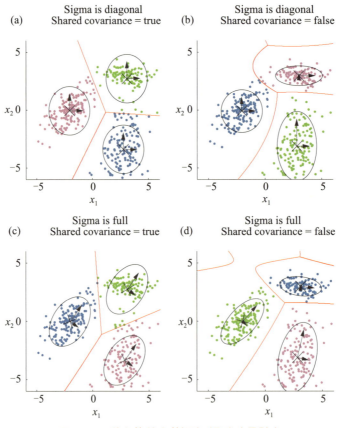

图11.59　4种方差-协方差矩阵对聚类边界影响

特别需要注意的是，图11.59中黑色椭圆代表的是任意一簇样本数据99%置信区域。本丛书第三本第2章介绍过二维数据置信区域。当自由度为2，置信条件为99%时，卡方值为chi2inv(0.99,2) = 9.2103。卡方值的平方根值，即 sqrt(9.2103) = 3.03485，便是图11.59中黑色椭圆上任意一点到对应簇方差-协方差矩阵的马哈距离。

高斯混合模型中，质心$\boldsymbol{\mu}_i$和方差-协方差矩阵$\boldsymbol{\Sigma}_i$便可以表征为第i簇聚类。任意一点二维数据$\boldsymbol{x}$距离第i簇聚类马哈距离小于3.03485，便位于99%置信区域内。

$$\sqrt{\left(\boldsymbol{x}-\boldsymbol{\mu}_i\right)^{\mathrm{T}}\boldsymbol{\Sigma}_i^{-1}\left(\boldsymbol{x}-\boldsymbol{\mu}_i\right)} \leqslant 3.03485 \tag{11-69}$$

任意一点二维数据$\boldsymbol{x}$距离第i簇聚类马哈距离小于2.4477，便位于95%置信区域内。

$$\sqrt{\left(\boldsymbol{x}-\boldsymbol{\mu}_i\right)^{\mathrm{T}}\boldsymbol{\Sigma}_i^{-1}\left(\boldsymbol{x}-\boldsymbol{\mu}_i\right)} \leqslant 2.4477 \tag{11-70}$$

更多有关置信区域和马哈距离讨论，请参考本丛书第三本第2章内容。此外，从投影角度容易理解马哈距离的几何含义，这部分内容请参考本丛书第四本第2章向量投影部分内容。

以下代码可以获得图11.59。

```matlab
B5_Ch11_5_A.m

clear all; close all; clc
rng('default') % For reproducibility
syms x1 x2

N = 1500;
% X = [mvnrnd([-2 0],[1.5,0.5;0.5,1.5],N/3); ...
%      mvnrnd([3 -3],[1,0;0,1],N/3); ...
%      mvnrnd([3 3],[1,-0.6;-0.6,1],N/3)];

mu = [-2, 0; 3 -3; 3 3];
% three mean values

sigma = cat(3,[1.5,1;1,1.5],[1,0.5;0.5,3],[1,-0.1;-0.1,0.2]);
% three covariance matrices

alpha = [0.4, 0.35, 0.25];
% mixing proportions

colors = [0,153,219; 146,208,80; 255,153,255]/255;
GMM = gmdistribution(mu,sigma,alpha);

% simulate random numbers
num_data = 400;
X_data = random(GMM,num_data);

num_C = 3; % Number of GMM components
options = statset('MaxIter',1000);
```

```matlab
sigma_spec = {'diagonal','full'};
% Options for covariance matrix type
nSigma = numel(sigma_spec);


SharedCovariance = {true,false};
% Indicator for identical or nonidentical covariance matrices
SCtext = {'true','false'};
nSC = numel(SharedCovariance);


num_grid = 500; % Grid length
x1 = linspace(min(X_data(:,1))-2, max(X_data(:,1))+2, num_grid);
x2 = linspace(min(X_data(:,2))-2, max(X_data(:,2))+2, num_grid);
[x1grid,x2grid] = meshgrid(x1,x2);
X_grid = [x1grid(:) x2grid(:)];


threshold = sqrt(chi2inv(0.99,2));
% confidence region


figure
count = 1;
for i = 1:nSigma
    for j = 1:nSC
        gmfit = fitgmdist(X_data,num_C,'CovarianceType',sigma_spec{i}, ...
'SharedCovariance',SharedCovariance{j},'Options',options); % Fitted GMM
        cluster_X_data = cluster(gmfit,X_data); % Cluster index of X
        cluster_X_grid = cluster(gmfit,X_grid); % Cluster index
        mahalDist = mahal(gmfit,X_grid); % Distance from each grid point to each
GMM component
        % Draw ellipsoids over each GMM component and show clustering result.
        subplot(2,2,count);
        h1 = gscatter(X_data(:,1),X_data(:,2),cluster_X_data,colors,'.',5);
        hold on
        for m = 1:num_C
contour(x1grid,x2grid,reshape(mahalDist(:,m),size(x1grid)),[threshold,
threshold],'k')
        end
contour(x1grid,x2grid,reshape(cluster_X_grid,size(x1grid)),[1.5,1.5],'r')
contour(x1grid,x2grid,reshape(cluster_X_grid,size(x1grid)),[2.5,2.5],'r')
plot(gmfit.mu(:,1),gmfit.mu(:,2),'kx','LineWidth',2,'MarkerSize',10)
        title(sprintf('Sigma is %s\nShared covariance = %s',sigma_spec{i},SCtext{
j}),'FontSize',8)
        legend off; hold off; axis square
        count = count + 1; xlabel('x_1'); ylabel('x_2');
        xlim([-6,6]); ylim([-6,6]); box off; grid off
    end
end
```

本丛书第三本第6章介绍过**赤池信息量准则** (akaike information criterion, AIC) 和**贝叶斯信息准则**

(bayesian information criterion, BIC)。AIC和BIC可以用来判断模型是否过度拟合。两者值越小，说明模型越好。对于MATLAB采用的AIC和BIC度量计算感兴趣的读者，请参考如下链接。

https://www.mathworks.com/help/ident/ref/aic.html

图11.59给出4种方差-协方差矩阵，配合6种不同分类数量 (k = 1, 2, ... , 6)，可以得到24个GMM模型。采用图11.59样本数据，计算这24个GMM模型的AIC和BIC值，绘制图11.60。综合AIC和BIC值，可以判定这组GMM参数得到的模型相对更好——聚类值为3，方差-协方差矩阵为非对角阵，不同聚类不相同，即'CovarianceType', 'full'；'SharedCovariance', false。

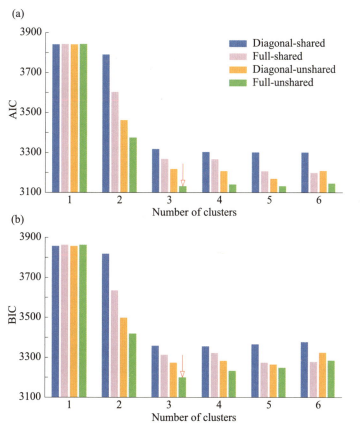

图11.60　24个模型，比较AIC和BIC值

配合本节之前代码，如下代码可以获得图11.60。

B5_Ch11_5_B.m

```
%% Tune Gaussian model
nK = 6;
CK = 1:nK;
gm = cell(nK,nSigma,nSC);
aic = zeros(nK,nSigma,nSC);
bic = zeros(nK,nSigma,nSC);
converged = false(nK,nSigma,nSC);

% Fit all models
```

```matlab
for m = 1:nSC
    for j = 1:nSigma
        for i = 1:nK
            gm{i,j,m} = fitgmdist(X_data,CK(i),...
                'CovarianceType',sigma_spec{j}, ...
                'SharedCovariance',SharedCovariance{m},...
                'Options',options);

            aic(i,j,m) = gm{i,j,m}.AIC;
            bic(i,j,m) = gm{i,j,m}.BIC;
        end
    end
end


figure
bar(reshape(aic,nK,nSigma*nSC));
xlabel('Number of clusters'); ylabel('AIC');
legend({'Diagonal-shared','Full-shared','Diagonal-unshared',...
    'Full-unshared'},'Location', 'best');
ylim([3100,3900])
legend('boxoff'); box off

figure
bar(reshape(bic,nK,nSigma*nSC));
xlabel('Number of clusters'); ylabel('BIC');
legend({'Diagonal-shared','Full-shared','Diagonal-unshared',...
    'Full-unshared'},'Location', 'best');
ylim([3100,3900])
legend('boxoff'); box off
```

第 12 章

机器学习 Ⅲ

延续第11章，本章将首先介绍非监督学习中几种常用的算法，比如k均值聚类、k中心聚类、层次聚类和DBSCAN，然后介绍神经网络基础内容及MATLAB实现。

我提议大家思考这个问题——机器能思考吗？

I propose to consider the question, can machines think?

—— 艾伦·图灵 (Alan Turing)

Core Functions and Syntaxes

本章核心命令代码

- ◀ boundary(x,y) 返回一个表示包围点 (x,y) 的单个相容二维边界的点索引向量
- ◀ boundary(x,y,z) 返回一个表示包围点 (x,y,z) 的单个相容三维边界的三角剖分
- ◀ clusterDBSCAN 为 DBSCAN 算法聚类对象
- ◀ conncomp(G) 以bin形式返回图G的连通分量。bin编号指示图中的每个节点所属的分量。如果G是无向图，则有路径相连的两个节点属于同一分量
- ◀ dbscan() 采用DBSCAN算法聚类
- ◀ dendrogram() 绘制树形图
- ◀ eigs(A) 返回一个向量，其中包含矩阵A的六个模最大的特征值。当使用eig计算所有特征值的计算量很大时 (例如对于大型稀疏矩阵来说)，eigs() 函数非常有用
- ◀ estimateEpsilon() 函数估计 DBSCAN 算法邻域半径参数
- ◀ fcm() 执行模糊C均值聚类
- ◀ graph(A) 使用对称邻接方阵A创建一个加权图，即无向图
- ◀ gscatter(x,y,g) 根据g分组创建x和y的散点图
- ◀ kmeans(X,k) 执行k均值聚类，以将n×p数据矩阵X的观测值划分为k个聚类，并返回包含每个观测值的簇索引的n×1向量 (作为 idx)。X 的行对应于点，列对应于变量。默认情况下，kmeans 使用欧几里得距离平方度量
- ◀ kmedoids(X,k) 执行k中心聚类
- ◀ linkage(X) 返回数据X层次聚类树形的编码结果
- ◀ mvnrnd(AVEs,COV_Mtx,num_sims) 用于产生多元随机数，其中AVEs给定多元正态分布的期望值向量，COV_Mtx给定协方差矩阵，num_sims给定随机数的个数
- ◀ pdist2() 计算两组数据点两两距离
- ◀ scatteredInterpolant(x,y,v) 创建一个拟合v=F(x,y)形式的曲面的插值。向量x和y指定样本点的 (x,y) 坐标。v 是一个包含与点 (x,y) 关联的样本值的向量
- ◀ silhouette() 绘制轮廓图
- ◀ spectralcluster() 谱聚类函数
- ◀ squareform() 将pdist2()函数生成的两两距离转化为方阵形式
- ◀ unique(A) 返回以特定顺序返回A的唯一值

12.1 k均值聚类

k均值聚类 (k-means clustering) 的k不同于**k临近算法**中的k。在k临近算法中，k表示设定的临近点数量；而k均值聚类中的k指将给定样本集C划分成k**簇** (cluster)，即$C = \{C_1, C_2, \dots, C_k\}$。

任意一簇C_i样本的均值向量$\boldsymbol{\mu}_i$可以通过计算C_i簇样本均值获得。

$$\boldsymbol{\mu}_i = \frac{1}{|C_i|} \sum_{x \in C_i} x \tag{12-1}$$

再次注意这里的 $|C_i|$ 并不是求C_i的模，而是计算在第C_i簇中样本的个数。k均值聚类算法的优化目标是，将所有给定样本点划分为k簇，并使得簇内距离和最小。k临近算法一节介绍过常见的几种距离计算方法。这里以最简单的欧拉距离为例，k均值聚类优化目标记作：

$$\arg \min_C \sum_{i=1}^{k} \sum_{x \in C_i} \|x - \boldsymbol{\mu}_i\|^2 \tag{12-2}$$

k均值聚类算法采用迭代方式求解。图12.1以二聚类为例，展示k均值聚类的操作流程。从样本数据开始，首先从样本中随机选取2个数据作为均值向量$\boldsymbol{\mu}_1$和$\boldsymbol{\mu}_2$的初始值，然后进入如下迭代循环。

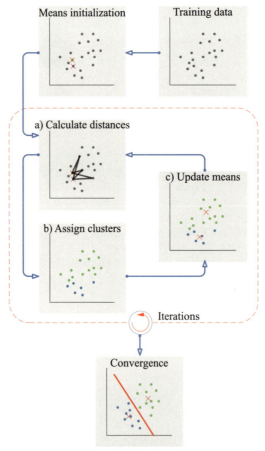

图12.1 k均值算法流程图

(1) 计算每一个样本点分别到均值向量μ_1和μ_2的距离;
(2) 比较每个样本到μ_1和μ_2距离,确定簇的划分;
(3) 根据当前簇,重新计算并更新均值向量μ_1和μ_2。

直到均值向量μ_1和μ_2满足迭代停止条件,得到最终的簇划分。

下面用具体数据介绍如何使用MATLAB中的k均值函数kmeans()。kmeans()函数默认的距离为欧氏距离。如图12.2所示是一组无标记样本数据。如图12.3所示为采用kmeans()函数将图12.2样本数据划分为两簇的结果。此外,boundary()函数计算得到每一簇数据的边界点。图12.3中的红色虚线便是每一簇数据边界点的依次连接线。

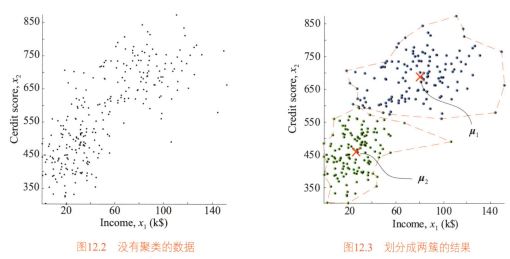

图12.2 没有聚类的数据   图12.3 划分成两簇的结果

如图12.4所示为样本数据划分为两簇的**轮廓图** (silhouette plot)。轮廓图上每一条线代表的是**轮廓系数** (silhouette coefficient),记作s_i,可以通过式12-3计算获得。

$$s_i = \frac{b_i - a_i}{\max\{a_i,\ b_i\}}$$
(12-3)

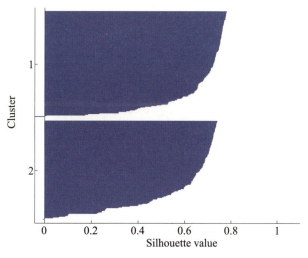

图12.4 划分成两簇轮廓系数图

如图12.5(a)所示,a_i为簇内不相似度,即样本i ($i \in C_k$) 到同簇其他样本j ($j \in C_k, i \neq j$) 距离的平均值。

$$a_i = \frac{1}{|C_k| - 1} \sum_{j \in C_k, i \neq j} d_{i,j} \tag{12-4}$$

其中，$d_{i,j}$ 为样本 i 和 j 之间距离。a_i 越小，说明簇内不相似度越低，样本 i 越应该被划分到 C_k 簇。

如图 12.5(b) 所示，b_i 为簇间不相似度，即样本 i $(i \in C_k)$ 到其他簇 (C_n) 样本 j $(j \in C_n, C_n \neq C_k)$ 距离平均值的最小值。

$$b_i = \min \frac{1}{|C_n|} \sum_{j \in C_n} d_{i,j} \tag{12-5}$$

其中，b_i 越大，说明簇间不相似度越大，样本 i 越不应该被划分到其他簇。注意，当簇数超过 2 时，b_i 需要在不同簇之间取最小值。

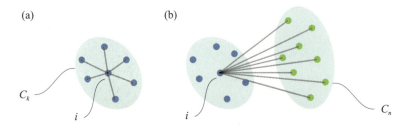

图12.5　a_i 为簇内不相似度，b_i 为簇间不相似度

轮廓系数 s_i 的取值在 $[-1, 1]$ 区间。s_i 越趋向 1，说明样本 i 分类越正确；s_i 越趋向 -1，说明样本 i 分类越错误。当 s_i 在 0 附近时，样本 i 靠近聚类边界。silhouette() 为计算轮廓系数的函数，silhouette() 函数可以根据需求设定距离定义。

如图 12.6 所示为根据两簇聚类结果，对新数据的划分。如图 12.7 和图 12.8 分别展示了数据划分为两簇的决策边界。

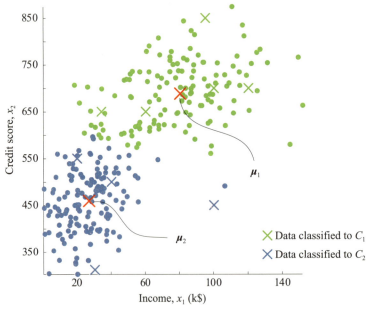

图12.6　根据两簇聚类结果划分新数据聚类

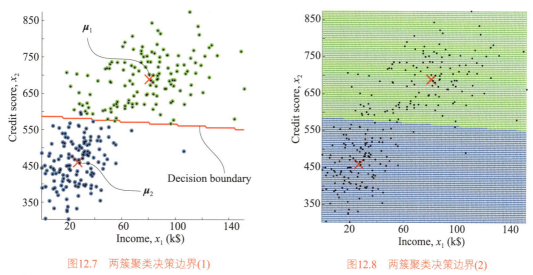

图12.7　两簇聚类决策边界(1)　　　　图12.8　两簇聚类决策边界(2)

如图12.9～图12.13给出的是图12.2中数据划分为三簇的结果。

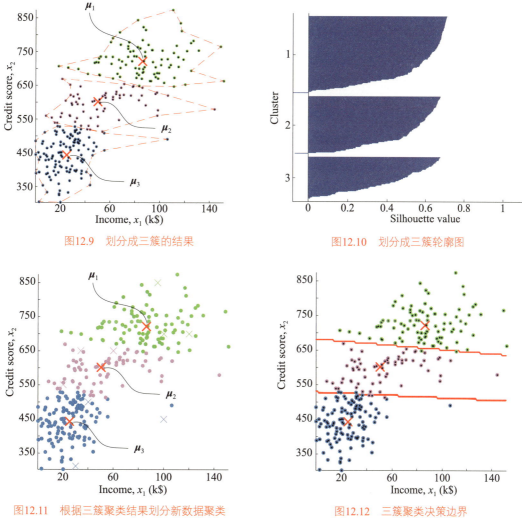

图12.9　划分成三簇的结果　　　　图12.10　划分成三簇轮廓图

图12.11　根据三簇聚类结果划分新数据聚类　　　　图12.12　三簇聚类决策边界

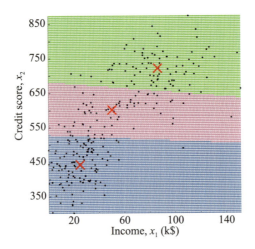

图12.13 三簇聚类决策边界第二种表达方式

以下代码可以获得图12.1~图12.13。

```
B5_Ch12_1.m

close all; clear all; clc

num = 300;
[X_original,Y_original] = generate_rnd(num);
X = X_original(all( ~ isnan(X_original),2),:);
Y = Y_original(all( ~ isnan(X_original),2),:);
X(:,1) = X(:,1)/1000;

i_fig = 1;
figure(i_fig)
i_fig = i_fig + 1;
hold on

scatter(X(:,1),X(:,2),'.k')
fig_dec(X)

%% k-means and silhouette plot
% colors = [0,153,219; 146,208,80;]/255; % labels: 1, 2
colors = [0,153,219; 146,208,80; 255, 153, 255]/255; % labels: 1, 2, 3

% [idx3,C,sumdist3] = kmeans(X,2,'Distance','cityblock','Display','final');

[idx3,centers,sumdist3] = kmeans(X,3,'Distance','cityblock','Display','final');

figure(i_fig)
i_fig = i_fig + 1;
hold all

plot(X(idx3==1,1),X(idx3==1,2),'LineStyle','none','color',...
```

```matlab
        colors(1,:),'Marker','.','MarkerSize',12)

plot(X(idx3==2,1),X(idx3==2,2),'LineStyle','none','color',...
    colors(2,:),'Marker','.','MarkerSize',12)

plot(X(idx3==3,1),X(idx3==3,2),'LineStyle','none','color',...
    colors(3,:),'Marker','.','MarkerSize',12)
plot(centers(:,1),centers(:,2),'rx',...
    'MarkerSize',15,'LineWidth',3)
scatter(X(:,1),X(:,2),'.k')

C1_X = X(idx3==1,:);
C2_X = X(idx3==2,:);
C3_X = X(idx3==3,:);

k = boundary(C1_X(:,1),C1_X(:,2));
plot(C1_X(k,1),C1_X(k,2),'r:');
k = boundary(C2_X(:,1),C2_X(:,2));
plot(C2_X(k,1),C2_X(k,2),'r:');
k = boundary(C3_X(:,1),C3_X(:,2));
plot(C3_X(k,1),C3_X(k,2),'r:');
fig_dec(X); legend off


figure(i_fig)
i_fig = i_fig + 1;


[silh3,h] = silhouette(X,idx3,'cityblock');
xlabel('Silhouette value'); ylabel('Cluster')
box off
%% Classify the test data set using the existing clusters.
%  Find the nearest centroid from each test data point by using pdist2.


figure(i_fig)
i_fig = i_fig + 1;
hold all
Xtest = [30, 312; 34, 650; 60, 650; 100, 700; ...
    120, 700; 95, 850; 40, 500; 20, 550; 100, 450];
gscatter(X(:,1),X(:,2),idx3,colors)
plot(centers(:,1),centers(:,2),'rx',...
    'MarkerSize',15,'LineWidth',3)
[ ~ ,idx_test] = pdist2(centers,Xtest,'cityblock','Smallest',1);
h = gscatter(Xtest(:,1),Xtest(:,2),idx_test,colors,'xx')
h1 = h(1); h1.MarkerSize = 12; h1.LineWidth = 1;
h2 = h(2); h2.MarkerSize = 12; h2.LineWidth = 1;
h3 = h(3); h3.MarkerSize = 12; h3.LineWidth = 1;
```

```matlab
fig_dec(X); legend off
%% Decision boundary

x1range = min(X(:,1)):1:max(X(:,1));
x2range = min(X(:,2)):5:max(X(:,2));
[x1Grid, x2Grid] = meshgrid(x1range,x2range);
XGrid = [x1Grid(:) x2Grid(:)];

% idx2Region = kmeans(XGrid,2,'MaxIter',1,'Start',C);
idx2Region = kmeans(XGrid,3,'MaxIter',1,'Start',centers);

figure(i_fig)
i_fig = i_fig + 1;
hold all

% plot(X(idx3==1,1),X(idx3==1,2),'LineStyle','none','color',colors(1,:),'Marker',
'.','MarkerSize',12)
% hold on
% plot(X(idx3==2,1),X(idx3==2,2),'LineStyle','none','color',colors(2,:),'Marker',
'.','MarkerSize',12)

contour(x1Grid,x2Grid,reshape(idx2Region,size(x1Grid)),[1.5 1.5],'r',
'LineWidth',1.25);
contour(x1Grid,x2Grid,reshape(idx2Region,size(x1Grid)),[2.5, 2.5],'r',
'LineWidth',1.25);
gscatter(X(:,1),X(:,2),idx3,colors)
plot(centers(:,1),centers(:,2),'rx',...
    'MarkerSize',15,'LineWidth',3)
scatter(X(:,1),X(:,2),'.k')
fig_dec(X); legend off



%% Visualize decision areas

figure(i_fig)
i_fig = i_fig + 1;
hold all

gscatter(XGrid(:,1),XGrid(:,2),idx2Region,colors,'..');
plot(centers(:,1),centers(:,2),'rx',...
    'MarkerSize',15,'LineWidth',3)

scatter(X(:,1),X(:,2),'.k')

fig_dec(X);legend off

function fig_dec(X)
```

```
xlim([min(X(:,1)),max(X(:,1))])
ylim([min(X(:,2)),max(X(:,2))])
hold off; axis square;
xlabel('Income, x_1 (k$)'); ylabel('Credit score, x_2')
end
```

k中心聚类 (k-medoids clustering) 类似刚刚介绍的 k 均值聚类。最大的区别是，k 均值聚类中任意一簇 C_i 样本的均值向量 $\boldsymbol{\mu}_i$ 是通过 C_i 内样本计算均值；而 k 中心聚类直接采用样本集 C 中 k 个数据作为 $\{C_1, C_2, \dots, C_k\}$ 簇的中心。k 中心聚类的迭代过程类似图12.1。MATLAB进行 k 中心聚类的函数为 kmedoids()。

采用kmedoids() 函数，将图12.2数据划分为两簇，得到如图12.14所示结果。注意，图12.14中两簇"均值向量"所在位置为两个样本数据。如图12.15所示为根据图12.14所示两簇聚类结果划分新数据聚类。请读者结合本节之前代码，自行绘制本节图12.14和图12.15。

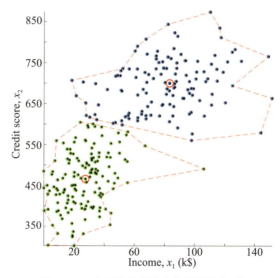

图12.14　k中心聚类将样本数据划分成两簇

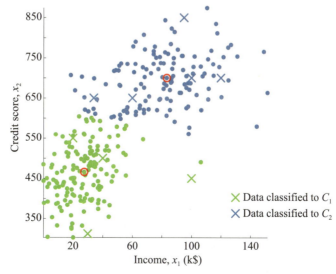

图12.15　k中心聚类，根据两簇聚类结果划分新数据聚类

12.2 层次聚类

层次聚类 (hierarchical clustering) 根据数据之间的"距离"将样本数据划分为簇。层次聚类有两种策略：第一种是**自下而上** (agglomerative)；第二种是**自上而下** (divisive)。自下而上策略是，首先以每个数据点本身作为一个类别，每次迭代合并"距离"较近的类别，直到最后只剩一个类别为止。这个过程使用的"距离"是多种多样的，请读者参考本书k临近算法一节。本书第8章介绍过**层次风险平价** (hierarchical risk parity)，这种资产配置方法结合了风险平价和层次聚类。

本节采用如图12.16所示样本数据讲解自下而上层次聚类。首先，通过pdist() 函数计算样本数据两两距离。pdist() 函数默认距离定义为欧氏距离，同时支持其他多种距离度量。然后利用squareform() 函数以方阵形式呈现两两距离。如图12.17所示为图12.16中数据两两距离的方阵构成的热图。请注意图12.17中用不同颜色圆圈〇标记欧氏距离，下文构造树形图时将会用到这些结果。

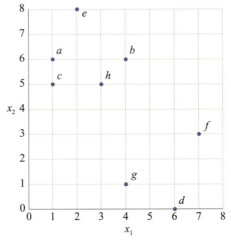

图12.16　样本数据

	a	b	c	d	e	f	g	h
a	0	3	1	7.81	2.236	6.708	5.831	2.236
b	3	0	3.162	6.325	2.828	4.243	5	1.414
c	1	3.162	0	7.071	3.162	6.325	5	2
d	7.81	6.325	7.071	0	8.944	3.162	2.236	5.831
e	2.236	2.828	3.162	8.944	0	7.071	7.28	3.162
f	6.708	4.243	6.325	3.162	7.071	0	3.606	4.472
g	5.831	5	5	2.236	7.28	3.606	0	4.123
h	2.236	1.414	2	5.831	3.162	4.472	4.123	0

图12.17　8个样本数据两两距离构成的方阵热图

通过 linkage() 函数构建树形图所需数据，然后利用 dendrogram() 函数绘制**树形图** (dendrogram)。如图12.18所示为图12.16中样本数据的树形图。树形图横轴对应样本数据编号，纵轴对应数据点间距离和簇间距离。

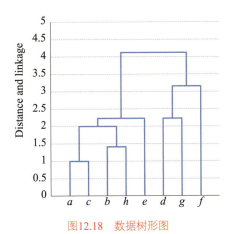

图12.18　数据树形图

通过观察图12.17，容易发现点a和c的欧氏距离为1，为两两距离中最短距离；点a和c可以构成最底层C_1簇，如图12.19所示。图12.17中，点b和h的欧氏距离为1.414，为两两距离中第二短；点b和h可以构成C_2簇，如图12.20所示。

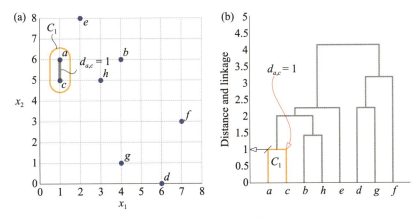

图12.19　构建树形图，第一步

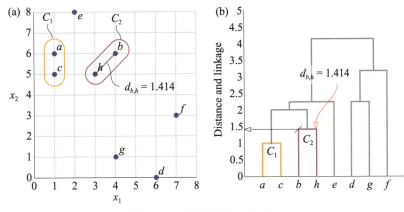

图12.20　构建树形图，第二步

下一步计算两个簇之间的**距离值** (linkage distance 或者 linkage)，这里用l表示。MATLAB计算簇间距离的函数为linkage()，支持6种定义，本书只介绍其中常用的4种。

最近点距离 (single linkage或nearest neighbor)指的是两个簇样本数据两两距离最近值。linkage() 函数默认的簇间距离便是最近点距离，如图12.21(a)所示。

$$l(C_i, C_j) = \min_{x \in C_i, \ z \in C_j} (d(x,z)) \tag{12-6}$$

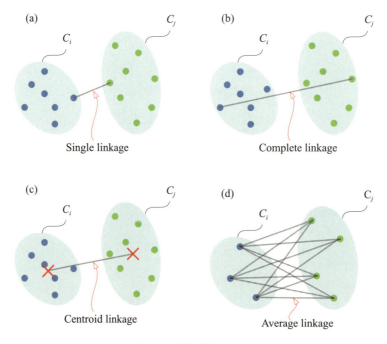

图12.21　簇间距离4种定义

最远点距离 (complete linkage或farthest neighbor) 指的是两个簇样本数据两两距离最远值，如图12.21(b)。

$$l(C_i, C_j) = \max_{x \in C_i, \ z \in C_j} (d(x,z)) \tag{12-7}$$

均值点距离 (centroid linkage) 指的是两个簇样本数据均值点之间的距离，如图12.21(c)所示。

$$l(C_i, C_j) = d(\mu_i, \mu_j) \tag{12-8}$$

其中，μ_i和μ_j分别为C_i和C_j的均值点。

平均距离 (centroid linkage) 指的是两个簇样本数据两点之间距离的平均值，如图12.21(d)所示。

$$l(C_i, C_j) = \operatorname*{mean}_{x \in C_i, \ z \in C_j} (d(x,z)) \tag{12-9}$$

其中，μ_i和μ_j分别为C_i和C_j的均值点。更多簇间距离，请参考linkage() 函数帮助页面。

观察图12.22可以发现，C_1和C_2簇之间最近点距离为点c和h之间距离，即$l(C_1, C_2) = 2$；C_1和C_2簇构成C_3簇。

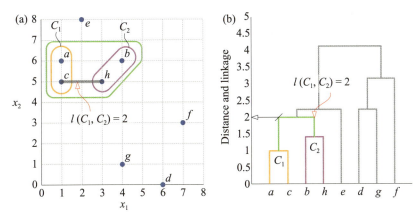

图12.22 构建树形图，第三步

如图12.23所示，点e被视作簇，点e和C_3簇之间最近点距离为$l(C_3, e) = 2.236$；同样距离的还有，点d和g之间的欧氏距离$d_{d,g} = 2.236$、点d和g构成C_5簇。

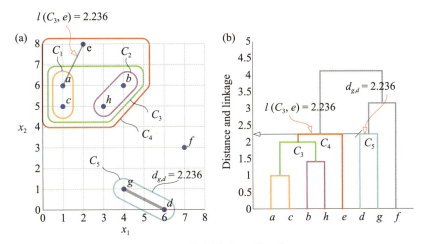

图12.23 构建树形图，第四步

然后，如图12.24所示，点f被视作簇，点f和C_5簇之间最近点距离为$l(C_5, f) = 2$；点f和C_5簇构成C_3。最后，如图12.25所示，C_4和C_6簇包含所有样本数据，两者簇间最近点距离为点h到g距离，即$l(C_4, C_6) = d_{h,g} = 4.123$。

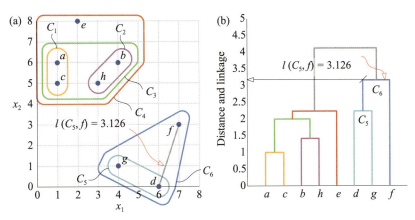

图12.24 构建树形图，第五步

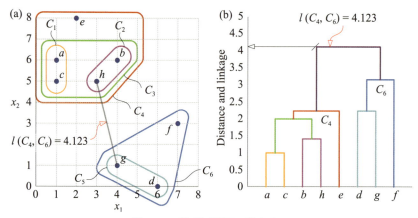

图12.25　构建树形图，第六步

通过在特定层次切割树形图，可以得到相应的簇划分结果。比如在簇间最近点距离3.126和4.123之间切割树形图，可以得到2个聚类簇，具体如图12.26(a) 所示。根据图12.26(b) 可知，在簇间最近点距离3.126和2.236之间切割树形图，可以得到3个聚类簇。

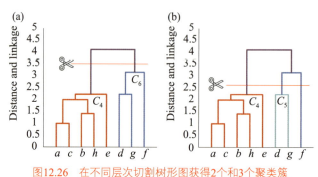

图12.26　在不同层次切割树形图获得2个和3个聚类簇

以下代码可以获得图12.16、图12.17、图12.18和图12.26。

```matlab
B5_Ch12_2.m

clc; close all; clear all

% Define 8 data points

X = [1,6; 4,6; 1,5; 6,0; 2,8; 7,3; 4,1; 3,5];
num_C = 2;

labels = {'a','b','c','d','e','f','g','h'};

% plot random data X
fig_i = 1;
figure(fig_i)
fig_i = fig_i + 1;

scatter(X(:,1),X(:,2),30,'filled')
xlabel('x_1'); ylabel('x_2')
```

```
labelpoints(X(:,1),X(:,2),labels)
axis square; box off; grid on
xlim([0,8]);ylim([0,8]);


% Calculate pairwise distance between any two observations

dist_temp = pdist(X);
dist = squareform(dist_temp);

figure(fig_i)
fig_i = fig_i + 1;
% heatmap(fliplr(flipud(dist)))
heatmap(labels,labels,dist)
title('Pairwise distance, Z')

tree = linkage(X);

figure(fig_i)
fig_i = fig_i + 1;
dendrogram(tree,'Labels',labels)
ylim([0,5])
ylabel('Distance and linkage')
xlabel('Data point')

% Find a maximum of two clusters in the data.
max_C = 2;

figure(fig_i)
fig_i = fig_i + 1;
cutoff = median([tree(end - max_C + 1,3) tree(end - max_C + 2,3)]);
dendrogram(tree,'ColorThreshold',cutoff,'Labels',labels)
ylim([0,5])
title(['Number of clusters = ',num2str(max_C)])
ylabel('Distance and linkage')
xlabel('Data point')

% Find a maximum of three clusters in the data.
max_C = 3;

figure(fig_i)
fig_i = fig_i + 1;
cutoff = median([tree(end - max_C + 1,3) tree(end - max_C + 2,3)]);
dendrogram(tree,'Orientation','right','ColorThreshold','default'
,'Labels',labels);
title(['Number of clusters = ',num2str(max_C)])
xlabel('Distance and linkage')
ylabel('Data point')
```

12.3 模糊C均值聚类

模糊C均值聚类 (fuzzy C-means clustering) 和k均值聚类的核心思路相同，主要差别是模糊C均值聚类给每一个数据点引入了一个模糊变量w，也称**成员值** (membership value)。

$$\arg\min_C \sum_{j=1}^{N}\sum_{i=1}^{K} w_{i,j}^m \left\| \boldsymbol{x}_j - \boldsymbol{\mu}_i \right\|^2 \tag{12-10}$$

其中，N是训练样本集数据数量，$j = 1, 2, \dots, N$；k依然是样本集C划分成K簇 $C = \{C_1, C_2, \dots, C_K\}$；$i = 1, 2, \dots, K$；$\boldsymbol{x}_j$是数据集C中第$j$个数据点；$\boldsymbol{\mu}_i$是$C_i$类数据的质心；$w_{i,j}$描述数据点$\boldsymbol{x}_j$从属于的$C_i$程度。

m是**模糊分配矩阵指数** (fuzzy partition matrix exponent)，简称模糊参数，$m > 1$。m控制**模糊重叠** (fuzzy overlap) 程度，也就是控制聚类簇边界的模糊程度，换句话说，模糊C均值聚类允许每个样本以不同程度属于不同簇，m越大，边界越模糊，也就是模糊重叠区域越大。MATLAB中fcm() 函数中m的默认值为2。

任意一簇C_i样本的中心向量$\boldsymbol{\mu}_i$可以通过式12-11获得。

$$\boldsymbol{\mu}_i = \frac{\sum_{j=1}^{N} w_{i,j}^m \boldsymbol{x}_j}{\sum_{j=1}^{N} w_{i,j}^m} \tag{12-11}$$

注意，k均值聚类中，任意一簇C_i样本的中心向量$\boldsymbol{\mu}_i$只考虑C_i样本数据，但是模糊C均值聚类考虑每一个训练样本数据。

模糊变量$w_{i,j}$通过式12-12计算获得。

$$w_{i,j} = \frac{1}{\sum_{k=1}^{K}\left(\dfrac{\left\| \boldsymbol{x}_j - \boldsymbol{\mu}_i \right\|}{\left\| \boldsymbol{x}_j - \boldsymbol{\mu}_k \right\|}\right)^{\frac{2}{m-1}}} \tag{12-12}$$

$w_{i,j}$描述数据点$\boldsymbol{x}_j$从属于的C_i程度。通过式12-12可以判断，数据点$\boldsymbol{x}_j$距离质心$\boldsymbol{\mu}_i$越远，$w_{i,j}$越小；相反，数据点$\boldsymbol{x}_j$距离质心$\boldsymbol{\mu}_i$越近，$w_{i,j}$越大。

举个例子，如果$C = \{C_1, C_2\}$，即数据分为两类。$w_{1,j}$和$w_{2,j}$的计算式为：

$$
\begin{aligned}
w_{i=1,j} &= \frac{1}{\sum_{k=1}^{2}\left(\dfrac{\left\| \boldsymbol{x}_j - \boldsymbol{\mu}_1 \right\|}{\left\| \boldsymbol{x}_j - \boldsymbol{\mu}_k \right\|}\right)^{\frac{2}{m-1}}} = \frac{1}{\left(\dfrac{\left\| \boldsymbol{x}_j - \boldsymbol{\mu}_1 \right\|}{\left\| \boldsymbol{x}_j - \boldsymbol{\mu}_1 \right\|}\right)^{\frac{2}{m-1}} + \left(\dfrac{\left\| \boldsymbol{x}_j - \boldsymbol{\mu}_1 \right\|}{\left\| \boldsymbol{x}_j - \boldsymbol{\mu}_2 \right\|}\right)^{\frac{2}{m-1}}} = \frac{1}{1 + \left(\dfrac{\left\| \boldsymbol{x}_j - \boldsymbol{\mu}_1 \right\|}{\left\| \boldsymbol{x}_j - \boldsymbol{\mu}_2 \right\|}\right)^{\frac{2}{m-1}}} \\[4mm]
w_{i=2,j} &= \frac{1}{\sum_{k=1}^{2}\left(\dfrac{\left\| \boldsymbol{x}_j - \boldsymbol{\mu}_2 \right\|}{\left\| \boldsymbol{x}_j - \boldsymbol{\mu}_k \right\|}\right)^{\frac{2}{m-1}}} = \frac{1}{\left(\dfrac{\left\| \boldsymbol{x}_j - \boldsymbol{\mu}_2 \right\|}{\left\| \boldsymbol{x}_j - \boldsymbol{\mu}_1 \right\|}\right)^{\frac{2}{m-1}} + \left(\dfrac{\left\| \boldsymbol{x}_j - \boldsymbol{\mu}_2 \right\|}{\left\| \boldsymbol{x}_j - \boldsymbol{\mu}_2 \right\|}\right)^{\frac{2}{m-1}}} = \frac{1}{\left(\dfrac{\left\| \boldsymbol{x}_j - \boldsymbol{\mu}_2 \right\|}{\left\| \boldsymbol{x}_j - \boldsymbol{\mu}_1 \right\|}\right)^{\frac{2}{m-1}} + 1} \\[4mm]
\Rightarrow w_{i=1,j} &+ w_{i=2,j} = \frac{1}{1 + \left(\dfrac{\left\| \boldsymbol{x}_j - \boldsymbol{\mu}_1 \right\|}{\left\| \boldsymbol{x}_j - \boldsymbol{\mu}_2 \right\|}\right)^{\frac{2}{m-1}}} + \frac{1}{\left(\dfrac{\left\| \boldsymbol{x}_j - \boldsymbol{\mu}_2 \right\|}{\left\| \boldsymbol{x}_j - \boldsymbol{\mu}_1 \right\|}\right)^{\frac{2}{m-1}} + 1} = 1
\end{aligned}
\tag{12-13}
$$

当样本点越靠近分类样本中心，w值越接近1；越远离分类样本中心，w值越趋向0。特别的，当样本点位于中心，w值为1。

$$\begin{cases} w_{i=1,j}\Big|_{x_j=\mu_1} = \cfrac{1}{1+\left(\cfrac{\|x_j-\mu_1\|}{\|x_j-\mu_2\|}\right)^{\frac{2}{m-1}}} = \cfrac{1}{1+0} = 1 \\[4ex] w_{i=2,j}\Big|_{x_j=\mu_2} = \cfrac{1}{\left(\cfrac{\|x_j-\mu_2\|}{\|x_j-\mu_1\|}\right)^{\frac{2}{m-1}}+1} = \cfrac{1}{0+1} = 1 \end{cases} \tag{12-14}$$

对于一般聚类方法，每个数据只能被分配到唯一一类，即按常理，对于数据点x_j，如果$w_{1,j} > w_{2,j}$，则x_j应该被分类为C_1。但是，对于模糊C均值聚类算法，w取值在一定范围内时，即成员值"不大不小"，则数据同属于两类，亦即决策边界不再是一条线，而是一条带；带内的数据没有明确的分类。这一点，类似第11章GMM软聚类。

采用$w = 0.6$作为模糊边界，对于任何数据点，如果$0.4 < w < 0.6$，则数据没有明确分类。如图12.27所示为，当模糊参数$m = 2$，质心点位置为$\mu_1 = [-2, 2]$和$\mu_2 = [2, -2]$，模糊变量曲面w_1和w_2的空间形状。图12.27的阴影区域为模糊重叠区域。

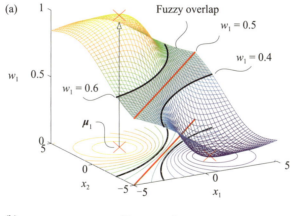

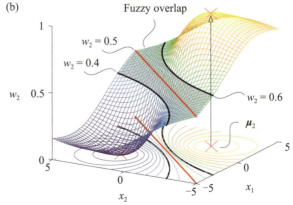

图12.27　模糊参数$m = 2$，成员值w_1和w_2曲面，以及模糊重叠区域

如图12.28(a) 和 (b) 所示，当模糊参数m减小时，边界重叠区域减小；如图12.28(c) 和 (d) 所示，当m增大时，边界重叠区域增大。

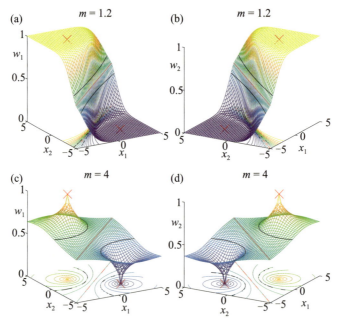

图12.28　模糊参数$m = 1.2$和4，成员值w_1和w_2曲面，以及模糊重叠区域

如图12.29所示为当$m=1.2$、2、3、4时，成员值w_1和w_2曲面等高线图。

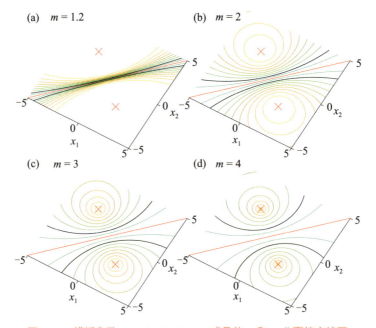

图12.29　模糊参数$m = 1.2$、2、3、4，成员值w_1和w_2曲面等高线图

　　MATLAB处理模糊C均值聚类的函数是fcm()。fcm(X, k, options) 主要的输入为样本数据X，聚类数量k，options中重要参数是模糊参数m。fcm() 函数的输出为聚类的质心、成员值和优化迭代过程目标函数值。利用scatteredInterpolant() 函数，可以根据成员值插值得到成员值曲面。

　　如图12.30所示为利用插值法得到的决策边界。图12.30中两条黑色曲线代表$w = 0.6$和$w = 0.4$时两条模糊边界，红色曲线代表$w = 0.5$时的模糊边界；黑圈数据则没有明确分类。如图12.31所示为利用解析式得到的决策边界。

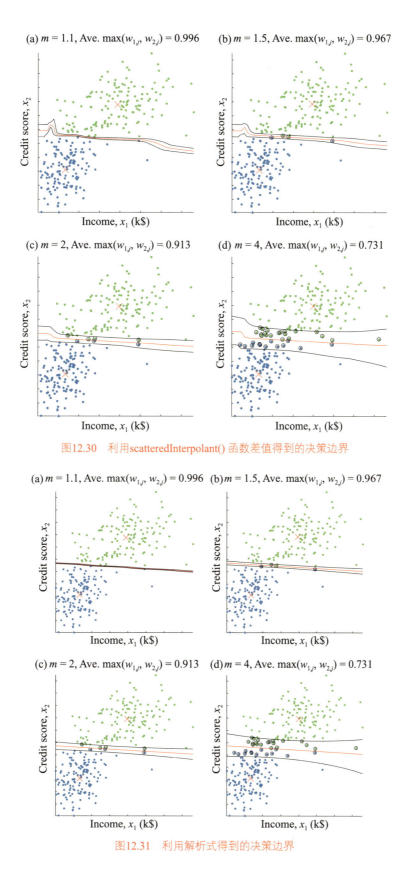

(a) $m = 1.1$, Ave. max$(w_{1,j}, w_{2,j}) = 0.996$

(b) $m = 1.5$, Ave. max$(w_{1,j}, w_{2,j}) = 0.967$

(c) $m = 2$, Ave. max$(w_{1,j}, w_{2,j}) = 0.913$

(d) $m = 4$, Ave. max$(w_{1,j}, w_{2,j}) = 0.731$

图12.30 利用scatteredInterpolant() 函数差值得到的决策边界

(a) $m = 1.1$, Ave. max$(w_{1,j}, w_{2,j}) = 0.996$

(b) $m = 1.5$, Ave. max$(w_{1,j}, w_{2,j}) = 0.967$

(c) $m = 2$, Ave. max$(w_{1,j}, w_{2,j}) = 0.913$

(d) $m = 4$, Ave. max$(w_{1,j}, w_{2,j}) = 0.731$

图12.31 利用解析式得到的决策边界

在模糊参数$m = 1.5$时，如图12.32所示比较通过插值法和解析法得到的成员值曲面。如图12.33所示比较$m = 4$时两种方法得到的成员值曲面。可以发现模糊参数m较小时，曲面平坦；随着m不断增加，曲面不断向下弯曲。

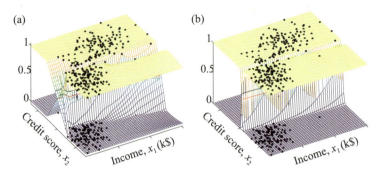

图12.32　$m = 1.5$，比较插值法和解析法成员值曲面

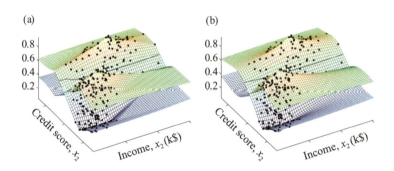

图12.33　$m = 4$，比较插值法和解析法成员值曲面

如图12.34所示为目标函数随着迭代次数增多不断下降收敛的过程。

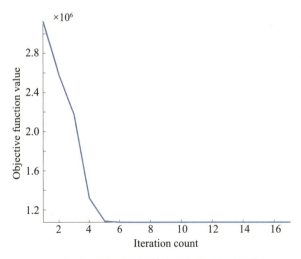

图12.34　目标函数随着迭代次数增多而下降

以下代码可以获得图12.27～图12.34。

```matlab
clc; close all; clear all

rng('default')

num = 300;
[X_original,Y_original] = generate_rnd(num);
X = X_original(all( ~ isnan(X_original),2),:);
Y = Y_original(all( ~ isnan(X_original),2),:);
X(:,1) = X(:,1)/1000;

i_fig = 1;
figure(i_fig)
i_fig = i_fig + 1;
hold on
colors = [0,153,219; 146,208,80;]/255;

scatter(X(:,1),X(:,2),'.k')
fig_dec(X)

m = [1.1, 1.5, 2, 4];
% fuzzy partition matrix exponent

x1range = min(X(:,1)):(max(X(:,1)) - min(X(:,1)))/50:max(X(:,1));
x2range = min(X(:,2)):(max(X(:,2)) - min(X(:,2)))/50:max(X(:,2));
[x1Grid, x2Grid] = meshgrid(x1range,x2range);
XGrid = [x1Grid(:) x2Grid(:)];


for i = 1:4
    % Cluster the data.
    options = [m(i) NaN NaN 0];
    [centers,w_X,objFcn] = fcm(X,2,options);

    figure(i_fig)
    i_fig = i_fig + 1;
    plot(objFcn)

    xlabel('Iteration count')
    ylabel('Objective function value')
    axis tight; box off

    % Classify the data points.
    maxU = max(w_X);
    index1 = find(w_X(1,:) == maxU);
    index2 = find(w_X(2,:) == maxU);
```

```matlab
f1 = scatteredInterpolant(X(:,1),X(:,2),w_X(1,:)','natural');
W_grid_1 = f1(x1Grid, x2Grid);
f2 = scatteredInterpolant(X(:,1),X(:,2),w_X(2,:)','natural');
W_grid_2 = f2(x1Grid, x2Grid);

% Find data points with lower maximum membership values.
idx3 = find(maxU < 0.6);

% A higher average maximum membership value
% indicates that there is less fuzzy overlap
averageMax = mean(maxU);

figure(i_fig)
i_fig = i_fig + 1;
plot(X(index1,1),X(index1,2),'LineStyle','none','color',...
    colors(1,:),'Marker','.','MarkerSize',12)
hold on
plot(X(index2,1),X(index2,2),'LineStyle','none','color',...
    colors(2,:),'Marker','.','MarkerSize',12)
plot(X(idx3,1),X(idx3,2),'ok','LineWidth',1)
plot(centers(1,1),centers(1,2),'rx',...
    'MarkerSize',15,'LineWidth',3)
plot(centers(2,1),centers(2,2),'rx',...
    'MarkerSize',15,'LineWidth',3)

hold off; fig_dec(X); legend off
title(['m = ' num2str(m(i)) ', Ave. max. = ' num2str(averageMax,3)])
axis square;
fig_name = ['Fig_Decision_',num2str(i_fig),'.fig'];
savefig(fig_name)

figure(i_fig)
i_fig = i_fig + 1;
plot(X(index1,1),X(index1,2),'LineStyle','none','color',...
    colors(1,:),'Marker','.','MarkerSize',12)
hold on
plot(X(index2,1),X(index2,2),'LineStyle','none','color',...
    colors(2,:),'Marker','.','MarkerSize',12)
plot(X(idx3,1),X(idx3,2),'ok','LineWidth',1)
plot(centers(1,1),centers(1,2),'rx',...
    'MarkerSize',15,'LineWidth',3)
plot(centers(2,1),centers(2,2),'rx',...
    'MarkerSize',15,'LineWidth',3)
contour3(x1Grid, x2Grid,W_grid_1,[0.5,0.5],'r','LineWidth',1)
contour3(x1Grid, x2Grid,W_grid_1,[0.6,0.6],'k','LineWidth',1)
contour3(x1Grid, x2Grid,W_grid_2,[0.6,0.6],'k','LineWidth',1)
```

```
hold off; fig_dec(X); legend off
title(['m = ' num2str(m(i)) ', Ave. max. = ' num2str(averageMax,3)])
axis square;
fig_name = ['Fig_Membership_',num2str(i_fig),'.fig'];
savefig(fig_name)

figure(i_fig)
i_fig = i_fig + 1;
mesh( x1Grid, x2Grid,W_grid_1)
hold on
mesh( x1Grid, x2Grid,W_grid_2)
contour3(x1Grid, x2Grid,W_grid_1,[0.6,0.6],'k','LineWidth',1)
contour3(x1Grid, x2Grid,W_grid_2,[0.6,0.6],'k','LineWidth',1)
contour3(x1Grid, x2Grid,W_grid_2,[0.5,0.5],'r','LineWidth',1)
scatter3(X(:,1),X(:,2),w_X(1,:)','.k');
scatter3(X(:,1),X(:,2),w_X(2,:)','.k');
hold off; fig_dec(X); legend off; zlabel('Membership value')
title(['m = ' num2str(m(i)) ', Ave. max. = ' num2str(averageMax,3)])
view(-30,45)
fig_name = ['Fig_Surface_',num2str(i_fig),'.fig'];
savefig(fig_name)


end

%%


function fig_dec(X)
xlim([min(X(:,1)),max(X(:,1))])
ylim([min(X(:,2)),max(X(:,2))])
hold off; box off; grid off
xlabel('Income, x_1 (k$)'); ylabel('Credit score, x_2')
end
```

12.4 DBSCAN聚类

DBSCAN(density-based spatial clustering of applications with noise)是一种基于密度的聚类方法。为了介绍DBSCAN，需要先了解以下几个概念。

ε邻域 (ε neighborhood, epsilon neighborhood)，指的是以某样本数据点x_i为中心、ε为半径的区域，如图12.35所示。

以空间某点P_i为中心，ε为半径的邻域内如果包含至少MinPts数量的数据点 (包括x_i自身)，则称x_i为**核心点** (core point)。举个例子，如果定义MinPts = 4，x_5为核心点，ε邻域内的点，被称为**边界点**

(border point)，如图12.35(f)。

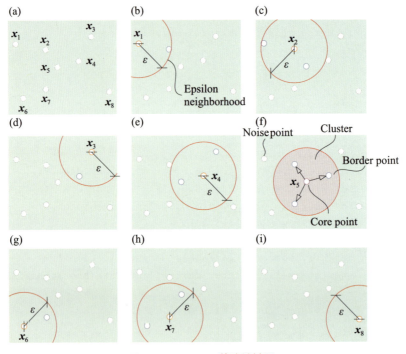

图12.35　DBSCAN算法关键词

样本数据点可以是核心点，也可以是边界点，甚至身兼两者角色；如果数据点既不是核心点，也不是边界点，则该数据点被称作**噪点** (noise point)，即离群数据。

如图12.35，扫描整个平面8个点，以每个数据点为中心，ε为半径扫描整个平面，发现只有样本点x_5的ε邻域内有4个样本点(包括x_5自身)，因此，x_5为核心点，x_2、x_4和x_7为边界点，剩余数据点为噪点。

为了方便读者理解DBSCAN聚类算法，下面打个比方。核心点，相当于博主；边界点，相当于粉丝；DBSCAN聚类算法和核心是任意两个博主互粉，则两个博主及各自粉丝可以被划分为一簇。如图12.36所示，通过DBSCAN聚类算法，空间数据被分为3簇。图12.36中，粉色的数据点为博主 (即核心点)，博主的最低要求是在以自己为中心的ε邻域内包括自己在内有4名成员；蓝色数据点为边界点，灰色数据点为噪点。通过博主互粉，几个ε邻域相互连接，构成图12.36所示的C_1、C_2和C_3 3簇。

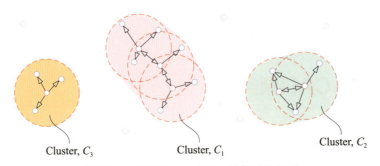

图12.36　通过DBSCAN算法，数据被分为3簇

请读者注意，ε邻域半径ε这个距离，未必是欧氏距离，可以根据用户需求定义，半径ε长度可以任意定义，ε邻域最少数据数量MinPts也可以自由定义。

k均值聚类算法需要预先声明聚类数量；DBSCAN则不需要。DBSCAN聚类算法不受数据分布形状影响，且可以分辨离群数据。

MATLAB中执行DBSCAN聚类算法的有dbscan() 函数和clusterDBSCAN对象 (2019b及以后版本)。DBSCAN有两个参数 (ε和MinPts)，参数组合对聚类结果有很大影响。如图12.37所示为ε邻域半径ε对聚类结果影响。clusterDBSCAN对象可以通过estimateEpsilon()函数估计ε邻域半径ε参数。

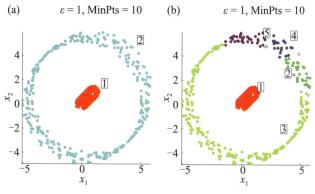

图12.37　ε邻域半径ε对聚类结果影响

12.5 神经网络结构

对于较为复杂的监督学习分类问题，往往需要足够多的特征变量才能实现合理的分类。第10、第11章所介绍的各类机器学习算法都是以两个特征变量问题为例的，即$x = \{x_1, x_2\}$。当特征变量大幅增加时，比如到了100多个时，使用逻辑回归等传统分类方法的计算成本变得很高，以致无法负担。这主要是由于对非线性边界的求解既费力又耗时。而神经网络的出现，对这些多特征分类问题的解决有更好的表现。

如图12.38所示为神经网络的历史发展轨迹，可以说是几经沉浮，大起大落。整个发展过程既有新方法出现带来的跨越式进步，也有方方面面技术难题造成的长期停滞。

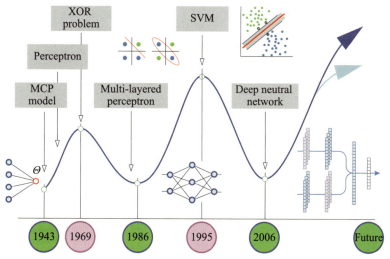

图12.38　神经网络的发展历史

1943年，神经学家Warren S. McCulloch和逻辑学家Walter Pitts在他们的论文*A Logical Calculus of the Ideas Immanent in Nervous Activity*中提出了首个基于神经元结构的数学描述——McCulloch-Pitts 模型，即MCP 模型。该模型催生了神经网络研究的两大分支：一个分支专注于研究大脑工作的生物学机理与过程；另一个分支则致力于机器学习和人工智能的应用。

1957年，心理学家Frank Rosenblatt又提出了**感知器** (perceptron) 的概念，对MCP模型做了不少改进，也提出了基于人脑学习过程的迭代算法。然而好景不长，Marvin Minsky 和Seymour Papert于1969年在他们的*Perceptron's —An Introduction to Computational Geometry*一书中明确指出了单个感知器(即当时的单层神经网络)对**异或问题** (XOR problem) 的无能为力。并且，由于当时计算能力和数据的缺乏，使得神经网络研究进入了第一个低谷期。

此后，对多层神经网络的探索，终于打破了停滞已久的技术发展的僵局，尤其是**反向传播** (backpropagation) 算法的研究又为该领域重新注入了生机。社会科学家Paul Werbos是最早在美国提出"反向传播"这个概念 的人。在他1974年的博士论文中，Paul认为方向传播算法可以应用于神经网络中。随后的几年间，在不知情的情况下，David Parker、Yann LeCun及David Rumelhart等也先后在该课题上发表了各自的研究成果。尤其是心理学家David Rumelhart等于1986年发表的论文*Learning Representations by Back-Propagating Errors*对反向传播算法的表述和解释十分清晰明了。接着，分布式并行处理模型、卷积神经网络等技术的相继出现，也维持了该研究方向的热度。

1995年开始，神经网络受到了其他机器学习方法的挑战。由于网络层数或神经元数量的增加，神经网络的计算变得复杂而冗长。大家开始选择其他更为简便高效的方法，例如支持向量机 (SVM) 等。这也造成了神经网络研究和应用的第二个低谷期。

2006年开始至今，随着大数据、机器学习及人工智能的大兴土木，**深度学习** (deep learning) 技术对于深层神经网络的训练日趋娴熟，使得神经网络再次卷土重来。这当中很大程度上得益于计算机技术的日新月异以及数据存储的突飞猛进。一方面提供了计算能力，另一方面提供了必不可少的数据资源。正如巧妇难为无米之炊，没有数据的支撑，神经网络技术就无异于空中楼阁。对于其未来的发展趋势，眼下也是众说纷纭。有人认为神经网络技术会再接再厉，继续蓬勃发展；也有人认为，技术瓶颈依旧存在，未来很可能进入一个平缓期。但不得不承认，在不同领域和层面上神经网络的应用前景依旧是广阔的。

神经网络的核心思想是模拟人脑**神经元** (neuron) 的工作原理。如图12.39所示为生物学上一个神经元的基本结构，其工作机理可以简单归纳为：

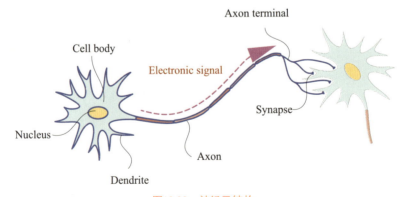

图12.39　神经元结构

◀ 神经元**细胞体** (cell body) 上的**树突** (dendrite)，围绕在**细胞核** (nucleus) 的周围，接受外部刺激并将其传递至神经元内。

◀ 细胞体根据所收到的刺激总和产生生理活动，当刺激达到一定程度时，激发细胞兴奋状态；否则，细胞处于抑制状态。

> **轴突** (axon) 负责将兴奋状态通过**轴突末端** (axon terminal) 的**突触** (synapse) 等结构传递到另一个神经元或组织细胞。

最初的MCP模型可看作对神经元简单且直接的模仿。如图12.40所示，模型的输入x_1, x_2, ... , x_m类似神经元的树突，但在模型中任意x_i $(i = 1, 2, ... , n)$ 的取值为简单的0或1，即$x_i \in \{0, 1\}$。这些输入通过求和函数汇集到一起得到z。

$$z = \sum_{i=1}^{n} x_i \tag{12-15}$$

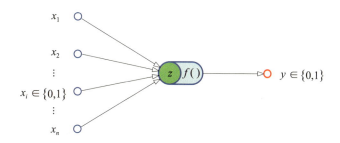

图12.40　MCP模型

接着，z的值再通过式12-16所示的判别函数$f(\ )$得到最终的值y。

$$y = f(z) = \begin{cases} 1, & z \geq \eta \\ 0, & z < \eta \end{cases} \tag{12-16}$$

选定一个阈值η，当$z \geq \eta$时，$y = 1$；反之，当$z < \eta$时，$y = 0$。这是一个典型的阶跃函数。

MCP模型的简单性既令其成为了经典，也决定了它的局限性。模型只允许二进制 (0或1) 的输入x和输出y，判别函数$f(z)$也只是一个单纯的阶跃函数，并且对各个输入x_i也是一视同仁，没有进行分别加权。这些都制约了该模型具备足够的"学习"能力。对这些方面的改进，也是Frank Rosenblatt等的主要工作和贡献。例如，对输入项进行加权，采用其他判别函数及探索多层网络结构等。

神经网络的一般结构如图12.41所示，主要包括**输入层** (input layer)、**隐藏层** (hidden layer) 以及**输出层** (output layer) 三个主要成分，并且每层都包含有若干个神经元节点。

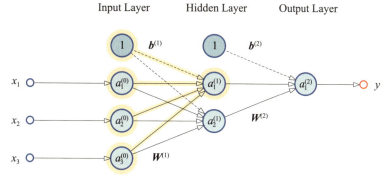

图12.41　神经网络基本结构

为了便于理解，如图12.41给出的是一个单隐藏层神经网络。这里的三个输入x_1、x_2和x_3直接赋予了输入层的三个神经元节点$a_1^{(0)}$、$a_2^{(0)}$和$a_3^{(0)}$，该层记为第0层。与此同时，除了这三个节点，输入层上还有一个偏置项节点，输入为1。但是偏置项并不是总被包括在网络结构中，这也是为什么图中的连线使用了虚线，以暗示偏置项可能不存在的情况。在接下来的唯一隐藏层，即第1层上，神经元节点个数出现了变化，只有 $a_1^{(1)}$ 和 $a_2^{(1)}$，再加上偏置项。经过隐藏层后即为输出层，这里记为第2层，只有一个神经元节点 $a_1^{(2)}$，作为最后的输出 y。更普遍地来讲，神经网络往往只有一个输入层或输出层，而隐藏层可以是很多个，并且每层上的神经元节点数也无须一样。从隐藏层开始，每一层中的节点都与上一层的神经元节点和偏置项的加权和有关。例如图12.41中层与层之间的每条连线，都有对应的权重，构成一个权重矩阵。从输入层到隐藏层的权重项矩阵为 $\boldsymbol{W}^{(1)}$，从隐藏层到输出层的为 $\boldsymbol{W}^{(2)}$。

　　下面以图12.41中高亮出来的部分为切入点，详细介绍计算过程。如图12.42所示为这部分结构对应的计算步骤。首先，输入层神经元节点 $a_1^{(0)}$，$a_2^{(0)}$，$a_3^{(0)}$ 以及偏置项1，通过如下加权和得到中间项 $z_1^{(1)}$。

$$z_1^{(1)} = w_{1,1}^{(1)}a_1^{(0)} + w_{1,2}^{(1)}a_2^{(0)} + w_{1,3}^{(1)}a_3^{(0)} + b_1^{(1)} \tag{12-17}$$

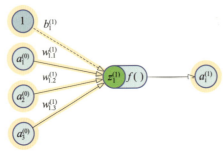

图12.42　神经网络单个神经元的计算过程

$z_1^{(1)}$ 再通过中间函数 $f()$ 获得隐藏层上的神经元节点。

$$a_1^{(1)} = f\left(z_1^{(1)}\right) \tag{12-18}$$

　　这里的中间函数 $f()$ 不再仅仅局限于MCP模型中的阶跃函数，更常被称为**激励函数**（activation function），或者激活函数、转换函数。这里的权重项 $w_{1,1}^{(1)}$、$w_{1,2}^{(1)}$ 和 $w_{1,3}^{(1)}$ 是权重矩阵 $\boldsymbol{W}^{(1)}$ 中的一行；$b_1^{(1)}$ 是偏置项列向量 $\boldsymbol{b}^{(1)}$ 中的一个元素。

　　类似的，通过同样的方式可分别得到其他的中间项 $z_2^{(1)}$ 和 $z_1^{(2)}$。

$$z_2^{(1)} = w_{2,1}^{(1)}a_1^{(0)} + w_{2,2}^{(1)}a_2^{(0)} + w_{2,3}^{(1)}a_3^{(0)} + b_2^{(1)}$$
$$z_1^{(2)} = w_{1,1}^{(2)}a_1^{(1)} + w_{1,2}^{(2)}a_2^{(1)} + b_1^{(2)} \tag{12-19}$$

以及神经元节点 $a_2^{(1)}$ 和 $a_1^{(2)}$：

$$a_2^{(1)} = f\left(z_2^{(1)}\right)$$
$$a_1^{(2)} = f\left(z_1^{(2)}\right) \tag{12-20}$$

对应图12.41中$\boldsymbol{W}^{(1)}$、$\boldsymbol{W}^{(2)}$、$\boldsymbol{b}^{(1)}$和$\boldsymbol{b}^{(2)}$分别为：

$$\boldsymbol{W}^{(1)} = \begin{bmatrix} w_{1,1}^{(1)} & w_{1,2}^{(1)} & w_{1,3}^{(1)} \\ w_{2,1}^{(2)} & w_{2,2}^{(2)} & w_{2,3}^{(2)} \end{bmatrix}_{2\times 3}$$

$$\boldsymbol{W}^{(1)} = \begin{bmatrix} w_{1,1}^{(2)} & w_{1,1}^{(2)} \end{bmatrix}_{1\times 2} \tag{12-21}$$

$$\boldsymbol{b}^{(1)} = \begin{bmatrix} b_1^{(1)} \\ b_2^{(1)} \end{bmatrix}_{2\times 1} \quad \boldsymbol{b}^{(2)} = \begin{bmatrix} b_1^{(2)} \end{bmatrix}_{1\times 1}$$

这里特意将各个矩阵或向量的大小标注在了下标中。

如果推广到更加普遍的情况，如图12.43所示的多层神经网络。其中第0层仍是输入层，含有n个等于$x_1, x_2, \dots, x_n$的神经元节点$a_1^{(0)}, a_1^{(0)}, \dots, a_1^{(0)}$。从第1层到第$Q-1$层，是多个隐藏层，各层神经元节点数目分别为$n_1, n_2, \dots, n_Q$。第$Q$层是输出层，包含多个输出$a_1^{(Q)}, a_{n_Q-1}^{(Q)}, \dots, a_{n_Q}^{(Q)}$，直接赋予输出项$y_1, y_{n_Q-1}, \dots, y_{n_Q}$。

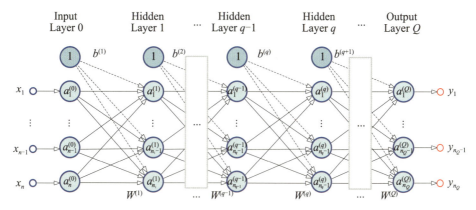

图12.43　多层神经网络结构

从第$q-1$层到第q层 ($q=1, 2, \dots, Q$)，跟前面的例子一样，首先得到属于第q层的中间项$\boldsymbol{z}^{(q)}$：

$$\boldsymbol{z}^{(q)} = \boldsymbol{W}^{(q)}\boldsymbol{a}^{(q-1)} + \boldsymbol{b}^{(q)} \tag{12-22}$$

其中，列向量$\boldsymbol{z}^{(q)}$、$\boldsymbol{a}^{(q)}$和$\boldsymbol{b}^{(q)}$分别等：

$$\boldsymbol{z}^{(q)} = \begin{bmatrix} z_1^{(q)}, & z_2^{(q)}, & \dots, & z_{n_q}^{(q)} \end{bmatrix}^{\mathrm{T}}$$

$$\boldsymbol{a}^{(q-1)} = \begin{bmatrix} a_1^{(q-1)}, & a_2^{(q-1)}, & \dots, & a_{n_{q-1}}^{(q-1)} \end{bmatrix}^{\mathrm{T}} \tag{12-23}$$

$$\boldsymbol{b}^{(q)} = \begin{bmatrix} b_1^{(q)}, & b_2^{(q)}, & \dots, & b_{n_q}^{(q)} \end{bmatrix}^{\mathrm{T}}$$

权重矩阵$\boldsymbol{W}^{(q)}$则为：

$$\boldsymbol{W}^{(q)} = \begin{bmatrix} w_{1,1}^{(q)} & \cdots & w_{n_{q-1},1}^{(q)} \\ \vdots & \ddots & \vdots \\ w_{n_q,1}^{(q)} & \cdots & w_{n_q,n_q}^{(q)} \end{bmatrix}_{n_q \times n_{q-1}} \tag{12-24}$$

因为第q层有n_q个神经元节点，第$q-1$层有n_{q-1}个神经元节点，所以权重矩阵$\boldsymbol{W}^{(q)}$的大小为$n_q \times n_{q-1}$。

得到$\boldsymbol{z}^{(q)}$后，通过第q层的激励函数$f_q()$，该层神经元节点$\boldsymbol{a}^{(q)}$即为：

$$\boldsymbol{a}^{(q)} = f_q\left(\boldsymbol{z}^{(q)}\right) \tag{12-25}$$

列向量$\boldsymbol{a}^{(q)}$含有该层上n_q个神经元节点的值：

$$\boldsymbol{a}^{(q)} = \left[a_1^{(q)}, a_2^{(q)}, ..., a_{n_q}^{(q)}\right]^{\mathrm{T}} \tag{12-26}$$

激励函数$f()$的形式多样，有很多适用的函数可供选择，最常用的是**逻辑函数** (logistic function)。这个函数在本丛书中已经多次出现，例如在逻辑回归部分，其具体的形式为：

$$\mathrm{Logistic}(x) = \frac{1}{1+\exp(-x)} \tag{12-27}$$

该函数的输出值在区间 $(0, 1)$ 上，可以直接被用于概率分布，而输入变量x的值域可以在整个实数区间上 $(-\infty, +\infty)$。以下代码将逻辑函数编写成了一个MATLAB用户自定义函数。

```
function f = sigmoid(x)
% sigmoid() computes Logisitic functoon
% f(x) = 1/(1+exp(x))
f = 1.0 ./ (1.0 + exp(-x));
end
```

在神经网络中，不仅需要关注激励函数本身，也需要知道其一阶导函数 (梯度) 来应用反向传播算法。这部分会在本章12.6节进行介绍。这里逻辑函数的一阶导函数为：

$$\mathrm{Logistic}'(x) = \mathrm{Logistic}(x)\left(1 - \mathrm{Logistic}'(x)\right) \tag{12-28}$$

下面的代码给出了逻辑函数的一阶导函数的MATLAB用户自定义函数。

```
function f = sigmoidGradient(x)
% sifmoidGradient() computes the gradient of Logisitic function
% f'(x)=f(x)(1-f(x))
f = zeros(size(x));
f = (1.0 ./ (1.0 + exp(-x))).*(1-(1.0 ./ (1.0 + exp(-x))));
end
```

这里的sigmoid() 和 sigmoidGradient() 两个函数都会在本章12.4节的代码中被调用。

另一个常用的激励函数是式12-29的双曲正切函数，也称为Tanh函数。

$$\mathrm{Tanh}(x) = \frac{\exp(x) - \exp(-x)}{\exp(x) + \exp(-x)} \tag{12-29}$$

$\mathrm{Tanh}(x)$ 函数同样可以由整个实数域的输入x，其输出的值域为 $(-1, 1)$，外观上类似于一个放大版的$\mathrm{Logistic}(x)$ 函数。两者之间存在式12-30所示的转化关系。

$$\mathrm{Tanh}(x) = 2\mathrm{Logistic}(2x) - 1 \tag{12-30}$$

函数Tanh(x)和函数Logistic(x)都是同一类的**Sigmoid型曲线函数**，也简称为**S型函数**。表12.1总结了常用的几种激励函数，给出了它们的表达式、值域、单调性及图形。注意，这里的激励函数都是单个输入变量。对于多个输入变量的激励函数，感兴趣的读者可以查看Softmax()函数和Maxout()函数。

表12.1 神经网络中常见的激励函数

函数$f(x)$	图像	单调	一阶导函数$f'(x)$
恒等 (Identity) 函数 $f(x)=x$ 值域：$(-\infty, \infty)$		是	$f'(x)=1$
阶跃 (Step) 函数 $f(x)=\begin{cases}1, & x\geq 0\\0, & x<0\end{cases}$ 值域：$\{0,1\}$		是	$f'(x)=\begin{cases}0, & x\neq 0\\\text{NA}, & x=0\end{cases}$
逻辑 (Logistic) 函数 $f(x)=\dfrac{1}{1+\exp(-x)}$ 值域：$(0,1)$		是	$f'(x)=f(x)\big(1-f(x)\big)$
双曲正切 (Tanh) 函数 $f(x)=\dfrac{\exp(x)-\exp(-x)}{\exp(x)+\exp(-x)}$ 值域：$(-1,1)$		是	$f'(x)=1-f(x)^2$
反正切 (ArcTan) 函数 $f(x)=\tan^{-1}(x)$ 值域：$\left(-\dfrac{\pi}{2},\dfrac{\pi}{2}\right)$		是	$f'(x)=\dfrac{1}{1+x^2}$
线性整流 (ReLU) 函数 $f(x)=\begin{cases}x, & x\geq 0\\0, & x<0\end{cases}$ 值域：$[0,\infty)$		是	$f'(x)=\begin{cases}1, & x\geq 0\\0, & x<0\end{cases}$
指数线性 (ELU) 函数 $f(x)=\begin{cases}x, & x\geq 0\\\alpha\left(e^x-1\right), & x<0\end{cases}$ 值域：$(-\alpha, \infty)$		是	$f'(x)=\begin{cases}1, & x\geq 0\\\alpha e^x, & x<0\end{cases}$
Sinc函数 $f(x)=\begin{cases}1, & x=0\\\dfrac{\sin(x)}{x}, & x\neq 0\end{cases}$ 值域：$[\approx-0.2172, 1]$		否	$f'(x)=$ $\begin{cases}0, & x=0\\\dfrac{\cos(x)}{x}-\dfrac{\sin(x)}{x^2}, & x\neq 0\end{cases}$
高斯 (Gaussian) 函数 $f(x)=e^{-x^2}$ 值域：$(0,1]$		否	$f'(x)=-2xe^{-x^2}$

除了激励函数有多种选择，神经网络结构其实也是多重多样。如图12.41、图12.43所示是常见的前馈网络结构。如图12.44所示，其他的网络结构还包括循环神经网络 (recurrent neural network)、马尔可夫链结构 (Markov Chain)、极限学习机 (extreme machining learning)、图结构 (graph neural network)等。本书的重点依旧是最常见最基本的前馈神经网络。

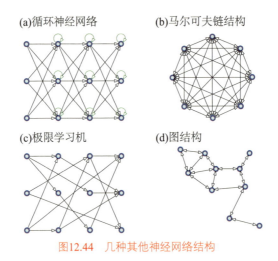

(a)循环神经网络   (b)马尔可夫链结构

(c)极限学习机   (d)图结构

图12.44　几种其他神经网络结构

12.6 反向传播算法

根据给定的网络结构和样本数据，对神经网络的训练实际上是一个优化问题，可以通过**梯度下降法** (gradient-based optimization method) 来解决。关于优化问题及梯度下降法的相关内容，在本丛书第四本优化方法的章节中有所介绍。

对于样本数据 (x, y)，将x输入到神经网络中，就会得到相应的输出$\hat{y}$。如图12.45所示，这个从输入层开始，按照网络正方向前进，一次计算各层神经元，直至输出层的过程就是神经网络的**正向传播** (forward propagation)。而**反向传播** (backpropagation)，顾名思义，其计算过程恰好与正向传播相反，从网络的输出层开始，经过每一层直至输入层。从计算的内容来说，与正向传播有所不同，反向传播过程中计算的是每层用于梯度优化所需的偏导数，并在该基础上更新相关的网络参数$W^{(q)}$和$b^{(q)}$，从而达到训练网络的目的。

对于一个未经过训练的神经网络，由样本中的x得到的网络输出$\hat{y}$，与样本中的y几乎总是存在差异。两者可以构成一个**代价函数** (cost function)，记作$C(y, \hat{y})$。这里，暂且不计较代价函数$C(y, \hat{y})$的具体形式，大致上认为该函数度量了网络输出与实际观测的区别，并且函数自身具备连续可导的数学特性。在梯度下降优化网络的过程中，就需要计算这个代价函数关于每个参数的导数。

以图12.45所示神经网络的第q层为例，代价函数$C(y, \hat{y})$需要对参数权重矩阵$W^{(q)}$的每个元素根据**链式法则** (chain rule) 求偏导：

$$\frac{\partial C(y, \hat{y})}{\partial w_{i,j}^{(q)}} = \frac{\partial z^{(q)}}{\partial w_{ij}^{(q)}} \frac{\partial C(y, \hat{y})}{\partial z^{(q)}} \qquad (12\text{-}31)$$

其中，$i = 1, 2, \ldots, n_q$，$j = 1, 2, \ldots, n_{q-1}$；$n_q$是第$q$层上的节点个数，$n_{q-1}$是第$q-1$层上的节点个数。

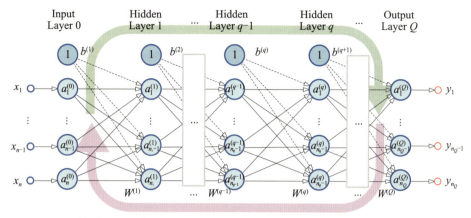

图12.45　神经网络中正向传播和反向传播示意图

同时，代价函数$C(\boldsymbol{y}, \hat{\boldsymbol{y}})$也需要对前置项$\boldsymbol{b}^{(q)}$求偏导。

$$\frac{\partial C(\boldsymbol{y}, \hat{\boldsymbol{y}})}{\partial \boldsymbol{b}^{(q)}} = \frac{\partial \boldsymbol{z}^{(q)}}{\partial \boldsymbol{b}^{(q)}} \frac{\partial C(\boldsymbol{y}, \hat{\boldsymbol{y}})}{\partial \boldsymbol{z}^{(q)}} \tag{12-32}$$

注意，上面的两个偏导数都利用了中间项$\boldsymbol{z}^{(q)}$，需要求解一个共同的偏导数$\partial C(\boldsymbol{y}, \hat{\boldsymbol{y}})/\partial \boldsymbol{z}^{(q)}$，以及另外两个不同的偏导数$\partial \boldsymbol{z}^{(q)}/\partial w_{i,j}^{(q)}$和$\partial \boldsymbol{z}^{(q)}/\partial \boldsymbol{b}^{(q)}$。这里，回顾12.5节的内容，这里的权重矩阵$\boldsymbol{W}^{(q)}$、中间项$\boldsymbol{z}^{(q)}$和偏置项$\boldsymbol{b}^{(q)}$的具体形式为：

$$
\begin{aligned}
\boldsymbol{W}^{(q)} &= \begin{bmatrix} w_{1,1}^{(q)} & \cdots & w_{n_{q-1},1}^{(q)} \\ \vdots & \ddots & \vdots \\ w_{n_q,1}^{(q)} & \cdots & w_{n_q,n_q}^{(q)} \end{bmatrix}_{n_q \times n_{q-1}} \\
\boldsymbol{z}^{(q)} &= \left[z_1^{(q)}, z_2^{(q)}, \ldots, z_{n_q}^{(q)} \right]^{\mathrm{T}} \\
\boldsymbol{b}^{(q)} &= \left[b_1^{(q)}, b_2^{(q)}, \ldots, b_{n_q}^{(q)} \right]^{\mathrm{T}}
\end{aligned}
\tag{12-33}
$$

并且从网络的第$q-1$层到第q层，存在以下的串联关系。

$$\boldsymbol{z}^{(q)} = \boldsymbol{W}^{(q)} \boldsymbol{a}^{(q-1)} + \boldsymbol{b}^{(q)} \tag{12-34}$$

其中，$\boldsymbol{a}^{(q-1)}$为：

$$\boldsymbol{a}^{(q-1)} = \left[a_1^{(q-1)}, a_2^{(q-1)}, \ldots, a_{n_q}^{(q-1)} \right]^{\mathrm{T}} \tag{12-35}$$

首先来计算偏导数$\partial \boldsymbol{z}^{(q)}/\partial w_{i,j}^{(q)}$，中间项$\boldsymbol{z}^{(q)}$是一个向量，所以有：

$$\frac{\partial \boldsymbol{z}^{(q)}}{\partial w_{i,j}^{(q)}} = \left[\frac{\partial z_1^{(q)}}{\partial w_{i,j}^{(q)}}, \frac{\partial z_2^{(q)}}{\partial w_{i,j}^{(q)}}, \ldots, \frac{\partial z_{n_q}^{(q)}}{\partial w_{i,j}^{(q)}} \right] \tag{12-36}$$

虽然$z^{(q)}$是一个列向量，为了便于后续的计算，这里将$\partial z^{(q)}/\partial w_{i,j}^{(q)}$写作行向量的形式。式12-36中的$\partial z_k^{(q)}/\partial w_{i,j}^{(q)}$，$k=1,2,\ldots,N_q$，因为只与矩阵$\boldsymbol{W}^{(q)}$中第$k$行的权重有关，即：

$$z_k^{(q)} = w_{k,1}^{(q)}a_1^{(q-1)} + w_{k,2}^{(q)}a_2^{(q-1)} + \ldots + w_{k,n_{q-1}}^{(q)}a_{n_{q-1}}^{(q-1)} + b_k^{(q)} \tag{12-37}$$

所以，当$k=i$时，为：

$$\begin{aligned}
\frac{\partial z_k^{(q)}}{\partial w_{i,j}^{(q)}} &= \frac{\partial z_k^{(q)}}{\partial w_{i,j}^{(q)}} \\
&= \frac{\partial w_{i,1}^{(q)}a_1^{(q-1)} + w_{i,2}^{(q)}a_2^{(q-1)} + \ldots + w_{i,n_{q-1}}^{(q)}a_{n_{q-1}}^{(q-1)} + b_k^{(q)}}{\partial w_{i,j}^{(q)}} \\
&= 0 + \frac{\partial w_{i,j}^{(q)}a_j^{(q-1)}}{\partial w_{i,j}^{(q)}} \\
&= a_j^{(q-1)}
\end{aligned} \tag{12-38}$$

而当$k \neq i$时，为：

$$\frac{\partial z_k^{(q)}}{\partial w_{i,j}^{(q)}} = 0 \tag{12-39}$$

代入到$\partial z^{(q)}/\partial w_{i,j}^{(q)}$中即可得到：

$$\frac{\partial z^{(q)}}{\partial w_{i,j}^{(q)}} = \left[0, \ \ldots, \ a_j^{(q-1)}, \ \ldots, \ 0\right]_{n_q \times 1} \triangleq \boldsymbol{\alpha}_i\left(a_j^{(q-1)}\right) \tag{12-40}$$

这里特意将$\partial z^{(q)}/\partial w_{i,j}^{(q)}$的结果定义为一个专属行向量$\boldsymbol{\alpha}_i(a_j^{(q-1)})$；长度为$n_q$，除了第$i$个元素为$a_j^{(q-1)}$，其他元素均为0。

接下来计算偏导数$\partial z^{(q)}/\partial \boldsymbol{b}^{(q)}$：

$$\frac{\partial z^{(q)}}{\partial \boldsymbol{b}^{(q)}} = \frac{\partial \boldsymbol{W}^{(q)}\boldsymbol{a}^{(q-1)} + \boldsymbol{b}^{(q)}}{\partial \boldsymbol{b}^{(q)}} = \boldsymbol{I}_{n_q \times n_q} \tag{12-41}$$

由于直接的线性关系，这里偏导结果为一个$n_q \times n_q$的单位矩阵$\boldsymbol{I}$。

最后，来关注偏导数$\partial C(\boldsymbol{y}, \hat{\boldsymbol{y}})/\partial z^{(q)}$的计算。这个偏导数直接与代价函数$C(\boldsymbol{y}, \hat{\boldsymbol{y}})$相关，考查的是神经网络第$q$层对代价函数的影响。换句话说，$\partial C(\boldsymbol{y}, \hat{\boldsymbol{y}})/\partial z^{(q)}$也体现了网络最终的输出对第$q$层神经元的敏感度，常被记作第$q$层网络的误差项$\boldsymbol{\delta}^{(q)}$，即有：

$$\boldsymbol{\delta}^{(q)} \triangleq \frac{\partial C(\boldsymbol{y}, \hat{\boldsymbol{y}})}{\partial z^{(q)}} \tag{12-42}$$

正是这个偏导数决定了传播的方向，并将代价函数$C(\boldsymbol{y}, \hat{\boldsymbol{y}})$携带的误差信息逐一传达分配到前方各层。同样利用链式法则可以得到：

$$
\begin{aligned}
\boldsymbol{\delta}^{(q)} &\triangleq \frac{\partial C(\boldsymbol{y}, \hat{\boldsymbol{y}})}{\partial \boldsymbol{z}^{(q)}} \quad\quad\quad\quad\quad\quad q\text{-th layer} \\
&= \frac{\partial \boldsymbol{a}^{(q)}}{\partial \boldsymbol{z}^{(q)}} \frac{\partial \boldsymbol{z}^{(q+1)}}{\partial \boldsymbol{a}^{(q)}} \frac{\partial C(\boldsymbol{y}, \hat{\boldsymbol{y}})}{\partial \boldsymbol{z}^{(q+1)}} \\
&= \frac{\partial \boldsymbol{a}^{(q)}}{\partial \boldsymbol{z}^{(q)}} \frac{\partial \boldsymbol{z}^{(q+1)}}{\partial \boldsymbol{a}^{(q)}} \boldsymbol{\delta}^{(q+1)} \quad (q+1)\text{-th layer}
\end{aligned} \tag{12-43}
$$

从式12-43中可以清楚地看到，第q层的误差项$\boldsymbol{\delta}^{(q)}$与第$q+1$层的误差项$\boldsymbol{\delta}^{(q+1)}$有直接的联系；通过这个关系，第$q$层的误差项可以一直逆推至输出层。

与此同时，从网络的第q层到第$q+1$层，也存在式12-44所示的关系。

$$
\boldsymbol{z}^{(q+1)} = \boldsymbol{W}^{(q+1)} \boldsymbol{a}^{(q)} + \boldsymbol{b}^{(q+1)} \tag{12-44}
$$

因此，$\partial \boldsymbol{z}^{(q+1)} / \partial \boldsymbol{a}^{(q)}$ 就等于：

$$
\frac{\partial \boldsymbol{z}^{(q+1)}}{\partial \boldsymbol{a}^{(q)}} = \left(\boldsymbol{W}^{(q+1)}\right)^{\mathrm{T}} \tag{12-45}
$$

这里的$(\boldsymbol{W}^{(q+1)})^{\mathrm{T}}$是权重矩阵$\boldsymbol{W}^{(q+1)}$的转置，矩阵大小为$N_q \times N_{q+1}$。

从$\boldsymbol{a}^{(q)}$到$\boldsymbol{z}^{(q)}$，是通过神经网络第q层上的激励函数$f_q()$得到，即：

$$
\boldsymbol{a}^{(q)} = f_q\left(\boldsymbol{z}^{(q)}\right) \tag{12-46}
$$

写得再详细一些，就如式12-47所示：

$$
a_k^{(q)} = f_q\left(z_k^{(q)}\right), \quad k = 1, 2, \ldots, N_q \tag{12-47}
$$

这里$\boldsymbol{a}^{(q)}$对$\boldsymbol{z}^{(q)}$求偏导，结果构成了一个$N_q \times N_q$矩阵，且第i行、第j列的元素为：

$$
\frac{a_j^{(q)}}{z_k^{(q)}} = \begin{cases} f'\left(z_k^{(q)}\right), & j = k \\ 0, & j \neq k \end{cases} \tag{12-48}
$$

其中，$f'()$为激励函数$f()$的一阶导函数。所以，$\partial \boldsymbol{a}^{(q)} / \partial \boldsymbol{z}^{(q)}$也可以写成：

$$
\frac{\partial \boldsymbol{a}^{(q)}}{\partial \boldsymbol{z}^{(q)}} = \mathrm{diag}\left(f_q'\left(\boldsymbol{z}^{(q)}\right)\right)_{N_q \times N_q} \tag{12-49}
$$

$\mathrm{diag}\left(f_q'\left(\boldsymbol{z}^{(q)}\right)\right)$ 表示以为 $f_q'\left(\boldsymbol{z}^{(q)}\right)$ 对角线元素，其他元素为0的一个方阵。

所以，第q层的误差项$\boldsymbol{\delta}^{(q)}$又可以进一步简化为：

$$
\begin{aligned}
\boldsymbol{\delta}^{(q)} &= \frac{\partial \boldsymbol{a}^{(q)}}{\partial \boldsymbol{z}^{(q)}} \frac{\partial \boldsymbol{z}^{(q+1)}}{\partial \boldsymbol{a}^{(q)}} \boldsymbol{\delta}^{(q+1)} \\
&= \mathrm{diag}\left(f_q'\left(\boldsymbol{z}^{(q)}\right)\right)_{N_q \times N_q} \cdot \left(\boldsymbol{W}^{(q+1)}\right)^{\mathrm{T}}_{N_q \times N_{q+1}} \cdot \boldsymbol{\delta}^{(q+1)}_{N_{q+1} \times 1}
\end{aligned} \tag{12-50}
$$

为了便于理解，式12-50中特意将矩阵乘法中矩阵和向量的大小标记在了公式中，在实际操作中这个先后顺序是非常重要的。将第$q+1$层的误差项$\boldsymbol{\delta}^{(q+1)}$记为一个$N_{q+1} \times 1$的列向量，通过式12-50的反向传播，就可以得到第q层的误差项$\boldsymbol{\delta}^{(q)}$，是一个$N_q \times 1$列向量的列向量，这与各层的神经元节点数是完全一致的。而列向量$\boldsymbol{\delta}^{(q)}$中的每一个元素，就是对应该层神经元节点上的误差信息。如图12.46所示，第q层中某个神经元节点的误差项，是与之相连接的第$q+1$层中神经元节点的误差项的加权和，再乘上自身激励函数的梯度值。这正好对应本章12.5节图12.41所示的正向传播。

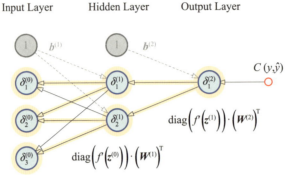

图12.46　神经网络误差项中反向传播示意图

到了这一步，我们就求得了$\partial \boldsymbol{z}^{(q)}/\partial w_{i,j}^{(q)}$、$\partial \boldsymbol{z}^{(q)}/\partial \boldsymbol{b}^{(q)}$和$\partial C(\boldsymbol{y},\hat{\boldsymbol{y}})/\partial \boldsymbol{z}^{(q)}$这三个关键的偏导数。由此可以再回到$\partial C(\boldsymbol{y},\hat{\boldsymbol{y}})/\partial w_{i,j}^{(q)}$和$\partial C(\boldsymbol{y},\hat{\boldsymbol{y}})/\partial \boldsymbol{b}^{(q)}$的计算上来。将相关偏导数代入$\partial C(\boldsymbol{y},\hat{\boldsymbol{y}})/\partial w_{i,j}^{(q)}$可以得到：

$$
\begin{aligned}
\frac{\partial C(\boldsymbol{y},\hat{\boldsymbol{y}})}{\partial w_{i,j}^{(q)}} &= \frac{\partial \boldsymbol{z}^{(q)}}{\partial w_{ij}^{(q)}} \frac{\partial C(\boldsymbol{y},\hat{\boldsymbol{y}})}{\partial \boldsymbol{z}^{(q)}} \\
&= \boldsymbol{\alpha}_i\left(a_j^{(q-1)}\right)\boldsymbol{\delta}^{(q)} \\
&= \left[0,\ldots,a_j^{(q-1)},\ldots,0\right]_{n_q \times 1} \left[\delta_1^{(q)},\ldots,\delta_i^{(q)},\ldots,\delta_{n_q}^{(q)}\right]_{n_q \times 1}^{\mathrm{T}} \\
&= \delta_i^{(q)} a_j^{(q-1)}
\end{aligned}
\tag{12-51}
$$

从元素$w_{i,j}^{(q)}$推广到整个权重矩阵上$\boldsymbol{W}^{(q)}$，就有：

$$
\begin{aligned}
\frac{\partial C(\boldsymbol{y},\hat{\boldsymbol{y}})}{\partial \boldsymbol{W}^{(q)}} &= \begin{bmatrix} \dfrac{\partial C(\boldsymbol{y},\hat{\boldsymbol{y}})}{\partial w_{1,1}^{(q)}} & \cdots & \dfrac{\partial C(\boldsymbol{y},\hat{\boldsymbol{y}})}{\partial w_{1,N_{q-1}}^{(q)}} \\ \vdots & \ddots & \vdots \\ \dfrac{\partial C(\boldsymbol{y},\hat{\boldsymbol{y}})}{\partial w_{N_q,1}^{(q)}} & \cdots & \dfrac{\partial C(\boldsymbol{y},\hat{\boldsymbol{y}})}{\partial w_{N_q,N_{q-1}}^{(q)}} \end{bmatrix}_{N_q \times N_{q-1}} \\
&= \begin{bmatrix} \delta_1^{(q)} a_1^{(q-1)} & \cdots & \delta_1^{(q)} a_{N_{q-1}}^{(q-1)} \\ \vdots & \ddots & \vdots \\ \delta_{N_q}^{(q)} a_1^{(q-1)} & \cdots & \delta_1^{(q)} a_{N_{q-1}}^{(q-1)} \end{bmatrix}_{N_q \times N_{q-1}} \\
&= \left[\delta_1^{(q)},\ldots,\delta_{n_q}^{(q)}\right]^{\mathrm{T}} \cdot \left[a_1^{(q-1)},\ldots,a_{n_{q-1}}^{(q-1)}\right] \\
&= \boldsymbol{\delta}^{(q)}\left(\boldsymbol{a}^{(q-1)}\right)^{\mathrm{T}}
\end{aligned}
\tag{12-52}
$$

将相关偏导数代入 $\partial C(\boldsymbol{y},\hat{\boldsymbol{y}})\big/\partial \boldsymbol{b}^{(q)}$，可以得到：

$$\begin{aligned}\frac{\partial C(\boldsymbol{y},\hat{\boldsymbol{y}})}{\partial \boldsymbol{b}^{(q)}} &= \frac{\partial \boldsymbol{z}^{(q)}}{\partial \boldsymbol{b}^{(q)}}\frac{\partial C(\boldsymbol{y},\hat{\boldsymbol{y}})}{\partial \boldsymbol{z}^{(q)}}\\ &= \boldsymbol{I}_{n_q\times n_q}\boldsymbol{\delta}^{(q)}\\ &= \boldsymbol{\delta}^{(q)}\end{aligned} \tag{12-53}$$

这里强调一下，式12-52和式12-53将是贯穿整个神经网络反向传播计算的核心公式，并且是以矩阵运算的形式给出的。

假设现在有 m 对样本数据，即 $\{(\boldsymbol{x}^{(i)},\boldsymbol{y}^{(i)})\}$，$i=1,2,\dots,m$，对应的也有 m 个神经网络输出 $\{\hat{\boldsymbol{y}}^{(i)}\}$。同样参照图12.45，对于输出层有 n_Q 个输出节点的神经网络，其代价函数 $C(\boldsymbol{y},\hat{\boldsymbol{y}})$ 可写成：

$$C(\boldsymbol{y},\hat{\boldsymbol{y}})=\frac{1}{m}\sum_{i=1}^{m}\sum_{j=1}^{n_Q}\left[-y_j^{(i)}\log\left(\hat{y}_j^{(i)}\right)-\left(1-y_j^{(i)}\right)\log\left(1-\hat{y}_j^{(i)}\right)\right] \tag{12-54}$$

通常为了抑制**过拟合** (overfitting)，还会对代价函数 $C(\boldsymbol{y},\hat{\boldsymbol{y}})$ 进行**正则化** (regularization)，即额外加上一个正则项，为：

$$\begin{aligned}C(\boldsymbol{y},\hat{\boldsymbol{y}})=&\frac{1}{m}\sum_{i=1}^{m}\sum_{j=1}^{n_Q}\left[-y_j^{(i)}\log\left(\hat{y}_j^{(i)}\right)-\left(1-y_j^{(i)}\right)\log\left(1-\hat{y}_j^{(i)}\right)\right]+\\ &\frac{\lambda}{2m}\sum_{q=1}^{Q}\sum_{i=1}^{n_{q-1}}\sum_{i=1}^{n_q}\left(w_{i,j}^{(q)}\right)^2\end{aligned} \tag{12-55}$$

其中，λ 是控制正则项参数，添加的正则项实际上是神经网络中所有的权重参数 $w_{ij}^{(q)}$ 平方 (l_2 范数) 和的平均。关于过拟合的内容，本书的前面几章已经多次提及。正则化的内容可以参考本书岭回归和Lasso回归部分的讲解。

因为正则项与偏置项无关，所以对于偏导数 $\partial C(\boldsymbol{y},\hat{\boldsymbol{y}})\big/\partial \boldsymbol{b}^{(q)}$ 没有任何影响。而对于偏导数 $\partial C(\boldsymbol{y},\hat{\boldsymbol{y}})\big/\partial w_{i,j}^{(q)}$，只需要做如下的调整即可。

$$\frac{\partial C(\boldsymbol{y},\hat{\boldsymbol{y}})}{\partial w_{i,j}^{(q)}}=\delta_i^{(q)}a_j^{(q-1)}+\frac{\lambda}{m}w_{i,j}^{(q)} \tag{12-56}$$

下面来看一个经典的例子，利用神经网络辨别手写阿拉伯数字。如图12.47所示，是100个手写数字图像的样本，神经网络的任务就是从图像中识别出对应的阿拉伯数字是几。

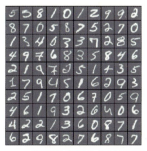

图12.47　手写数字图像训练数据样本

首先通过如下的代码加载图像数据，并可视化其中的一些样本，绘制图12.47。

```
B5_Ch12_4_A.m

clear ; close all; clc

rng(1)

%% Plot training data
load('traindata.mat');

% Randomly pick X samples for plotting
Ns = 100;
index = randperm(size(Xtrain, 1), Ns);
Xplot = Xtrain(index, :);

% Set up plot width and height of plots and subplots
subplotwidth = round(sqrt(size(Xplot, 2)));
subplotheight = subplotwidth;

plotheight = sqrt(Ns);
plotwidth = plotheight;

margin = 1;

% Initialize plot array
plotarray = -ones(margin+plotheight*(subplotheight+margin), ...
    margin + plotwidth * (subplotwidth + margin));

% Fill in plot array using data in Xplot
curr_ex = 1;

for j = 1:plotheight
    for i = 1:plotwidth

        if curr_ex > Ns
            break;
        end

        % Get the max value of the patch
        max_val = max(abs(Xplot(curr_ex, :)));

        array_u = margin+(j-1)*(subplotheight+margin)+...
            (1:subplotheight);

        array_v = margin+(i-1)*(subplotwidth+margin)+ ...
            (1:subplotwidth);
```

```
        plotarray(array_u, array_v) =...
            reshape(Xplot(curr_ex, :), ...
            subplotheight, subplotwidth)/max_val;


        curr_ex = curr_ex + 1;
    end

    if curr_ex > Ns
        break;
    end

end

% Flip and rotate display array if necessary
plotarray = flipud(plotarray);


plotarray = rot90(plotarray, 3);


% Plotting
imagesc(plotarray);
colormap(bone);
axis image off
```

代码导入的是用于训练神经网络的数据，手写数字图像以MATLAB矩阵形式存储于变量"Xtrain"中，而变量"Ytrain"记录了对应的真实数字。在图12.47中，每个手写数字的图像有28 × 28共784个像素，需要识别从"0"到"9"共10个阿拉伯数字。当采用一个简单的三层神经网络结构时，作为初始设置，可以令输入层有784个神经元节点，对应图像的784个元素。令输出层有10个输出，对应需要辨别的10个阿拉伯数字。令中间的隐藏层有28个神经元节点，对应图像矩阵的单边元素个数。

```
B5_Ch12_4_B.m
```

```
%% Define the neural network structure
InputLayerNodes  = 784;    % 28x28 Input Images of Digits

HiddenLayerNodes = 28;     % 28 neurons

OutputLayerNodes = 10;     % 10 labels, from 1 to 10
```

注意这里将"1"到"9"标记为它们自身，将"0"标记为了"10"。并且，这个网络结构并不一定是最优和最终的结果，在不断的训练过程中还可以进一步调整。例如，增加或减少神经元的节点数，增加或减少隐藏层的个数等。

在该网络结构的基础上，需要继续初始化网络参数，即每层的权重矩阵$W^{(q)}$。初始化网络参数需要避免对称化和单一化，因为网络结构自身通常具有对称性，如果网络参数对称设置，梯度优化过程中的计算也会是对称的。网络的实际有效部分只有自身的一半，既导致了许多无谓的计算，也减弱了模型拟合能力。避免单一化是指初始网络参数时，不要使用单一的初始值，例如不要将所有参数都设置为同样的数值，或者每一层都设置为同样的数值。这样做既可以规避对称化可能产生的负面影响，也是为了避免出现功能完全相同的隐藏层。基于这两点，在网络初始化时倾向于引入随机性，对每个神经元参数的设定使用在小范围内变化的随机数。下面的代码使用了在区间 [−0.12, 0.12] 上均匀分布的随机数来初始神经网络。

```
B5_Ch12_4_C.m

%% Initializing network parameters W and b
Wbinit = 0.12;

initial_Wb1 = rand(HiddenLayerNodes, ...
    1 + InputLayerNodes)*2*Wbinit-Wbinit;

initial_Wb2 = rand(OutputLayerNodes, ...
    1 + HiddenLayerNodes)*2*Wbinit-Wbinit;

% Reshape parameters W into one vector for optimization later
= [initial_Wb1(:); initial_Wb2(:)];
```

接下来，在MATLAB中准备好代价函数 $C(\boldsymbol{y}, \hat{\boldsymbol{y}})$。为了辅助后面的优化问题求解，代价函数的编程还要实现代价函数偏导数 (即梯度) 的计算，这就应用到反向传播算法。下面的代码定义了MATLAB函数CostFunction()，输入变量包括了网络结构 (InputLayerNodes, HiddenLayerNodes, OutputLayerNodes)、网络参数 (Wbs)、输入数据 (X, Y) 和正则化参数 (lambda)。该函数首先通过正向传播计算出在给定条件下的代价函数值FunValue，再通过反向传播计算出所需的梯度信息Grad；两个都是函数的重要输出。正则化被作为额外的调整步骤，也在CostFunction() 函数中得到了实现。这里使用到的sigmoid() 和sigmoidGradient() 函数，已在本章12.5节做过介绍。

```
function [FunValue Grad] = CostFunction(Wbs, ...
    InputLayerNodes, ...
    HiddenLayerNodes, ...
    OutputLayerNodes, ...
    X, Y, lambda)

%% Preparation
% Reshape Wbs back into the parameters Wb1 and Wb2
Wb1 = reshape(Wbs(1:HiddenLayerNodes*(InputLayerNodes + 1)), ...
    HiddenLayerNodes, (InputLayerNodes + 1));

Wb2 = reshape(Wbs((1+(HiddenLayerNodes*(InputLayerNodes + 1))):end), ...
    OutputLayerNodes, (HiddenLayerNodes + 1));

m = size(X, 1);

% Initialize output variables
FunValue = 0;

Wb1_grad = zeros(size(Wb1));
Wb2_grad = zeros(size(Wb2));
```

```matlab
%% Apply forward propagation through the neural network

%  Calculate the cost function with regularization
for i = 1:m

    % Here, "1" is for the bias item
    xi = [1; X(i, :)'];

    % Set the respective output yi to be "1"
    % based on the actual number
    ylabel_i = Y(i);
    yi = zeros(size(Wb2, 1), 1);
    yi(ylabel_i) = 1;

    % Apply the activation function
    y_hat = sigmoid(Wb2*[1; sigmoid(Wb1*xi)]);

    % Apply the cost function formula
    FunValue_i = sum(-yi.*log(y_hat)-(1-yi).*log(1-y_hat));

    FunValue = FunValue + FunValue_i/m;

end

% Add the regularization part to the cost function
FunValueReg = (sum(sum(Wb1(:, 2:end).^2))+ ...
    sum(sum(Wb2(:, 2:end).^2)))*lambda/2/m;

FunValue = FunValue + FunValueReg;


%% Apply backpropagation to compute the Gradients without regularization
D2 = zeros(size(Wb2));
D1 = zeros(size(Wb1));

for i = 1:m
    % Input layer
    a_1 = [1; X(i, :)'];

    % Hidden layer
    Z_2 = Wb1*a_1;
    a_2 = [1; sigmoid(Z_2)];

    % Output layer
    Z_3 = Wb2*a_2;
    a_3 = sigmoid(Z_3);
    ylabel_i = Y(i);
```

```matlab
    yi = zeros(size(Wb2, 1), 1);
    yi(ylabel_i) = 1;


    delta_3 = a_3-yi;


    delta_2 = (Wb2'*delta_3).*[0; sigmoidGradient(Z_2)];


    D2 = D2+delta_3*a_2';


    D1 = D1+delta_2(2:end)*a_1';

end

D1 = D1/m;
D2 = D2/m;

Wb1_grad = D1;
Wb2_grad = D2;



%% Adjust grediants based on regularization term

Wb1_grad_reg = Wb1;
Wb1_grad_reg(: , 1) = 0;
Wb1_grad = Wb1_grad + lambda*Wb1_grad_reg/m;

Wb2_grad_reg = Wb2;
Wb2_grad_reg(: , 1) = 0;
Wb2_grad = Wb2_grad + lambda*Wb2_grad_reg/m;

% Output gradients
Grad = [Wb1_grad(:); Wb2_grad(:)];

end
```

当设置好正则化参数，将初始化网络参数及训练数据代入代价函数时，如以下代码。

`B5_Ch12_4_D.m`

```matlab
%% Build cost function
lambda = 1;


[FunValue Grad] = CostFunction(initial_Wbs, ...
    InputLayerNodes, ...
    HiddenLayerNodes, ...
    OutputLayerNodes, ...
    Xtrain, Ytrain, lambda);
```

```
FunValue
```

即可得到代价函数的初始值，结果如下。

```
FunValue =
    7.0025
```

下面代码建立了相应优化问题，并利用已有数据开始对神经网络进行训练。这里使用的MATLAB优化器是fmincg() 函数，当迭代次数达到最大值时优化结束。

```
B5_Ch12_4_E.m

%% Configure the optimization problem and train the neural network
ObjFunction = @(Wbs) CostFunction(Wbs, ...
    InputLayerNodes, ...
    HiddenLayerNodes, ...
    OutputLayerNodes, ...
    Xtrain, Ytrain, lambda);

options = optimset('PlotFcns','optimplotfval', 'Display','iter', ...
    'MaxIter', 100);

% Start training
[opt_Wbs, cost] = fmincg(ObjFunction, initial_Wbs, options);

% Training results
opt_Wbs1 = ...
    reshape(opt_Wbs(1:HiddenLayerNodes * ...
    (InputLayerNodes + 1)), ...
    HiddenLayerNodes, (InputLayerNodes + 1));

opt_Wbs2 = ...
    reshape(opt_Wbs((1 + (HiddenLayerNodes * ...
    (InputLayerNodes + 1))):end), ...
    OutputLayerNodes, (HiddenLayerNodes + 1));
```

为了演示，代码中设定的最大迭代次数为100，运行结果如下。如图12.48所示为代价函数值随迭代次数的增加而下降，在第一个迭代后代价函数的值已经有相对明显的变化了。

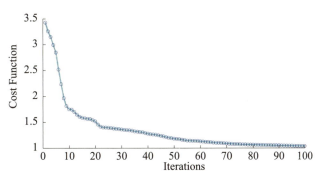

图12.48　代价函数在神经网络训练过程中的下降

```
% Start training
[opt_Wbs, cost] = fmincg(ObjFunction, initial_Wbs, options);

Iteration      1 | Cost: 3.433113e+00
Iteration      2 | Cost: 3.264917e+00
Iteration      3 | Cost: 3.156176e+00
Iteration      4 | Cost: 2.997311e+00
Iteration      5 | Cost: 2.851253e+00
Iteration      6 | Cost: 2.524552e+00
Iteration      7 | Cost: 2.242426e+00
Iteration      8 | Cost: 1.972179e+00
Iteration      9 | Cost: 1.818626e+00
Iteration     10 | Cost: 1.753967e+00

...

Iteration     89 | Cost: 1.054328e+00
Iteration     90 | Cost: 1.053352e+00
Iteration     91 | Cost: 1.052243e+00
Iteration     92 | Cost: 1.049316e+00
Iteration     93 | Cost: 1.049030e+00
Iteration     94 | Cost: 1.048304e+00
Iteration     95 | Cost: 1.047136e+00
Iteration     96 | Cost: 1.044416e+00
Iteration     97 | Cost: 1.043889e+00
Iteration     98 | Cost: 1.043788e+00
Iteration     99 | Cost: 1.042010e+00
Iteration    100 | Cost: 1.040984e+00
```

除了代价函数，训练的精度可以由预测的错误率或者正确率来体现。下面的预测函数PredictY()在已知网络参数和输入时，可以预测神经网络的输出。

```
function Y = PredictY(Wbs1, Wbs2, X)
m = size(X, 1);
Y = zeros(size(X, 1), 1);
a1 = sigmoid([ones(m, 1) X] * Wbs1');
a2 = sigmoid([ones(m, 1) a1] * Wbs2');
[a2max, Y] = max(a2, [], 2);
end
```

调用**PredictY()** 函数，运行以下代码即可查看训练精度。

B5_Ch12_4_F.m

```
%% Check error rate
Ytrain_pred = PredictY(opt_Wbs1, opt_Wbs2, Xtrain);

fprintf('\nTraining Error Rate : %.2f%%\n', ...
1 - mean(double(Ytrain_pred == Ytrain)) * 100);
```

得到的结果如下，目前该网络的错误率在15%左右。

```
Training Error Rate: 14.95%
```

等价的，辨别的正确率为85%左右。

如果将迭代次数增加，代价函数还可能会进一步下降。这一次，我们不但跟踪代价函数值和训练精度 (错误率)，还引入**检验数据** (validation data) 来查看网络在其他数据上的表现，即查看检验错误率。运行如下代码。

```matlab
%% Repeat the training with integrating validation data
load('validationdata.mat');

ItrMax = 5000;

last_Wbs = initial_Wbs;

cost = [];
train_accuracy = [];
validation_accuracy = [];

for i = 1:ItrMax

    options = optimset('PlotFcns','optimplotfval', ...
        'Display','iter', 'MaxIter', 1);

    fprintf('Iteration : %d\n', i);

    [opt_Wbs, costtmp] = fmincg(ObjFunction, last_Wbs, options);

    last_Wbs = opt_Wbs;

    cost(i) = costtmp;

    % Training results
    opt_Wbs1 = reshape(opt_Wbs(1:HiddenLayerNodes * (InputLayerNodes + 1)), ...
        HiddenLayerNodes, (InputLayerNodes + 1));

     opt_Wbs2 = reshape(opt_Wbs((1 + (HiddenLayerNodes * (InputLayerNodes +
1))):end), ...
        OutputLayerNodes, (HiddenLayerNodes + 1));

    % Training accuracy
    Ytrain_pred = PredictY(opt_Wbs1, opt_Wbs2, Xtrain);
    train_accuracy(i) = mean(double(Ytrain_pred == Ytrain));

    % Validation accuracy
    Yval_pred = PredictY(opt_Wbs1, opt_Wbs2, Xval);
    validation_accuracy(i) = mean(double(Yval_pred == Yval));

end

% Plotting
figure(3)
```

```
subplot(2,1,1)
P = 200;
yyaxis left
plot(1 - train_accuracy(1:P), '-b')
hold on
plot(1 - validation_accuracy(1:P), '-g')
hold off
xlabel('Iterations')
ylabel('Error Rate')
title('First 200 iterations')

yyaxis right
plot(cost(1:P))
ylabel('Cost Function')
legend('Train Error', 'Validation Error', 'Cost Function')


subplot(2,1,2)
P = ItrMax;
yyaxis left
plot(1 - train_accuracy(1:P), '-b')
hold on
plot(1 - validation_accuracy(1:P), '-g')
hold off
xlabel('Iterations')
ylabel('Error Rate')
title('All 5000 iterations')

yyaxis right
plot(cost(1:P))
ylabel('Cost Function')

legend('Train Error', 'Validation Error', 'Cost Function')
```

在优化过程中的每一次迭代中，网络参数得到更新，同时使用训练数据和检验数据来计算模型的错误率。如图12.49 所示，在前100个迭代中，代价函数、训练错误率和检验错误率都有明显的下降。但在100个迭代之后，各个指标的下降速度减缓，200个迭代之后各条曲线逐渐开始持平。继续增加迭代次数似乎并不能提高模型的性能，此时，作为优化问题，可以选择在代价函数或训练错误率无明显变化时停止优化过程，并以此时得到的结果作为最优解。

追踪检验错误率的意义在于防止过拟合的发生。本例中，与训练错误率一样，检验错误率随迭代次数增加仍然保持在某一水平。但是，如果检验错误率出现明显的上升，尽管训练错误率持续下降，但模型已经出现了过拟合情况，如图12.50所示。此时，模型的优化解应该取自检验错误率的最低点处。

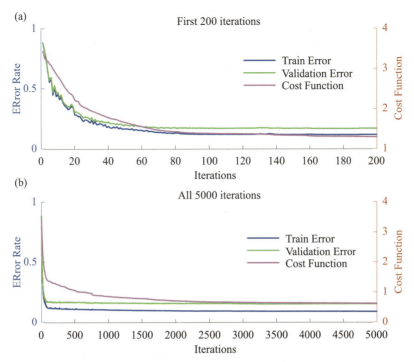

图12.49　神经网络代价函数、训练错误率及检验错误率随迭代次数的变化

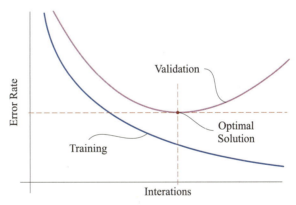

图12.50　训练与检验相结合确定网络参数最优解

　　本章神经网络内容旨在帮助读者理解神经网络算法内在原理。感兴趣的读者建议自行学习使用MATLAB深度学习工具箱。深度学习工具箱中神经网络类似Simulink，很容易上手。

　　至此，我们完成了本书机器学习相关内容学习，与此同时，也完成了MATLAB一套丛书所有内容的学习。本丛书作者感谢各位读者的支持，希望本丛书对大家学习工作有所裨益，期盼和大家在Python和R系列丛书再见。

Concluding remarks
结束语

懂得越多，便越自觉无知。
The more you know, the more you know you don't know.

—— 亚里士多德 (Aristotle)

崭新的知识爆炸出现，尘封的知识被再次挖掘，已有的知识被跨学科应用，错误的理论被推翻、被修订……人类知识边界，时刻延展，加速伸延。

本丛书没有创造任何新知识，套用牛顿的话，面对知识的海洋，本丛书作者们仅仅打捞了几篓贝壳，将它们擦得闪亮，摆成了自以为漂亮的图案和大家分享。

面对这片浩瀚的充满未知的真理海洋，本丛书作者保持谦卑，保持好奇；与此同时，本丛书作者坚信，那些热爱知识、不懈探索的读者朋友，定能拓荒新领域，扩延人类知识的边界。

Cheatsheet
备忘

A-B

`adline()` 计算并绘制集散指标、离散指标

`adosc()` 计算并绘制离散震荡指标

`all(A)` 沿着大小不等于1数组**A**第一维测试所有元素为非零还是逻辑值1(`true`)；实际上，`all`是逻辑AND运算符原生扩展

`area()` 填充区二维绘图

`arrayfun(func,A)` 将函数`func`应用于**A**的元素，一次一个元素。然后`arrayfun`将`func`的输出串联成输出数组**B**，因此，对于**A**的第**i**个元素来说，`B(i)= func(A(i))`

`bar(X, 0.5)` 绘制条形图，并且定义每条条形的宽度为`0.5`

`barh(x,y)` 绘制横向柱状图

`blackvolbysabr()` 运用SABR随机波动率模型计算布莱克隐含波动率

`blsdelta()` BSM模型计算欧式期权Delta

`blsimpv()` BSM模型计算隐含波动率

`bollinger()` 计算并绘制布林通道指标

`bondbyhw(HWTree,CouponRate,Settle,Maturity)treeviewer(PriceTree,HJMInstSet)` 运用Hull-White利率树给债券定价

`boundary(x,y)` 返回一个表示包围点`(x,y)`的单个相容二维边界的点索引向量

`boundary(x,y,z)` 返回一个表示包围点`(x,y,z)`的单个相容三维边界的三角剖分

`bsxfun(fun,A,B)` 对数组**A**和**B**应用函数句柄`fun`进行运算。比如如下代码完成两步运算：第一步，从矩阵A的对应列元素中减去列均值；第二步，按标准差进行归一化。`C = bsxfun(@minus, A, mean(A)); D = bsxfun(@rdivide, C, std(A))`

C-D

`candle()` 计算并绘制K线图、阴阳烛图

`capbyblk(RateSpec,Strike,Settle,Maturity,Volatility)` 运用Black模型计算利率上限和利率上限元价格

`capbyhw(HWTree,Strike,Settle,Maturity)` 运用Hull-White利率树给利率上限定价

`cat(dim,A1,A2,...,An)` 沿维度`dim`串联**A**1、**A**2、...、**A**n

`categorical(A)` 根据数组**A**创建分类数组

`cdf('name',x,A)` 基于**x**中的值计算并返回由`'name'`和分布参数**A**指定的单参数分布族的累积分布函数

`cellstr(A)` 将**A**转换为字符向量元胞数组

`cfdates(Settle,Maturity,Period,Basis)` 为定期支付证券确定现金流的时间

`chaikosc()` 计算并绘制佳庆指标、蔡金摆动指标

`chaikvolat()` 计算并绘制佳庆离散指标

chol(A) 基于矩阵**A**的对角线和上三角形生成上三角矩阵。L = chol(A,'lower')基于矩阵**A**的对角线和下三角形生成下三角矩阵**L**，满足方程 **L*L'**=**A**

cluster(gm,X) 将样本数据**X**中数据分为**k**簇，gm为高斯混合模型

clusterDBSCAN 为DBSCAN算法聚类对象

collintest()函数进行Belsley共线性检验

cond(A)函数返回矩阵**A**的2-范数逆运算的条件数inv(A)计算方阵逆矩阵，相当于A^(-1)

conncomp(G) 以bin形式返回图G的连通分量。bin编号指示图中的每个节点所属的分量。如果G是无向图，则有路径相连的两个节点属于同一分量

corrcoef(A) 返回**A**的相关系数的矩阵，其中**A**的列表示随机变量，行表示观测值

corrplot(X)函数绘制**X**中每对变量的相关性图像

cov(A,B) 返回两个随机变量**A**和**B**之间的协方差

datenum() 将日期变量字符串转化为连续日期数值变量

dbscan() 采用DBSCAN算法聚类

dendrogram() 绘制树形图

diag() 创建对角矩阵或获取矩阵的对角元素；diag()也可以用来生成方阵，其对角元素为输入向量中的元素

diff()函数可计算输入向量或矩阵特定维度上相连元素的差值

double() 转换为双精度浮点数，即8字节(64位)浮点值

E-F

egcitest()函数进行Engle-Granger检验

eigs(A) 返回一个向量，其中包含矩阵**A**的六个模最大的特征值。当使用eig计算所有特征值的计算量很大时(例如对于大型稀疏矩阵来说)，eigs()函数非常有用

eigs(A,k)函数返回**k**个模最大的特征值

estimateAssetMoments()，投资组合优化对象函数，计算风险资产收益率的均值和方差协方差矩阵

estimateEpsilon()函数估计DBSCAN算法邻域半径参数

estimateFrontier()，投资组合优化对象函数，计算有效前沿上投资组合资产权重

estimateFrontierByReturn()，投资组合优化对象函数，可以根据目标回报率在有效前沿上找到对应的投资组合

estimateFrontierByRisk()，投资组合优化对象函数，可以根据目标风险在有效前沿上找到对应的投资组合

estimatePortReturn 估算投资组合优化对象收益率期望

estimatePortRisk 估算投资组合风险指标

estimatePortStd 估算投资组合优化对象标准差

estimatePortVaR 估算投资组合对象VaR值

fcm() 执行模糊C均值聚类

fetch(c,series,startdate,enddate)可以用来从各种数据库获得数据，比如FRED等

feval(f_x,x_p,y_p) 根据函数f_x的输入x_p和y_p计算函数值

fimplicit(f) 在默认区间上绘制 f(x)= 0 定义的隐函数

fitcdiscr() 高斯判别分析函数，可以处理线性判别分析和二次判别分析

fitcnb() 朴素贝叶斯分类函数

fitcsvm() 支持向量机分类函数

fitctree() 决策树分类函数

fitdist() 根据输入的采样数据获得对应的概率密度分布

fitgmdist(X,k) 返回样本数据X的k个成分的高斯混合模型

fitlm()函数用来构建线性回归模型

floor()地板函数，向小的方向取整

fmesh(f) 在 x 和 y 的默认区间[-5 5]为表达式 $z = f(x, y)$创建网格图

fminbnd(fun,x1,x2) 返回一个值 x，该值是 fun 中描述的标量值函数在区间 $x1 < x < x2$ 中的局部最小值

fmincon() 约束非线性优化问题寻找最小值

G-H

gmdistribution(mu,sigma,p) 根据mu、sigma和p创建高斯混合模型；mu为高斯分布均值，sigma为方差协方差矩阵，p为每个GMM所占比例

graph(A) 使用对称邻接方阵A创建一个加权图，即无向图

gscatter(x,y,g) 根据g分组创建x和y的散点图

haltonset(d)函数产生Halton序列

hhigh() 计算并绘制高价指标

highlow() 计算并绘制高低价

hist3() 绘制二元频数直方图

histfit() 创建直方图以及拟合曲线

histogram(A,20,'Normalization','probability') 将数据A归一化，归一化方法是probability，然后生成直方图

hwcalbycap(RateSpec,MarketStrikeMarketMaturity,MarketVolatility,Strike,Settle,Maturity) 运用市场数据对Hull-White模型校准

hwtimespec(ValuationDate,Maturity) Hull-White模型时间的说明

hwtree(VolSpec,RateSpec,TimeSpec) 创建Hull-White利率树

hwvolspec(ValuationDate,VolDates,VolCurve,AlphaDates,AlphaCurve) Hull-White模型波动率期限的说明

I-L

inforatio() 计算信息比率

integral(fun,xmin,xmax) 计算符号变量函数fun在[xmin,xmax]之间的积分

intenvset(Name,Value) 创建描述利率期限结构的数据

interp1(x,v,xq,'linear','extrap') 线性外插插值

interp2(X,Y,V,Xq,Yq) 二维内插值，根据X-Y-V对应关系，二维内插值获得(Xq, Yq)处值

inv(A) 计算方阵逆矩阵，相当于A^(-1)

isnan(A) 判断矩阵A中NaN和非NaN元素，NaN元素位置结果为1，非NaN元素位置结果为0

kagi() 计算并绘制折线图、卡吉图

KDTreeSearcher() 构造kd树算法实现*k*临近算法

kmeans(X,k) 执行*k*均值聚类,以将*n*×*p*数据矩阵*X*的观测值划分为*k*个聚类,并返回包含每个观测值的簇索引的*n*×1向量(作为idx)。*X*的行对应于点,列对应于变量。默认情况下,kmeans使用欧几里得距离平方度量

kmedoids(X,k) 执行*k*中心聚类

knnsearch() 寻找查询点附近*k*个临近点

ksdensity() 用Kernel方法返回向量或两列矩阵中的样本数据的概率密度估计

lagmatrix() 构建包含滞后时间序列的矩阵

lasso()函数来构建Lasso回归模型

lassoPlot()函数绘制模型系数随Lasso参数λ变化的图像

lhsdesign()函数产生拉丁超立方序列

linebreak() 计算并绘制线突破图

linkage(X) 返回数据*X*层次聚类树形的编码结果

llow() 计算并绘制低价指标

lsqnonlin(fun,x0) 从初始解x0点开始,找到fun中描述的函数的最小平方和。返回值为最优解

M-O

macd() 计算并绘制指数平滑移动平均线

medprice() 计算并绘制中位数价格

mesh() 填充区二维绘图

meshgrid (x, y) 生成网格坐标

mod()函数用来求解余数

movavg() 计算并绘制移动平均图

mvksdensity() 估计多元样本数据的概率密度

mvnpdf(X,MEANs,COV_Matrix) 根据X指定的多元变量范围,MEANs指定的多维变量的均值以及协方差矩阵COV_Matrix,生成多维正态分布数据点

mvnrnd(AVEs,COV_Mtx,num_sims) 用于产生多元随机数,其中AVEs给定多元正态分布的期望值向量,COV_Mtx给定协方差矩阵,num_sims给定随机数的个数

NaN(sz1,...,szN) 返回由 NaN 值组成的*sz*1×...×*szN* 数组,其中 *sz*1,...,*szN* 指示每个维度的大小。例如:NaN(3,4)返回一个 3×4 的矩阵

nancov() 忽略NaN计算方差–协方差矩阵

nanmean() 忽略NaN计算平均值

nchoosek(n,k)函数提供当*n*为整数时,从*n*个变量中选取*k*个变量进行排列的情况总数;当*n*为序列时,提供相应的具体排列情况

negvolidx() 计算并绘制负成交量指标

normcdf() 给出标准正态分布累积概率

norminv() 正态分布累计分布函数逆函数

normpdf(x,mu,sigma) 根据指定的*x*值计算其正态分布的概率分布函数值;数学期望是mu,标准差是sigma

num2str(num) 将数字num转化为字符串格式

numel(A) 返回数组*A*中元素数目*n*等同于 prod(size(A))

onbalvol() 计算并绘制净额成交量、能量潮指标

optByHestonNI() 运用数值积分方法求解Heston模型下的香草期权价格

optembndbyhw(HWTree,CouponRate,Settl

e,Maturity,OptSpec,Strike,ExerciseDates) 运用Hull-White利率树给含权债券定价

optSenByHestonNI() 运用数值积分方法求解Heston模型下的香草期权价格和希腊字母

P-Q

pca() 原始数据主成分分析。[coeff,score, latent] = pca(X)返回$n×p$数据矩阵X主成分系数coeff，也称为载荷。X行对应于观测值，列对应于变量。系数矩阵是$p×p$矩阵。coeff每列包含一个主成分系数，并且这些列按成分方差降序排列。score中返回主成分分数，在latent中返回主成分方差。默认情况下，pca将数据中心化，并使用奇异值分解(SVD)算法quiver(x,y,u,v)绘制速度图，在每一个二维点(x,y)绘制箭头矢量，矢量方向和幅值由(u,v)定义

pdf('name',x,A) 返回由'name'和分布参数A指定的单参数分布族的概率密度函数

pdist2() 计算两组数据点两两距离

plotFrontier() 绘制投资组合优化对象有效前沿

pointfig() 计算并绘制点线图、涨跌点图

portalloc() 绘制有效前沿、CAL以及最优完全投资组合在CAL上位置

PortfolioCVaR 投资组合优化对象，风险指标为预期亏空ES，即CVaR

PortfolioMAD 投资组合优化对象，风险指标为平均绝对偏差MAD

Portfolio 投资组合优化对象，风险指标为波动率，即均方差

posterior(gm,X) 返回样本数据X中每个样本值的后验概率，gm为高斯混合模型

posvolidx() 计算并绘制正成交量指标

prcroc() 计算并绘制价格变化率

predict() 根据模型信息计算预测值

price2ret() 将价格数据转化为收益率

priceandvol() 计算并绘制成交量图

properties() 显示对象属性

pvtrend() 计算并绘制价量趋势指标

quadprog() 二次规划优化函数

quantile() 计算指定置信区间的分位点

R-S

rand 返回一个在区间(0,1)内均匀分布的随机数

randn(m,n) 生成$m×n$的随机数矩阵，生成的随机数符合标准正态分布

random(GMM,num_data) 根据GMM模型返回num_data数量的随机数

randperm(n)函数返回行向量，其中包含从1到n没有重复元素的整数随机排列

readtable(filename) 通过从文件中读取列向数据来创建表。readtable基于文件的扩展名确定文件格式：.txt、.dat或.csv(适用于带分隔符的文本文件)；.xls、.xlsb、.xlsm、.xlsx、.xltm、.xltx 或.ods(适用于电子表格文件)

renko() 计算并绘制砖形图

reordercats() 对分类数组中的类别重新排序

repmat(A,r) 使用行向量r指定重复方案。例如，repmat(A,[2 3])与 repmat(A,2,3)返回相同的结果

reshape(A,sz) 使用大小向量**sz**重构A以定义size(B)。例如，reshape(A,[2,3])将A重构为一个2×3矩阵

ret2price() 将收益率转化为价格

ridge() 构建岭回归模型并求解模型系数

roots() 求解多项式的根

rsindex() 计算并绘制相对强弱指标

scatter3(x, y, z) 绘制三维散点图

scatteredInterpolant(x,y,v) 创建一个拟合**v** = **F**(**x**,**y**)形式的曲面的插值。向量**x**和**y**指定样本点的(**x**,**y**)坐标。v是一个包含与点(**x**,**y**)关联的样本值的向量

setDefaultConstraints() 设置投资组合优化对象约束条件

setProbabilityLevel() 设置PortfolioCVaR对象计算ES值的置信度，默认为95%

setScenarios() 设置投资组合优化对象PortfolioMAD和PortfolioCVaR的收益率数据

silhouette() 绘制轮廓图

size(A) 获得输入矩阵**A**的各个维度长度

sobolset()函数产生Sobol序列

sort(A) 按升序对**A**的元素进行排序；如果**A**是矩阵，则sort(A)会将**A**的列视为向量并对每列进行排序

spectralcluster() 谱聚类函数

squareform() 将pdist2()函数生成的两两距离转化为方阵形式

std() 计算标准差

stem(x,y) 绘制火柴梗图/针状图

stochosc() 计算并绘制随机震荡指标

strcat() 水平串联字符串

strtrim() 从字符串中删除前导和尾随空白

subs() 将符号或者数值代入符号表达式

syms() 创建符号变量和函数

T-Z

tabulate() 展示数据频数表格

tic(),toc() 启动秒表计时器，从秒表读取已用时间

tick2ret() 将价格转化为回报率；有'Simple'和'Continuous'两个选择

tsaccel() 计算并绘制时差加速指标

tsmom() 计算并绘制时差动量指标

typprice() 计算并绘制典型价格

unique(A) 返回以特定顺序返回**A**的唯一值

view() 提供决策树的可视化方案

volarea() 计算并绘制成交量图、成交量面积图计算并绘制

volroc() 计算并绘制成交量变动率

wclose() 计算并绘制加权收盘价

willad() 计算并绘制Williams集散指标

willpctr() 计算并绘制威廉指数

xlsread() 读取Excel电子表格文件

yearfrac(start_date, end_date) 返回start_date和end_date之间的天数占全年天数的百分比

Major References
参考及推荐图书

下列图书为丛书主要参考，也是推荐给读者的图书。扫码查看，随时更新。